高等法律职业教育系列教材

行政法与行政诉讼法教程

（第二版）

XINGZHENGFA YU XINGZHENGSUSONGFA JIAOCHENG

主　编○谢素珺　刘树桥

副主编○罗冠龙　麦学礼

撰稿人○（按姓氏拼音排序）

刘树桥　梁瀚匀　卢俊霖　罗冠龙

黎禹珲　麦学礼　孙永光　谭有发

谢素珺　姚蔚子　庄家宜

中国政法大学出版社

2025·北京

图书在版编目（CIP）数据

行政法与行政诉讼法教程 / 谢素珺，刘树桥主编.

2 版. -- 北京 ：中国政法大学出版社，2025. 1.

ISBN 978-7-5764-1900-9

Ⅰ. D922.1；D925.3

中国国家版本馆 CIP 数据核字第 2025BY5138 号

出 版 者　中国政法大学出版社

地　　址　北京市海淀区西土城路 25 号

邮　　箱　fadapress@163.com

网　　址　http://www.cuplpress.com (网络实名：中国政法大学出版社)

电　　话　010-58908435(第一编辑部) 58908334(邮购部)

承　　印　北京鑫海金澳胶印有限公司

开　　本　787mm×1092mm　1/16

印　　张　22

字　　数　456 千字

版　　次　2025 年 1 月第 2 版

印　　次　2025 年 1 月第 1 次印刷

印　　数　1~4000 册

定　　价　62.00 元

高等法律职业教育系列教材
审定委员会

主　　任　万安中

副主任　李忠源

委　　员　陈碧红　黄惠萍　刘　洁　顾　伟　刘宇翔

　　　　　刘树桥　李定忠　罗光华　李　栋　侯　伟

在以高等职业教育实践性教学改革为平台，进行法律职业化教育改革的路径探索过程中，有一个不容忽视的现实问题：高等职业教育人才培养模式主要适用于机械工程制造等以"物"作为工作对象的职业领域，而法律职业教育主要针对的是司法机关、行政机关以"人"作为工作对象的职业领域，这就要求在法律职业教育中要对高等职业教育人才培养模式进行"辩证"的吸纳与深化。如何顺应时代法治发展需要，培养高素质技术技能型法律职业人才，是高等法律职业教育亟待破解的重大实践课题。

在高等法律职业教育过程中，教材的开发和使用，对高等法律职业教育实现教育观念、人才培养模式的重塑，具有极其重要的作用，教材适用与否直接关系教学质量和人才培养质量。国家对高等职业教育的教材建设非常重视，出台了一系列规范化措施。2004 年国务院印发的《关于加快发展现代职业教育的决定》第 16 条，要求建立健全课程衔接体系；推进专业设置、专业课程内容与职业标准相衔接，推进中等和高等职业教育培养目标、专业设置、教学过程等方面的衔接，形成对接紧密、特色鲜明、动态调整的职业教育课程体系。2021 年中共中央办公厅国务院办公厅印发的《关于推动现代职业教育高质量发展的意见》第 15 条，要求改进教学内容与教材；提出完善"岗课赛证"综合育人机制，按照生产实际和岗位需求设计开发课程；引导地方、行业和学校按规定建设地方特色教材、行业适用教材、校本专业教材。为规范教材建设，教育部同年发布了《"十四五"职业教育规划教材建设实施方案》，提出了加快建设深入浅出、图文并茂、形式多样的活页式、工作手册式等新形态教材。

高等职业教育的行业和职业特色决定了高等法律职业教育要通过"校行政企合作"办专业，以"工作过程导向"为基点设计开发课程，探索富有成效的法律职业化教学之路。为适应高等职业教育对教材建设的要求，高等法律职业教育也必须高度重视教材建设。

为积累教学经验、深化教学改革、凝塑教育成果，结合国家对高等职业教育教材建设的一系列要求，我们着手推出"基于工作过程导向系统化"并呈现新业态的法律职业系列（活页式）教材。尝试为高等法律职业教育在"知"与"行"之间搭建平台，努力对法律教育如何职业化这一教育课题进行研究、破解。在编排形式上，打破了传统篇、章、节的体例，以司法行政工作的法律应用过程为学习单元设计体例。以职业岗位的真实任务为基础，突出职业核心技能培养。在内容设计上，改变传统历史、原则、概念的理论型解读，采取"教、学、练、训"一体化的编写模式。以案例等导出问题，根据内容设计对应的情境训练，将相关原理与实操训练有机地结合，围绕关键知识点引入相关实例，归纳总结理论，分析判断解决问题的途径，充分展现法律职业活动的演进过程和应用法律的流程。力求通过校本教材的编写提升专业的适应性，反映行业、企业的新需求，培养出高素质技术技能型法律职业人才。

法律的生命不在于逻辑，而在于实践。法律职业化教育之舟只有融入法律实践的海洋当中，才能激发出勃勃生机。我们所培养的人才不应是"无生命"的执法机器，而是有法律智慧、正义良知、训练有素的有生命的法律职业人。但愿本系列教材能为我国高等法律职业化教育改革作出有益的探索，为高素质技术技能型法律职业人才的培养提供宝贵的经验与借鉴。

万安中

2024 年 7 月

第二版前言
Foreword

　　行政法与行政诉讼法是法律职业教育的一门主干课程，其重要性不言而喻。随着高职教育的快速发展，为了适应高职高专类法律院校的教学需要，我们组织了部分具有扎实的行政法与行政诉讼法理论基础与较强实践经验的骨干教师以及司法实践一线的法律工作者，开始了本书——《行政法与行政诉讼法教程（第二版）》的编写工作。

　　本教材编写的出发点是：让行政法与行政诉讼法这门学科从纸上的条框中"活起来"，走进现实生活。法律的生命不在于逻辑，而在于实践。我们放弃"为什么"，专注"发生了什么""这是什么""怎么样"。"发生了什么"的部分是通过"导入案例"的方式启发学生运用行政法与行政诉讼法的知识、理念去思考、分析、解决现实问题。拉近学生与行政法及行政诉讼法的距离，让学生不是单纯学习法，而是"亲历"法。"这是什么"的部分主要以"基本原理认知"的方式重点解读学生应知、应会的行政法与行政诉讼法的原理，让这些原理简明、清晰的展示在学生面前。"怎么样"的部分是通过"拓展阅读"的方式介绍一些相关的行政法与行政诉讼法知识，力争在增加可读性的前提下拓宽学生的法律视野。

　　本书重点针对高职院校的教学特点编写，突出以培养实用技能为主导的"工作导向性"。本教材的编写力求体现以下特点：

　　一是"法律原理够用性"。针对高职高专院校的学生注重应用而非理论研究的特点，本教材坚持法律原理能用、够用，而非高、深、全。围绕行政法与行政诉讼法及相关法律和司法解释展开理论阐述，侧重对学生实际技能的培养。对教材中法律原理的阐释只要"够用"即可，不强调理论的深度。同时精选典型、有代表性的案例加以分析、讨论，增加实操性。本教材将行政法与行政诉讼法的内容分成四个单元，按照行政执法与行政诉讼的过程进行整合与规划，每一项目的任务明确，凸显实务的技能性。

二是突出"知行合一"的特点。法律职业教育主要针对的是司法机关、行政机关等以"人"作为工作对象的职业领域，在教材结构上，以行政与行政诉讼工作的法律应用过程为学习单元设计体例；在内容设计上，改变传统的理论讲授，采取"教、学、练、训"一体化的编写模式。以案例导出问题，根据原理设计相应的情境训练，将相关原理与实训有机地结合，围绕关键知识点引入相关实务，分析判断如何解决问题，充分展现行政法与行政诉讼法的应用流程。这体现了"知行合一"的高职教育特点。

本教材的编写分工如下：

刘树桥：项目九；罗冠龙：项目五、项目六；梁瀚匀：项目十五；卢俊霖：项目三、项目四；黎禹珲：项目十二、项目十五；麦学礼：项目十三、项目十四；孙永光：项目十六；谭有发：项目七、项目八；谢素珺：项目一、项目十；姚蔚子：项目十一；庄家宜：项目二。本教材由主编、副主编统一校对。本教材在编写过程中，吸收和借鉴了相关教材的优秀成果，参阅了大量科研机构的科研成果与文献资料，得到了有关部门和专家的大力支持。在此，编者一并表示诚挚的谢忱！

由于编者水平有限，加之教材编写过程中适逢相关行政法律规范的修改，时间紧促，本教材难免存在不足和缺陷，真诚希望读者批评指正，以便进一步提高教材质量和水平，更好地为广大读者服务。

编者

2024 年 8 月

目录 *Contents*

行政法的基本理论认知

项目一 行政法概述

"天下之事，不难于立法，而难于法之必行。"

——张居正

知识目标

1. 掌握行政法的概念。

2. 理解行政法的渊源。

3. 理解行政法的地位与功能。

能力目标

能够分析行政法律规范的效力等级。

内容结构图

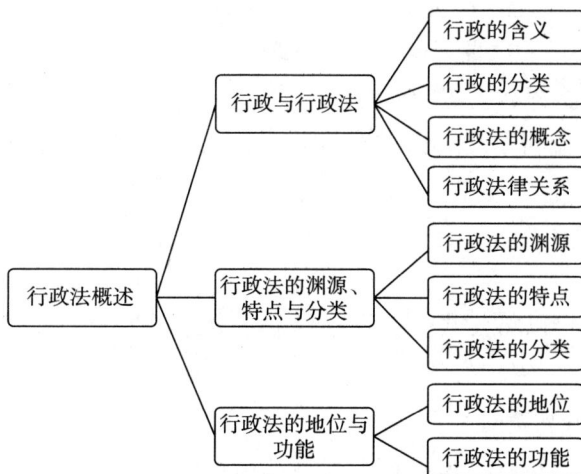

任务一　行政与行政法

导入案例

新闻媒体曾报道，华中××大学拒绝授予何某学士学位，××电影学院撤销翟某博士学位，××大学拒绝向田某颁发本科毕业证。

问题：以上高校对学生的这些管理行为是否属于行政法上的行政行为？

基本原理认知

一、行政的含义

在学习行政法的概念之前，首先需要明确行政的含义。这是因为行政与行政法有着极为密切的关系，而行政一词有着多种不同的含义。

所谓"行政"，英文为 Administration，语源出于拉丁文 administrare，原意是"执行事务"。从之前的广泛用法来看，"行政"与"管理"经常被放在一起使用，它既指对国家事务的管理（即"公共行政"），也泛指企业和各种社会组织对其内部事务的管理（即"私人行政"，主要指企业管理活动）。行政法上的行政属于公共行政。

对于特指公共行政的"行政"的含义，国内外学界的观点甚多，主要有以下几种：

1. "除外说"。这种观点是建立在分权思想的基础上并以国家的职能分工为前提，它认为"行政是指除立法、司法以外的所有国家作用或曰国家职能"。

2. "国家意志执行说"。即认为政治是国家意志的表达（如制定政策），行政是国家意志的执行（如执行政策），政治与行政应分立。

3. "目的说"。这种观点认为，现代行政是"积极具体地实现国家目的而进行的具有整体统一性的连续形成的国家活动"，是"为适应国家社会的需要而具体实施公共政策的过程及行动"。此种观点是针对"除外说"的缺陷而从正面提出的定义。

4. "目的+职能说"。这种观点认为，行政是"国家行政机关为实现国家的目的和任务而行使的执行、指挥、组织、监督等职能"。

上述观点分别从不同角度对公共行政作出解说，都可帮助人们认识行政的含义，但也各有不足。

二、行政的分类

在行政法学上，可以将公共行政分为形式行政和实质行政、负担行政和授益行政、秩序行政和给付行政。

（一）形式行政和实质行政

形式行政是指以行政机关作为划分行政的根据，只要是行政机关从事的职能活动都可以被认为是行政活动，无论它们是制定规则的（行政立法）、处理具体事项的（行政执法）还是裁决争议案件的活动（行政司法）。

实质行政是以国家机关活动的功能作为划分行政的根据，制定规则和裁决争议案件以外的执行性活动（国家对社会公共事务的组织管理活动）被认为属于行政活动，无论它们是由什么国家机构实施的。

行政法意义上的行政一般是指形式行政，实质行政作补充。因此行政法研究的内容不仅包括行政执法活动，还包括行政立法和行政司法。

（二）负担行政和授益行政

按照行政行为是否对行政相对人有利可以将行政区分为负担行政和授益行政。

负担行政是对相对人设定义务，限制或剥夺其权益的行为，如行政处罚、税收征收、行政收费。

授益行政是为相对人提供利益和赋予权利的行为，如行政许可、行政给付。在符合信赖保护原则的情形下，对于有法律瑕疵的授益行为一般不得撤销或者撤回。

（三）秩序行政和给付行政

按照行政目的的不同可以将行政划分为秩序行政和给付行政。

秩序行政和给付行政是以公民自由权为中心划分的，为防止滥用自由权导致社会危害而实施的秩序性管理是秩序行政，为消除和减少过度自由竞争带来的社会差别和维护社会公平而提供的公共服务是给付行政。

秩序行政的目的是确保秩序、维护稳定、防止混乱，为了维护秩序就需要对自由进行必要的约束；给付行政的目的是提供帮助，给付行政实际上体现的是一种福利行政。

三、行政法的概念

我们在这里所讲的行政法，除了指有关行政管理的法律规范以外，更重要的是其包含了对行政权进行规范和控制的精神实质。特别是在现代社会，行政权日益膨胀，其权力触角延伸到社会生活的各个方面、各个角落，如果不适当行使，就会对公民的权利造成损害，所以必须对行政权力予以规范和控制。行政法就充当着这样重要的、不可或缺的角色，这是现代民主和法治精神的必然要求。

所谓行政法，是指调整行政关系以及在此基础上产生的监督行政关系的法律规范的总称，或者说是调整因行政主体行使行政职权而发生的各种社会关系的法律规范的总称。对于这一定义，可以从行政法的调整对象、调整方式和调整功能三个方面来认识：

1. 行政法的调整对象是行政关系，行政关系是国家行政机关实现其行政职能的法律形式，是国家行政机关在实施国家行政管理过程中发生的社会关系的总称。

2. 行政法对行政关系的调整方式，就是在行政机关行使行政职能的过程中，行政法将依法设立、变更和消灭行政权利和义务，抽象的行政关系将具化为法律权利义务本身。

3. 行政法的调整功能，是指行政法调整行政关系而产生的整体作用。行政法有赋予行政机关管理职权以保证行政效率，监督行政机关以防止和消除行政违法行为两方面的功能。

行政法的基本内容由三部分组成：

（一）行政组织法

行政组织法主要规定行政主体的组织、性质、地位和职权。这是以行政主体的设置、编制、职权、职责，有关国家行政机关与公务员在录用、考核、调动及职务上的权利义务为内容的法律规范。

（二）行政行为法

行政行为法是关于行政主体与公民、法人或其他组织之间权利义务关系的法律规范（规范行政法律关系主体应该做什么，不应该做什么，可以做什么，不可以做什么）。行政行为法主要规定行政主体行使职权的方式和程序。

（三）行政监督与救济法

行政法的这一部分主要规定对行政主体行使职权行为如何实施法律监督；对受到违法行政行为侵犯的行政相对人如何进行法律救济；行政主体及其工作人员对其违法失职行为应承担的法律责任等内容。

四、行政法律关系

（一）行政关系与行政法律关系

任何一个部门法都有其自身的调整对象，行政法也不例外。行政法的调整对象是行政关系。这里的行政关系，既包括外部行政关系，也包括内部行政关系；既包括行政管理关系，也包括行政监督关系。但从现行的法律法规考察，行政法实际调整的行政关系则是特定的，一定范围的行政关系，而不可能是全部行政关系，即只有在国家行政主体履行行政职能过程中所发生的行政关系才是行政法调整的对象。某些行政关系，特别是内部行政关系，往往由行政机关内部的制度、纪律、职业道德或政策去调整。

行政关系一经行政法律规范调整即形成行政法律关系。因此，行政法律关系是指为行政法所规定和调整的，具有行政法上权利和义务内容的各种社会关系。简言之，行政法律关系是指行政法所调整的行政关系。所谓"调整"，是指法律赋予行政关系当事人以实体和程序上的权利，规定双方当事人实体和程序上的义务，使相应关系的进行能适于立法者想要确立的某种秩序状态。

在这里，我们应该注意行政关系与行政法律关系的区别：行政法律关系以行政关系为基础，但不等于行政关系。只有当行政关系为法律所调整，具有行政法上的权利和义务时，才能转化为行政法律关系。未经行政法调整，则不具有行政法上的权利和义务内容的行政关系，只是一种事实关系。

在理论上，行政关系与行政法律关系有明显区别，但在实践中二者往往是一致的，因为行政关系不同于其他社会关系，它是行政主体因行使行政职权或接受法律监督而与其他主体发生的关系，行政职权或接受法律监督都是法律预先加以规定的。因此，绝大多数行政关系从一开始就是受法律调整的，因而就是行政法律关系。

但行政领域也有一些关系并非法律关系或并非一开始就是法律关系。例如，行政机关实施的许多内部行为（会议通知）、事实行为，目前尚没有法律法规对之加以调整，因这些行为而发生的关系只能是行政关系而非行政法律关系。然而行政机关的相应内部行为、事实行为如果侵犯了某种内部或外部人员、组织的有关权益，引起内部或外部行政争议，原事实关系就可能转化为法律关系。行政复核、行政复议、行政诉讼而产生的关系都是行政法律关系。

行政法律关系有以下的特征：

1. 在行政法律关系双方当事人中，必有一方是行政主体。如果双方当事人都是不行使行政职权的公民、法人或社会组织，也就不可能发生行政法律关系，而只能是民事法律关系。即使在监督行政法律关系中，也必须存在受监督的行政主体。因此，行政主体的存在是发生行政法律关系的先决条件。

2. 行政法律关系当事人的权利和义务由行政法律规范预先规定。在行政法律关系中，当事人的权利义务不能由双方相互协商约定，而是由法律规范事先规定。当事人不得自由选择权利、义务，也不得随意放弃权利、转让义务，而只能依据行政法律规范的规定享有权利或承担义务。

3. 行政法律关系具有不对等性。这种不对等性主要表现在两个方面：其一，行政法律关系双方主体的地位不平等。行政主体以国家强制力保证其职权的行使，当相对方拒绝履行义务时，行政主体可以行使行政强制权，强制对方履行。而当行政主体不履行或不当履行职责时，相对方只能通过申诉或诉讼程序来解决。对行政主体的违法或不当行为，在法定部门确认该行为违法或不当之前，行政相对方既不能否认其效力而加以抵制，也不能停止执行。其二，行政法律关系的产生、变更不以双方主体的意思表示一致为必要条件，行政主体可以单方面地设立或变更行政法律关系，而无须征得相对方的同意。

4. 行政法律关系中行政主体的权利与义务具有统一性。行政主体在行政法律关系中的权利义务总是交叉重叠的，权利与义务很难分开。行政主体的职权往往就是其职责，即其权利往往又是其义务。在行政法律关系中行政主体的职权与职责、权利与义务相互渗透，具有统一性。例如，税务机关征收税款，既是税务机关的权利，也是税务机关的义务。

5. 行政法律关系引起的争议，在解决方式及程序上有其特殊性。在行政法律关系中产生的争议，既可通过诉讼程序解决，也可由行政主体先行裁决。行政主体的先行裁决是行政法律关系区别于民事、刑事法律关系的重要特征。

（二）行政法律关系要素

行政法律关系由主体、内容和客体三要素构成。行政法律关系的主体是指行政法律关系当事人，其享有和承担该行政法律关系所确定的权利和义务；行政法律关系的内容是指行政法律关系主体享有的权利和承担的义务；行政法律关系的客体是指行政法律关系当人权利义务指向的目标和对象。

1. 行政法律关系的主体。主要包括：国家行政机关、其他国家机关、公民、法人、其他各种经济组织和社会组织。同时，外国人、无国籍人以及外国组织在一定条件下也可在中国成为行政法律关系的主体。行政法律关系主体又分为行政主体和行政相对方。

2. 行政法律关系的内容。主要包括两个方面，即行政主体的权利义务和行政相对方的权利义务。在行政法律关系中，行政主体的权利表现为行政主体所行使的国家行政权力即行政权。至于行政权具体包括哪些权力，学者们的看法不一。其中已被普遍认同的权力有规范制定权、决策权、命令权、检查权、决定权、制裁权、强制权和行政司法权等，而且在一定意义上说行政权具有优先的性质。行政主体的义务即其职责，最基本的职责就是依法行政，其中包括遵守法律法规、积极履行职务、遵守程序、裁量合理、符合行政目的等。由于行政相对方的范围广、类别多，故其权利内容有所差异，但以下权利已被普遍认为是行政相对方的主要权利：自由权、平等权、了解权、参与管理权、受益权、举报权、请求权、申告权、获得救济权、行政诉讼权、民主监督权等。行政相对方的义务主要是守法、服从行政命令、协助行政管理等。

3. 行政法律关系的客体。一般认为，行政法律关系的客体包括：①物，即具有使用价值和价值的物质资料；②行为，即行政法律关系的主体根据其权利义务而进行的活动，包括作为和不作为，它是行政法律关系最主要的客体；③精神财富，即以非物质形式表现出来的智力劳动成果，如著作、专利等。但也有观点将行政法律关系的客体划分为人身、行为和财物这样三类。

（三）行政法律关系的变动

行政法律关系处于动态变化之中，其包含产生、变更和消灭的过程。对于行政法律关系的变动，我国行政法学界在理论上没有太多的争论。

1. 行政法律关系的产生。行政法律关系的产生，是指由于一定的法律事实而在行政主体与相对方之间形成特定的权利义务关系。在已有行政法律规范的前提下，行政法律的产生取决于：①一定事件的发生；②一定行为（作为和不作为）的发生。

2. 行政法律关系的变更。行政法律关系的变更，是指行政法律关系在存续期间发生的变化。它涉及行政法律关系的主体和内容相互交织而发生的增减更替等变化，情形多种多样。

3. 行政法律关系的消灭。行政法律关系的消灭，是指行政法律关系的终止或不复存在。它包括主体的消灭、权利义务的消灭、客体的消灭等多种情形。

4. 行政法律关系变动的原因。行政法律关系的变动，以相应的行政法律规范的存在为前提，以一定的法律事实的出现为主因。导致行政法律关系变动的法律事实包括事件和行为两大类，前者是不以当事人的意志为转移的客观现象，后者是当事人有意识的能够产生法律效果的行为，也是主要的法律事实。

任务二　行政法的渊源、特点与分类

导入案例

2000 年发布的《中华人民共和国种子法》（以下简称《种子法》）规定，违法经营、推广应当审定而未经审定通过的种子的，可处以 1 万元以上 5 万元以下罚款。某省人民政府在其制定的《某省种子法实施办法》中规定，违法经营、推广应当审定而未经审定通过的种子的，可处以 3 万元以上 5 万元以下罚款。

问题：

1. 《某省种子法实施办法》是否超越了《种子法》的规定？

2. 《某省种子法实施办法》是否有效？

基本原理认知

行政法是国家法律体系中一个独立的法律部门，是在宪法统率下与刑法、民法一样的基本的部门法之一。行政法是国家实施行政管理最重要的工具之一，是行政主体及其工作人员实施行政管理的法律依据，是一切国家机关、社会团体、企事业单位和公民个人都必须遵守的行为准则。它与国家政治、经济、文化等各方面的管理与建设，与人民的生活和幸福密切相关。离开行政法，国家的行政管理就无法实施，国家对经济和社会生活的管理也就无法进行。

一、行政法的渊源

行政法的渊源，也称行政法的法源，是指行政法的表现形式。根据制定主体、效力等级及制定程序的差异可将行政法的渊源划分为以下几种形式：

（一）宪法

宪法是国家的根本大法，具有最高的法律效力，是一切立法的依据。宪法中有关行政管理的部分，通常都是一般性的、原则性的规范，对行政法的各种具体规范起统率作用。如果行政法的具体规范与这些一般性规范相抵触，将导致无效的后果。我国宪法所包含的行政法规范主要有：关于行政管理基本原则的规范，关于国家行政机关组织、基本工作制度和职权的规范，关于国家行政区域划分和设立特别行政区的规范，关于公民基本权利义务的规范，关于保护外国人合法权益和关于外国人义务的规范，关于国有经济组织、集体经济组织、中外合资经营的企业以及个体劳动者在行政法律关系中的权利义务的规范，关于国家发展教育、科学、医疗卫生、体育、文学艺术、新闻广播事业等方面的规范。

（二）法律

法律是行政法的基本渊源，包括由全国人民代表大会制定的法律，如《中华人民共和国国务院组织法》《中华人民共和国地方各级人民代表大会和地方各级人民政府组织法》（以下简称《地方各级人民代表大会和地方各级人民政府组织法》）等；也包括由全国人民代表大会常务委员会制定的法律，如《中华人民共和国行政许可法》（以下简称《行政许可法》）、《中华人民共和国行政强制法》（以下简称《行政强制法》）、《中华人民共和国行政处罚法》（以下简称《行政处罚法》）等。

在行政法渊源体系中，法律的地位和效力是仅次于宪法的法律规范性文件，是行政法最重要的渊源之一。

（三）行政法规

行政法规是国务院依宪法和法律制定的规范性法律文件的总称。国务院制定的行政法规的内容非常广泛，涵盖了国家行政管理的各个方面。行政法规是我国行政法的主要渊源，其法律地位和效力低于宪法和法律，是国务院各部门和地方人大及地方政府制定法律规范性文件的依据之一。

（四）地方性法规

根据宪法的规定，省、自治区、直辖市的人民代表大会及其常务委员会，在不同宪法、法律、行政法规相抵触的前提下，可以制定地方性法规，报全国人民代表大会常务委员会备案。设区的市的人民代表大会和它们的常务委员会，在不同宪法、法律、行政法规和本省、自治区的地方性法规相抵触的前提下，可以依照法律规定制定地方性法规，报本省、自治区人民代表大会常务委员会批准后实行。

（五）自治条例和单行条例

根据宪法规定，民族自治地方的人民代表大会有权依照当地民族的政治、经济和文化特点，制定自治条例和单行条例。自治区的自治条例和单行条例，报全国人民代表大会常务委员会批准后生效。自治州、自治县的自治条例和单行条例，报省或者自治区的人民代表大会常务委员会批准后生效，并报全国人民代表大会常务委员会备案。

自治条例和单行条例既可以规定民族自治机关的组织和工作，也可规定自治地方的行政管理事务。

（六）规章

我国的规章分为部门规章和地方政府规章两种。部门规章是指国务院各部、委和某些其他工作部门发布的规范性法律文件的总称。地方政府规章是指省、自治区、直辖市人民政府、设区的市、自治州的人民政府，根据法律和行政法规制定的规范性法律文件的总称。部门规章在全国范围的特定领域内有效，地方政府规章只施行于制定机关所辖行政区域。

（七）法律解释

法律解释包括最高国家权力机关的解释、最高国家行政机关的解释、最高国家司法机关的解释、有关地方国家权力机关和行政机关的解释。在法律解释实践中最高权力机关很少作出立法解释，很多法律都是由最高人民法院进行司法解释。

（八）国际条约和协定

国际条约和国家间协定有的会涉及国内行政管理，将成为调整国家机关与公民、法人、其他组织或外国人之间行政管理关系的行为准则。因此，它们也是行政法的渊源。

二、行政法的特点

行政法与其他部门法相比，在形式和内容上具有一些显著而又相互关联的特征：

（一）行政法在整体上没有统一、完整的法典

在行政法所调整的对象中，行政关系及其监督关系的内容广泛复杂，而且变化较快，要制定一部包罗万象、统一完整的行政法典是十分困难或不可能的。我们不可能对全部行政法的问题进行统一规定。因此，行政法是由分散于宪法、法律、行政法规和规章等为数众多的法律规范性文件中的有关规范组成的。行政法就是调整行政关系的分散的、大量的行政法律规范的总和。

（二）行政法律规范的表现形式多、数量大

因行政领域的情况极为复杂，而且为了保障国家行政职能的正常履行，现代国家把制定调整行政关系及监督关系的法律规范的权力不仅赋予立法机关，并授予了行政机关。不仅中央的立法机关和行政机关有立法权，而且地方的相应机关也拥有不同的立法权。制定机关不同、层次不同、效力不同，自然其表现形式不同，数量浩如烟海。

（三）行政法律规范的专业性和技术性较强，适时性强，具有易变性

譬如在食品、卫生、医疗、专利等方面的行政管理，不仅技术性、专业性强，而且变化快。所以，调整这类关系的行政法律规范与民法、刑法相比具有易变的特点，

否则将无法适应国家行政管理的需要。

（四）行政法中的实体规范与程序规范划分不严格

此处的程序法仅指规定行政权力如何行使的法律规范文件，而非有关行政诉讼方面和行政复议方面的法。由于行政关系是以行政主体作为当事人的特殊法律关系，各行政主体的职能权限不尽相同，因此很难在实体和程序方面作出统一规定。考虑到既要保障民主，提高行政效率，又要防止行政权的滥用，有利于提高行政法的适应性，大量的行政管理程序只能与行政实体法交织在一起，二者结合仍有其必要性。

三、行政法的分类

行政法的内容十分广泛，可按不同的标准进行划分。当代行政法有多种分类方式，主要包括以下几种：

1. 以行政法的功能作用为标准，可分为三类：第一类是关于行政组织和人员的法律规范，包括行政组织法和行政人员法（如公务员法）；第二类是关于行政主体行为的法律规范，包括各种专门领域的行政作用法，其数量特别多；第三类是关于对行政进行监督以及进行权利救济的法律规范，包括审计法、行政监察法、行政复议法、行政诉讼法、国家赔偿法等监督救济法，此类法律规范的比重越来越大，作用日益重要。

2. 以行政法调整对象的范围为标准，可分为一般行政法与特别行政法。前者也称为行政法总论或总论行政法，如行政法基本原则、行政组织法、行政行为法、行政程序法等；后者也称为行政法分论或分论行政法、部门行政法，如经济行政法、工商行政法、质量技术监管法、金融监管法、教育行政法、科技管理法、文化管理法、卫生行政法、公安行政法等各个领域的行政法。

3. 以行政法规范的内容为标准，可分为实体行政法（也即行政实体法）和程序行政法（包括行政诉讼法和行政程序法）。前者是关于行政法律关系当事人的地位、资格、责任等实体内容的行政法规范的总称；后者是关于诉讼程序和行政行为程序的行政法规范的总称，或者说实施实体法的程序性行政法规范的总称。尽管二者有所交织，但现在还是能大致分开的。

任务三 行政法的地位与功能

导入案例

教育部要求做好家庭经济困难学生资助工作，完善家庭经济困难学生入学保障体系，狠抓各项学生资助政策措施的落实，确保入学"绿色通道"畅通无阻。要密切关注学生报到情况，采取切实有效措施，努力不让学生因家庭经济困难、就学生活困难或学习困难而失学。

问题：教育部的要求体现了行政法的什么功能？

::: 基本原理认知

一、行政法的地位

随着社会事务的不断增多，现代科技、经济、文化的迅猛发展，现代行政管理的触角已经延伸到社会生活包括人们的衣、食、住、行等各个方面。作为规范和保障行政权力行使的行政法，在社会生活中的地位和作用日渐突出。与刑法、民法等部门法一样，行政法已经发展成为我国法律体系中不可或缺的基本法律部门，发挥着十分重要的作用。

（一）行政法是现代法律体系中三大部门法之一

法律体系是由一国的宪法和各个部门法所组成的有机整体，缺少任何一个法律部门都难以建立完整且有效的法律秩序。

人们通常把一国的法律划分为宪法统率下的民事法律、刑事法律、行政法律三大部门（可将其他相近相关法律部门划入这三大部门中）。法律体系是法律部门的有机统一体，而法律部门的划分则是以规范的对象和内容为标准。民事法律调整平等主体之间的人身、财产关系，刑事法律用于追究、惩治具有社会危害性的犯罪行为。然而，平等民事主体之间的社会关系并不是唯一的社会关系，此外还存在国家与个人的关系，尤其是行政主体与行政相对人的关系；违反公共秩序、损害社会及他人利益的行为也不只有犯罪行为一种，还有尚未构成犯罪但仍需要追究、惩治的违反社会秩序的行为。因此，除了民事法律、刑事法律外，还应当有调整国家行政权力的取得、行使和监督其行使的一类法律规范，即行政法律。所以说，由于调整对象的特殊性和调整内容的系统性，行政法在我国法律体系中占有十分重要的地位。

（二）行政法是宪法的实施法

行政法与民法、刑法等部门法是宪法的实施法。宪法在一个国家的法律体系中最为重要，地位最高，它调整国家的政治制度、经济制度、法律制度等基本制度。但是，宪法在许多方面的规定是抽象和原则性的，需要一系列部门法加以具体化，其中行政法是实施宪法的最重要的法律部门。宪法所规定的国家基本政治、经济、文化、社会制度和公民基本权利义务，无一不涉及行政权力的行使与监督问题，没有行政法律、法规作出具体规定，这些基本制度和权利义务就无法落实，宪法也就难以实施。从这个意义上看，行政法不仅是一国法律体系的重要组成部分，而且是完善宪法制度、维护宪法尊严、保证宪法实施的法律部门。

二、行政法的功能

行政法的功能主要表现在两个方面：

（一）效率保障功能

行政主体代表国家依法行使行政职权，对政治、经济、文化等各方面实施行政管理。行政法规范行政权的存在、运行和保障，确立行政机关独立行使行政权，赋予行政机关优先权、处罚权、裁决权、强制权、执行权等，保障了行政职权的有效行使。

行政法规定了行政主体行使行政权的基本制度、原则、程序、方法、违反行政法的法律责任，要求行政主体严格依照法律规定行使行政职权，对促进依法行政，具有重要作用。

行政效率是指在行政管理过程中，国家所投入的人力、财力、物力资本与取得的效果之比例。行政法确认行政管理方面的原则和制度，设立科学的、民主的行政程序，规定合理的时效制度，对提高国家行政效率是有力的促进和保障。

（二）控制功能

控制功能就是建立行政法制监督机制，控制行政权力，防止行政主体滥用职权，维护国家与社会的公共利益，保护公民、法人或其他组织的合法权益。行政法一方面为公民、法人或其他组织实现宪法赋予的各项权益提供法律保障；另一方面通过建立一系列的制度（如听证制度、复议制度、诉讼制度和赔偿制度等）控制和监督行政主体的行政行为，防止行政相对人的合法权益受到违法或不当行政行为的侵害，充分发挥对公民、法人或其他组织合法权益的保护作用。

拓展阅读

中共中央、国务院《法治政府建设实施纲要（2021-2025 年)》

……到 2025 年，政府行为全面纳入法治轨道，职责明确、依法行政的政府治理体系日益健全，行政执法体制机制基本完善，行政执法质量和效能大幅提升，突发事件应对能力显著增强，各地区各层级法治政府建设协调并进，更多地区实现率先突破，为到 2035 年基本建成法治国家、法治政府、法治社会奠定坚实基础……

思考与练习

一、思考题

1. 行政法的含义。
2. 行政法的渊源。
3. 行政法的地位与功能。

二、选择题[1]

1. 行政法的调整对象是？（　　）

A. 行政法规范　　　B. 行政法关系　　　C. 行政关系　　　D. 监督行政关系

2. 行政法律关系当事人的权利义务？（　　）

A. 由行政法律规范预先规定　　　　B. 由当事人双方自行约定

C. 由合同规定　　　　　　　　　D. 由国家宪法规定

3. 《公务员法》属于？（　　）

A. 法律　　　　　　B. 法规　　　　　C. 规章　　　　　D. 其他规范性文件

实训任务1：行政法的功能

【案例】

某建设单位在李某的家门口设置消防栓，李某入室需后退避让，等门扇开启后再前行入室，李其的门扇开不到60度至70度根本出不来。某建设单位就设置的消防栓向市公安消防支队报送相关资料，市公安消防支队对消防栓抽查后作出《建设工程消防验收备案结果通知》。

李某认为消防栓的设置和建设影响了其生活而市公安消防支队却验收合格，严重侵犯了其合法权益，遂提起行政诉讼，请求法院撤销市公安消防支队批准在其门前设置的消防栓通过验收的决定，判令市公安消防支队责令报批单位依据国家标准限期整改。若市公安消防支队撤销了《建设工程消防验收备案结果通知》，某建设单位不服，如何救济？

【训练目的及要求】

结合案例和相关知识，通过训练，能正确掌握行政法的功能。

【训练方法】

分两组进行，一组学生根据行政法的功能对案例进行分析；另一组学生评价分析是否正确。

【训练步骤】

步骤1：分组。

步骤2：熟悉案例。

步骤3：学生分析案例。

步骤4：老师评判。

【案例解析】

某建设单位可以根据《中华人民共和国行政复议法》（以下简称《行政复议法》）

---

[1] 1. C；2. A；3. A。

申请行政复议，也可以根据《中华人民共和国行政诉讼法》（以下简称《行政诉讼法》）提起行政诉讼。《建设工程消防验收备案结果通知》给某建设单位合法权益造成损害的，其还可以根据《中华人民共和国国家赔偿法》（以下简称《国家赔偿法》）申请国家赔偿。

实训任务 2：行政法的渊源

【案例】

对于城建管理处罚事项，涉及国务院的两个行政法规，A 行政法规是对所有行政管理处罚作出的规定，B 行政法规是专门针对城建管理处罚作出的规定，但是 A 行政法规是 2019 年制定的，B 行政法规是 2015 年制定的，若两个行政法规的规定不一致，如何处理？

【训练目的及要求】

结合案例和相关知识，通过训练，能正确掌握行政法律规范的效力规则。

【训练方法】

分两组进行，一组学生运用行政法的渊源对案例作出判断；另一组学生评价判断是否正确。

【训练步骤】

步骤 1：分组。

步骤 2：熟悉案例。

步骤 3：学生分析案例。

步骤 4：老师评判。

【案例解析】

若两个行政法规的规定不一致，由国务院裁决。同一机关行政立法，新的一般规定与旧的特别规定不一致时，由制定机关裁决。

参考书目

1. 熊文钊：《现代行政法原理》，法律出版社 2000 年版。
2. 罗豪才主编：《行政法论丛（第 6 卷）》，法律出版社 2003 年版。
3. 罗豪才等：《现代行政法的平衡理论·第二辑》，北京大学出版社 2003 年版。
4. 胡锦光、莫于川：《行政法与行政诉讼法概论》，中国人民大学出版社 2017 年版。

项目二　行政法的基本原则

"权为民所用，情为民所系，利为民所谋。"

知识目标

1. 掌握行政法基本原则的含义。
2. 理解行政法基本原则的具体内容。

能力目标

1. 能够对行政行为是否符合行政法基本原则作出判断。
2. 能够在具体案件中灵活运用行政法基本原则。

内容结构图

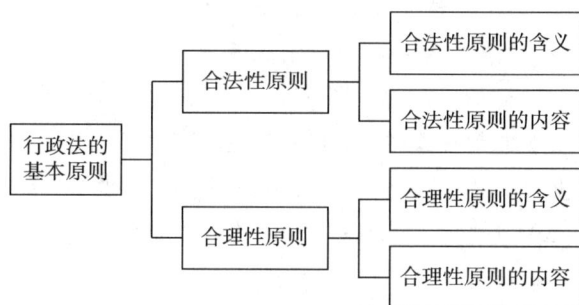

任务一　合法性原则

导入案例

2017 年 2 月 A 公司因委托改造仓储粮设备工程，车间发生工人身亡事故。××县应急管理局工作人员于同年 3 月 3 日、3 月 7 日分别前往 A 公司向法定代表人党某某、潘某某二人制作询问笔录，拍摄了三张照片。2017 年 5 月 8 日，A 公司事故调查组制作出《A 公司事故调查报告》。2017 年 12 月 5 日，××县应急管理局制作了（X）安监罚告〔2017〕4 号行政处罚告知书和（X）安监听告〔2017〕3 号行政处罚听证告知书，并于 2017 年 12 月 27 日向 A 公司送达，告知拟对 A 公司处以 20 万元罚款的行政处罚。2017 年 12 月 29 日，A 公司向××县应急管理局陈述申辩。2018 年 2 月 14 日，××县应急管理局制作了（X）安监罚〔2018〕3 号行政处罚决定书，决定给予 A 公司处 20 万元的行政处罚，并于同日向 A 公司进行了送达。后 A 公司不服，向××县人民法院提起诉讼，要求判决撤销该处罚决定。

××县人民法院审查认为：××县应急管理局对 A 公司作出 20 万元罚款的具体行政行为时，××县应急管理局根据三组证据，即证据一，询问笔录两份；证据二，《A 公司一般伤害事故调查报告》；证据三，3 张现场照片而作出的（A）安监罚〔2018〕3 号行政处罚决定书，确认 A 公司违反了《中华人民共和国安全生产法》（2014 修正）第 38 条第 1 款的规定，故根据该法第 109 条第 1 项的规定，决定给予原告处人民币 20 万元罚款的行政处罚。而该法第 38 条第 1 款规定："生产经营单位应当建立健全生产安全事故隐患排查治理制度，采取技术、管理措施，及时发现并消除事故隐患。事故隐患排查治理情况应当如实记录，并向从业人员通报。"该法第 109 条第 1 项规定："发生生产安全事故，对负有责任的生产经营单位除要求其依法承担相应的赔偿等责任外，由安全生产监督管理部门依照下列规定处以罚款：（一）发生一般事故的，处二十万元以上五十万元以下的罚款……"可见，第 38 条第 1 款是属于该法第四章安全生产的监督管理方面的法条，而第 109 条第 1 项是属于该法第六章法律责任方面关于发生生产安全事故后应该处罚的法条，很显然，法条的援引不恰当；即使按照××县应急管理局认定 A 公司违反了第 38 条第 1 款的规定，那么要给予 A 公司处罚，亦应当引用该法第 99 条，该条规定："生产经营单位未采取措施消除事故隐患的，责令立即消除或者限期消除；生产经营单位拒不执行的，责令停产停业整顿，并处十万元以上五十万元以下的罚款……"所以，××县应急管理局在对 A 公司给予行政处罚决定时，适用法律错误。故应依法撤销被告作出的行政处罚决定，判决如下：撤销被告××县应急管理局于 2018 年 2 月 14 日作出的（X）安监罚〔2018〕3 号《行政处罚决定书》。

问题：案例中的行政行为违反了什么原则？

基本原理认知

法的原则、法律概念和法律规范是法的三个基本要素。党的二十大报告以"坚持全面依法治国，推进法治中国建设"作出专章部署，提出要"完善以宪法为核心的中国特色社会主义法律体系"，其中也包括对完善行政法治体系的部署安排。行政法的基本原则，是行政法体系的重要组成部分。行政法的基本原则是指导行政法的制定、执行、遵守以及解决行政争议的基本准则，贯穿于行政立法、行政执法、行政司法和行政法制监督等各个环节。它是对行政法规范的价值和精神实质的高度概括，体现着行政法规范的价值取向和目标，反映现代民主法治国家的宪法精神，规范法与行政之间的关系。对于行政法基本原则的内容，学界有着不完全一致的看法，但是，以民主宪政思想来指导行政法基本原则的内容，已成为世界各国的共识。通说认为，行政法基本原则的主要内容应包括：行政法的合法性原则、行政法的合理性原则、行政法的应急性原则。其中，合法性原则是首要原则，其他原则都是合法行政的延伸。

一、合法性原则的含义

行政法的合法性原则是各国行政法的共同理念或基本原则，其基本含义在于行政机关的职权和行使职权中产生的权利义务必须以法律规定为依据，行政机关的法律能力和行政职权应当来自法律的授予。合法行政原则的确立，对于我国行政法治建设具有划时代的意义。从 1999 年开始，国务院推出一系列关于合法行政的文件，其中主要有《国务院关于全面推进依法行政的决定》（1999 年）、《全面推进依法行政实施纲要》（2004 年）、《国务院关于加强法治政府建设的意见》（2010 年，已失效）。2014 年，十八届四中全会作出了《中共中央关于全面推进依法治国若干重大问题的决定》，明确强调深入推进依法行政，加快建设法治政府。各级政府必须坚持在党的领导下、在法治轨道上开展工作，创新执法体制，完善执法程序，推进综合执法，严格执法责任，建立权责统一、权威高效的依法行政体制，加快建设职能科学、权责法定、执法严明、公开公正、廉洁高效、守法诚信的法治政府。为实现这一总体目标，《中共中央关于全面推进依法治国若干重大问题的决定》对依法行政提出了一系列明确的要求和发展方向：其一，依法全面履行政府职能；其二，健全依法决策机制；其三，深化行政执法体制改革；其四，坚持严格规范公正文明执法；其五，强化对行政权力的制约和监督；其六，全面推进政务公开。这些要求为我国行政法的发展，尤其是行政法基本原则的确立提供了时代契机。这既有效地诠释行政活动与民事活动的主要区别，更具体明确了建设社会主义法治国家实践必须完成的基本任务。

二、合法性原则的内容

在行政法学理论和实践上，合法行政原则重在解决行政与法的关系问题。关于合法行政原则的具体内涵与外延，理论上有着不同见解，但基本的共识集中表现在法律优先、法律保留两个方面。

（一）法律优先

法律优先原则又称为消极的依法行政，是指行政活动均不得与民意代表机关制定的法律相抵触，即法律优先于行政。这一原则主要有两个方面的含义：一是在行政立法方面，行政机关的任何规定和决定都不得与法律相抵触，行政机关不得作出不符合现行法律的规定和决定。如果行政机关的规定和决定违法，就不能取得法律效力；二是在行政执法方面，行政机关有义务积极执行和实施现行有效法律规定的行政义务，行政机关不积极履行法定义务的，构成不作为犯罪。

法律优先原则，是人民主权这一宪法原则在行政法领域的体现。人民主权原则意味着国家的主权属于人民，反映人民意志的法律应当由人民通过民主程序选举的代表组成的议会或国会依照民主程序制定，政府（行政系统）作为受人民委托而履行行政职能的机构，其行为必须服从于反映人民意志的法律。在我国，根据《中华人民共和国宪法》（以下简称《宪法》）的规定，我国的一切权力属于人民，代表人民行使权力的国家机关是全国人民代表大会和地方各级人民代表大会，全国人民代表大会是最高国家权力机关。因此，由国务院领导的整个行政系统的行政活动，都不得与全国人民代表大会及其常委会制定的法律相抵触。在全国人民代表大会及其常委会就某一事项作出法律规定的情形下，国务院及其领导的行政系统必须严格遵照执行不得采取与法律相抵触的行动，否则即属违法行为，应当承担违法责任。

（二）法律保留

法律保留原则又称积极的依法行政，是指行政机关的行为应以明确的法律授权为前提和基础，法无授权即禁止。这一原则的基本要求是：没有法律、法规、规章的规定，行政机关不得作出影响公民、法人和其他组织合法权益或者增加公民、法人或者其他组织义务的决定。这一原则同样包含两个方面的含义：一是在行政立法方面，立法机关保留对某些事项的立法权限，行政针对上述保留事项的立法不仅不能消极地不抵触法律既有的规定，还需要法律的明确授权。依法只能由法律规定的事项，行政机关除非获得授权，否则不得作出任何规定和决定。二是在行政执法方面，如果没有立法文件进行规定，行政机关不得作出影响公民、法人和其他组织合法权益的行为。

从我国的情况来看，《中华人民共和国立法法》（以下简称《立法法》）第11条、第12条有关于法律保留的规定，依据规定法律保留可分为绝对保留与相对保留。绝对保留，即某些事项的决定权只能归属于最高立法机关，任何其他国家机关不得行使，而且该事项只能通过法律加以规定，不得授权行政机关或者其他国家机关行使。如《立法法》第11条规定的有关犯罪和刑罚、对公民政治权利的剥夺和限制人身自由的强制措施和处罚、司法制度等事项，就属于法律的绝对保留事项或称法律专属保留事项；相对保留，即某些事项原属于立法机关通过法律予以设定的范围，但在某些情况下法律可以授权行政机关或其他国家机关行使。根据《立法法》第12条的规定，对于尚未制定法律的事项（非绝对保留的事项），全国人民代表大会及其常务委员会有权作出决定，授权国务院可以根据实际需要，对其中的部分事项先制定行政法规。另外，《行政处罚法》也有关于处罚设定权的专属保留和相对保留的规定。由此可见，合法性原则中的法律保留原则的重要性充分地体现在我国法律实践中。

任务二　合理性原则

导入案例

原告某公司建设的某商业广场工程系于2011年7月1日开工建设，地质勘察报告记载"本场区基本地震烈度为七度远震区"，该工程根据地震烈度七度远震设防设计并施工。2012年1月3日主体工程完工。2012年7月8日该公司在市政府行政服务中心地震窗口领取"建设工程抗震设防要求审核申请表"时，被告市地震局指导了原告建设该工程的情况。被告认为原告的建设工程属重大建设工程，必须进行地震安全性评价，遂要求原告做地震安全性评价工作，原告不同意，被告于 2013 年 2 月 12 日作出地震行政处罚决定书，以"该工程未按有关规定进行地震安全性评价工作，违反了 2009 年实施的《中华人民共和国防震减灾法》第 87 条的规定，未依法进行地震安全性评价，或者未按照抗震安全性评价报告所确定的抗震设防要求进行抗震设防的，由国务院地震工作主管部门或者县级以上地方人民政府负责管理地震工作的部门或者机构责令限期改正；逾期不改正的，处 3 万元以上 30 万元以下的罚款"为由，给予原告罚款 30 万元整的行政处罚。原告认为该行政处罚过重，遂向法院提起行政诉讼。

问题：试从行政合理性的角度分析本案例。

基本原理认知

一、合理性原则的含义

现代行政法虽然要求职权法定，但立法者不得不授予行政主体广泛的行政裁量权。从消极方面而言是出于立法机关无法预知未来的一切可能并作出周密的考虑，即立法无能；从积极层面而言是立法者也希望给行政主体更多裁量权来应对未来复杂多变的现实生活。行政主体享有广泛的行政裁量权，这是各国公共行政领域一个不可避免的事实。不过，从正义原则的要求和保障人权的目标考虑，即使是裁量权，也不可恣意妄为，而应当符合合理的要求。因而，《中共中央关于全面推进依法治国若干重大问题的决定》也明确提出要"建立健全行政裁量权基准制度，细化、量化行政裁量标准，规范裁量范围、种类、幅度"。

为了评价和控制行政裁量权，行政合理性原则得以提出并获得广泛认可，进而成为行政法的一个基本原则。合理性原则具体是指行政机关行使行政权力应当客观、适度、符合理性。至于理性的含义，指的是最低限度的理性，即行政决定应当具有一个正常理智的普通人所能达到的合理与适当，并且能够符合科学公理和社会公德。为此，与合法行政注重形式程序不同，合理行政追求公正、权利、平等、正义等价值要求，属于实质行政范畴。

二、合理性原则的内容

合理性原则作为对行政自由裁量权的适当控制和约束，具体体现为平等对待、考虑相关因素、合乎比例等三方面内容。

（一）平等对待

平等对待是人类生活中相互交往的基本原则，也是行政主体在履行职责、行使裁量权时必须遵循的原则。平等对待的基本含义是，非有正当理由不得区别对待，即非歧视原则。在行政法领域，平等对待的具体要求主要表现在如下方面：

1. 行政主体应平等对待行政相对人。在行政权的行使过程中，行政主体要平等对待行政相对人，不偏私、不歧视。同时，面对同等情况应当同等对待，不同情况应区别处理，不得恣意地实施差别待遇。

例：甲乙两人共同将丙打伤，公安机关经调查后认为两人责任相当，但由于甲与调查人员相熟，故公安机关决定对甲罚款 100 元，对乙拘留 10 天。

分析：公安机关的行为没有做到对甲、乙的公平公正对待，就属于违反了行政法中的合理行政原则里的平等对待要求。

2. 国家应平等对待行政主体与行政相对人。一方面，立法机关在立法上应平等地对待行政主体与行政相对人，根据行政主体与行政相对人所处的不同地位给予一种"差别待遇"，公平地分配双方的权利义务，从而实现实质意义上的平等，这是因为行政主体在行政管理活动中居于强势，而处于被管理者地位的行政相对人居于弱势，立法就应针对他们不同的地位赋予他们不同的权利义务。行政主体应负有更多的义务，而行政相对人则应拥有更多的权利。另一方面，司法机关或者其他监督（或救济）机关在司法过程中应平等地对待行政主体与行政相对人，以一种独立、中立的立场来公正地处理双方的关系，而不能因为行政主体处于强势地位、行政相对人处于弱势地位就偏袒行政主体，否则会使强者更强、弱者更弱。

（二）考虑相关因素

行政行为应建立在正当合理的基础上，执法者在作出行政裁量决定时应考虑相关因素，不得以不相关因素来施加影响。在社会生活和社会管理活动中，行政行为所受到的影响是最为广泛的。其中来自行政主体周边因素的影响最为明显。但是，没有考虑到相关因素或考虑不了相关因素的行政行为也并非必然导致行政行为的无效和被撤销，只有该因素的考虑对行政决定的作出具有实质影响时，上述结果才会出现。

（三）合乎比例

行政手段与行政目的应当是相称的，这样才能将国家权利的行使保持在适度、必要的限度之内，不会为目的而不择手段，不会采取总成本高于总收益的行为。如果出现背离比例原则、显失公平的行政行为，则构成了不当行政行为，它不仅会给公民个人带来损害，而且还会给国家和集体利益带来损失。行政行为合乎比例原则有三项具体要求：

1. 行政手段应具有妥当性。在行政法领域，行政目的是由法律设定的，行政手段却并非全部由法律规定。当法律只规定了行政目的而没有规定行政手段时，行政主体就具有了选择手段的权利。行政主体选择的手段必须适合于增进或实现所追求的目标。

2. 行政手段应当具有必要性。必要性是指行政主体在很多种方式达到同一目的时，在不减弱目的实现程度的情况下，应尽可能地选择损害最小的方式。行政行为的妥当性不足以抵消其对公民的不必要侵害，因此，合理的行政行为还应当采取在诸多可供选择的行政目的实现手段中最温和、侵害最小的一种。

3. 行政手段应具有法益相称性。法益相称性也称作严格意义或狭义的比例原则。它要求对行政过程中造成的私权侵害与行政行为带来的实际社会利益进行利益权衡。只有当公权力获益远远大于私权侵害，且对私权利侵害控制在公民忍受的程度内时，行政行为才有效，否则公权力的行使就有违法、违宪之虞。《全面推进依法行政实施纲要》明确要求"所采取的措施和手段应当必要、适当；行政机关实施行政管理可以采用多种方式实现行政目的的，应当避免采用损害当事人权益的方式。"

⭐ 拓展阅读

法律保留原则，是指行政主体只有在立法机关对该事项做出了规范的情况下，才能按照法律的规范作出相应的行政行为，也就是法无明文规定即禁止。该项原则产生于18世纪末的自由主义宪政运动（liberal constitution movement），意在通过分权来限制公权力，以保障个人权利。这一限制通过代议机关监控行政权的行使来实现，没有代议机关（民意）的同意，行政权就不得行使。它既体现了立法权对行政权的制约，也体现了行政权的民意基础。

📖 思考与练习

一、选择题[1]

1. 下列表述哪些是行政合法性原则的内在含义？（　　　）

A. 行政活动只能在法定的范围内，依照法律规定进行

B. 行政行为的内容必须符合法律

C. 行政行为的程序必须符合法律

D. 行政行为必须符合公正原则

2. "对符合法定条件的申请人不予行政许可或者不在法定期限内作出准予行政许可规定的，由其上级行政机关或者监察机关责令改正，对直接负责的主管人员和其他直接责任人员依法给予行政处分；构成犯罪的，依法追究刑事责任。"该条规定体现了（　　　）。

A. 行政合法性原则	B. 行政合理性原则
C. 行政应急性原则	D. 行政相当性原则

---

〔1〕　1. ABCD；2. A；3. B；4. BCD；5. B；6. B。

3. 行政合理性原则产生的主要原因在于（　　　）。

A. 行政违法行为的存在 　　　　　　B. 行政自由裁量权的存在

C. 公务员的素质不同 　　　　　　　D. 应急性原则

4. 合理性原则的具体要求是（　　　）。

A. 行政权的产生基于法律授予

B. 行政行为的内容应建立在正当考虑基础上

C. 行政行为的内容应合乎情理

D. 行政行为应符合行政目的

5. 行政机关要平等对待行政管理相对人，体现了下列哪一行政法基本原则？（　　　）

A. 行政合法性原则 　　　　　　　　B. 行政合理性原则

C. 行政应急性原则 　　　　　　　　D. 行政相当性原则

6. 行政法的基本原则之一是合法行政原则，它要求行政机关必须遵守和执行法律，一切行政活动都要以（　　　）为依据？

A. 商法 　　　　B. 法律 　　　　C. 民法 　　　　D. 刑法

二、判断题

1. 行政合法性原则中的"法"仅指宪法和法律。（　　　）

2. "特别法优于一般法原则"是行政法基本原则之一。（　　　）

3. 行政行为应符合立法目的是行政合法性原则的基本内容。（　　　）

4. 行政法的核心原则是行政合理性原则。（　　　）

5. 行政合法性原则也要求行政相对人合法。（　　　）

三、简答题

1. 行政合法性原则包含哪些内容？

2. 行政合理性原则包含哪些内容？

3. 为何行政合法性原则是行政法的基本原则？

实训任务 1：行政法原则的运用

【案例】

海南省市场监督管理局于 2020 年 11 月 19 日对盛华公司作出琼市监处［2020］38 号《行政处罚决定书》（以下简称被诉处罚决定），决定对盛华公司作出如下处罚：处 2018 年度销售额 100 734 213.88 元的 1% 的罚款，即罚款 1 007 342.13 元。若对该行政处罚不服，可以在收到行政处罚决定书之日起 60 日内，向国家市场监督管理总局或者海南省人民政府申请行政复议，或者在收到行政处罚决定书之日起 6 个月内，向人民法院提起行政诉讼。行政复议或者诉讼期间，该行政处罚决定不停止执行。盛华公司不服该行政处罚决定，于2021年1月12日向一审法院起诉，请求法院判决撤销被诉处罚决定。

一审法院认为：经营者在经营过程中依法正常实施的经营行为，并不属于反垄断法调整的范畴，反垄断执法机构不能予以反垄断处罚。本案中，虽然在消防检测分会的召集下，盛华公司与其他会员单位就消防设施维护保养检测的收费标准达成垄断协议，且盛华公司在经营过程中对部分承接的消防设施维护保养检测业务，按照《最低自律价决议》的收费标准对客户进行报价收费，排除、限制了消防安全技术检测行业市场的价格竞争，达成并实施了垄断协议，依法应受到反垄断处罚。但根据盛华公司营业执照的记载，盛华公司的经营业务范围多达二十余项，消防设施维护保养检测仅仅是盛华公司经营业务范围中的一小部分。2019年3月，海南捷达会计师事务所对盛华公司2018年度资产负债、利润、现金流量等财务状况和经营成果进行了审计，并出具审计报告。该审计报告载明的盛华公司2018年度主营业务收入（销售额）100 734 213.88元，不仅包括盛华公司承接消防设施维护保养检测业务取得的销售收入，还包括盛华公司开展其他正常业务取得的销售收入。海南省市场监督管理局在对盛华公司进行价格垄断处罚时，将盛华公司开展其他正常业务未实施价格垄断行为所取得的销售收入与实施垄断协议取得的销售收入共计100 734 213.88元一并作为处罚基数来计算处罚金额，属于对《反垄断法》（2007年）第46条第1款中"上一年度销售额"的错误理解，与《反垄断法》（2007年）预防和制止垄断行为的立法目的不相符。故海南省市场监督管理局对盛华公司作出的被诉处罚决定，依法应予撤销。海南省市场监督管理局应对盛华公司2018年度主营业务收入100 734 213.88元中，有多少属于盛华公司开展其他正常业务未实施价格垄断行为所取得的销售收入、有多少属于实施垄断协议取得的销售收入进一步核实，再重新作出处理。综上所述，海南省市场监督管理局在对盛华公司作出被诉处罚决定时，错误理解《反垄断法》（2007年）第46条第1款规定的"上一年度销售额"，导致认定事实和适用法律错误，故其作出的被诉处罚决定依法应予撤销。盛华公司诉请撤销被诉处罚决定的理由成立，一审法院予以支持。

一审法院依照《中华人民共和国行政诉讼法》第70条第1项、第2项的规定，于2021年5月31日作出（2021）琼96行初48号行政判决：一、撤销海南省市场监督管理局于2020年11月19日对盛华公司作出的琼市监处［2020］38号《行政处罚决定书》；二、海南省市场监督管理局于该判决生效之日起60日内对盛华公司达成并实施垄断协议的行为重新作出处理。一审案件受理费50元，由海南省市场监督管理局负担。

【训练目的及要求】

结合案例和相关知识，通过训练，能正确理解掌握行政法原则。

【训练方法】

分两组进行，一组学生运用行政法三大基本原则对案例作出判断；另一组学生评价判断是否正确。

【训练步骤】

步骤 1：分组。

步骤 2：熟悉案例。

步骤 3：学生分析案例。

步骤 4：老师评判。

【案例解析】

本案例属于行政合理性原则的经典类型。此海南市场监督管理局与盛华公司处罚类诉讼案件中，市场监督管理局错误理解了《反垄断法》（2007 年）第 46 条第 1 款中"上一年度销售额"的内容，与《反垄断法》（2007 年）预防和制止垄断行为的立法目的不相符。《反垄断法》（2007）第 1 条的规定，该法预防和制止的行为是经营者在经营过程中实施的垄断行为。为此，本案例中市场监督管理局对于该公司的处罚超过了合理处罚的范围。

参考书目

1. 姜明安主编：《行政法与行政诉讼法》，北京大学出版社、高等教育出版社 2019 年版。

2. 胡建淼：《行政法学》，法律出版社 2023 年版。

3. 王敬波主编：《行政法与行政诉讼法学案例研究指导》，中国政法大学出版社 2021 年版。

4.《行政法与行政诉讼法学》编写组编：《行政法与行政诉讼法学》，高等教育出版社 2018 年版。

单 元 二

行政主体的认定

项目三　行政主体

"法律的生命不在逻辑而在于经验。"

——霍姆斯

知识目标

1. 掌握行政主体的内涵。

2. 理解行政机关和被授权组织的区别。

3. 理解被授权组织与受委托组织的区别。

能力目标

能够对行政主体（行政机关、被授权组织）作出判断。

内容结构图

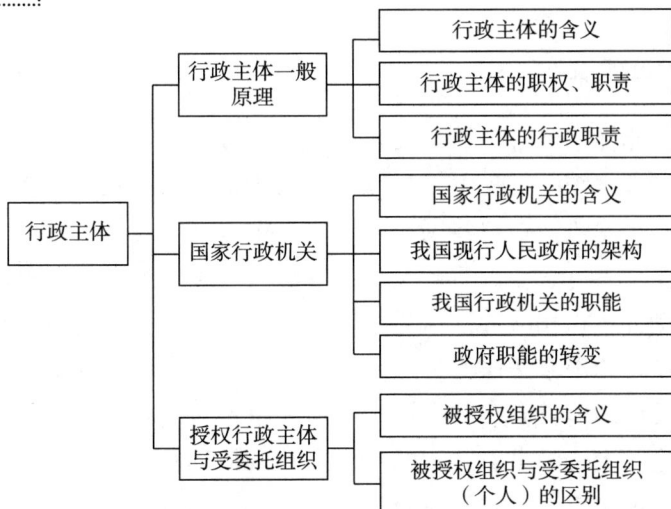

25

任务一　行政主体一般原理

📖 导入案例

2014 年 4 月 20 日清晨 7 时左右，家住某县某街的李老伯还在睡梦中，突然被"砰"的一声巨响惊醒，随之感觉到房子颤抖了几下。李老伯以为发生了地震，慌忙从楼上冲了下来。出了楼门他才发现隔壁的这座 5 层楼的房顶竟然歪倒在了自己家的 6 层楼房上。据房主陈女士说，此房建于 2006 年，此后一直开始向西倾斜，到了 2013 年，该房屋由某县房屋安全鉴定所做出鉴定，结果是该屋向西倾斜了 449 毫米，房屋危险性等级是最高级"D 级"，整栋楼房属于危房，必须要排除危险后才能住人。房屋鉴定所要求房主立即采取纠偏措施或拆平了重建，陈女士考虑再三，决定采取纠偏的方式把房子纠正过来。她找到了该县建设工程公司，并与该公司签下合同，交了 10.5 万元的施工费用。公司则保证，如在施工过程中引起安全和质量事故将由他们承担全部责任。2014 年 4 月初，工程队来到了现场，在楼里人员没有撤出的情况下就开始了纠偏。但是，刚开工没几天就发生了开头惊险的一幕。这间倾斜了 8 年之久的危房，房屋的主人迟迟不予修缮固然负有一定责任，但是每年对危房进行普查并督促修缮的房管部门，在这几年里竟也漏过了这间摇摇欲坠的危房，直到房子倾倒，人们才发现一些更为触目惊心的问题。这间危房竟长期出租给两家制衣厂，而这两家制衣厂生产住宿都在一起，极易发生火灾，这样的生产条件根本不可能办到工商营业执照，他们却长期躲过了县某街道办出租屋管理服务中心、安全生产监督局、公安局消防科、工商局以及街道等各管理部门的检查。

问题：该案中哪些部门属于行政主体？该案中它们是否负有行政职责？

⊞ 基本原理认知

一、行政主体的含义

行政主体，是指能够以自己的名义实施国家行政管理职能并承受相应法律后果的国家行政机关和社会组织。行政主体的概念是舶来品，是从法国、德国、日本等大陆法系国家引入的一个术语。在这些国家，行政主体制度体现出行政分权和行政多元的法律技术。行政主体具有独立的行政法上的地位，有独立的意志和利益，能以自己的名义独立对外活动并承担相应的法律后果。行政主体一般分为国家、地方公共团体和其他行政主体三类，为国家法律所确认。各类行政主体都必须在法律赋予的权限范围内活动，其行为受法律监督，行政主体间的纠纷也都可以通过司法途径予以解决。我国的行政主体概念从上述国家引入，但主要用来概括具有对外管理权限的行政机关以及由法律法规授权的组织，旨在解决行政管理外部主体的合法性问题。在我国，行政主体是指依法享有行政职权，独立对外进行管理的组织。这一概念可以从以下几个方面把握：

（一）行政主体是依法享有行政职能的组织

行政主体这个组织的行政职权由法律法规设定，或者由有权机关通过法定程序授予。按照《宪法》和《地方各级人民代表大会和地方各级人民政府组织法》的规定，我国的行政主体主要是各级人民政府及其部门。但随着社会行政的发展和国家治理的现代化，经法律、法规授权的社会行政组织也能成为行政主体。

导入案例中县房管局、建设管理部门、安全生产监督局、公安局消防科（对外称公安消防大队）、工商局以及街道办事处都能以自己名义行使行政权，而某县街道办出租屋管理服务中心是以委托行政机关的名义行使行政权。

（二）行政主体有权代表国家和社会组织独立行使职权

在国家行政范畴，行政主体可以在法律法规授权范围内，以自己的名义进行活动，以自己的名义作出处理决定。在社会行政范畴，行政主体代表社会自治组织独立进行活动。随着国家治理的兴起和社会行政的扩展，越来越多的社会自治组织参与到公共事务的治理中来，因而也需要确认或赋予这些组织相应的行政法地位。当然，这需要法律上的认可。

导入案例中县房管局、建设管理部门、安全生产监督局、公安局消防科、工商局以及街道办事处依法都有行政权。而某县街道办出租屋管理服务中心、县房屋安全鉴定所、县建设工程公司没有法律赋予的行政权，其中某县街道办出租屋管理服务中心是基于受委托而行使行政权。

（三）行政主体能够独立参加行政诉讼

由于行政主体能够代表国家或社会组织独立行使行政权力，因而能够成为行政诉讼的被告。需要说明的是，在国家行政范畴，行政主体的所有行为后果都归属于国家，行政主体只是形式上的责任主体。在法律技术上，由行政主体做被告，有利于行政诉讼的顺利进行。此外，随着《行政诉讼法》的修订，行政主体以外的组织，比如有法律、法规、规章授权的组织，也可以成为行政诉讼的被告。

行政主体不同于行政组织。行政组织是承担公共职能的行政机关的集合体，而行政主体则是具有独立对外管理职能的行政机关和法律法规授权组织的概称。行政主体也不同于行政机关。行政机关是行政组织中承担公共事务的基本组织体。行政机关是一个法律术语，而行政主体为法学概念，是对依法能独立对外管理的组织的抽象概括。

导入案例中县房管局、建设管理部门、安全生产监督局、公安局消防科、工商局以及街道办事处都能独立承担因此而产生的行政法律责任，某县街道办出租屋管理服务中心是以委托行政机关的名义行使行政权，自己不能独立承担行政法律责任，责任由委托的行政机关承担。

二、行政主体的职权、职责

行政主体资格是指作为行政主体应当具备的条件。作为行政主体，究竟应当具备哪些资格要件，法律没有明文规定。通说认为，行政主体的资格要件包括组织要件和法律要件两类。

行政主体的组织要件是作为行政主体的组织自身应具备的条件。由于行政机关和法律法规授权组织的设立依据和目的不同，因而其组织要件也不同。行政机关作为行政主体的组织要件包括以下内容：行政机关的设立有法律依据，属于国家行政机构序列；行政机关的成立经有权机关批准；行政机关已被正式对外公告其成立；行政机关已有法定编制和人员；行政机关已有独立的行政经费预算；行政机关已具备必要的办公条件。法律法规授权组织或其他社会组织作为行政主体的应具备法人资格。

行政主体的法律要件是作为行政主体在法律上应具备的资格条件。行政主体的法律要件有三项，即依法享有行政职权、以自己的名义实施行政行为和独立承担法律后果。

行政机关为履行其职责，必须具有相应的职权。职权是职责的保障。根据《宪法》和《地方各级人民代表大会和地方各级人民政府组织法》的有关规定，行政机关的主要职权一般有下述七项：

1. 行政立法权。行政立法权是指行政主体根据宪法和法律规定，拥有制定和发布行政法规范的权力。立法权本来是国家立法机关的权力，行政机关只享有执行权而无立法权。但在现代社会，行政机关因具有广泛的职责，单靠立法机关的立法已远远满足不了行政机关履行其职责对法的需要。于是，法律便赋予行政机关以准立法权，即允许行政机关根据法律的原则、精神和法律的有关规定，制定相应的实施规范、解释性规范或创制性与补充性规范，用以调整各种行政关系，规范行政相对人的行为。行政机关的行政立法权为准立法权，它必须根据法律的授权行使，其内容不能与宪法、法律相抵触。

2. 行政命令权。行政命令权是指行政机关向行政相对人发布命令，要求行政相对人作出某种行为或不作出某种行为的权力。行政命令的形式是各种各样的，如通告、通令、布告、规定、通知、决定、命令和对特定相对人发出的各种"责令"等。针对不特定相对人的行政命令与行政立法相似，往往以规范性文件发布。行政命令与行政立法的区别主要在于发布主体：行政立法（行政法规、规章）的主体是法律授权的特定行政机关，行政命令的发布主体是一般行政机关。

3. 行政处理权。行政处理权是指行政机关实施行政管理，对涉及特定行政相对人权利、义务的事项作出处理的权力。行政处理的范围很大，包括行政许可、行政征收、行政征用、行政给付等。行政机关大量职责的履行，是通过行政处理实现的。因此，行政处理权是行政机关实施行政管理、履行行政职责时最经常、最广泛使用的一种行政权力。

4. 行政监督权。行政监督权是行政机关为保证行政管理目标的实现而对行政相对人遵守法律、法规，履行义务情况进行检查监督的权力。行政监督的形式多种多样，主要有检查、审查、统计、审计、检验、查验，要求相对人提交报告、报表等。行政监督权既是一种独立的权力，同时又是行政立法权、行政命令权、行政处理权实现的保障。

5. 行政裁决权。行政裁决权（亦称"行政司法权"）是指行政机关裁决争议、处理纠纷的权力。裁决争议、处理纠纷本来是法院的固有权力。但在现代社会，由于社会经济的发展和科技的进步，行政管理涉及的问题越来越专门化，越来越具有专业技术性等因素，普通法院在处理与此有关的争议和纠纷方面越来越困难并感到不适应。而行政机关因为长期管理这方面的事务，具有处理这类争议、纠纷的专门知识、专门经验和专门技能。于是，法律赋予行政机关以准司法权，即允许行政机关在行政管理过程中裁决和处理与其管理有关的民事、行政争议和纠纷，如有关商标、专利、医疗事故、交通事故、运输、劳动就业以及资源权属等方面的争议和纠纷。行政机关在行政管理中，直接裁决和处理与此有关的争议、纠纷，显然有利于相应行政管理目标的实现。当然，为了保障公正和法治，行政机关的行政裁决行为通常不是终局的，如当事人不服，还可请求司法审查的监督。

6. 行政强制权。行政强制权是指行政机关在实施行政管理过程中，对不依法履行行政义务的行政相对人采取人身的或财产的强制措施，迫使其履行相应义务的权力。行政机关是国家机关，为了保证行政管理目标的实现，制止违法行为和维护社会、经济秩序，法律赋予其行政强制权是必需的。但是，行政强制权因涉及行政相对人的人身和财产权利，法律必须对之加以严格的限制和规范，行政机关行使时必须非常慎重，不必要时不行使，必须行使时亦应限制在必要的限度之内。否则，将导致行政专制和对相对人权益的侵犯。

7. 行政处罚权。行政处罚权是指行政机关在实施行政管理过程中，为了维护公共利益和社会秩序，保护公民、法人和其他组织的合法权益，对违反行政管理秩序的行政相对人依法给予制裁的权力。行政处罚权与行政强制权一样，是行政机关必须拥有的权力，但同时又是必须严格加以限制、规范和慎重行使的权力。行政处罚权和行政强制权的主要区别在于二者的目的不同和形式不同：行政处罚权的目的主要在于制裁违反行政管理秩序者，行政强制权的目的主要在于迫使不履行行政义务的人履行义务；行政处罚的形式主要为罚款、拘留、没收、吊扣证照等，行政强制的形式主要为查封、扣押、冻结、划拨及对人身的强制措施，如扣留、约束等。

三、行政主体的行政职责

行政主体的行政职责是指行政主体运用法律赋予的行政权管理国家行政事务的过

程中所必须履行的法定义务。可见，政府的行政职责以行政职权的主动性运作为核心，以政府的行政责任为保障。只有权力而无责任，则权力必将被滥用，只有责任而不赋予完成工作所必需的行政权力，则责任必将落空。政府要实现其保障公民权利和管理国家行政事务的目的，或实现其行政功能，就必须将政府职能具体落实到各类行政主体，并赋予其行政职权和明确其行政责任。

导入案例中，当房主已经对房屋进行了鉴定，评定为最危险的 D 级的时候还是没有相关部门和工作人员站出来对这个房子强制实施修缮，相关的执法部门在这个案件当中没有切实履行其相应义务。房管局和建设管理部门在这个建筑房屋的时候，就有责任监督房屋在建筑过程当中的安全性；县安监局、街道办事处、工商局、公安局消防科等也负有相应的行政责任。

为了实现政府的行政功能，使行政主体充分履行行政职责，行政主体除了应正确行使前述的行政职权外还应认真、勤勉地履行下列主要的行政职责：

1. 依法执行职务，遵守权限规定。我国行政主体是为人民服务的，行政主体负有执行法律的义务。而这种义务从原则上讲，就是法律对行政主体自身所规定的职务要求。其内容也是具体的和具有针对性的。因而，一切行政主体在行政事务活动中都应严格地依法办事，不得推卸责任或不履行义务。

行政主体在行政管理活动中，由于法律所赋予的权力较大，而法律在规定其权限范围时，一般又比较含糊。实践中行政主体在实施行政管理行为时，权力往往得不到准确的控制。这就要求行政主体在保护公民和组织的合法权益，积极高效地为人民服务的前提下，严谨地恪守职责和法律权限规定，勇于承担法律责任，依法接受监督，及时、有效地纠正不当、违法行为和依法应诉，并依法承担行政责任。

2. 符合法定目的。行政主体实施行政管理行为，其目的就在于维护国家安全与社会秩序稳定，保障、促进经济发展与文化进步，健全和发展社会保障与社会福利，保护和改善国民生活待遇与人类生态环境。这既是根本性的出发点，也是行政行为的终极目标。行政主体必须坚持在法定的职责范围和实施程序中实现这一目的。

3. 遵循法定程序。行政管理行为应遵循程序法定、公正、效率等原则。因为行政程序也属于行政行为的形式，由行政行为的方式和步骤构成，也有严格的法律规定。法定程序是实现实体权益和保障正确使用职权的有效屏障。行政主体为了实现公正、有效地依法行政，必须遵循法定程序。

行政法律关系中的权利义务不仅涉及社会公共利益，而且其权利义务之间具有渗透性。对行政主体来说，权力也意味着责任。行政主体及其执行公务人员依法行使行政管理职能，既是其权利，又是其义务。这就要求对行政职责的履行，必须是在法律的监控之下进行。行政职责的核心是"依法行政"。

任务二　国家行政机关

导入案例

2013 年的春天，某基层公务员小李特别留意新闻中的国务院机构改革消息。2013 年 2 月 28 日，国务院机构改革方案终于出台，中国共产党第十八届中央委员会第二次全体会议审议通过了在广泛征求意见的基础上提出的《国务院机构改革和职能转变方案》，全会建议国务院将这个方案提交十二届全国人大一次会议审议；2013 年 3 月 10 日，国务院机构改革方案公布，贯彻党的十八大关于建立中国特色社会主义行政体制目标的要求，以职能转变为核心，继续简政放权、推进机构改革、完善制度机制、提高行政效能，稳步推进大部门制改革，对减少和下放投资审批事项、减少和下放生产经营活动审批事项、减少资质资格许可和认定、减少专项转移支付和收费、减少部门职责交叉和分散、改革工商登记制度、改革社会组织管理制度、改善和加强宏观管理、加强基础性制度建设、加强依法行政等作出重大部署。除国务院办公厅外，国务院设置组成部门 25 个。

2013 年这次国务院机构改革，重点围绕转变职能和理顺职责关系，稳步推进大部门制改革，实行铁路政企分开，整合加强卫生和计划生育、食品药品、新闻出版和广播电影电视、海洋、能源管理机构。这次国务院机构改革，一方面，充分利用当前各种有利条件，对一些事关社会主义市场经济体制完善，事关社会体制机制建设，而且有广泛共识、条件比较成熟的，坚定地推进改革。像铁路政企分开、调整食品药品安全监管体制等方面，就要取得实质性进展。另一方面，充分考虑经济社会发展面临的复杂形势和各种风险挑战，特别是当前经济下行压力仍然较大，维护社会稳定任务依然繁重的实际情况，保持国务院机构的总体相对稳定。对有些长期存在、社会高度关注的问题，通过职能调整解决，或适时通过必要的机构调整解决。

问题：国务院性质是什么？国务院机构改革对地方政府、地方公务员的影响有哪些？

基本原理认知

在导入案例中的国务院是我国的中央人民政府，是最高国家权力机关的执行机关，是在全国范围内总揽国家政务和国家行政管理责任的最高国家行政机关。

国务院是我国的中央人民政府，它同地方各级人民政府一起，组成我国整个国家行政系统。在我国从中央到地方的行政组织体系中，国务院居于最高地位，统一领导地方各级行政机关。这种统一领导体现在：一是国务院制定颁布的决定和命令，地方各级行政机关都要执行，不得违背；二是国务院对于地方各级行政机关都享有监督权，有权撤销或者改变地方各级国家行政机关的不适当的决定和命令。如果说中央政府改革是上篇，地方政府改革就是下篇，地方公务员作为政府的工作人员，则是改革的具体执行者。

一、国家行政机关的含义

国家行政机关，是指依法设立的行使国家行政权的国家机关。它是由国家权力机关产生的，是国家权力机关的执行机关，对权力机关负责，接受权力机关的监督。国家行政机关是最主要的行政主体。其具体含义如下：

（一）行政机关是国家机关

行政机关是由国家设立、代表国家行使行政职能的机关，是具有国家强制性质的社会组织。它以国家暴力为后盾，是为实现统治阶级的意志和完成统治阶级的国家任务而组织起来的。与其他组织相比，国家行政机关具有高度的权威性。在其管辖范围内的任何组织和公民都必须服从其管理。这一点使它与社会组织、团体相区别。社会组织、团体虽然经法律、法规、规章授权也可以行使一定的国家行政权，但它们不是由国家设置的专门代表国家行使行政职能的，所以也不属于国家机关。

（二）行政机关是行使国家行政权的国家机关

国家权力通常划分为三个部分：一是立法权，即制定国家的各项法律和制度，决定国家的重大问题等；二是行政权，即执行法律和立法机关通过的决议和决定；三是司法权，即对民事、行政等纠纷进行裁决，判断正确与错误，维护社会公正，主张社会正义。国家机关也相应分为立法机关、行政机关和司法机关。这三种权力及其行使机关相互关系，构成了一国政权体制的核心内容。西方一些主要国家多数以三权分立来设计这三种权力，并确定三个国家机关的相互关系，即所谓的三权分立、相互制衡。我国不是三权分立体制，国家权力统一归于全国人大及其常委会，国家行政机关、司法机关由全国人大产生，对它负责并报告工作。全国人大及其常委会监督行政机关和司法机关，但行政机关和司法机关不能反过来监督国家权力机关。这种体制形象地说，就是人民将权力统一集中到全国人大及其常委会，全国人大及其常委会组织行政机关和司法机关，并由它们行使相应的权力，同时自己保留立法权和监督权。我国行政机关和司法机关是独立的，并不是人大及其常委会的组成部分。全国人大及其常委会负责行使立法权，组织产生行政机关、司法机关，并监督它们的工作；国务院的工作职责就是通过行政管理活动，执行最高国家权力机关制定的法律、通过的各项决议和决定；司法机关负责行使审判权。各个国家机关的权力都是独立的、相对固定的。

行政机关行使行政职能通常是主动的、不间断的。行政机关由于行使的是国家社会、经济、文化的组织管理职能，包括保障国家安全、维护社会秩序、发展社会经济和福利等，故其职能必须连续而不间断的主动地行使。虽然行政机关有些行政职能的行使（如颁发执照或许可证）是应相对人的请求而进行的，但这只是动因，而非行政职能的启动；审查、核准、许可才是行政职能。这与司法机关和立法机关的职能行为是有明显区别的。

（三）行政机关是依宪法和组织法而设置的行使国家行政权的国家机关

这一点也使它与被授权组织区别开来。被授权组织不是依《宪法》和《地方各级人民代表大会和地方各级人民政府组织法》设置的，它们行使一定的职权是基于法律、法规、规章授权。因此，行政机关是固定的、基本的行政主体，而被授权组织只有在行使其所被授予的职权时才具有行政主体的地位。

此外，行政机关与行政组织是既有联系又有区别的两个概念。有机关必有其组织结构，从这个意义上说行政机关也是行政组织。但行政法上的行政组织是指各个行政机关本身的构成。行政机关在组织体系上实行隶属制。即上级行政机关领导下级行政机关，下级行政机关从属于上级行政机关，下级行政机关向上级行政机关负责并报告工作。在行政决策上实行首长负责制，也即是行政首长全面领导本行政机关的工作，对本行政机关的事务有最后决定权，对本行政机关的工作负全部责任。

行政机关与行政机构也是既有联系又有区别的两个概念。从法理上讲，构成各行政机关的内部各单位称为行政机构；而综合各内部行政单位的整体才称为行政机关。行政法上讲的行政机关必须是具有法人资格，能独立行使行政职权，独立承担其行为所带来的法律后果的行政实体。

二、我国现行人民政府的架构

（一）中央人民政府

中华人民共和国国务院，即中央人民政府。我国成立初期，中央政府是指整个中央国家政权机关，包括中央人民政府委员会及其领导下的政务院、人民革命军事委员会、最高人民法院、最高人民检察署。1954年《宪法》通过后，中央人民政府的概念发生了变化，仅指最高国家行政机关，即国务院。国务院作为中央人民政府，是对外代表国家开展活动，对内统一领导地方的国家行政机关。

1. 国务院的组织体制。

（1）国务院组成人员。国务院由总理、副总理、国务委员、各部部长、各委员会主任、审计长、秘书长组成，实行总理负责制。

总理是国务院的行政首长，全面领导和主持国务院的工作，对国务院的工作承担责任；副总理是总理的副手，协助总理开展工作。国务委员是1982年《宪法》增设的，其目的是减少副总理人数，并使国务院常务会议成为国务院的领导核心，方便讨论决定问题。国务委员相当于副总理级，受总理委托，负责某些方面的工作或者专项任务，并且可以代表国务院进行外事活动；部长是各部的行政首长，独立主持国务院某一方面的行政工作；委员会主任是各委员会的行政首长，主持该委员会的工作；对于综合性的事务，通常设立委员会进行管理；审计长是审计署的行政首长，领导和主持审计署的工作；国务院秘书长在总理领导下，负责处理国务院的日常工作。国务院除设秘书长一人外，还设副秘书长若干人协助秘书长工作。国务院设立办公厅，由秘书长负责。中国人民银行在国务院中的地位，《宪法》没有规定，实际上，它一直被列入国务院的组成序列，中国人民银行行长属于国务院的组成人员。关于副总理和国务委员的职数，《宪法》均规定为若干人，没有作具体数量的限制。1982 年《宪法》颁布以来，副总理职数一般为 4 人；国务委员职数一般为 5 人。

（2）国务院组成人员的任期。国务院组成人员的任期同全国人民代表大会，每届任期为 5 年；总理、副总理、国务委员连续任职不得超过两届。这里的两届是指任同一职务满两届，对于同一职务任满两届的，不影响任其他职务，如由国务委员升任副总理，副总理升任总理。

国务院的任期与全国人大相同，但任期的具体起止时间有所不同。全国人大的任期从每次换届大会宣布会议开幕时起到下次换届大会宣布会议开幕时止。国务院的任期则是从国务院组成人员选举、决定以后，并由国家主席公布时起，到下次代表大会选举决定新的国务院组成人员，并由国家主席公布时为止。

（3）国务院领导体制。国务院实行总理负责制，总理领导国务院的工作，副总理、国务委员协助总理工作。国务院总理对国务院的各项工作负全责。国务院所属各机构均要对总理负责并报告工作、服从总理领导、听从总理的指挥；在国务院各项工作的决策上，总理享有最后的决定权；在与最高国家权力机关的关系上，总理对全国人大负责并报告工作。各部、各委员会实行部长、委员会主任负责制，即各部部长、各委员会主任对本部门的工作负全责；召集和主持部务会议或者委员会会议、委务会议，签署上报重要请示、报告和下达命令、指示；该部门所属机构均对部长、主任负责，服从部长或主任的指挥。

（4）会议制度。国务院实行全体会议、常务会议制度。国务院全体会议由国务院全体组成人员组成，国务院常务会议由总理、副总理、国务委员和秘书长组成。总理召集和主持国务院常务会议和国务院全体会议。即总理有权决定开会日期、议事内容和议事程序等事项。

国务院工作中的重大问题，必须经国务院常务会议或国务院全体会议讨论决定。这一点同总理负责制并不矛盾，总理的最后决定权，应当建立在广泛听取意见，充分讨论的基础上，这是防止决策失误的重要措施。即总理在讨论决策重大问题时，应认真听取各种不同意见。

将国务院的会议分为两类主要是为了提高工作效率，方便讨论决定问题。国务院全体会议包括了全体组成人员，人数达几十人之多，不便于经常开会，集体讨论工作，而由总理、副总理、国务委员和秘书长组成的国务院常务会议，人数只有十几人左右，便于召集，便于开会、集体讨论工作。国务院常务会议是国务院的核心组织，而对于哪些问题应由国务院常务会议讨论决定，哪些问题应由国务院全体会议讨论决定，法律并无明确规定。从实际工作来看，向全国人大常委会提出的议案、制定行政法规、研究决定重要的行政措施等一般都由常务会议讨论决定；对于全年的工作部署安排、向全国人大提交工作报告、经济和社会发展计划等，由全体会议讨论决定。

在实际运行中，还有一种会议形式，即总理办公会议，讨论决定专题性工作，通常由总理主持，分管会议议题相关工作的副总理、国务委员和秘书长以及有关主管部门负责人参加。这种会议举行的频率较高，是国务院决策的重要形式。

2. 国务院的组织架构。

（1）国务院的组成部门。国务院由各部、各委员会、审计署、中国人民银行和国务院办公厅等部门组成。2013 年 3 月 10 日，《国务院机构改革和职能转变方案》公布。2013 年的这次改革，国务院正部级机构减少 4 个，其中组成部门减少 2 个，副部级机构增减相抵数量不变。改革后，除国务院办公厅外，国务院设置组成部门由 2008 年的 27 个变为 25 个。

国务院的行政职能主要由国务院的组成部门承担，该类部门依法对某一方面的行政事务，具有全国范围的管辖权。在法定的职权范围内，就自己所管辖的事项，有权以自己的名义实施行政行为，并承担由此产生的责任。各部设部长 1 人、副部长 2~4 人，各委员会设主任 1 人、副主任 2~4 人。国务院各组成部门由部长、委员会主任、审计长、秘书长及中国人民银行行长负责本部门工作。国务院组成部门的设立、撤销或合并须经国务院常务会议讨论通过后，由国务院总理提交全国人民代表大会或其常务委员会决定。国务院各组成部门均具有独立的行政主体资格。

国务院各组成部门在行政法上的职权主要有：制定部门规章权、本部门所辖事务的管理权。国务院各部、委员会实行部长、委员会主任负责制，部长、主任领导本部门的工作。部门首长负责制意味部门首长对部门的工作负全责，对国务院负责并报告工作，向国务院提出决策建议等。当然，首长负责制并不排斥民主、充分讨论，发挥集体的优势。为了将个人负责和集体讨论结合起来，各部门设立相应的会议制度，讨论决策问题。部务会议、委务会议是各部、各委的集体决策机构。部务会议由部长、副部长和其他成员组成；委务会议由委员会主任、副主任和其他成员组成。在实际工作中，还有另外一种决策形式，即党组，它由中共中央任命组成，负责贯彻党的路线、方针和政策，讨论决定重大问题，进行干部管理等，是一种重要的决策机构。部务会议和委务会议的组成人员与本部门党组的组成人员基本相同。

（2）国务院的直属机构。国务院各直属机构直接隶属于国务院，主管国务院某项专门事务，具有独立行政管理职能。它们负责和管理专业性强、又不便于由各部（委）管理的行政事务。其依组织法成立时就取得了独立的行政机关地位。国务院直属机构目前包括中华人民共和国海关总署、国家税务总局、国家市场监督管理总局、国家金融监督管理总局、中国证券监督管理委员会、国家广播电视总局、国家体育总局、国家信访局、国家统计局、国家知识产权局、国家国际发展合作署、国家医疗保障局、国务院参事室、国家机关事务管理局等。国务院直属机构的行政首长不是国务院组成人员。

（3）国务院办事机构。国务院办事机构是根据国务院工作需要设立的协助总理具体处理某一项事务的工作机构。国务院办事机构无独立的行政管理职能，一般不独立发布文件，主要起助手作用，不具有行政主体资格。国务院办公厅则是协助国务院领导处理日常工作的机构，因具有国务院组成部门和办事机构的双重身份，国务院办公厅具有独立行政主体资格。

国务院办事机构是国务院研究室。

（4）国务院直属特设机构。国务院直属特设机构是国务院国有资产监督管理委员会。国务院授权国有资产监督管理委员会代表国家履行出资人职责。根据党中央决定，国有资产监督管理委员会成立党委，履行党中央规定的职责。国有资产监督管理委员会的监管范围是中央所属企业的国有资产。国资委列出的央企目前有百余家，如中国铁路总公司、中国银行、中国人寿保险集团等。

（5）国务院部委管理的国家局。该类机构是国务院依照组织法所规定的权限和根据行政事务的需要设立的行政主管职能部门。因其行政事务与一定的部、委的职能有联系，便由相应的部或委对其行使行政领导权和职能主管权，属于职能主管机关，主管特定事务。它不是国务院部门的内设司、局，具有相对的独立性。如国家烟草专卖局，由工业和信息化部管理；国家数据局，由国家发展和改革委员会管理；国家林业和草原局，由自然资源部管理；国家铁路局，由交通运输部管理；中国民用航空局，由交通运输部管理，等等。该类机构具有独立法律地位和行政主体资格，与国务院部门的内设机构（部门的司、局，如司法部监狱管理局、文化部艺术司等）要相区别。

（6）国务院议事协调机构。该类机构属于非常设机构，承担跨国务院行政机构的重要业务工作的组织协调任务。这一机构一般由国务院领导或国务院有关部门领导组成，不单独设办事机构。如国家防汛抗旱总指挥部、国务院学位委员会、全国爱国卫生运动委员会、国务院西部地区开发领导小组、国家禁毒委员会等。这类机构一般没有独立的行政执法权（除法律法规特别授权外）。

（二）地方各级人民政府

地方各级人民政府是地方各级人民代表大会的执行机关，同时是地方各级国家行政机关。地方各级人民政府实行双重从属制，既从属于本级人民代表大会，对本级人民代表大会负责和报告工作，同时又从属于上一级国家行政机关，对上一级国家行政机关负责和报告工作。并且接受国务院的统一领导和服从国务院。我国的行政区域划分为：全国分为省、自治区、直辖市；省、自治区分为市、自治州、县、自治县；县、自治县分为乡、民族乡、镇。其中直辖市和较大的市分为区、县，自治州分为县、自治县、市。

1. 我国地方各级人民政府具有双重性质。各级地方人民政府既是本级权力机关的执行机关，又是地方各级国家行政机关；既要对本级国家权力机关负责并报告工作、接受其监督，又要对上一级国家行政机关负责并报告工作、受其监督，服从国务院的统一领导。但上述双重性并不影响其行政主体资格。地方各级人民政府负责组织和管理本行政区域内的一切行政事务。它负责和组织本行政区域内的行政工作，是整个国家行政组织体系的有机组成部分。它接受上级国家行政机关的领导，执行上级国家行政机关的决定和命令，并服从国务院的统一领导。

2. 地方各级人民政府的设置。按照《宪法》的规定，我国是三级地方政权组织，即省、县、乡，只有部分地方才有设区的市和自治州这个层级，但随着改革开放的深入，城市化进程的加快，大多数地方进行了地改市或者地市合并，即将原来省级人民政府的派出机构地区行政公署改为一级政权机构，或者与邻近的市进行合并，组建成一级政权机构。这样在多数地方，地方政权机构就增加了一级，变成为四级。除乡（民族乡、镇）的人民政府原则上不设工作部门外，其他地方各级人民政府均设置若干工作部门。

3. 地方各级人民政府的任期。各级人民政府随本级人大换届而换届。每届人民政府行使职权至新的人民政府产生为止。在人民政府每届任期内补选和新任的政府组成人员，其任期以本届政府剩余的任期为限。地方各级人民政府正职和副职可以连选连任，连任多少届，法律没有限制性的规定，只是在中共中央办公厅发布的《党政领导干部职务任期暂行规定》中才有相关规定，连任不得超过两届。

4. 地方各级人民政府的组成及领导体制。地方各级人民政府根据工作需要和精干的原则，设立必要的工作部门。省、自治区、直辖市的人民政府的厅、局、委员会等工作部门的设立、增加、减少或者合并，由本级人民政府报请国务院批准，并报本级人大常委会备案。市、自治州、县、自治县、市辖区的人民政府的局、科等工作部门的设立、增加、减少或者合并，由本级人民政府报请上一级人民政府批准，并报本级人大常委会备案。"工作需要"是指本级政府管辖的区域内某一类行政事务较为集中，有设立相应的机构统一归口管理的必要。根据工作需要的原则设置工作部门，就不一定要搞上下对口，更不能为安排和照顾干部而"因神设庙"，"精干"的原则就是要人员少，结构合理，效率高。它要求在保证工作需要的前提下做到：一级政府内部的横向工作部门的数目尽量少，一个部门能完成的任务，决不设两个工作部门；一个工作部门内部的纵向层次要减少到最低限度，一个层次能解决的问题决不设两个层次；各工作部门的层次设置不一定完全一致，如果厅局下设处就能适应工作需要，那么就不要在处以下设科。要从实际出发，考虑层次的设置。

我国地方各级人民政府由正、副职行政首长和政府工作部门负责人组成，省、州级地方人民政府组成人员包括秘书长。乡（民族乡、镇）人民政府则只设乡（镇）长、副乡（镇）长，而不设专门工作部门。地方人民政府均实行首长负责制，即实行省长、自治区主席、市长、州长、县长、区长、乡长、镇长负责制。

地方各级人民政府在向本级国家权力机关负责并报告工作的同时，还向上一级行政机关负责并报告工作。因此，县级以上地方各级人民政府在领导所属工作部门的同时，还领导下级人民政府的工作。

（三）特别行政区

特别行政区是指在我国版图内，依据宪法和法律的规定而设立的具有特殊法律地位，实行特别的社会政治和经济制度的行政区域。它既不同于普通行政区单位和民族自治地方，也不同于实行特殊政策的经济特区。

我国《宪法》第31条规定："国家在必要时得设立特别行政区。在特别行政区内实行的制度按照具体情况由全国人民代表大会以法律规定。"根据《宪法》的上述规定，我国已于1997年7月1日设立香港特别行政区、于1999年12月20日设立澳门特别行政区。全国人民代表大会先后为此专门制定了《中华人民共和国香港特别行政区基本法》和《中华人民共和国澳门特别行政区基本法》。

特别行政区是中华人民共和国的一级地方政权，直接隶属于中央人民政府。享有高度的自治权，包括行政管理权、立法权、独立的司法权和终审权以及自行处理有关对外事务的权力。特别行政区具有独立的行政主体资格。

特别行政区实行行政首长负责制。行政长官领导特别行政区政府工作。

（四）双重管理部门、垂直管理部门及派出机关

1. 双重管理部门。双重管理部门是指既受同级政府领导，又受上级业务单位指导或领导的政府工作部门。县级以上地方各级人民政府所属工作部门受本级人民政府的领导，执行本级人民政府的决定、命令，其负责人应对本级人民政府负责并报告工作。其原因在于县级以上地方各级人民政府的工作部门，是为完成本级人民政府的职能而设置的业务管理机构，它的负责人由人民政府首长提请本级人大常委会任免。县级以上地方各级人民政府发布的决定、命令和指示，对于其所属工作部门具有约束力，其所属工作部门必须遵守，不得违反。县级以上地方各级人民政府对所属工作部门的不适当的决定，可以予以撤销或者改变。这是保证政令畅通和统一的一项重要措施。

同时现行《地方各级人民代表大会和地方各级人民政府组织法》规定，县级以上地方各级人民政府各工作部门在受本级人民政府统一领导时，还依法受上级人民政府主管部门的业务指导或者领导。也就是一部分工作部门只受上级主管部门的业务指导，这部分是多数；还有少数部门，要受上级业务部门的领导。

2. 垂直管理部门。它是设在地方由上级业务主管部门领导的政府机构，其工作业务、人事任免、经费拨付，均由上级业务主管部门决定。垂直部门的职能具有专属性、执法性、监督性等特征。实行省政府业务主管部门垂直管理的机构有地方税务、工商管理、技术监督等系统。该类机构具有行政主体资格。

20 世纪 90 年代以来，地方各级人民政府的管理事权作了如下调整：一是为实行分税制的需要，在地方分别设立国税局和地税局，国税局直接受国家税务总局领导，地税局统一受省级地税局的领导，即属于省级以下垂直管理部门；二是金融监管实行全国垂直领导，中国人民银行在全国设立若干大区行，负责监督所属区域的金融机构。十届全国人大一次会议对此又作了进一步改革，设立银行业监督委员会，行使原来中国人民银行的监督管理职权。此外，实行中央垂直管理的部门还有海关、民航、铁路等。这意味地方对这些事务没有管理权。

3. 派出机关。派出机关是县级以上地方人民政府在一定区域内设置的代表机关。包括省、自治区人民政府派出的地区行政公署；县、自治县人民政府派出的区公所；市辖区、不设区的市的人民政府派出的街道办事处。这些派出机关不是一级人民政府，只代表派出它的人民政府管理、监督、指导所辖区域内的行政事务，并以自己的名义作出行政行为和对行政后果承担法律责任。派出机关具有行政主体资格。

派出机关不同于派出机构。派出机构是中央和地方政府工作部门根据工作需要派出的代理机构。如中华人民共和国审计署在各地的办事处、公安派出所、税务所、工商所等。派出机构能否以自己的名义执法，取决于有无法律法规的授权。有授权的则取得了行政主体资格，如公安派出所对违反治安处罚法的公民处以 500 元以下的罚款时，具有行政主体资格。无法律、法规、规章授权的派出机构则不具有行政主体资格。

三、我国行政机关的职能

（一）国家安全职能

国家安全是指国家政权、主权统一和领土完整，人民福祉、经济社会持续健康发展和其他重大利益相对处于没有危险或不受内外威胁的状态，以及保持这种可持续安全状态的能力。国家安全是安邦定国的重要基石，永远是国家政府的第一职能。传统上，国家安全主要涉及国防、外交以及一些隐蔽战线等方面的活动。如今的国际形势风云变幻，国内又处在改革转型的深水区，国家安全变得日益复杂，传统的国家安全机制已经不能回应社会需求。

中国共产党第十八届三中全会明确提出了"总体国家安全观"，并决定设立国家安全委员会，完善国家安全体制和国家安全战略，确保国家安全。习近平指出，要构建集政治安全、国土安全、军事安全、经济安全、文化安全、社会安全、科技安全、信息安全、生态安全、资源安全、核安全等于一体的国家安全体系。2015 年 1 月 24 日，中共中央政治局已审议通过《国家安全战略纲要》。党的十九大报告十分强调坚持总体国家安全观。统筹发展和安全，完善国家安全制度体系，加强国家安全能力建设，坚决维护国家主权、安全、发展利益。

国家安全职能的履行涉及国家核心利益，需要统筹国际国内两个大局。因此，国家安全职能的设定、配置以及职能履行的方式都有可能超越传统模式，对非传统的安全问题要积极回应、科学决策、快速执行、系统监控。

（二）经济职能

经济职能是指政府对经济领域进行规划、调节、监管和服务，以促进国民经济的发展。在政府的职能系统中，经济职能具有基础地位。社会稳定和谐、文化科技发展、国防强大安全以及参与国际竞争都以经济发展为前提，国家的发展建立在经济繁荣的基础上。

1. 宏观调控职能。即通过制定和运用财政税收政策、货币政策，对整个国民经济运行进行间接的、宏观的调控，保证社会经济稳步协调发展。

2. 市场监管职能。为了保证市场运行畅通、保证公平竞争、维护市场主体的合法权益而对市场进行的管理和监督。

（三）文化职能

是指政府为满足人们日益增长的文化生活需要，依法对教育、科技、文体、卫生等事业所实施的管理职能。文化职能包括：发展科学技术的职能、发展教育的职能、发展文化事业的职能、发展卫生体育的职能等。

（四）社会职能

该项职能是指除政治、经济、文化职能以外的政府必须承担的其他职能。这类职能一般具有社会公共性，不宜由经济组织承担，也无法完全由市场解决，应当由政府加以引导、调节和管理。

1. 调节社会分配和组织社会保障的职能。即政府为保障社会公平，缩小地区发展差别和个人收入差别，运用各种手段来调节社会分配、组织社会保障，以提高社会整体福利水平，最终实现共同富裕。

2. 保护生态环境和自然资源的职能。

3. 促进社会化服务体系建立的职能。即政府通过制定法律、法规和政策扶持等措施，促进社会自我管理能力的不断提高的职能。如发展社区服务、实行社会救济、优抚安置、儿童收养等。

4. 提高人口质量，实行计划生育的职能。

（五）政府职能

按照政府所辖行政区域可将政府职能划分为：

1. 中央政府专有的行政职能。主要是管理国家事务和全国性公共事务，如国防、外交、货币发行等事项由中央政府管理。

2. 地方政府专有的行政职能。主要是针对地方性公共事务，即本地区经济和社会发展实施区域调节与管理、举办地方公益事业、征收地方税赋等。

3. 中央政府与地方政府共享的职能。主要是指有些公共事务涉及国家整体利益，但由地方政府具体实施比较有效的，则应由中央政府和地方政府共同承担。一般由中央政府制定全国统一的法规及政策，由地方政府负责实施。如社会治安、国土管理、民族事务、司法监察等。

另外，按照管理运行程序可以将政府职能划分为：

1. 计划职能。即政府为完成某一时期内的任务或某一项任务，制定战略目标、确定实施方案及具体实施步骤的职能。

2. 组织职能。即将通过计划所确定的各项内容付诸实施的活动过程。如将计划方案中的整体目标分解、具体化，落实到有关部门和个人，配备必要的财力和物力，明确责任等。

3. 领导职能。是指政府机构中的领导者，为有效地完成组织目标，所采取的各种影响和激励措施的职能。如指导、激励和协调下属工作，加强沟通，为顺利完成组织目标创造良好的环境。

4. 控制职能。是指政府为使组织目标按计划完成，对执行过程进行检查、督促和纠偏的管理活动。如明确控制标准、恰当控制幅度、及时反馈与调节、持之以恒的检查和督促等。

四、政府职能的转变

政府职能的转变不仅包括政府职能内容的转变，而且包括政府行使职能方式的转变、政府职能的重新配置以及相应政府机构的调整和改革。目前政府改革的核心是职能转变，职能不转变，机构改革也达不到目的。如果说中央政府改革是上篇，地方政府改革就是下篇，地方政府职能转变要重点抓好"接、放、管"三个步骤：

1. 接好中央下放的审批事项，实现行政系统内权力的纵向转移。中央明令取消的审批事项，要不折不扣地放给市场、放给社会，地方不能变相保留。为了使地方政府更有力有效、就近就便进行经济社会管理，中央要把相应的权力下放给地方。放给省一级的，省里要接好管好；放给市县的，省一级要及时下放，不截留、不梗阻，市县一级也要接好管好。如国家投资项目"国家深海中心基地建设"按原来的管理审批程序，要盖几十个公章，至少要两年。现在中央把有关权力下放给地方政府，两个月就落地了。可见下放权力就是解放生产力，就是提高效率。

2. 要最大限度地取消地方行政审批事项，实现政府的自我限权。按照社会主义市场经济的要求，政府应将不属于自己的职能交还给企事业单位以及社会中介组织，防止政府职能的"越位"。通过政府职能的转移，明确政府"应该做什么、不该做什么"，"应该管什么、不该管什么"，这是政府职能转变的根本出发点。2014年11月，政府对面向公民、法人和其他组织的非行政许可审批事项均采取了彻底改革的政策态度，直接取消。这其中有很多项目与普通居民的切身利益息息相关，会给他们的生活和工作带来较大实惠和便利。例如，取消个人携带黄金及其制品进出境审批；再如，取消67 项职业资格许可和认定，涉及证券、保险、土地估价、交通、农业、金融理财等多个领域，这将进一步降低就业创业门槛，同时通过促进职业资格的规范管理，减轻用人单位和各类人才的负担。

市县一级政府本来就不能设定行政审批，但存在不少以"红头文件"方式设定的管理事项，包括登记、备案、审定、年检、认证、监制、检查、鉴定，等等。这些虽然不是行政审批，但对企业来说都是"门槛"，与审批没什么区别，而且多数是收费的。有人办一个企业，上一个项目，要盖上百个公章，为此画了一张行政审批的"万里长征图"，中央有关部门接到投诉，经查核属实。因此，要实行最严格的行政审批"准入制"，对于不符合法律规定、利用"红头文件"设定的管理、收费、罚款项目，要一律取消。

3. 要加强地方政府管理服务职能。地方政府要为各类市场主体创造统一开放、公平竞争的发展环境，这也是加强管理服务职能的一个重要方面。今后地方政府原则上不要再直接投资办企业，地方政府直接办企业或直接干预企业生产经营，否则容易在当地形成投资、产业的垄断和市场封锁。地方政府抓经济，不是当"运动员"，而是要当好"裁判"。当好"裁判"，就是加强监管，改革创新监管方式，建立一套科学监管的规则和方法。对假冒伪劣、欺行霸市、坑蒙拐骗、侵犯知识产权，特别是对食品安全等领域损害人民生命健康的违法违规行为要严惩不贷，这样才不会出现"劣币驱逐良币"的现象。

地方政府要搞好保障民生的基本公共服务。国务院明确提出要强化社会救助制度建设，用这个制度来托底。只有把底托住，不让冲破社会道德和心理底线的事情屡屡发生，才能更有力地推进市场化改革，这也是社会主义市场经济的应有之义。

地方政府要更加重视基层政府建设。县（市）和乡镇政府、城市市区政府及派出机构直接和人民群众打交道，直接为人民群众服务。中央对地方的转移支付，要优先考虑广大基层干部的工资发放。

任务三　授权行政主体与受委托组织

📋 导入案例

在 2011 年 6 月，陈某从甲市到乙市办事。次日陈某到乙市的姐姐家，其姐姐家与李某的住所分属前后相邻的两栋楼。黑夜里陈某误将李某所住 3 栋楼当作其姐姐所住的 4 栋楼。陈某上楼来到李某家门口，用其姐姐给的钥匙开李某的房门，开了约两分钟，门打不开。正在睡觉的李某夫妇被开门声吵醒，以为是小偷，便拿了一把菜刀去开门查看。陈某听到房内有动静后没出声，李某开门后发现陈某站在门口，手里拿着长条状物（实是香烟），便用刀向陈某砍去，致陈某左肩受伤，被送医院住院治疗，用去医药费 1050 元。后经乙市公安局鉴定为轻微伤。乙市易发街派出所经调查、取证、询问当事人后，于同年 10 月 15 日作出治安管理处罚决定书，对李某殴伤陈某的行为给予 500 元罚款的处罚，李某对该行政处罚决定不服。

问题：

1. 该公安派出所实施的治安处罚行为合法吗？

2. 案中的该公安派出所是否具有行政主体资格？

基本原理认知

导入案例中的公安派出所是否具有行政主体资格呢？根据《中华人民共和国治安管理处罚法》（以下简称《治安管理处罚法》）规定，治安管理处罚由县级以上人民政府公安机关决定；其中警告、500 元以下的罚款可以由公安派出所决定。该条规定实质上授予了公安派出所给予违反治安管理行为人 500 元以下罚款和警告治安处罚的职权，公安派出所对于此类治安处罚，有权以自己的名义作出，并承担因此而产生的法律后果，即公安派出所在行使此类治安处罚权时，具有行政主体资格，故案例中的易发街派出所具有行政主体资格。但根据 2006 年的《公安机关组织管理条例》规定，市、县、自治县公安局根据工作需要设置公安派出所，公安分局和公安派出所的设立、撤销，按照规定的权限和程序审批。可见公安派出所不是行政机关，只是公安机关的派出机构。在导入案例中它显然属于除行政机关以外的行政主体。

国家行政机关是行政主体的主要组成部分，但是由于我国社会行政管理是一项极为复杂，艰巨的社会工作，大到国家，小到一个家庭、个人，各行业，各领域都离不开行政管理活动。因此，仅依靠国家行政机关的工作是难以满足整体管理需要的，尤其是在一些专业性、技术性、行业性较强的领域内，国家行政机关的工作量、工作难度较大，行政效率常常表现得比较低。因此，为了满足行政管理的需要和国家行政职权与职责的充分行使，提高行政行为的效率，就需要由一些除国家行政机关以外的其他组织参与到行政管理活动中，协助行政机关做好行政管理工作，行使好行政职权，履行好行政职责。我们通常将这些组织称为被授权组织与受委托组织，导入案例中的易发街派出所就属于被授权组织。

一、被授权组织的含义

被授权组织是指除国家行政机关以外，依据法律、法规、规章的特别授权而取得行政主体资格的组织。被授权组织的特征为：

1. 被授权组织是行政主体的一种。我国行政法上所称的行政主体大体分为两类：一类是在成立时即由《宪法》和《地方各级人民代表大会和地方各级人民政府组织法》授权而拥有行政主体资格的国家行政机关；另一类是在成立之后由于单项法规的授权而获得行政主体资格成为行政主体的组织，即非国家行政机关。这些获得授权的组织可以拥有被授予的行政职权和职责，以自己的名义作出具体行政行为。

2. 被授权组织因授权而取得的行政职权和职责具有特定性。被授权组织所取得的行政职权和职责通常都是由具体的单项法律法规规定的某一项或某一种职权职能，其内容往往较为具体，范围也较为狭窄。而国家行政机关经《宪法》和《地方各级人民代表大会和地方各级人民政府组织法》等法律授予的职权职责往往都比较概括，范围比较广泛，不会限于某一种或某一项行为。

3. 被授权组织的行政权力具有相对不稳定性。被授权组织取得授权的依据通常为具体的单项行政法律法规且授权均有期限，一般情况下当被授权的具体行政行为完成之后，所授权力自然消失，因而被授权组织取得的权力具有相对的不稳定性。相反地，行政机关取得行政职权职责的依据是《宪法》和《地方各级人民代表大会和地方各级人民政府组织法》所授职权，随行政机关的存在而存在，因而具有较强的稳定性。

根据法律的相关规定以及司法实践中，被授权组织主要包括以下几类：

（一）社会团体

这是最主要的一种被授权组织。目前我国的社会团体有很多，如各种行业协会等等。譬如《中华人民共和国体育法》第 62 条规定，中华全国体育总会和地方各级体育总会是团结各类体育组织和体育工作者、体育爱好者的群众性体育组织，应当在发展体育事业中发挥作用；第 64 条规定，体育科学社会团体是体育科学技术工作者的学术性体育社会组织，应当在发展体育科技事业中发挥作用；第 66 条规定，单项体育协会应当依法维护会员的合法权益，积极向有关单位反映会员的意见和建议；第 67 条规定，单项体育协会应当接受体育行政部门的指导和监管，健全内部治理机制，制定行业规则，加强行业自律。譬如，中国篮协等各类协会作为行业性社会团体，正是在行使法律、法规规定的与行业管理有关的职能时具有行政主体资格，并应承担相应法律责任。

（二）事业单位

法律、法规、规章授权事业性单位行使部分职权职责的情况也是较为常见的。如地震局、气象局在机构改革中被改为事业单位，但实际还承担行政管理职能；包括后来成立的中国证监会、中国保监会、中国银监会，尽管都有行政处罚权，也都被列入事业单位；国家市场监督管理总局直属的事业单位商标局、商标评审委员会，根据《中华人民共和国商标法》分别承担商标注册与管理等行政职能和承担处理商标争议事宜等行政职能，具有行政主体资格。再如《中华人民共和国教育法》（以下简称《教育法》）规定学校以及其他教育机构可以依法招收学生或其他受教育者，在行使学籍管理、作出开除学籍处分、授予学业证书等权利时，具有行使国家公共权力的性质。

（三）企业组织

与事业单位相比，法律法规较少地授权企业组织行使行政职权。原因在于企业大多以营利为主要目的，因此容易出现其生产经营活动与所授权的行政行为存在利害关系，从而导致企业之间的不公平竞争的情况。然而，在司法实践中对企业组织的授权行为并非绝对不存在。譬如《广州市城市轨道交通管理条例》第 4 条规定，城市轨道交通经营单位由市人民政府依法确定。城市轨道交通经营单位依照本条例的有关规定，对城市轨道交通设施的保护、城市轨道交通范围内公共场所的运营秩序和容貌、环境卫生的维护以及安全应急等公共事务实施管理和行政处罚。城市轨道交通经营单位应当确定本单位的专门机构具体负责行政处罚工作。执法人员实施行政处罚时应当持有有效执法证件。据此，广州地铁公司作为广州城轨经营单位被地方性法规授权，获得行政主体资格。此外，我国行政体制改革之后出现了一些新情况，原来的一些行政部门、行政机关转制组建了一些专业性、行业性较强的全国性大公司或行业性集团，为保证原来行政行为的连续性、有效性，避免在该行业内出现行政管理的"真空"状态，法律往往会授权这些大型公司、集团行使原行政机关的一些行政权能。例如《中华人民共和国烟草专卖法》第 14 条授权全国烟草总公司根据国务院计划部门下达的年度总产量计划向省级烟草公司下达分等级、分种类的卷烟产量指标，及授权省级烟草公司根据全国烟草总公司下达的分等级、分种类的卷烟产量指标，结合市场销售情况，向烟草制品生产企业下达分等级、分种类的卷烟产量指标。与烟草行业的情况相类似的还有自来水公司、煤气公司、电力公司等。

（四）行政机构

行政机构是行政机关根据工作需要在机关内设立的按照分工处理该机关各项事务的工作机构。因此行政机构在性质上只是行政机关的一个工作部门，是行政机关的一个组成部分。本身并不能脱离该机关独立存在，亦不能以自己的名义为各种行政行为。但是，由于纷繁复杂的行政管理工作的需要，为了提高行政机关的工作效率，更好地维护社会公共利益，行政机构可以在需要时经法律、法规的明确授权，成为拥有一系列行政职权并以自己名义进行行政管理活动并承担相应的法律后果的行政主体。

目前较为常见的取得行政主体资格的行政机构主要包括以下几种：

1. 行政机关的内部机构。既有各级人民政府所属的内部机构及临时设置机构，又包括政府职能部门的内部机构，其中后者占绝大多数。如《道路交通安全违法行为处理程序规定》规定，对违法行为人处以警告、罚款或者暂扣机动车驾驶证处罚的，由县级以上公安机关交通管理部门作出处罚决定。对违法行为人处以吊销机动车驾驶证处罚的，由设区的市公安机关交通管理部门作出处罚决定，"县级以上公安机关交通管理部门"，是指县级以上人民政府公安机关交通管理部门或者相当于同级的公安机关交通管理部门，"设区的市公安机关交通管理部门"，是指设区的市人民政府公安机关交通管理部门或者相当于同级的公安机关交通管理部门。

2. 政府工作部门的派出机构。派出机构是行政机关根据行政管理工作的需要在一定区域内设置的代表该部门管理某些行政事务的工作机构。如中华人民共和国审计署派驻全国各地的办事处，公安派出所、税务所、工商所等，这些派出机构原本只是职能部门的一个派出机构，与其他内部机构地位相当，不具有行政主体的资格，但是只要有法律法规的明确授权，这些机构就可以获得行政主体的资格。例如，《治安管理处罚法》规定，警告、500元以下罚款可以由公安派出所决定。

此外，还应当注意一点，并非所有的行政机构都可以成为行政主体，只有经过法律法规明确授权的行政机构才能成为行政主体，而且行政机构在经过授权取得行政权利能力与行政行为能力后，并不代表它可以同时取得其他法律上的行为能力与权利能力。如行政机构取得行政主体资格后，不一定就取得民法上的法人资格，若要取得民法上的法人资格必须具备法人成立的条件。

（五）基层群众自治组织

基层群众自治组织是指在城市和农村按居民居住的地区设立的居委会或村委会。基层群众自治组织与国家的基层政权有着密切的联系。基层群众组织受基层人民政府或其派出机构的指导；同时根据相应组织法的授权行使有关行政职能。村民委员会协助乡、民族乡、镇的人民政府开展工作。不设区的市、市辖区的人民政府或者它的派出机关对居民委员会的工作给予指导、支持和帮助。居民委员会协助不设区的市、市辖区的人民政府或者它的派出机关开展工作。例如《宪法》第111条规定："……居民委员会、村民委员会同基层政权的相互关系由法律规定。居民委员会、村民委员会设人民调解、治安保卫、公共卫生等委员会，办理本居住地区的公共事务和公益事业，调解民间纠纷，协助维护社会治安，并且向人民政府反映群众的意见、要求和提出建议。"据此，村委会和居委会均可以在本村或本居住地区调解民间纠纷，协助维护社会治安，协助政府有关部门搞好公共卫生、计划生育、优抚救济、青少年教育、孤儿老人的抚养赡养等工作。

（六）技术检验鉴定机构

行政机关在进行行政管理活动时，有时需要解决一些专业性、技术性较强的问题，为了更好地解决好这些问题，法律法规有时会授权一定的鉴定部门或检验部门来处理，那么，此时这些技术性机构就具备了行政主体资格。如《特种设备安全监察条例》授权经国务院特种设备安全监督管理部门核准的特种设备检验检测机构从事对特种设备的监督检验工作。一方面要求具有事业法人地位且不以营利为目的的公益性检验检测机构，方能从事特种设备监检工作，另一方面对特种设备强制监检、监检不合格的，禁止出厂和交付使用。

被授权组织的主体资格归根结底还是由法律法规赋予的。在行政主体资格的取得时间上，取得主体资格与该组织的成立可能是同时的，法律规定设立该组织的同时赋予其行政主体的资格，也可能是组织的成立与资格的取得分离，即成立之后再取得行政主体资格。被授权组织取得行政主体资格后，可以自己的名义独立作出行政行为并对其行为负法律责任。被授权组织只有在行使行政职权的场合才是行政主体，具有行政主体资格，在其他场合下不具有行政主体资格，因为被授权组织的基本性质除行政机构以外都是企业、事业或团体法人。

二、被授权组织与受委托组织（个人）的区别

受委托组织（个人）是指因受行政机关的委托，按照委托的权限范围，以委托者的名义行使委托的行政职权的组织（个人）。受委托的组织（个人）具有以下一些特点：

（一）受委托组织（个人）的范围较广泛

行政机关委托的组织是基于行政委托而产生的，受委托的组织（个人）可以是一个行政机关，也可以是一个其他社会组织，甚至在某些特定情况下也可以是某些个人。如《家畜家禽防疫条例》（已失效）规定，农牧部门及家畜家禽防疫机构可以委托有条件的饲养户或饲养单位检疫。

（二）受委托组织（个人）取得行政职权的原因在于行政机关的委托行为

受委托组织（个人）在进行行政管理活动时只能以委托机关的名义进行，不能以自己的名义进行，其行为所产生的法律后果也是由委托机关来承担，不是由受委托机关本身来承担的。

（三）受委托组织（个人）因委托行为而行使的行政职能具有特定性

即行政职权的内容以委托时委托机关委托的范围为限，对委托机关未明确委托的职权，受委托的组织无权行使。对行政机关来说，也并不是任何行政职权都能委托给其他组织，因为行政机关的有些职权是属于行政机关专有的，如行政立法权、行政拘留权、颁发营业执照或其他重要许可证等。

被授权组织与受委托组织（个人）是两个不同的行政管理活动的参加者，特别是在职权来源、方式，授权或委托对象及其法律后果等方面有着根本区别：

1. 职权来源方面。被授权组织的职权来源是法律法规规章的明确规定，被授权者及授予的职权内容范围等均被法律法规明确规定，而受委托组织（个人）的职权来源是行政机关的委托行为，该行为是由行政机关具体实施的。因而，行政委托的发生取决于行政机关的委托决定，当然行政机关进行委托也应当有法律或规章依据。

2. 在法律后果方面。行政授权导致职权、职责及主体资格的全面转移，使被授权组织取得了以自己名义履行行政职权并独立承担法律后果的能力，取得了行政主体资格。而行政委托不发生职责、职权的主体资格的转移。受委托者只能在委托的权限范围内，以委托机关的名义实施行政活动，其后果也是要由委托机关来承担，受委托的组织或个人并不会因为行政委托行为而取得行政主体资格。

综上所述，被授权组织产生的原因是法律规范规定的结果，是基于立法行为而产生的，而行政委托是行政机关实施具体委托行为而产生的，是基于具体行政行为的结

果。被授权组织因获法律、法规、规章授权而取得行政主体资格成为一个新的行政主体，而受委托的组织因其行政行为是基于委托产生，所以其本身的性质并不会发生变化，也不会成为新的行政主体；被授权的只能是机构或组织，而受委托的则可能是组织、也可以是机关、个人。

✦ 拓展阅读

中央政府部门名称分析

改革开放以来，我国已进行了 9 次国务院政府机构改革，力图降低行政成本，提高行政效率，国务院组成部门已由 1982 年的 100 个削减为 2023 年的 26 个。2023 年 3 月 10 日，十四届全国人大一次会议表决通过了关于国务院机构改革方案的决定，批准了这个方案。改革后，除国务院办公厅外，国务院设置组成部门为 26 个。

一、机构名称的组成

在中国，机构名称一般都由三个部分组成：区域名＋工作内容名＋级别规格名。目前国务院部门，分别组成部门、直属机构、办事机构、议事协调机构、事业单位等几类。一般来说，同类机构的区域名、级别规格名一致，能从名称大体判断它的机构属性。

（一）区域名

比如开头几个字是不同的。有的开头是"中华人民共和国"，如中华人民共和国国家发展和改革委员会；有的开头却是"中国"，如中国气象局；有的开头又是"国家"，如国家市场监督管理总局。

一般来说国务院组成部门区域名为"中华人民共和国"，如中华人民共和国教育部、中华人民共和国文化和旅游部、中华人民共和国人力资源和社会保障部等。国务院组成部门中，只有中国人民银行例外，区域名是"中国"。

国务院直属机构的区域名大多都是"国家"，如国家林业和草原局、国家统计局。国务院直属机构中，目前唯有海关总署的区域名是"中华人民共和国"。这也是唯一一个区域名是"中华人民共和国"，但不是国务院组成部门的机构。

国务院办事机构的区域名都是"国务院"，如国务院研究室。

此外，所有部委管理的国家局中，除了中国民用航空局，其他局的区域名都是"国家"，如国家信访局、国家文物局。

区域名为"中国"的国务院机构中，除了央行是国务院组成部门，其他都是国务院事业单位，如中国气象局、中国科学院、中国证券监督管理委员会等。事业单位中，还有少数区域名不是"中国"的，如国家政策研究中心等。

（二）级别规格名

除了央行和审计署之外，国务院组成部门的级别规格名都是"部""委"。国务院直属机构的级别规格名一般叫"局""总局""总署"。规格不同，级别不同，"部""总局""总署"一般都是正部级（审计署也是正部级），叫"局"只能是副部级。国务院组成部门的规格高于直属机构。组成部门的负责人都是国务院组成人员，参加国务院全体会议，直属机构负责人只能在涉及本部门事项的会议时才能列席。直属机构的规格又高于部委管理的国家局，国家局是不能直接向国务院呈文的。

在国务院部门中，"司"和"局"虽然行政级别一样，但职能有所区别。每个中央机关都有诸多内设机构，每个部门都有一个办公厅（室）。除此之外，党委部门如中组部、中宣部、统战部的其他内设机构一般都叫"局"。国务院下属行政机构的内设机构一般叫"司"，但也还有少量的"局"，如国家新闻出版广电总局下设十多个"司"，还有电影局、离退休干部局。目前国务院部门中，唯有公安部所有内设机构都叫"局"，如公安部刑侦局、治安局、宣传局等。其他国务院部门的内设机构，大多叫"司"。

这些"局"管理的业务一般都是部委里相对重要的业务。有些"局"与"司"一样，只设纯业务处室，但有的局还设有行政部门。如水利部的移民局，就有人事处、计财处、政策法规处，民政部的民间组织局下有9个处，包括政策法规处。需要指出的是，国务院部门一般都有离退休干部局、纪检监察局。虽然叫"局"，但并不是业务部门。此外有些局虽然叫"局"，但却是事业单位，如交通部的打捞局等。

二、名称的变迁

我国自改革开放以来，机构改革不断推行，一些部门名称也随着地位的不断变化而变化。

（一）生态环境部

20世纪80年代，环保工作开始受到重视，一开始在国家建委下设环境保护司，后来成立城乡建设环境保护部，再后来单独成立环境保护局。1998年机构改革时，环保局升格为环保总局，机构升格为正部级。21世纪初环境问题不断升级，2005年发生了松花江污染事件，2008年机构改革时，环保总局升格环保部，全称也从"国家环境保护总局"升格为"中华人民共和国环境保护部"。2011年12月20日至21日，第七次全国环境保护会议强调，坚持在发展中保护、在保护中发展，积极探索环境保护新道路，切实解决影响科学发展和损害群众健康的突出环境问题，全面开创环境保护工作新局面。2018年4月16日，中华人民共和国生态环境部正式揭牌，同年5月18日至19日，全国环境保护会议召开，会议明确了习近平生态文明思想，生态文明建设是关系中华民族永续发展的根本大计。生态兴则文明兴，生态衰则文明衰。

（二）有部门在升格，也有不少部门因为降格而改变名称

比如1998年的机构改革中，中华人民共和国广电部变成了国家广电总局，成了直属机构。区域名由"中华人民共和国"改成"国家"，格级名由"部"变成"总局"。

2013 年机构改革中，与新闻出版总署合并为国家新闻出版广电总局，后于 2018 年进一步调整为国家新闻出版署。升格的部门，还有工商管理局。2001 年，为"适应加入世贸组织要求，加大市场执法力度"，它被升格为总局，提为正部级。2018 年国务院机构改革后，组建为国家市场监督管理总局。

1998 年中华人民共和国林业部被降格为国家林业局，不仅地位降格，级别也降为副部级。此外，国家地震局和国家气象局被改为事业单位，区域名由"国家"改为带有事业单位标记的"中国"，分别改为中国气象局和中国地震局，但实际还承担行政管理职能。

2013 年，新一轮国务院机构改革启动，实行铁路政企分开。将铁道部拟定铁路发展规划和政策的行政职责划入交通运输部；组建国家铁路局，由交通运输部管理，承担铁道部的其他行政职责；组建中国铁路总公司（正部级企业），承担铁道部的企业职责；不再保留铁道部。

思考与练习

一、思考题

如何理解行政主体地位的"不对等性"？

二、选择题[1]

1. 下列有关行政主体的说法，正确的是（　　　）。

A. 只有行政机关才能够成为行政主体

B. 行政主体还包括执行公务的国家公务员

C. 行政主体必须是能够以自己的名义实施行政管理的组织

D. 只要是行政机关任何时候都具有行政主体资格

2. 下列各项中，不具有行政机关资格的是（　　　）。

A. 民航局　　　　　　B. 国务院　　　　　　C. 公安部　　　　　　D. 村委会

3. 下列不属于行政机关的是（　　　）。

A. 广州市越秀区公安分局　　　　　　B. 苏州市人民政府

C. 青岛市市南区某街道办事处　　　　D. 沈阳市某区某工商所

4. 下列说法正确的是（　　　）。

A. 行政机关并不是唯一的行政主体　　B. 行政机关是唯一的行政主体

C. 行政机关在任何场合都是行政主体　　D. 行政主体与行政机关相同

5. 下列组织中属于国家行政机关的（　　　）。

A. 全国人大及其常委会　　　　　　　B. 各级人民政府

C. 法院、检察院　　　　　　　　　　D. 社会团体

---

[1] 1. C；2. B；3. A；4. A；5. B；6. B；7. B；8. B；9. D。

6. 以下主体不属于行政机关的是（　　）。

A. 国务院

B. 北京市人民政府办公厅

C. 河北省石家庄市人民政府

D. 国家地震局

7. 下列组织中属于国家行政机关的有（　　）。

A. 全国人大　　　　B. 人民政府　　　　C. 法院　　　　D. 检察院

8. 按照行政机关所管辖的区域范围不同，可以将行政机关分为（　　）。

A. 行政机关及其内设机构

B. 中央行政机关和地方行政机关

C. 权力机关和行政机关

D. 部级行政机关和地方行政机关

9. 下列说法不正确的是（　　）。

A. 在我国，乡镇人民政府是最基层的人民政府，领导和管理所辖行政区域内的行政事务

B. 派出机关是指由县级以上地方人民政府经过有权机关经批准，在一定区域内设立的，不是一级人民政府

C. 乡镇人民政府内部只设立办事机构，不设职能部门

D. 在我国，居委会是最基层的人民政府

三、案例题

2014 年 8 月，陈某当选为村民委员会主任，1 个月后，其被所在镇党委、镇政府免去职务，镇政府另行任命参加竞选的另一候选人李某为该村的村民委员会主任。陈某不服，诉讼到法院。

问题：

1. 本案中，引发争议的行政行为的行政主体是谁？

2. 本案中，某村村民委员会是不是行政主体？

学习情境：行政主体资格的认定

【案例】

张家村地处山区，该村部分村民生产、加工掺有变质植物油、霉变花生米和核桃仁的伪劣辣椒面，并使用工业染料"苏丹红"对产品染色。该村生产的伪劣辣椒面的包装全部假冒"辣 X 怕"牌商标。工商机关会同公安部门多次进行检查、打击、取缔。但是往往是执法部门前脚一走，制假生产又死灰复燃，屡禁不绝。经检测，含有"苏丹红"的辣椒面对人体有致癌畸变作用，不能食用。该种伪劣辣椒面由于售价比较低，经不同的渠道大批量地流入市区，对广大老百姓的生命健康造成了极大的威胁，也给辣 X 怕食品有限公司造成了巨大的经济损失。辣 X 怕食品有限公司为了避免进一步的损失，不得已就派驻 4 名职工常驻张家村执行打假任务，一经发现制假企业和作坊生产假冒辣椒面就立即报告工商等执法部门。但由于地处偏远、交通不便，执法部门仍

然不能有效及时地对违法生产进行打击。为了更加方便、经常地打击不法生产，县工商行政管理局遂与辣 X 怕食品有限公司签署了行政委托协议，委托该公司行使打假的行政职能。2014 年 5 月，辣 X 怕食品有限公司的打假人员发现张家村村民顾某某在山上隐蔽处生产假冒的"辣 X 怕"牌辣椒面，当场查获已经加工好、未来得及外运的假冒成品 1 吨多。打假人员遂依据《中华人民共和国产品质量法》第 49 条、第 50 条和第 60 条的规定，以县工商行政管理局的名义对当事人顾某某给予责令终止违法活动，没收产品、原料和生产工具，没收违法所得并罚款 2 000 元的行政处罚。顾某某对此行政处罚不服，向县人民法院提出了行政诉讼。

【训练目的及要求】

结合案例和相关知识，通过训练，能正确运用行政主体资格认定理论，区分被授权组织与受委托组织。

【训练方法】

分两组进行，一组学生运用行政主体资格原理对范例作出判断；另一组学生评价判断是否正确。

【训练步骤】

步骤 1：分组。

步骤 2：熟悉案例。

步骤 3：学生分析案例。

步骤 4：老师评判。

【案例解析】

辣 X 怕食品有限责任公司是被委托组织。行政委托是指行政机关在其职权范围内，依法将其行政职权委托给非国家机关的组织来行使，受委托组织以委托机关的名义实施管理行为和行使行政职权，并由委托机关承担法律责任的制度。行政委托有以下的特征：行政委托的职权来源是行政机关的委托行为，行政委托的对象不能是其他行政机关，也不能是其他国家机关，应该是社会组织，若法律有特别规定的话，应该符合法律的规定；行政委托不发生职权、法律后果及行政主体资格的转移。被委托组织与被授权组织不同，被委托组织以委托机关的名义实施管理行为和行使行政职权，并由委托机关承担法律责任的制度。被授权的职权来源是法律、法规的明文规定，而且行政授权导致行政职权及主体资格的转移。被授权组织可以以自己的名义独立行使行政职权和承担相应的法律责任，在行使职权时是独立的行政主体。被委托的组织并不能成为行政主体，辣 X 怕食品有限责任公司作为受委托组织不能成为行政主体。

参考书目

1. 姜明安主编：《行政法与行政诉讼法》，北京大学出版社、高等教育出版社 2019 年版。

2. 胡建淼：《行政法学》，法律出版社 2023 年版。

3. 王敬波主编：《行政法与行政诉讼法学案例研究指导》，中国政法大学出版社 2021 年版。

4.《行政法与行政诉讼法学》编写组编：《行政法与行政诉讼法学》，高等教育出版社 2017 年版。

项目四　国家行政机关公务员

"任何人不能成为自己案件的法官。"

知识目标

1. 掌握国家行政机关公务员的含义。
2. 系统掌握国家行政机关公务员制度的基本内容。

能力目标

能运用我国行政机关公务员制度理论分析公务员的相关法律问题。

内容结构图

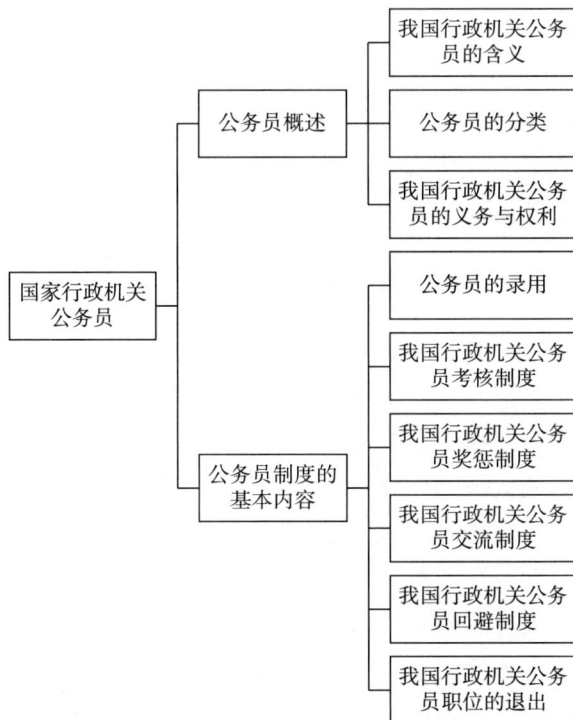

任务一　公务员概述

📋 导入案例

某县财政局在行政机关公务员登记过程中面临几种情况：第一种是本单位在职在编的除工勤人员以外的工作人员，具备《中华人民共和国公务员法》（以下简称《公务员法》）第 13 条规定的条件以及省级以上公务员主管部门规定的拟任职务所要求具备的资格条件；第二种是在轮岗过程中，从基层财政所（事业单位性质）充实到县财政局里各科（室）的工作人员；第三种是大中专生毕业时直接分配的工作人员，毕业时分配到财政所（事业单位性质），后被财政局直接调配到局科（室）上班；第四种是原是会计核算中心（事业单位性质）工作人员，后又调配到局各业务科（室）的；第五种是农税局（挂牌机构）的工作人员，县财政局于 2010 年 4 月成立了农税局，当时将基层各所涉及农税的人事、工资等都收到农税局里统一管理，其原在农税局时都参加了公务员过渡。

问题：在公务员登记过程中，该案例中包含的五种情况应如何认定？

▦ 基本原理认知

中华人民共和国成立一直到 1987 年党的十三大召开前，我国实行的是"大统"的干部人事制度，靠任命而不是靠考试竞争来选拔国家机关工作人员，也没有实行干部退休制。1982 年机构改革提出了干部队伍"革命化、年轻化、知识化和专业化"的标准，1987 年党的十三大报告第一次正式使用了"公务员"这一称谓。1993 年国务院出台了《国家公务员暂行条例》（已失效），2005 年制定了《公务员法》。

根据现行《公务员法》的规定，公务员是指依法履行公职、纳入国家行政编制、由国家财政负担工资福利的工作人员。

一、我国行政机关公务员的含义

我国《公务员法》第 2 条第 1 款规定："本法所称公务员，是指依法履行公职、纳入国家行政编制、由国家财政负担工资福利的工作人员。"我们很自然地得出一个符合法律逻辑的结论：国家行政机关公务员，是国家公务员的组成部分，是指在国家行政机关中依法履行公职、纳入国家行政编制、由国家财政负担工资福利的工作人员。

按照上述规定，是否属于行政机关公务员，必须符合四个条件：一是在国家行政机关中依法履行公职。即他是在行政机关中依法从事公务活动的人员，不是在其他国家机关如司法机关、人大等工作；同时他不是为自己工作，也不是为某个企业或者组织工作或者服务。这里所依的"法"，是广义的"法"，包括宪法、法律、行政法规、地方性法规等。二是依法定方式和程序任用的人员。普通公民在符合法律规定的条件下，依法定方式和程序办理任职手续后，方能成为公务员。任何人非依法定方式和程序均不能自动成为公务员。三是纳入国家行政编制。仅以履行公职为标准，还不能作出明确的界定。有一些在国家举办的事业单位中工作的人员，他们从事的也是公务活动，但并未纳入国家的行政编制序列，因而不能认定为行政机关公务员。四是由国家财政负担工资福利。也就是由国家为他们提供工资、退休和福利等保障。行政机关公务员属于国家财政供养的人员，但并不是财政供养的人员都是行政机关公务员。财政供养人员的很大一部分，如公立学校的老师、科研院所的科研人员等，虽然由国家负担其工资福利，但不属于公务员，因为他们不具备另外两个条件。

按照上述界定标准，行政机关公务员的范围包括各级人民政府的组成人员，各级人民政府工作部门及派出机构的工作人员。

导入案例中的第一种情况符合《公务员法》的行政机关公务员的定义，故可登记为行政机关公务员。那其余四种情况呢？基层财政所、会计核算中心为事业单位，使用事业编制，调整到财政局机关的人员为借调混岗人员，根据公务员登记政策规定，借调人员在原单位登记；农税局是挂牌机构，其组成人员为抽调的事业编制人员，均不符合公务员登记三要素，故不在登记范围内。对于行使公共管理职能的事业单位中的工作人员，《公务员法》明确作了规定，参照法律执行。这类事业单位中的工作人员，可按参照公务员管理申报，批准后才能予以参公登记。其参公登记必须具备三个条件：一是经法律、法规授权；二是具有管理公共事务的职能；三是经有权机关批准。

行政机关中的工勤人员也不属于行政机关公务员范围，主要原因：①工勤人员的工作纯属后勤服务性质；他们使用的是事业编制或合同编制，而不是行政编制；他们的工资福利，不是完全由财政承担，有一部分源于为机关提供服务获得的费用。②从历史延续性来看，工勤人员之前也不属于机关干部范畴，对他们是按劳动法规进行管理的；行政机关公务员的管理办法对他们不适用，他们的录用不需要经过行政机关公务员录用考试，他们的考核、奖惩、职务升降等都与行政机关公务员不同。③通过改革，机关后勤工作将逐步社会化，从这方面看，工勤人员也不宜列入行政机关公务员范围。

二、公务员的分类

根据《公务员法》的规定，我国公务员分为一般职公务员和特别职公务员。一般职公务员指除特别职公务员以外的所有公务员。特别职公务员则指公务员中的领导成员以及法官、检察官等。《公务员法》第3条第2款规定，法律对公务员中的领导成员的产生、任免、监督以及监察官、法官、检察官等的义务、权利和管理另有规定的，从其规定。这就是说，此类公务员除适用《公务员法》外，还要适用特别法（如《中华人民共和国法官法》《中华人民共和国检察官法》）的规定，而且特别法的适用优于普通法即《公务员法》的适用。

我国《公务员法》所界定的公务员包括以下几类：①中国共产党各级机关的工作人员；②各级人民代表大会及其常务委员会机关的工作人员；③各级行政机关的工作人员；④中国人民政治协商会议各级委员会机关中的工作人员；⑤各级审判机关中的工作人员；⑥各级检察机关中的工作人员；⑦各民主党派和工商联的各级机关的工作人员。另外，党的十九大报告明确提出："深化国家监察体制改革，将试点工作在全国推开，组建国家、省、市、县监察委员会，同党的纪律检查机关合署办公，实现对所有行使公权力的公职人员监察全覆盖。"2018年3月，随着各级监察委员会组建完毕，一个独立的监察机关系统形成。这样，公务员还包括各级监察机关中的工作人员。

我国《公务员法》规定我国实行公务员职位分类制度。根据我国《公务员法》的规定，公务员职位类别按照公务员职位的性质、特点和管理需要，划分为综合管理类、专业技术类和行政执法类等类别。同时，根据职位类别设置公务员职务序列。一定的职务序列构成相应公务员职业发展阶梯。以公务员是否承担领导职责为标准，将公务员的职务分为领导职务与非领导职务。

1. 领导职务。领导职务是指在机关中，具有决策、指挥、组织、监督等职能的职务。领导职务层次分为：国家级正职、国家级副职、省部级正职、省部级副职、厅局级正职、厅局级副职、县处级正职、县处级副职、乡科级正职、乡科级副职。

2. 非领导职务。非领导职务是指在厅局级以下的各级机关中设置的，不具有决策、指挥职能的职务。非领导职务是实职，不是虚职，但不具有领导职责。综合管理类的非领导职务层次在厅局级以下设置，分为：巡视员、副巡视员、调研员、副调研员、主任科员、副主任科员、科员、办事员。其中，巡视员、副巡视员在中央、省级机关设置，调研员、副调研员在市（地）级以上机关设置，主任科员、副主任科员在县级以上机关设置。

《公务员法》对专业技术类和行政执法类公务员的职务系列未作出规定，而确定根据该法由国家另行规定。对于除综合管理类、专业技术类和行政执法类以外的具有特殊性的职位，需要单独管理的，《公务员法》授权国务院可增设其他职位类别。

三、我国行政机关公务员的义务与权利

公务员的义务，是指法律规定的公务员基于其身份必须作出某种行为或者不得作出某种行为的限制与约束。从法律规定来看，公务员的义务可以分为积极义务和消极义务。积极义务是指公务员必须依法履行的作为义务，如公务员应当忠于职守、维护国家安全等。消极义务是指公务员必须履行的不作为义务，如不得兼职、不得参与罢工等。

我国《公务员法》规定的基本原则为：一是公务员制度坚持中国共产党领导，坚持以马克思列宁主义、毛泽东思想、邓小平理论、"三个代表"重要思想、科学发展观、习近平新时代中国特色社会主义思想为指导，贯彻社会主义初级阶段的基本路线，贯彻新时代中国共产党的组织路线，坚持党管干部原则；二是公务员的管理，坚持公开、平等、竞争、择优的原则；依照法定的权限、条件、标准和程序进行；三是公务员的管理，坚持监督约束与激励保障并重的原则；四是公务员的任用，坚持德才兼备、以德为先，坚持五湖四海、任人唯贤，坚持事业为上、公道正派，突出政治标准，注重工作实绩；五是国家对公务员实行分类管理，提高管理效能和科学化水平；六是公务员依法履行职务的行为，受法律保护；七是公务员就职时应依照法律规定公开进行宪法宣誓。根据以上基本原则，明确了我国行政机关公务员的义务、权利。

（一）我国行政机关公务员的义务

行政机关公务员的义务是指国家法律对行政机关公务员必须作出一定行为或不得作出一定行为的约束和强制。根据《公务员法》第14条的规定，我国公务员应当履行如下义务：①忠于宪法，模范遵守、自觉维护宪法和法律，自觉接受中国共产党领导；②忠于国家，维护国家的安全、荣誉和利益；③忠于人民，全心全意为人民服务，接受人民监督；④忠于职守，勤勉尽责，服从和执行上级依法作出的决定和命令，按照规定的权限和程序履行职责，努力提高工作质量和效率；⑤保守国家秘密和工作秘密；⑥带头践行社会主义核心价值观，坚守法治，遵守纪律，恪守职业道德，模范遵守社会公德、家庭美德；⑦清正廉洁，公道正派；⑧法律规定的其他义务。

需要注意的是，《公务员法》规定了我国公务员有服从和执行上级的决定与命令的义务，但公务员服从和执行的应当是上级依法作出的命令与决定。对于违法错误的命令与决定，应该按照《公务员法》第60条的规定处理，公务员执行公务时，认为上级的决定或者命令有错误的，可以向上级提出改正或者撤销该决定或者命令的意见；上级不改变该决定或者命令，或者要求立即执行的，公务员应当执行该决定或者命令，执行的后果由上级负责，公务员不承担责任；但是，公务员执行明显违法的决定或者命令的，应当依法承担相应的责任。

（二）行政机关公务员的权利

行政机关公务员的权利是指法律对行政机关公务员在履行职责、行使职权，执行公务的过程中，可以做出某种行为，要求他人为或者不为某种行为的能力和资格。根据《公务员法》第15条的规定，公务员享有下列权利：①执行职务权：公务员有权依法执行职务，获得履行职责所应当具有的工作条件；②职位保障权：公务员非因法定事由和非经法定程序，不得被免职、降职、辞退或者处分；③工资福利权：公务员有权获得工资报酬，享受福利、保险待遇；④参加培训权：公务员有权参加业务知识和技能的培训；⑤批评建议权：公务员有权对机关工作和领导人员提出批评和建议；⑥申诉、控告权：公务员合法权益被侵犯或受到不公平待遇，有权向有关机关提出申诉或控告；⑦辞职权：公务员有权根据法定条件和法定程序申请辞职；⑧法律规定的公务员的其他权利。

任务二　公务员制度的基本内容

导入案例

【案例一】

小杨 2016 年 9 月大学毕业后考取了县公安局的国家公务员，在该县某派出所上班，表现比较突出，在当年的年度考核中即被确定为优秀等次。经过了半年的试用期的考察，小杨被任命为科员。后小杨被调到该县公安局刑警大队，在一桩重大案件侦破过程中，小杨利用他的专业知识发挥了重要作用，县公安局决定给予他记二等功的奖励。2017 年年底，局里决定提拔小杨为副科长，并为他安排了为期 15 天的初任培训。在拟任职公示期间，小杨被举报录用时未达录用职位所要求的资格条件，经查明情况属实，且小杨的父亲为该县公安局局长。

问题：请分析在本案例中有哪些情况不符合国家公务员制度的相关规定，为什么？

【案例二】

2016 年，某省环保厅处长李某出国逾期不归，但未发现涉及贪腐问题。其单位根据相关公务员管理法规作出处理，李某被辞退。2016 年 11 月 1 日李某回国，来到其所在单位被告知环保厅已经将其辞退，李某认为机关对其作出的辞退不合理，决定向有关部门提出申诉。

据了解，李某现年 43 岁，被辞前为某省环保厅公务员。2016 年 2 月底，经领导同意，李某休假、请假赴美国探亲、结婚。2016 年 8 月 1 日，李某假期已满，于境外提出辞职，但未按要求回国办理辞职手续，其公证声明也未明确表达辞职意愿，因此某省环保厅没有同意其辞职申请。至 2016 年 8 月 21 日，李某逾期不归已连续超过 15 个工作日。2016 年 10 月初，某省环保厅在网站挂出 2016 年 8 月 30 日印发的公告，称根据国家人社部关于公务员管理规定的条款，对李某作出辞退处理。

问题：辞职与辞退有何区别？环保厅对李某的辞退是否符合有关的程序规定？为什么？

基本原理认知

在新形势下，推进民主法治建设，做好经济调节、市场监管、公共管理和社会服务等工作，需要一批高素质的人才，需要有一套公务员从事公务活动的科学、民主的行为规范。这就需要在制度上吸引优秀人才加入到公务员队伍，在他们加入到公务员队伍后，通过交流、考核、奖惩、回避、退出等各种方式提高公务员队伍的素质，进一步完善公务员的行为规范，强化公务员的服务意识和效率意识，以最少的投入争取最大的管理效益。从导入案例一中的公务员小杨身上就分别涉及行政机关公务员的录用、退出及考核、奖惩、回避、交流等制度。我国行政机关公务员制度是分类管理的一种制度，是行政机关工作人员管理的一整套规范。它除了有总法规，还有若干配套的单项法规及其实施细则、实施方案，从而形成一个健全的法规体系。

一、公务员的录用

行政机关公务员录用制度是指行政机关通过法定程序，采用公开考试、严格考察的办法和按照德才兼备的标准，选拔优秀人才担任主任科员以下及其他相当职务层次的非领导职务公务员的人事制度。非公务员获得公务员身份主要有四种方式：考任、选任、聘任和调任，以考任为主，选任、调任和聘用为辅。提高公务员队伍素质，改善公务员队伍结构是一项系统工程。除了通过培训、辞退等制度帮助、鼓励和鞭策公务员提高自身素质外，更重要的是在公务员队伍的"进口"处设好门槛、把好关，把符合条件的优秀人才选拔录用到公务员队伍中来。

（一）行政机关公务员的录用范围

录用范围仅限于担任主任科员以下及其他相当职务层次的非领导职务公务员，采取公开考试、严格考察、平等竞争、择优录取的办法。主任科员以下的非领导职务具体包括：主任科员、副主任科员、科员和办事员。除内部晋升外，对于主任科员以上的领导职务和非领导职务，主要是通过调任和选任的方式进行补充。对于主任科员以下的领导职务，则主要通过调任方式进行补充。

（二）行政机关公务员录用的办法和原则

1. 公开考试。公开是公正与公平的基础。公开考试，是指公务员考试录用面向社会，公开招考，主要体现在五个方面：①招考政策公开；②报名时间、招考条件、招考对象公开；③用人部门、招考职位、任职资格条件公开；④考试时间、方法和程序公开；⑤考试成绩、拟录用人员名单公示、录用结果公开。公开的方式有多种，包括网络、报纸、电视等，特别是网络，可以极大地保证公务员考试录用的公开性。

2. 严格考察。严格考察，是指在公开考试的基础上，对报考人员进行考察。考察的内容主要是报考人员的政治思想和道德品质等，也考察其工作能力。严格考察是"择优"的前提，其目的在于保证被录用的公务员符合德才兼备的标准。这样才能保证被录用人员既具备真才实学，又具有坚定政治思想、道德品行良好的应试者被录用，从"入口"处保证公务员的高素质。

3. 平等竞争。平等即公民在担任公职方面享有平等机会和权利。平等竞争首先体现在机会平等，即任何人不论民族、种族、性别、出身、宗教信仰、婚姻状况等有何不同，都有报考公务员的资格。招录机关在确定报考资格条件时，必须遵循必要和合理原则，不能随意增加不合理的限制性报考条件，比如要求报考者未婚、男性，或规定其他歧视性的身体要求等。

4. 择优录取。择优录取，是指一个职位由多个报考者报考，实行差额考试，将成绩最优秀的报考者录用为公务员。择优录取是平等竞争的结果。在整个录用工作过程中，报考者要经历报考申请审查、笔试、面试、报考资格复审、考察和体检等环节，每个环节都要经过激烈竞争，只有优胜者才有资格进入下一个环节的竞争。竞争为择优提供了可能，择优是竞争的应有之义。

值得注意的是，对少数民族报考者要予以适当照顾。其所依照的法律和有关规定主要是《中华人民共和国民族区域自治法》（以下简称《民族区域自治法》）第18条的规定："民族自治地方的自治机关所属工作部门的干部中，应当合理配备实行区域自治的民族和其他少数民族的人员。"该法第22条第2款的规定："民族自治地方的自治机关录用工作人员的时候，对实行区域自治的民族和其他少数民族的人员应当给予适当的照顾。"在民族自治地方对少数民族的报考者予以适当照顾，并不违反平等竞争的原则。因为许多少数民族由于历史原因，处于经济、文化较落后的状况，如果对他们的要求过于严格，将导致我国公务员队伍中少数民族比例过低，这样对他们是不公平的。适当照顾的方式主要有三种：一是在制定招考录用计划时，规定少数民族公务员录用的比例；二是在同等条件下，优先录用少数民族报考者；三是适当降低少数民族报考者的录取分数线。

（三）符合报考行政机关公务员的资格条件

导入案例一的小杨被举报录用时未达录用职位所要求的资格条件，可见我国《公务员法》对行政机关公务员的录用是有设置门槛的。法律规定对通过录用方式进入国家行政机关公务员队伍的公务员，须具备下列基本条件：

1. 具有中华人民共和国国籍。

2. 年满18周岁。

3. 拥护《中华人民共和国宪法》，拥护中国共产党领导的社会主义制度。

4. 具有良好的政治素质和道德品行。

5. 具有正常履行职责的身体条件和心理素质。

6. 具有符合职位要求的文化程度和工作能力。

7. 法律规定的其他条件。

此处的"法律规定的其他条件"是指全国人民代表大会及其常务委员会通过的法律所规定的与公务员职位要求相关的资格条件。这里规定的公务员应当具备的条件，是一个公民担任公务员的最低要求，换句话说，并不是具有这些条件必然成为公务员。录用公务员时，还需要考虑每个职位任职的资格和条件；譬如录用监狱警察，出于监管工作的需要，资格条件可设定性别要求。前述第2、7项所列条件，经省级以上公务员主管部门批准，可以适当调整。

《公务员法》第 26 条规定:"下列人员不得录用为公务员:(一)因犯罪受过刑事处罚的;(二)被开除中国共产党党籍的;(三)被开除公职的;(四)被依法列为失信联合惩戒对象的;(五)有法律规定不得录用为公务员的其他情形的。"

(四)行政机关公务员录用程序

1. 发布招考公告。设区的市级以上公务员主管部门根据招录方案制定《招录公告》《招录简章》。省级公务员主管部门负责制定《公共科目笔试考试大纲》《报名资格审查表》。报名前,省级公务员主管部门在省级报纸发布《招录公告》,同时在指定网站公布《招录简章》《笔试公共科目考试大纲》《报名资格审查表》;设区的市级公务员主管部门在同级政府报纸发布《招录公告》,在相应网站公布《招录简章》《笔试公共科目考试大纲》《报名资格审查表》。《招录公告》应当包括以下内容:招录机关、招录的职位、名额及相关的资格条件;报名的方式、时间和地点;报考者需要提交的申请材料;考试的科目、时间、地点;招录有关政策、规定的解释说明;其他报考须知事项。因职位特殊不宜向社会发布招录公告的,应当报经省级公务员主管部门批准。

2. 报考资格审查。报名与资格审查工作由设区的市级以上公务员主管部门负责组织,用人部门配合。报名有网上报名和现场报名两种办法,具体采用哪种办法根据具体情况决定。报考者应当根据招录公务员的基本条件和所报考职位要求的具体条件,提交真实、准确、有效的申请材料。经设区的市级以上公务员主管部门和用人部门审查同意的,由设区的市级以上公务员主管部门签发《笔试准考证》;不合格者取消考试资格。取得考试资格的报考者,持《笔试准考证》和本人身份证的原件参加笔试。

3. 公开考试。笔试,是指预先拟好试题,让考生在规定的时间内运用文字解答试卷,然后通过试卷评判学生掌握基本知识和专业知识的程度、写作能力、阅读理解能力、对于知识的综合运用能力以及逻辑思维能力的测试方法。笔试科目分公共科目和专业科目,一般只组织公共科目笔试,必要时组织专业科目笔试。公共科目由中央公务员主管部门统一确定,专业科目由省级以上公务员主管部门根据需要设置。目前,公共科目笔试为《行政职业能力测验》和《申论》两张卷;每次考试都制定《公共科笔试考试大纲》,不指定考试用书,不举办针对报考者的任何形式的培训班。专业科目笔试根据招录职位要求确定。笔试结束后,由省级公务员主管部门划定笔试合格分数线,在合格线基础上,报考同职位的报考者从高分到低分的顺序,录用计划与报考人数按招录方案规定的比例确定进入面试人员名单,比例内末位笔试成绩并列时一般均进入面试。在规定时间内,在指定网站公布笔试合格分数线、笔试成绩和进入面试人员名单。面试,是指主考人通过与考生对话来考查考生的知识和能力。面试方式可以直观地了解考生掌握和运用知识的能力、应变能力、语言表达能力等。笔试和面试是有着前后承继关系的两种考试方式,只有笔试通过的考生,才有面试的机会。

面试方法有结构化面情景模拟、无领导小组讨论等多种。结构化面试是应用最早、最广的一种方法。结构化面试是对考者提出一系列问题，采取一问一答的方式，测试报考者的能力和素质。无领导小组讨论是就某个问题进行讨论或辩论，考官不发言或只作引导性发言，主要听报考者的发言，最后由考官评分。情景模拟是将报考者置于某个模拟真实工作情景的环境中，综合考察报考者的实际工作能力。面试的内容包罗万象，主要包括：综合分析能力、求职动机与拟任职位的口头表达能力、应变能力、计划组织协调能力、人际交往能力、情绪控制能力、敬业求实精神、举止仪表等笔试不能考察的因素。

面试期间，应当对考官、工作人员和参加面试的报考者实行入围管理，并进行岗前培训。面试成绩应当及时公布。面试结束后，按照招录方案规定的办法确定体检人员名单。一般有两种方法：一是逐级淘汰法，即以面试成绩为准；二是笔试成绩和面试成绩合成法。无论采取哪种办法，都是以职位为单位从高分到低分以一定比例确定进入体检人员名单。在规定时间内，将报考者的笔试成绩、面试成绩、总成绩以及进入体检人员名单，在指定网站公布，同时电话通知进入体检的报考者本人。

4. 体检。体检工作由设区的市级以上公务员主管部门负责组织。体检应当在设区的市级以上公务员主管部门指定的医疗机构进行。体检的项目和标准按《公务员录用体检通用标准（试行）》执行；录用人民警察的体检项目和标准按《公安机关录用人民警察体检项目和标准》（已失效）执行，其中司法人民警察体检的身高和视力一般根据实际工作需要适当掌握。用人部门或体检结果有疑义的，可按规定提出复检。必要时，设区的市级以上公务员主管部门可以要求体检对象复检。体检合格者确定为考察对象。

5. 考察。招录机关按照省级以上公务员主管部门的规定，对考察人选进行资格复审和考察。考察的内容主要包括考察对象为政治思想、道德品质、遵纪守法、廉洁自律、能力素质、工作态度、学习和工作表现、是否需要回避等方面的情况。考察应当组成考察组，广泛听取意见，做到全面、客观、公正。考察组应当据实写出考察材料。考察合格者确定为拟录用对象。

6. 公示。招录机关根据报考者的考试成绩、体检结果和考察情况等，择优提出拟录用人员名单，向社会公示。公示期不少于5个工作日。公示内容包括招录机关名称、拟录用职位，拟录用人员姓名、性别、准考证号、毕业院校或者工作单位，监督电话以及省级以上公务员主管部门规定的其他事项。

公示期满，对没有问题或者反映问题不影响录用的，按照规定程序办理审批或者备案手续，对有严重问题并查有实据的，不予录用，对反映有严重问题，但一时难以查实的，暂缓录用，待查实并作出结论后再决定是否录用。

中央机关及其直属机构拟录用人员名单应当报中央公务员主管部门备案，地方各级招录机关拟录用人员名单应当报省级或者设区的市级公务员主管部门审批。

有些职位涉及国家安全、保密或者专业技术性很强，不宜进行公开考试，只能通过一些特殊的方法进行录用。这些特殊的职位主要有：①因职位特殊不宜公开招考的，如安全、公安部门中的某些职位。②因职位特殊，需要专门测量报考者水平的。③因职位所需要的专业知识特殊，难以形成较大范围内的竞争的，比如外交机构或机关内设研究机构中的小语种职位。

7. 试用。新录用的公务员试用期为 1 年，自报到之日起计算。试用期内，由招录机关对新录用的公务员进行考核，并按照规定进行初任培训。新录用公务员试用期满考核合格的，招录机关应当按照有关规定予以任职定级。新录用公务员试用期满考核不合格的，取消录用。

试用期间发现新录用公务员有不具备公务员条件、不符合报考职位要求、不能胜任职位工作等情形的，取消录用。新录用公务员有《公务员法》第 89 条规定情形的，不得取消录用。

中央机关及其直属机构取消录用的人员名单，应当报中央公务员主管部门备案。地方各级招录机关取消录用的审批权限由省级公务员主管部门规定。

新录用公务员取消录用的时间，从作出取消录用决定之日起计算。取消录用决定应当以书面形式通知，新录用公务员被取消录用后，停发工资、转递档案以及转接社会保险关系等按照有关规定执行。

二、我国行政机关公务员考核制度

考核是公务员主管部门对公务员品行、才能和实际表现进行考查、审核，以确定其是否胜任现职和决定是否对其任用以及确定相关待遇等。根据《公务员法》，我国对公务员的考核制度包括下述内容：①考核分平时考核、专项考核和定期考核等方式，平时考核、专项考核作为定期考核的基础。②考核的范围包括德、能、勤、绩、廉五个方面，重点考核政治素质和工作实绩。③定期考核结果分为优秀、称职、基本称职和不称职四个等次，并以此作为调整公务员职位、职务、职级、级别、工资以及公务员奖励、培训、辞退的依据。

（一）考核的对象和内容

1. 考核的对象。主要是非领导成员行政机关公务员。领导成员是指机关的领导人员，不包括机关内设机构担任领导职务的人员。非领导成员包括非领导职务公务员和不属于领导成员公务员的领导职务公务员。我国对行政机关公务员实行分类管理。《公务员法》第 21 条第 1 款规定："公务员的领导职务、职级应当对应相应的级别。公务员领导职务、职级与级别的对应关系，由国家规定。"我国对领导成员和非领导成员的考核是两套方法，非领导成员的考核适用《公务员法》中规定的程序，领导成员的考核适用其他相关规定。

2. 考核的内容。主要包括：德、能、勤、绩、廉五个方面，其中以政治素质和工作实绩为重点。行政机关公务员考核的五大内容是一个有机的整体。对行政机关公务员的考核必须考核全面，又要突出重点。以"政治素质和工作实绩"为考核重点，一方面鼓励公务员干实事、求实效，为国家和社会多做贡献，另一方面实绩可以量化，标准比较明确统一，可以防止根据个人好恶或主观印象进行评价。注重实绩，就是防止在公务员考核中搞"大锅饭"，实行"平均主义"。但是公务员考核不能只看"绩"，而忽视对"德、能、勤、廉"的考核。

（1）对新录用的、转任的、挂职锻炼的等特殊情形下的行政机关公务员的考核，有一些特殊的做法：新录用的公务员在试用期间，应对其进行考核，但在年度考核时只写评语，不定等次，考核情况只作为任职、定级的依据。导入案例一中对尚在试用期的小杨进行年度考核，评定为优秀等次明显违反法律规定。

（2）转任的公务员，由其转任的现工作单位进行考核，并在年度考核中确定等次，其转任前的有关情况，由原单位提供。

（3）挂职锻炼的公务员，在挂职期间由挂职单位进行考核，并确定等次。在挂职单位工作不足半年的由原单位进行考核，挂职锻炼结束的当年由挂职的单位提供有关情况，原单位进行考核。

（4）单位派出学习、培训的公务员，由原工作单位进行考核，主要根据学习、培训表现确定等次。其学习、培训的有关情况，由所在学习、培训单位提供。非单位派出，但经单位同意外出学习的公务员，超过考核年度半年的，不进行考核。

（5）因病、事假累计超过半年的公务员，不进行考核。

（6）接受立案审查尚未结案的公务员，只进行年度考核，暂不写评语、不定等次，待问题查清后再行确定。

（7）受警告处分的公务员，对其进行考核，但在受处分的当年，不得定为优秀等次。受记过、记大过、降级、撤职处分的公务员，对其进行考核，但在受处分期间只写评语，不定等次。在解除其处分的当年及以后，按正常情况对待。

（二）考核的类型

根据《公务员法》第36条的规定，公务员的考核分为平时考核、专项考核和定期考核等方式。定期考核以平时考核、专项考核为基础。平时考核，通常是指对行政机关公务员在日常工作中的表现及功过进行记录，主要考核行政机关公务员的出勤情况和公务员遵守办公规则情况，表现为考勤和工作检查。如美国公务员的上级领导对其下属都建有考核手册，凡公务员工作表现与这一领导所制定的工作标准有联系的部分，均要摘录在册。定期考核，通常是指有关领导人员以及专门的考核机构在一个工作年度结束后，按照规定的内容、标准、程序和时限，在平时考核的基础上对所属公务员一年来各方面的实际表现进行集中统一的考察和评价活动。定期考核是在平时考核的基础上进行的每年一次的阶段性概括和总结，是对公务员比较全面的考核方式。对行政机关公务员的考核应将定期考核与平时考核结合起来。

对行政机关公务员的考核应将定期考核与平时考核结合起来。

定期考核以平时考核、专项考核为基础。就是说要将平时考核、专项考核与定期考核结合起来，通过做细做实平时考核，开展必要的专项考核，全面了解掌握公务员日常表现和重大关头、关键时刻表现，为定期考核提供客观依据，形成对公务员的准确评价。在公务员考核中，平时考核、专项考核、定期考核应当合理安排，统筹兼顾，增强考核方式的针对性、完整性和系统性。

定期考核的结果应当以书面形式通知公务员本人。考核等次是行政机关公务员年度考核的最终结果，是一种法定的评价方式，每个考核等次都有相应的标准对应。《公务员法》规定了优秀、称职、基本称职和不称职四个等次。考核的结果对于行政机关公务员具有比较大的影响。根据《公务员法》和有关规定，不同考核等次有相应的奖惩、晋升、辞退等处理。

三、我国行政机关公务员奖惩制度

行政机关公务员的奖惩制度是指行政机关依法给予在工作中表现突出，有显著业绩和其他突出事迹的公务员或公务员集体一定荣誉或物质利益；给予玩忽职守、违反纪律的公务员惩处的一系列规定之总称。

（一）行政机关公务员的奖励制度

行政机关公务员的奖励制度是指行政机关依法给予在工作中表现突出，有显著业绩和贡献，或者其他突出事迹的公务员或者公务员集体一定荣誉或物质利益，以示鼓励的制度。对国家行政机关公务员的奖励，坚持精神鼓励与物质鼓励相结合，以精神鼓励为主的原则。对行政机关公务员的奖励，分为嘉奖、记三等功、记二等功、记一等功、授予称号。根据《公务员法》的规定，有以下情形之一的可对国家行政机关公务员进行奖励：

1. 忠于职守，积极工作，勇于担当，工作实绩显著的；

2. 遵纪守法，廉洁奉公，作风正派，办事公道，模范作用突出的；

3. 在工作中有发明创造或者提出合理化建议，取得显著经济效益或者社会效益的；

4. 为增进民族团结、维护社会稳定做出突出贡献的；

5. 爱护公共财产，节约国家资财有突出成绩的；

6. 防止或者消除事故有功，使国家和人民群众利益免受或者减少损失的；

7. 在抢险、救灾等特定环境中做出突出贡献的；

8. 同违纪违法行为作斗争有功绩的；

9. 在对外交往中为国家争得荣誉和利益的；

10. 有其他突出功绩的。

对公务员、公务员集体的奖励分为：嘉奖、记三等功、记二等功、记一等功、授予称号。对在工作中表现突出，取得优良成绩，应当给予嘉奖；对在工作中作出较大贡献，取得显著成绩的，应当给予记三等功；对在工作中作出重大贡献，取得优异成绩的，应当给予记二等功；对在工作中做出杰出贡献的，应当给予记一等功；对功绩卓著，有特殊贡献的，应当授予"人民满意的公务员""人民满意的公务员集体"等荣誉称号。

根据行政机关公务员受奖种类，越是高层次的奖励种类，要求审批机关的层级越高：嘉奖、记三等功的，由县级以上人民政府或者市（地）级以上人民政府工作部门批准；记二等功的，由市（地）级以上人民政府或者省级以上人民政府工作部门批准；记一等功的，由省、自治区、直辖市以上人民政府或者国务院工作部门批准；国务院授予荣誉称号的，经国务院主管部门审核后，由国务院批准；省、自治区、直辖市人民政府授予荣誉称号的，经本级政府主管部门审核后，由省、自治区、直辖市人民政府批准；国务院工作部门授予荣誉称号的，经国务院主管部门审核同意后，由国务院工作部门批准。导入案例一中决定对小杨记二等功的机关是县公安局，不符合记二等功需由市（地）级以上人民政府或者省级以上人民政府工作部门批准的规定。

公务员或者公务员集体有下列情形之一的，撤销奖励：

1. 弄虚作假，骗取奖励的；

2. 申报奖励时隐瞒严重错误或者严重违反规定程序的；

3. 有严重违纪违法等行为，影响称号声誉的；

4. 有法律、法规规定应当撤销奖励的其他情形的。

（二）行政机关公务员的行政处分制度

行政机关公务员的行政处分制度是指行政机关依法给予在工作中玩忽职守、违反纪律的行政机关公务员惩处的制度。

根据《公务员法》的规定，对同时具备以下三个条件的公务员应予以行政处分：①有违纪行为存在；②违纪行为尚未构成犯罪或虽构成犯罪，但依法不追究刑事责任；③主观上有过错，即违纪行为是出于公务员的故意或者过失。违纪情节轻微且未造成不良后果的，给予批评教育，可以免予处分。

根据《公务员法》规定，行政机关公务员必须遵守纪律，不得有下列行为：

1. 散布有损宪法权威、中国共产党和国家声誉的言论，组织或者参加旨在反对宪法、中国共产党领导和国家的集会、游行、示威等活动；

2. 组织或者参加非法组织，组织或者参加罢工；

3. 挑拨、破坏民族关系，参加民族分裂活动或者组织、利用宗教活动破坏民族团结和社会稳定；

4. 不担当，不作为，玩忽职守，贻误工作；

5. 拒绝执行上级依法作出的决议和命令；

6. 对批评、申诉、控告、检举进行压制或者打击报复；

7. 弄虚作假，误导、欺骗领导和公众；

8. 贪污贿赂，利用职务之便为自己或者他人谋取私利；

9. 违反财经纪律，浪费国家资财；

10. 滥用职权，侵害公民、法人或者其他组织的合法利益；

11. 泄露国家秘密或者工作秘密；

12. 在对外交往中损国家荣誉和利益；

13. 参与或者支持色情、吸毒、赌博、迷信等活动；

14. 违反职业道德、社会公德和家庭美德；

15. 违反有关规定参与禁止的网络传播行为或者网络活动；

16. 违反有关规定从事或者参与营利性活动，在企业或者其他营利性组织中兼任职务；

17. 旷工或者因公外出、请假期满无正当理由逾期不归；

18. 违纪违法的其他行为。

《公务员法》规定了 6 种处分的形式：警告、记过、记大过、降级、撤职、开除。这 6 种处分是按照由轻到重的顺序依次排列的。

（1）警告。警告是对违法违纪的公务员予以警示和告诫的处分形式，也是最轻微的处分方式。警告的目的在于申明公务员有违法违纪行为，并警示其不得再有违法违纪行为，否则，将给予更为严厉的处分。

（2）记过。记过是对公务员违法违纪行为的过错予以记载，也属于警示性的处分方式。

（3）记大过。记大过也是对公务员的违法违纪过错予以记载的处分形式，也属于警示性处分，但要比记过的惩罚性更重。

（4）降级。降级是指降低公务员级别的处分方式。一般适用于虽然有违法违纪行为，但仍可继续担任现职的公务员。降级与降职不同，降职是机关按照公务员的管理权限，对年度考核不称职的公务员，降低其所担任的职务，它是对公务员的一种日常管理行为，不是行政处分。

（5）撤职。撤职是指撤销违法违纪公务员所担任职务的处分形式。由于公务员的职务与级别相对应，因此受撤职处分的，应按规定降低公务员的级别。被撤职者如果没有同时受到辞退等处理的，仍保留公务员身份。撤职与免职不同，免职是干部管理的一种方式，是指有关机关按照管理权限，依法免去公务员所担任的职务。公务员被免职后，根据不同的情况，出现平调、晋升等情形，因此免职不是行政处分。

（6）开除。开除是指对违法违纪的公务员，解除其与机关的任用关系的处分形式。开除是最严厉的处分形式。公务员受开除处分的，自处分决定生效之日起，解除其与单位的人事关系，不得再担任公务员职务。

按照《公务员法》的规定，对公务员的处分要遵循以下程序：①调查。即由有权处分公务员的机关对公务员违纪的事实进行调查、取证、核实、审查和判断。②告知。即将调查认定的事实及拟给予处分的依据告知公务员本人。③陈述和申辩。公务员有权陈述自己对违纪事实的认定以及主观的看法、意见，同时也可以对处分机关所依据的证据，提出不同的意见和质疑。④作出处分决定。处分决定机关对处分意见进行审核，认为对公务员应当给予处分的，应当在规定的期限内，按照管理权限和规定的程序作出处分决定。⑤书面通知。处分决定应当以书面形式通知公务员本人，并由受处分的公务员签署意见，如果本人拒绝签署，可由单位写明情况。

四、我国行政机关公务员交流制度

行政机关系统内部的交流，是指公务员在国家行政机关内部跨地区、跨部门、跨单位、跨职位的交流，这种交流只是工作职位和行政隶属关系的变化，并不影响交流人员的公务员身份。与外部系统的交流，是指公务员调出行政机关任职或者非行政机关的人员调入行政机关任职，这种交流将导致公务员身份的取得或消失。其中，公务员调出行政机关任职的，其与行政机关间的人事行政关系随之消失，并不再保留公务员身份。调入行政机关任职的，将与任职的行政机关形成新的人事行政关系，并可依据我国公务员管理的相关规定取得公务员身份。根据我国《公务员法》第69条第3款规定："交流的方式包括调任、转任。"每一种形式都有其特定的目的、对象、适用条件及程序要求，行政机关在组织进行公务员交流时应当依据规定，选用适当的形式，使交流活动取得最佳效益。

（一）调任

调任是指国有企业事业单位、人民团体和群众团体中从事公务的人员调入国家机关担任领导职务或者副调研员以上及其他相当职务层次的非领导职务，即指让公务员队伍以外的其他从事公务的人员变成公务员的一种方式，是公务员队伍除"录用"以外的另一个"入口"。

虽然同是"入口"，但是，调任与录用在适用对象、范围和程序上都有所不同。调任的对象是国有企业事业单位、人民团体和群众团体中从事公务的人员，录用的对象则是机关以外的所有符合报考条件的公民，而不限于从事公务的人员，调任适用于选拔招任领导职务或者副调研员以上层次的非领导职务的人员，以及专业技术类和行政执法类中相当于副调研员以上层次的非领导职务的人员，而录用则适用于选拔担任主任科员以下的非领导职务的人员，调任所使用的职务层次要比录用高。调任的程序是严格考察，必要的时候也可以进行考试，而录用实行"月进必考"，录用人员必须经过严格的考试。

另外，《国家公务员暂行条例》中的"调任"，明确规定包含"调入"和"调出"两个方面，而《公务员法》中的"调任"只规定了"调入"一个方面。这样改变的主要考虑是，调出只涉及机关是否同意其离职的问题，从机关来说，既不用"调"，也不用"任"，因此，《公务员法》中的"调任"特指从机关外的其他从事公务的人员中调进合适人员到机关担任公务员职务的交流形式。

（二）转任

转任是指公务员因工作需要或者其他正当理由在机关系统内跨地区、跨部门的调动，或者在同一部门的不同职位之间进行的转换任职。

转任是在公务员队伍内部进行交流的方式，不涉及公务员身份的变化，这是转任与调任最大的区别。在机关内部，转任的范围是没有限制的，既包括在本部门、本单位不同职位的转任，也包括跨地区、跨部门的转任。

转任的原因为：

1. 因工作需要的转任。包括由于机关实际工作的需要，必须充实或加强某一地区、某一部门或某一方面的工作，或者为了防止腐败现象产生以及培养公务员的综合能力和素质的需要，机关有计划、有组织、有目的地对人员结构进行的必要调整，如领导成员的转任。

2. 因回避需要的转任。回避制度要求公务员必须按照法定范围实行任职回避和地域回避，可通过转任这种方式使公务员的任职符合回避的要求。

3. 因机构调整、撤销、合并而导致编制总额和职数的变更。随着机关管理内容的发展变化，机关的职能也会有所增减，相应地必然会引起机构的变动和职数的增减，这样就会导致有些单位出现职位空缺而需要补充人员，有些单位则可能出现编余人员的现象。因此，需要通过转任这种方式来调剂公务员队伍内部的人才余缺。

4. 因个人原因的转任。有的公务员因所任职位要求与其所学专业不对口，用非所长，为合理配置人才，充分发挥公务员的专业特长，需要通过转任来促进人才的合理流动而达到目的。有些公务员则是由于在生活中存在一些实际困难，如夫妻两地分居、居家上班交通不便等，转任可为其提供一个解决实际困难的办法，能促使公务员安心工作，提高工作效率。

五、我国行政机关公务员回避制度

国家行政机关公务员回避制度，是指为使国家行政机关公务员不因亲属关系等对职务活动产生不良影响，对其任职、执行公务、任职地区等方面作的限制性规定的制度。目前我国有三种类型的回避：

（一）任职回避

任职回避，又称职务回避，是指对有法定亲情关系的公务员，在担任某些关系比较密切的职务方面作出限制。公务员之间最理想的状态是没有任何亲属关系，这样能最大限度地保证公务员在人事选拔、执行公务等方面排除亲情干扰、秉公执法、不偏不倚。但是，实际生活中，婚姻法意义上的亲属范围非常广泛，一味强调排除任何亲属关系有时很难做到，也没有必要。因此，在任职回避中，对亲属关系作了一定的范围界定，对于足以产生实际影响的亲属关系的，必须执行任职回避。

任职回避中的亲属包括四类：①夫妻关系；②直系血亲关系，包括祖父母、外祖父母、父母、子女、孙子女、外孙子女；③三代以内旁系血亲关系，包括伯叔姑舅姨、兄弟姐妹、堂兄弟姐妹、表兄弟姐妹、侄子女、甥子女；④近姻亲关系，包括配偶的父母、配偶的兄弟姐妹及其配偶、子女的配偶及子女配偶的父母、三代以内旁系血亲的配偶。

导入案例一中小杨是县公安局所属派出所的干警，后调到县公安局刑警大队，其父亲为该县公安局局长，需要任职回避吗？《公务员法》并不反对具有上述亲属关系的人都参加到公务员队伍中去，实践中"警察世家""子承父业"等现象并不少见。关键是具有亲属关系的双方所担任的职务之间不能是法律所禁止的特定直接关系。根据《公务员法》第74条规定，任职回避中应回避职务的范围包括三种：①在同一机关担任双方直接隶属于同一领导人员的职务；②在同一机关有直接上下级领导关系的职务；③在其中一方担任领导职务的机关从事组织、人事、纪检、监察、审计和财务工作。

考虑到实践中因地域或工作性质的特殊性，需要对任职回避作一定变通，法律规定可以采取一些灵活的方法，在任职回避制度方面适当开个口子，以利于工作的开展。如外交部的一些派出机构，出于工作需要或者外交惯例，可以允许公务员与其夫人在同一个机构工作。由于现实中因地域或者工作性质特殊，可以变通执行任职回避制度的情况较少，考虑到法律规定的严肃性，省级以上公务员主管部门才可以对任职回避作变通规定。

（二）地域回避

我国《公务员法》第75条规定，公务员担任乡级机关、县级机关、设区的市级机关及其有关部门主要领导职务的，应当按照有关规定实行地域回避。对行政机关公务员地域回避制度的理解要注意以下几个方面：

1. 适用地域回避的行政机关为乡级机关、县级机关设区的市级机关及其有关部门。

2. 适用地域回避的人员是担任上述机关和部门的主要领导职务的人员。一般包括乡、县级党政正职、纪委书记、法院院长、检察院检察长、党委组织部部长、人事局局长、监察局局长、公安局局长等。

3. 适用地域回避的情形包括在原籍或主要成长地任职或在一地担任领导职务较长时间。地域回避主要规范对象为原籍、成长地任职。

《公务员法》规定当其他法律的规定与法律有关地域回避规定不一致的，优先适用其他法律的规定，这主要是考虑到我国现实情况，县、乡两级与设区的市级实行地域回避有一定难度。一方面，由于我国一些基层的经济社会的发展比较落后，有些偏远地区还比较闭塞，实行地域回避面临着很多实际困难。另一方面，存在着法律层面的问题，我国《民族区域自治法》第 17 条第 1 款规定："自治区主席、自治州州长、自治县县长由实行区域自治的民族的公民担任……"我国各少数民族的情况不太一样，统一要求实行地域回避制度，还不太现实。在一些自治区、自治州中，少数民族的人口比较多，地方比较大，在县一级实行地域回避难度较小。但有些少数民族人口比较少、地方比较小，只有自治县，这种情况下的自治县县长，客观上就很难实行地域回避。

（三）公务回避

公务员应当回避的公务活动包括：

1. 考试录用、聘任、调任、领导职务与职级升降任免、考核、考察奖惩、转任、出国（境）审批；

2. 巡视、巡察、纪检、监察、审计、仲裁、案件侦办、审判、检察信访举报处理；

3. 税费稽征、项目和资金审批、招标采购、行政许可、行政处罚；

4. 其他应当回避的公务活动。

公务员执行上述所列公务时，有下列情形之一的，应当回避，不得参加有关调查、讨论、审核、决定等，也不得以任何方式施加影响：

1. 涉及本人利害关系的。有法谚为"自己不能做自己的法官"，在执行公务过程中，行政机关公务员不能执行涉及本人利害关系的公务。

2. 涉及与本人有《公务员法》第 74 条规定第 1 款所列亲属关系人员的利害关系的。这里讲的利害关系，包括公务的执行对象就是亲属本人和与其亲属有着经济、名誉等利害关系。

3. 其他可能影响公正执行公务的。此规定是一个兜底条款，除了上述两种情形外，如果其他情形会影响到公务员公正执行公务的，也应该执行公务回避制度。这些可能影响公正执行的情形包括：师生关系、同学关系、战友关系、同乡关系、曾经为同事、上下级关系、朋友关系、敌意关系、竞争关系等。

公务员公务回避按照以下程序办理：

1. 本人或者利害关系人及时提出回避申请，或者主管领导提出回避要求。

2. 所在机关及时进行审查作出是否回避的决定，并告知申请人。

3. 对需要回避的，由所在机关调整公务安排。

特殊情况下，所在机关可以直接作出回避决定。

六、我国行政机关公务员职位的退出

辞退、辞职、退休、开除，都是公务员的退出渠道。公务员通过退出机制依法退出公务员系统，不再保留公务员身份，不再履行相应职责、享受相应待遇，公务员退出机制保证了公务员队伍的新陈代谢，保障了公务员素质。

（一）行政机关公务员辞职

公务员辞职分为辞去公职和辞去领导职务两种。公务员辞去公职必然导致其退出公

务员系统，但公务员仅辞去领导职务却保留公务员身份则不会导致其退出公务员系统。

辞去公职与免职的区别是：①辞去公职是由公务员自愿、主动提出的；免职是任免机关单方面作出的，无需征得公务员本人的同意，而且公务员必须服从。②辞去公职通常是公务员因为个人的原因而提出；免职则需要有法定的事由，如退休退职、因健康原因不能坚持正常工作、离职学习超过 1 年等。③公务员辞去公职后，与国家机关的人事行政关系解除，不再保留公务员身份；公务员被免职后，只是职务关系发生变化，公务员身份仍保留。

导入案例二中某省环保厅处长李某的辞职符合程序吗？法律规定，公务员辞去公职必须遵守提出申请和获得批准两个程序，李某的公证并未明确提及辞职申请，故并未启动辞职程序。公务员辞去公职，若是个人的原因，一般情况下，有关机关应当准予辞职。但是，申请辞去公职作为公务员的一项权利，在行使时必须符合法律的规定，履行法定的程序。《公务员法》第 86 条规定，公务员辞去公职的限制性条件是：

1. 未满国家规定的最低服务年限的。

2. 在涉及国家秘密等特殊职位任职或者离开上述职位不满国家规定的脱密期限的。

3. 重要公务尚未处理完毕，且须由本人继续处理的。

4. 正在接受审计、纪律审查、监察调查，或者涉嫌犯罪，司法程序尚未终结的。

5. 法律、行政法规规定的其他不得辞去公职的情形。

前 4 项列举了目前公务员不得辞去公职的情形。但这种列举可能不全面，为了防止遗漏，给弥补《公务员法》第 86 条留下立法空间，第 86 条第 5 项给法律、行政法规开了一个口子，就是说其他法律、行政法规还可以规定不得辞去公职的情形。

同时，担任领导职务的公务员与普通公务员不同。担任领导职务，相应地承担了较大的责任，据此，法律规定了担任领导职务的公务员辞去领导职务的制度。需要说明的是，辞去领导职务与辞去公职不同，公务与公职，它们的区别是：辞去公职是由公务员自愿提出的，是公务员的权利；辞去领导职务是指担任领导职务的公务员或者公务员中的领导成员，按照法定的程序和条件，辞去其所担任的职务。辞去领导职务后，还可保留公务员身份，还可能安排别的工作，还是公务员队伍中的一员。担任领导职务的公务员辞去领导职务，可以分为以下四种：①因公辞职。②自愿辞职。③引咎辞职。④责令辞职。

（二）行政机关公务员辞退

行政机关公务员辞退，是指行政机关依照法律规定的条件和程序，解除与公务员的任用关系。辞退公务员是国家机关的一项权力，是国家机关单方面的行为，只要符合法定的事由，国家机关就可以按照法定程序，解除与公务员的人事行政关系，无需征得公务员本人的同意。

辞退不同于开除，开除是一种行政处分，是公务员处分中最严重的一种，适用于那些严重违法违纪，严重侵犯人民群众利益、损害国家机关声誉、屡教不改的公务员。辞退虽然也是要让公务员离开公务员队伍，被辞退的公务员不再具有公务员身份，但辞退不是行政处分，辞退不具有惩戒性。此外，辞退与开除在后果上也不一样，被辞退的公务员可以领取辞退费或者享受失业保险，被开除的公务员不能享受这些待遇。

公务员在辞去公职和被辞退后，就解除了与所在机关的任用关系，不再保留公务员身份。它们的区别是：①主体不同。辞去公职是由公务员自愿提出的，是公务员的权利；辞退是由公务员所在机关解除与公务员的任用关系，是机关单方面的行为，是机关的权力。②原因不同。辞去公职一般是因为公务员个人原因提出的；辞退的原因是因为公务员有在年度考核中连续两年被确定为不称职等法定事由。③后果不同。辞去公职享受其他法定待遇，但没有辞职费；被辞退的公务员可以领取辞退费或者根据规定享受失业保险。导入案例二中李某被辞退也可领辞退费。

法律规定辞退行政机关公务员的条件是：

1. 在年度考核中，连续两年被确定为不称职的。

2. 不胜任现职工作，又不接受其他安排的。

3. 因所在机关调整、撤销、合并或者缩减编制员额需要调整工作，本人拒绝合理安排的。

4. 不履行公务员义务，不遵守法律和公务员纪律，经教育仍无转变，不适合继续在机关工作，又不宜给予开除处分的。

5. 旷工或者因公外出、请假期满无正当理由逾期不归连续超过 15 天，或者 1 年内累计超过 30 天的。

导入案例二中李某属于请假期满无正当理由逾期不归连续超过 15 天，符合辞退条件。同时，为了保护公务员的合法权益，保持公务员队伍的稳定性，法律规定了行政机关不得辞退公务员的四种情形：

1. 因公致残，被确认丧失或者部分丧失工作能力的。

2. 患病或者负伤，在规定的医疗期内的。

3. 女性公务员在孕期、产假、哺乳期内的。

4. 法律、行政法规规定的其他不得辞退的情形。这是一个兜底性的条款，以防止出现新的情况或者《公务员法》的列举不全面，为以后的立法留下空间。需要注意，根据《公务员法》第 89 条规定，只有法律、行政法规可以增加不得辞退的情形，地方性法规和规章不得规定。

辞退行政机关公务员，按照管理权限决定。辞退决定应当以书面形式通知被辞退的公务员。行政机关公务员如对涉及本人的辞退的决定不服时，可以向原处理机关申请复核，同时有权向同级公务员主管部门或者作出该人事处理的机关的上一级机关提出申诉。行政机关公务员被辞退后，享受的待遇是可以领取辞退费，或者根据国家有关规定享受失业保险。行政机关公务员辞职或者被辞退，离职前应当进行公务交接，必要时接受审计。导入案例二中李某离职并未回国做好善后工作。

（三）行政机关公务员退休

行政机关公务员退休是指行政机关公务员因达到退休年龄等原因而退出工作岗位，公务员退休制度是社会保障制度的重要组成部分。建立行政机关公务员退休制度，对于维护公务员的合法权益、保证公务员队伍的更新换代都具有重要的意义。

行政机关公务员达到国家规定的退休年龄或者完全丧失工作能力的，应当退休。此外，按照目前我国《公务员法》的规定，行政机关公务员符合条件的可以提前退休，其条件是：①工作年限满 30 年的；②距国家规定的退休年龄不足 5 年，且工作年限满 20 年的；③符合国家规定的可以提前退休的其他情形的。这种情况一般是指特殊岗位的公务员，由于其岗位特殊的工作条件，为保护其健康，国家允许其提前退休。例如，从事核试验、野外作业以及工作过程中会涉及有毒有害物质的公务员，可以按照规定提前退休。这有利于保护这类公务员的身体健康。

公务员退休后，享受国家规定的退休金和其他待遇，国家为其生活和健康提供必要的服务和帮助，鼓励发挥个人专长，参与社会发展。

公务员退休后的生活应当遵守法律特别是《公务员法》的规定。我国《公务员法》第 107 条第 1 款规定："公务员辞去公职或者退休的，原系领导成员、县处级以上领导职务的公务员在离职三年内，其他公务员在离职两年内，不得到与原工作业务直接相关的企业或者其他营利性组织任职，不得从事与原工作业务直接相关的营利性活动。"这表明，原系领导成员、县处级以上领导职务的公务员在退休后 3 年内，其他公务员在退休后 2 年内，不得到与原工作业务直接相关的企业或者其他营利性组织任职，不得从事与原工作业务直接相关的营利性活动。这种规定，有利于预防腐败的发生。如果不对公务员退休后的活动领域与方式进行规范，公务员就可能在退休后，利用其原有的身份与人际关系影响国家的正常、公正的决策。同时，《公务员法》第 107 条第 2 款规定："公务员辞去公职或者退休后有违反前款规定行为的，由其原所在机关的同级公务员主管部门责令限期改正；逾期不改正的，由县级以上市场监管部门没收该人员从业期间的违法所得，责令接收单位将该人员予以清退，并根据情节轻重，对接收单位处以被处罚人员违法所得一倍以上五倍以下的罚款。"

⭐ 拓展阅读

行政机关公务员聘任制

行政机关公务员聘任制是指国家行政机关根据工作需要，经省级以上公务员主管部门批准，对不涉及国家秘密的专业性较强的职位和辅助性职位，按照平等自愿、协商一致的原则以合同的方式聘用的制度。我国行政机关公务员的任用方式主要有选任制和委任制两种方式。此外，我国《公务员法》规定部分职位可以实行聘任，这是对选任制和委任制两种方式的补充。我国《公务员法》专门规定了行政机关公务员聘任的适用范围、聘任方式、管理方式以及纠纷解决机制，在法律上确认了行政机关公务员职位聘任制度。

2007年国家确定在深圳和上海浦东开展试点聘任制。近几年来，全国其他省市也正试点推行行政机关公务员聘任制。在行政机关内，部分职位实行聘任制，具有非常重要的理论意义和实践意义。一是实行聘任制可以满足行政机关的用人需求。随着国际国内环境的变化发展，我国公共管理事务日益复杂，专业性不断增强，一些职位需要特殊技能、经验或资历，而具有特殊技能、经验或资历的人才，机关短时间内难以培养出来，有的也不可能通过行政机关自身培养，只能采取措施从行政机关以外引进；如果从行政机关外引进这些人才时仍采取通常做法，一方面难以吸引他们，另一方面即使引进来，也难以留住。对这些职位实行聘任制，可以满足公共管理对高技术、新技术人才的需要。二是实行聘任制可以降低机关用人成本。对于一些社会通用性较强的事务性、辅助性工作，机关可以随时从社会上直接招聘适当人员来做，没必要经过严格的考试录用和长期培养，从而进一步降低了机关用人成本。三是实行聘任制可以健全用人机制，增强公务员队伍的生机和活力。委任制的一个弊端就是管理缺乏弹性，国外推行聘任制的主要目的也在于解决委任制活力不足的问题。当前，我国公务员任用方式单一，机制不灵活，机关中"大材小用""小材大用"现象同时存在。把聘任制作为公务员任用的补充形式，可以拓宽选人、用人的渠道，吸引多样化的优秀人才，改善公务员队伍结构，保持机关与全社会各类人才的合理交流，体现公开、平等、竞争、择优原则，有利于提高公务员队伍的整体素质。

目前，我国聘任制的范围主要包括下列两方面职位：①专业性较强的职位。这些职位包括领导职位，也包括非领导职位。这些职位有两个特点：一是对专业技术知识的要求很高；二是机关急需紧缺的人才。这主要集中在金融、财会、法律、信息技术等方面，这部分专业技术工作社会通用性、专业性都比较强。从事这些技术工作的人员，人才市场上比较紧缺，机关需要并且必须增强吸引这些人才的竞争力。②辅助性职位。这部分事务性强的辅助性职位，在机关工作中处于辅助、从属地位，如普通文秘、书记员、资料管理、文件分发、数据录入等方面的职位。但是，涉及国家秘密的专业性较强的职位和辅助性职位不实行聘任制。

聘任制公务员主要依据合同管理，聘任合同的内容包括聘任期限、职位及其职责、工资福利保险待遇、违约责任以及合同变更、解除、终止的条件等。聘任制公务员的管理与委任制公务员的管理都坚持党的基本路线、坚持干部"四化"方针，坚持德才兼备、任人唯贤的用人标准，坚持党管干部的原则，坚持公开、平等、竞争、择优。聘任制公务员与委任制公务员都执行相同的职务和级别，都要在国家核定的行政编制和职数限额内录用、任职或者聘任，都执行相同的奖励与纪律规定，都有权对侵犯其合法权益的行为提出控告等。但一些管理环节上也有不同。如机关聘任公务员具有较大的灵活性，只要满足机关工作需要，就可聘任。聘任公务员的程序一般灵活、简便，既可以采取公开招聘的方式，也可以直接选聘。只要双方达成一致意见，就可签订聘任合同。聘任制公务员不适用"降级""撤职""开除"等行政处分，如严重违反工作纪律或用人机关规章制度的；或者严重失职，营私舞弊，对用人单位利益和名誉造成重大损害的；或者被依法追究刑事责任的，都予解除合同。聘任制公务员在聘任期间，没有职务晋升的问题，但可以按照聘任合同的约定，定期增长工资和其他福利待遇。聘任制公务员按合同辞聘、解聘等。

聘任争议的处理是职位聘任中的一个重要问题。聘任争议是一种合同争议，通过人事争议仲裁方式予以解决是比较妥当的。同时，在机关用人制度中引入仲裁制度，一方面可以促进机关的依法管理工作；另一方面个人对裁决不服的可以向人民法院起诉，也有利于充分保障聘任制公务员的合法权益。

需要特别指出的是，实行聘任制需要在编制部门核定的编制和规定的职数范围内进行，并要求划出单独的编制，因此需要现行编制管理制度作相应调整。譬如，从2010年起，深圳决定扩大聘任制公务员招聘规模，在有行政编制空缺的前提下，争取每年补充1000名左右聘任制公务员。2010年2月3日，深圳市人力资源和社会保障局详细公布了深圳市公务员分类管理制度改革内容，改革将把公务员原来"大一统"管理模式划分成综合管理类、行政执法类、专业技术类，69%的公务员将被划入行政执法类和专业技术类中，通过职位分类和聘任制的实施，部分公务员"官帽"将被摘掉，"铁饭碗"变成"瓷饭碗"，独立的晋升渠道让长期困扰公务员的"天花板"问题得到破解。[1]在行政机关公务员聘任制不断完善的过程中，深圳于2014年11月对公务员聘任制出台新规：拒绝参加初任培训和专业业务培训，或者在初任培训和专业业务培训中成绩不合格的新进公务员，将面临取消聘任。

思考与练习

一、试根据以下案例分析公务员福利制度存在的问题和改革趋势

2013年10月25日，《南方日报》以"广州公务员2012年人均工资加补助为17.51万"为题，报道了广州市直部门公务员工资补贴福利为普通市民人均收入的2.76倍。

当即，广州市财政局辟谣说，决算报表中的"对个人和家庭补助"支出中包括了向其他群体发放的补贴，比如生活救济、奖助学金和向农民发放的农机、良种以及粮食直补等。认为《南方日报》错误地将其计入了公务员收入。

---

〔1〕 傅正林：《公务员聘任制是公平藏纳于细节》，载 https://news. ifeng. com/oprnion/politics/201002/020 5_6348_1538209. shtml。

2013 年 10 月 28 日，《南方日报》发布致歉文章，说该报道引发了社会对广州公务员收入状况的误解，教训非常深刻！"为此，我们特向广大读者特别是公务员表示深深的歉意！""我们将以此为鉴，举一反三，坚持采编团队的政治意识、大局意识……把握正确导向……唱响主旋律，传递正能量，为广州的科学发展与和谐建设作出我们应有的贡献。"

进入 2014 年，随着中央八项规定实施常态化和监管"动真格儿"，公务员群体中就不乏"日子不好过""公务员不好当"等吐槽之声，有的甚至将辞职、跳槽的意愿也"动真格儿"。尤其是经过春节与中秋节的无宴请、无福利、无奖金的"考验"，更凸显政府部门的"清水衙门"属性。尽管体制内不时有公务员以"晒工资"的方式展示自己的清苦与"弱势"，但在民众的反应中却并非充满着理解与同情。

二、选择题[1]

1. 国家为提高管理效能和科学化水平，对公务员实行（   ）管理。

A. 级别　　　　　　B. 行政　　　　　　C. 特殊　　　　　　D. 分类

2. 下列哪些人员属于《公务员法》所称人员？（   ）

A. 在国家机关中工作的人员

B. 依法履行公职、纳入国家行政编制、由国家财政负担工资福利的工作人员

C. 履行公职的人员

D. 行政工作人员

3. 下列人员符合公务员条件的是哪个？（   ）

A. 张三，28 周岁，研究生学历，患精神分裂症

B. 李四，17 周岁，身体健康，具有良好品行

C. 王五，美籍华人，拥护中华人民共和国宪法

D. 赵六，22 周岁，身体健康，大专毕业

4. 公务员在年度考核中，连续两年被确定为不称职的应该（   ）。

A. 予以辞退　　　　　　　　　　B. 降级使用

C. 降两级工资　　　　　　　　　D. 撤职

5. 公务员在定期考核中被确定为不称职的，按照规定程序如何处理？（   ）

A. 撤职　　　　　　　　　　　　B. 降低一个职务层次任职

C. 免职　　　　　　　　　　　　D. 不予录用

6. 公务员旷工或者外出、请假期满无正当理由逾期不归连续超过_____天，或者一年内累计超过_____天的，予以辞退。（   ）

A. 20　30　　　　　B. 15　45　　　　　C. 15　30　　　　　D. 20　45

---

[1] 1. D；2. B；3. D；4. A；5. B；6. C；7. A；8. C；9. B；10. C。

7. 公务员执行公务时，认为上级的决定或者命令有错误的，可以（　　　）。

A. 向上级提出改正或者撤销该决定或者命令的意见

B. 向上级提出复议

C. 要求上级立即改正

D. 不能提出改正意见

8. 公务员职务和身份保障权是指（　　　）

A. 获得工资报酬，享受福利、保险待遇

B. 提出申诉和控告

C. 非因法定事由，非经法定程序，不被免职、降职、辞退或者处分

D. 对机关工作和领导人员提出批评和建议

9. 公务员工资、福利、保险、退休金以及录用、培训、奖励、辞退等所需经费，应当（　　　），予以保障。

A. 机关经费自行解决　　　　　　　　B. 列入财政预算

C. 尽量节省　　　　　　　　　　　　D. 机关营利保障

10. 公务员辞去公职，应当向任免机关提出（　　　）申请。

A. 备案　　　　　　B. 公开　　　　　　C. 书面　　　　　　D. 口头

学习情境：行政机关公务员制度的运用

【案例】

某市政府正筹建本市公园，鉴于资金短缺，便作出一项决定，要求本市所有公务员每人捐助 100 元，违者则给予警告或降级处分。该市税务局公务员王某，因拒绝交纳，被市政府给予警告处分。王某不服，遂向市人民法院提起行政诉讼，要求人民法院撤销市政府的决定，并责令撤销市政府给予的处分。

【训练目的及要求】

结合案例和相关知识，通过训练，能正确运用行政机关公务员制度判断法律纠纷。

【训练方法】

参训学生分两组：一组学生以如何帮助王某获得法律救济为出发点，运用所学的行政机关公务员制度对案件进行分析；另一组学生评价判断人民法院是否应该受理该案。

【训练步骤】

步骤 1：分组。

步骤 2：熟悉案例。

步骤 3：学生分析案例。

步骤 4：总结。

【案例解析】

王某可以市政府的决定侵犯其财产权为由，依据《行政复议法》和《行政诉讼法》

向上级人民政府提起行政复议，或者向该市人民法院提起行政诉讼，要求撤销该决定。而对该市市政府所作的行政处分，王某可依据《公务员法》第 95 条的规定，可以自知道该人事处理之日起 30 日内向原处理机关申请复核；对复核结果不服的，可以自接到复核决定之日起 15 日内，按照规定向同级公务员主管部门或作出该人事处理的机关的上一级机关提出申诉；也可以不经复核，自知道该人事处理之日起 30 日内直接提出申诉。

人民法院不应该受理该案。虽然王某可以针对市政府的决定提起行政诉讼，但不能对市政府对其所作的行政处分提起行政诉讼。因为《行政诉讼法》规定，人民法院不受理公民、法人或者其他组织提起的，对行政机关作出的对行政机关工作人员的奖惩、任免等决定。

参考书目

1. 陈振明主编：《公务员制度》，福建人民出版社 2007 年版。

2. 许法根编著：《国家公务员制度》，浙江大学出版社 2004 年版。

3. 杨景宇、李飞主编：《中华人民共和国公务员法释义》，法律出版社 2005 年版。

4. 苏海南、杨燕绥等：《中国公务员福利制度改革》，中国财政经济出版社 2008 年版。

行政行为的实施

项目五　行政行为概述

"法无授权不得为，法无禁止不得罚。"

知识目标

1. 掌握行政行为的概念、特征和合法性要件。
2. 掌握行政行为的分类、抽象行政行为与具体行政行为的区别。
3. 理解行政行为效力的内容，行政行为的失效和生效。

能力目标

1. 能够正确判断行为是否属于行政行为。
2. 能够区分不同种类的行政行为，尤其是区分抽象行政行为和具体行政行为。
3. 能够判断行政行为的不同效力。

内容结构图

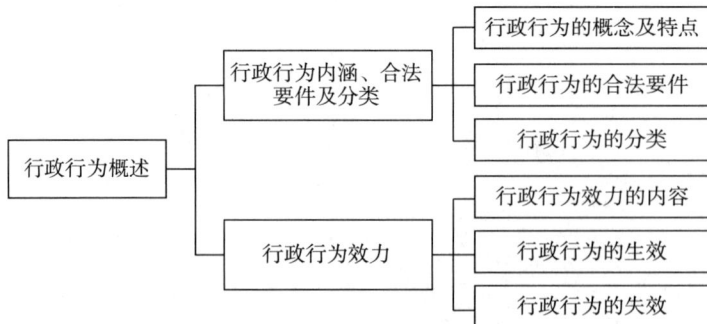

任务一　行政行为内涵、合法要件及分类

📖 导入案例

李某从某名牌大学法学院毕业，被分配到某县工商局工作。次年 5 月 2 日，李某在其负责的批发市场检查时，看见一个犯罪分子正在抢劫，遂将其扭送至附近派出所。6 月 6 日，李某在向个体业主于某收管理费时，与于某发生争执，并殴打了于某，将其摊点掀翻，造成部分家具损毁。事后 6 月 10 日，某县工商局发文给李某以记大过处分，李某不服该处分。于某在 6 月 15 日向某县法院提起诉讼，要求某县工商局和李某赔偿其损失。某县工商局称，殴打于某非本局授权行为，工商局对于某的损失没有过错，并且经某县工商局研究，并报有关机关批准，已决定李某转任到某县工商局某工商所工作，所以某县工商局对此事不负任何责任。

问题：本案中有哪些行为属于行政行为？

▦ 基本原理认知

导入案例中的行政行为包括：①李某在其负责的批发市场检查，属于履行正常职务范畴内的行政行为。②李某在向个体业主于某收管理费时属于正常履行职务的行政行为。③与于某发生争执，并殴打了于某，将其摊点掀翻，造成部分家具损毁，属于滥用行政职权的行政行为。④工商局将李某转任到某工商所的行为属于内部行政行为。

一、行政行为的概念及特点

（一）行政行为的含义

行政行为是指行政主体及其工作人员或者行政主体委托的组织或个人实施的产生行政法律效果的行为。

第一，行政行为的主体是行政主体。根据《行政诉讼法》的规定，行政行为包括行政机关和行政机关工作人员作出的行政行为以及法律、法规、规章授权的组织作出的行政行为。这里的行政机关和法律、法规、规章授权的组织均是行政主体，行政行为均以其名义作出，并由其对该行为负责。这里的行政机关工作人员并非行政行为的主体而只是行政行为的实施者，行政机关工作人员是以行政机关的名义作出行政行为，并由行政机关对其行为负责。行政行为的实施者除了行政机关工作人员以外，还包括法律、法规、规章授权组织的工作人员以及行政机关委托的组织及其工作人员。

第二，行政行为是指行政主体作出的产生法律效果的行为，即行政主体的行政行为能对作为行政相对人的个人、组织的权利、义务产生相应影响，这种影响可能对行政相对人是有利的，如颁发证照、发给抚恤金等，也可能对行政相对人是不利的，如

行政处罚、行政强制等。行政主体对相对人实施的某些行为并不直接产生法律效果，也不具有强制执行力，如政府履行道路养护、桥梁维修、公共工程的建设等公共服务职能的行政事实行为。

第三，行政行为是指行政主体实施的产生行政法律效果的行为，即行政主体的行为所引起的关系是行政法律关系而非民事法律关系或其他法律关系。行政主体实施的大多数行为是行政性的，是依行政职权实施的，故其产生的关系属于行政法律关系。但是行政主体实施的有些行为并不具有行政性质，也非依行政职权而为，如行政机关购买办公用品的行为、雇用外部人员修理办公设备的行为等，这些行为虽然也会产生法律效果，引起相应的权利义务关系，但是此种法律效果和权利、义务关系均是民事性质的，属于民法调整的范畴，不是行政行为。

第四，行政行为一般指行政主体对外实施的产生行政法律效果的行为，即行政主体对外部行政相对人实施的，影响其权利义务的行为，而不包括行政主体的内部行为，如上级行政机关对下级行政机关的命令，指示行为，行政机关对其工作人员的任免、工作分配、调动等行为。行政行为是行政主体实施的产生行政法律效果的行为，但并不意味着行政行为都是合法的行为。行政主体对行政相对人实施的违法侵权行为同样产生行政法律效果——侵犯相对人的合法权益，相对人从而可对之依法申请行政复议和提起行政诉讼，因此，行政违法侵权行为同样是行政行为。

（二）行政行为的特点

相较于民事行为和其他国家机关的行为，行政行为主要具有下述特征：

1. 公务性。行政行为不同于企业和其他经济组织的行为。后者的行为以营利为目的。行政行为是公务行为，是为社会提供"公共物品"，为社会提供公共服务的行为。这种行为对相对人来说通常是无偿的。因为行政机关的运作费用和行政工作人员的工资、福利都是国家财政开支的，而国家财政是由全体纳税人纳税维持的。当然，行政机关实施的某些行政行为要收取一定费用，如行政机关颁发有关自然资源开发、利用等许可证即要收取一定费用。这一方面是出于管理保护资源的目的，另一方面是出于保障国家资源共享的目的，而非为营利的目的。从整体上说，行政行为的公务性决定了其无偿性。

2. 从属法律性。行政行为是执行法律的行为，从而必须依据法律，从属于法律。任何行政行为的作出都必须有法律根据，依法行政是民主和法治的基本要求。行政机关及其工作人员是人民的公仆，必须根据体现人民意志和利益的法律行事。行政行为不同于立法行为，立法行为是创制法律规范，行政行为是执行法律规范。行政机关虽然可以创制行政规范（行政立法)，但行政规范（不论是行政规章，还是行政法规）只是从属性规范，是为执行法律规范而制定的规范。行政立法不是严格意义上的立法行为，它只是一种准立法行为，一种从属性的立法行为。行政行为也不同于公民个人、组织的行为，公民个人、组织的行为不是每一项都要有法律根据，法治对公民个人、组织的要求是不违法，不做法律禁止其做的事情，"法无禁止则可为"。而行政机关则不同，法治对行政机关的要求是依法行政："法无授权不可为""法定职责必须为""法定职权职责依法为"。

3. 裁量性。行政行为虽然必须依法而行，必须有法律根据，但法律并未也不可能将行政行为的具体内容都予以严密地规范。行政机关不能只是机械地按照法律预先设计的具体路线、途径、方式行事，而是应有一定自行选择、裁量的余地。行政行为的裁量性是相对于司法行为而言的。司法行为虽然也有一定的自由裁量因素，但其裁量的范围、幅度不及行政行为，因为司法行为主要是针对过去，裁决的是当事人之间已经发生的争议案件，法律应该并且可以对其裁判标准、方式等规定得明确、具体、详尽，不给法官留下过于宽泛的裁量余地。行政行为则不同，其行为主要是针对未来，特别是行政机关发布行政规范性文件的行为，更多的是就未来的事项作出规定，因而不能不具有更多的自由裁量因素。

4. 权力性。[1]行政行为是行政主体代表国家，以国家名义实施的执法行为。根据行政法的原则，行政主体为行使其管理职能，享有相应的管理权力和管理手段。行政主体行使职能的行为如遇到障碍，在没有其他途径克服障碍时，可以运用其行政权力和手段，包括运用行政强制手段，以消除障碍，保障其行政执法目标的实现。在现代社会，行政主体执法行为的实施大多不需要借助行政强制手段，通过行政强制手段执法的数量是很少的。在中国特色社会主义背景下的行政执法行为尤其如此。根据现代民主的要求，行政主体实施行政执法，要尽可能减少强制性，尽可能取得相对人的配合和协作，对相对人的人格尊严予以充分的尊重。行政执法的强制只是行政执法目标实现的一种潜在的保障。

二、行政行为的合法要件

二十大报告指出：扎实推进依法行政。这对行政行为的合法性要件提出了严格要求。行政行为作为政府行使行政权力的具体表现，必须遵循一系列合法性要件，以确保其合法、公正、有效。行政行为的合法要件是指评价、判断和认定行政行为合法性的条件或标准。具备这些要件的行政行为具有实质的法律效力，在行政复议和行政诉讼中不致被撤销或确认无效。而不具备这些要件的行政行为即使成立，也仅具形式上的法律效力，行政相对人通过行政复议或行政诉讼等法定途径可请求有关国家机关确认该行政行为违法和撤销该违法行为，或者确认该行政行为无效。合法的行政行为必

---

〔1〕 传统行政法学阐述行政行为的特征时，都认为"强制性"是行政行为区别于民事行为的重要特征。但在现代社会，行政行为中规制性行为比重降低，公共服务性行为比重增加。另外，即使是规制性行为，大多也不通过强制手段，而是通过说服、协商手段实施，从而"强制性"可以不再认为是行政行为的一般特征。故本书以"权力性"取代"强制性"作为行政行为的特征。

须同时具备以下要件：

（一）主体合法

行政行为合法首先要求主体合法。主体合法具体有三项要求：

1. 行为主体是行政主体。行政行为必须由行政主体作出，无论是其他国家机关还是社会组织、团体、企事业单位，没有法律、法规、规章的授权，都无权作出行政行为。有时，国家行政机关可能会联合其他社会组织、团体共同作出某一种行为，如联合发布某一规范或非规范性文件、联合采取某一措施、实施某一具体行为等。这种行为如果有法律根据，且符合行为机关的职权范围，应视为行政行为，但该行为的行政主体仍是行政机关。

2. 行政行为的实施者以行政主体的名义实施行政行为。虽然行政行为的主体是行政主体，但行政行为的实施者却不一定是行政主体本身，他们可能是行政主体的工作人员或行政主体委托的组织或其工作人员。因此，要确定行政行为的主体是否合法，必须审查行政行为的实施者是谁，如果是行政机关，只要审查相应行政机关是否依法设置，是否有相应组织法的根据；如果是法律、法规、规章授权组织的工作人员，则要审查法律、法规、规章是否授予了该组织以相应权限；如果是行政机关和法律、法规、规章授权组织的工作人员，则要审查这些人员是否确定为相应机关、组织的工作人员，是否受该机关、组织所派遣实施相应行为；如果是行政机关委托的组织，则要审查行政机关是否确实有此委托，有无委托书或其他证据，被委托者的行为是否超出了委托范围。总之，要确定行政行为的主体合法，首先必须确定行为是否确实为行政主体所为，行为实施者是否根据行政主体指派或委托，代表行政主体，以行政主体名义实施相应行为。

3. 合议制机关的行为通过合议程序作出。合议制机关的行为应通过相应会议的讨论、审议，并且相应会议有法定人数出席，相应决定有法定票数通过。法律、法规规定有些行政行为依法必须通过一定的会议讨论、审议和投票通过，才能对外发生法律效力。相应行政行为只有依法而为才能保证其主体合法。否则，既构成行政主体不合法，也构成行政程序违法。

（二）行政行为权限合法

行政行为权限合法有三项具体要求：

1. 行为在行政主体的行政权范围内。行政行为合法除了要求行为主体必须是行政主体以外，还要求行为必须在行政主体的行政权范围以内，行政主体不能行使在法律上根本不属行政权的权限，其既不能越位行使法律赋予各级人大和人大常委会行使的立法权和越位行使法律赋予各级人民法院、人民检察行使的司法权，也不能越位干预法律授予企事业单位、社会团体行使的自治权利。否则，即构成"无权限"合法。

2. 行为不侵越其他行政部门的权限。行政行为权限合法除了要求行政主体的行为必须属于行政权外，还要求行政主体的行为不超出本部门的职权而侵越其他行政部门的权限。例如，公安机关不能行使工商行政管理机关的职权，自然资源管理机关不能行使生态环境管理机关的职权等。否则，即构成"横向越权"违法。

3. 行为不侵越上级行政部门的权限。行政行为权限合法除了要求行政主体的行为不得"横向越权"外，还要求不得"纵向越权"。一般来说，"纵向越权"主要指下级行政部门侵越上级行政部门的权限。如公安派出所行使本应由县级以上公安机关行使的拘留和500元以上的罚款的处罚权限，乡镇人民政府行使本应由县级以上人民政府行使的裁决单位之间土地所有权、使用权争议的权限。

（三）行政行为内容合法

行政行为内容合法要符合三项要求：

1. 行政行为有事实根据且证据确凿。行政行为内容合法必须以有事实根据为前提。例如，行政主体实施行政处罚行为，必须有行政相对人实施了违法行为的事实根据；行政主体向行政相对人征收个人所得税，必须有相对人已获得了某种个人收入的事实根据等。行政主体作出相应行政行为，不仅要有事实根据，而且此种事实必须证据确凿，而不能根据道听途说或想象推理。否则，该行政行为就会因缺乏可靠的证据而受到行政相对人的指控，最终可能被撤销。

2. 行政行为正确适用依据。行政行为的依据包括法律、法规、规章和其他规范性文件。正确适用依据，首先是指正确把握法律规范的效力位阶，先适用高位阶的法律规范，再适用低位阶的法律规范，低位阶法律规范与高位阶法律规范相冲突的，则只适用高位阶规范而不适用低位阶规范；其次是指正确选择与相应行政行为相适应的法律规范，适用法律规范应该是有针对性的，行政主体应在大量的法律规范中选择与解决相应问题相适应的，同时又是现行有效的法律规范；最后是指全面适用法律规范，对某一个行政行为，同时由几个法律规范进行调整的，行政主体应同时适用所有有关的规范。

3. 行政行为合乎立法目的。行政行为内容合法，除了要求行政行为须有事实根据、证据确凿和正确适用依据外，还要求行政行为须合乎立法目的。前两项要求属于客观性要求，后一项要求则是主观性要求，即对行为者主观动机、目的的要求。行政主体实施行政行为，应是为了实现相应立法所欲达到的目的，而不应以权谋私，通过行政职权的行使去实现自己的某种私利，如打击报复、为亲朋好友谋取某种好处等。行政主体实施行政行为如果不是为了实现相应立法目的，而是出于某种个人的动机，则其行为就构成滥用职权。例如，某行政机关通过颁发许可证而获取许可证申请人的好处，尽管取得许可证的申请人符合法定条件，行政机关给其发许可证也遵循了法律规定的程序、手续，但其他申请人比该申请人条件更为优越，行政机关却将许可证颁发给了该申请人而不颁发给其他申请人，这种行为同样是违法的，同样应追究有关人员的法律责任。

（四）行政行为程序合法

行政行为程序与行政行为实体有着密切的联系。行政行为程序合法，不仅是行为实体合法的保障，也是行为实体合理、公正的保障。现代行政法极为重视程序，将法定行政程序作为控制行政权滥用，防止行政专制，保障行政民主，保护行政相对人合法权益不被违法行政行为侵犯的屏障。因此，现代行政行为合法的要件不仅包括实体要件，而且包括程序要件。

1. 行为符合法定方式。行政行为是各种各样的，法律、法规对不同的行政行为规定了各种不同的方式，但也有一些行为方式是法律、法规要求所有行政行为或某一类行政行为共同遵循的。在我国，行政行为的方式主要由具体法律、法规规定。因此，行政行为符合法定方式主要指符合单行具体法律、法规规定的方式。

2. 行为符合法定步骤、顺序。行政行为的方式合法是行政行为程序合法的横向要求，而行政行为程序合法的纵向要求则是行为步骤、顺序合法。行为步骤是指行政行为应该经过的过程、阶段与手续。例如，行政主体实施行政处罚行为，首先，要调查、取证，查明事实；其次，要告知相对人拟作出处罚决定的事实、理由、依据；再次，应听取相对人的陈述、申辩或举行听证；又次，作出正式处罚决定；最后，将处罚决定书送达被处罚人等（简易程序可省略某些步骤）。行政行为如果没有遵循法定步骤，即构成程序违法。行为顺序是指行政行为各步骤的先后顺序，即先进行哪一步骤，再实施哪一步骤。法律对行政行为的有些步骤没有规定严格的顺序、要求，行政主体可以根据自己的裁量，自行确定。但是有些行政行为的步骤，法律规定了严格的顺序要求。例如，行政处罚的先调查取证，后裁决；行政许可的先受理申请，后审查，再发证等。行政主体必须严格遵循这种法定顺序，违反了此种顺序即构成程序违法。

3. 行为符合法定时限。法律规定行政行为的时限，其主要目的在于保障行政效率，行政行为如没有法定时限，就可能造成拖延耽搁，给国家、社会利益造成严重损害，也会给公民个人、组织的权益造成损害。因此，对行政行为坚持法定时限要求是非常必要的。违反法定时限要求的行政行为是违法行政行为，行政相对人对行政主体违反法定时限，拖延履行法定职责的行为，可请求法院判决其限期履行职责，如相应行为已造成了行政相对人的损失，行政相对人还可请求法院确认行政行为违法，责令行政主体赔偿损失。

三、行政行为的分类

在行政法学上，对行政行为一般作如下划分：

（一）行政立法行为、行政执法行为与行政司法行为

行政行为以其内容是制定普遍性规范，还是执行法律、法规，实施行政管理，或

者是裁决争议、解决纠纷为标准，分为行政立法行为、行政执法行为和行政司法行为。行政立法行为是指行政主体依据立法程序制定行政法规、规章的行为；行政执法行为是指行政主体为执行法律、法规依法定行政程序实施的各种行政管理行为，如行政许可、行政征收、行政处罚、行政强制等；行政司法行为是指行政主体依司法程序裁决争议、解决纠纷的各种行为，如行政调解、行政仲裁、行政裁决等。在行政行为中，行政立法行为和行政司法行为虽然也很重要，但行政立法行为不是严格意义（狭义）上的行政行为，行政司法行为在行政行为中占比较小，从而不是本书重点研究的对象。本书重点研究的对象是行政执法行为。

（二）抽象行政行为与具体行政行为

行政行为以其对象是否特定为标准分为抽象行政行为与具体行政行为。

抽象行政行为是指行政主体针对不特定行政管理对象实施的行政行为。其行为形式体现为行政立法（行政法规和规章）和行政规范性文件（具有普遍约束力的决定命令）。

具体行政行为是指行政主体针对特定行政管理对象实施的行政行为。其行为形式主要体现为具体行政决定，如行政处罚决定、行政强制执行决定、授予相对人某种权益或剥夺其某种权益的决定等，也包括执行和实施这些决定的行为，具体行政行为的形式主要体现为书面行政决定，有时也以非书面决定的形式表现，如口头通知，当面训诫等。

区别抽象行政行为与具体行政行为的标准主要有以下四点：①对象的特定或不特定，抽象行政行为针对不特定的人或不特定的事项；而具体行政行为的对象是特定人或特定事项。②抽象行政行为针对将来要发生的事项；具体行政行为针对已发生的事项。③抽象行政行为是一种规范，具有假设推定及普遍适用性；而具体行政行为是一种处理决定，具有现实、确定及具体、特定适用性。④对抽象行政行为可反复适用；而对具体行政行为只适用一次，不具有反复适用的效力。

（三）羁束行政行为与裁量行政行为

行政行为以受法律规范拘束的程度为标准，分为羁束行政行为和裁量行政行为。

羁束行政行为是指法律规范对其范围、条件、标准、形式、程序等作了较详细、具体、明确规定的行政行为。行政主体实施羁束行政行为，必须严格依法定范围、条件、标准、形式、程序等办事。如税务机关征税，只能根据法律、法规规定的税种、税率和征税对象进行，在这些方面，税务机关没有或很少能有选择、判断、裁量的余地。至于减免税，税务机关虽有一定裁量权，但减免税的条件、范围、标准、法律、法规通常也有较严格的规定，税务机关裁量的余地很小。

裁量行政行为是指法律规范仅对行为目的、行为范围等作原则性规定，而将行为的具体条件、标准、幅度、方式等留给行政机关自行选择、决定的行政行为。例如，我国《教育法》规定，各级人民政府应当采取各种措施，开展扫除文盲的教育工作。《教育法》的这一规定，只对行政主体的行为目标、内容作了一个原则性的规定，至于如何运作，具体采取何种措施扫除文盲则留给了行政主体裁量决定。

当然，羁束行政行为和裁量行政行为的划分并不是绝对的。羁束行为通常也存在一定的裁量成分。例如，我国《治安管理处罚法》规定：对违反治安管理的人可根据其违法情节处以警告、罚款、拘留处罚，罚款数额有 200~500 元的、500~1 000 元的、还有 2 000 元以下、5 000 元以下的，拘留时间有 1~5 天的、5~10 天的、10~15 天的，这些都给行政机关留下或多或少的裁量空间和余地。法律将处罚种类和处罚幅度的选择留给行政主体根据案件的具体情况裁量。但行政主体实施裁量并不是无限制地自由裁量，其裁量行为也存在一定羁束因素。法律授权行政主体实施某种行为，即使没有为之规定任何一种具体方式、程序、限度，一般也会规定明确的授权目的，且通常会为之规定裁量的范围，行政主体在实施相应裁量行为时，不能违反授权法的目的和超越法律规定的裁量范围。

（四）依职权行政行为与依申请行政行为

行政行为以其启动是否需要行政相对人先行申请为标准，分为依职权行政行为与依申请行政行为。

依职权行政行为是指行政主体直接依法律、法规规定的行政职权，而无须以行政相对人先行申请作为启动条件而实施的行政行为。例如，公安机关依法维持社会秩序；海关依法检查出入境人员的行李物品；产品质量管理行政机关依法检查进入市场流通的各种商品的质量，打击生产、销售假冒伪劣商品的行为；税务机关依法向纳税义务人收税等。这些都是依职权主动实施的行政行为，无须相对人事先申请。当然，行政主体实施依职权行政行为也并非没有任何启动要素，如有关个人、组织的举报，新闻媒体的披露、曝光，行政机关自行调查或监督检查中获取的有关信息、情报等，都可以成为行政机关实施依职权行政行为的启动要素，但排除了以相对人申请为启动的前提条件。

依申请行政行为则是指行政行为的启动要以行政相对人的申请为前提条件。相对人不提出申请，行政主体即不能实施相应行为。例如，工商行政机关颁发营业执照，公安机关颁发特种行业许可证；新闻出版管理部门批准杂志刊号；广播、电影、电视管理部门批准电影或电视剧公开上映等，都是要以相对人先行申请为前提条件的。当然，相对人申请只是依申请行政行为的前提条件而不是唯一条件。如果相对人的申请不符合法定要求，行政主体完全可以依法不予受理。申请受理以后，行政主体通过审查，如果确认申请人不具备实现其请求事项的法定条件，也可以作出拒绝其请求的答复。

（五）授益行政行为与负担行政行为

行政行为以其对行政相对人利益的不同影响为标准，分为授益行政行为与负担行政行为。授益行政行为是指行政主体依法授予行政相对人权利或免除相对人义务的行为，如行政许可、行政给付等；负担行政行为是指行政主体科以行政相对人义务或对相对人给予处罚、制裁的行为，如行政征收、行政强制、行政处罚等。行政行为的授益与负担的区分不是绝对而只是相对的，某些行政行为对甲相对人是授益，可能对乙相对人则是负担；反之，对甲相对人为负担可能对乙相对人是授益。如行政机关对侵害他人人身权、财产权的违法者进行处罚和责令赔偿，对受害者是授益行政行为，对致害者是负担行政行为。

（六）单方行政行为与双方行政行为

行政行为以其成立时行为主体意志的方向性为标准，分为单方行政行为与双方行政行为。所谓单方行政行为，是指以行政主体单方面的意思表示，无须取得相对人同意而成立的行政行为，如行政处罚行为、行政强制执行行为等，行政行为多数都是单方行政行为。所谓双方行政行为是指以行政主体与行政相对人之间为达到不同目的而相互意思表示一致所成立的行政行为，这主要是指行政合同行为。划分单方行政行为、双方行政行为的意义在于：①它们所表现出来的不同特征，使其各自在成立时所应遵守的行为规则不同。单方行政行为有行政主体单方意思表示即可成立。②有利于确认行政复议的被申请人和行政诉讼的被告，并有利于认定和追究行政责任。在双方行政行为中，虽然是由双方意思表示一致而成立的，但由于行政行为的特征，其被告只能是行政主体一方。

（七）附款行政行为与无附款行政行为

行政行为以有无限制条件为标准，分为附款行政行为与无附款行政行为。附款行政行为是指其效力附有一定条件限制的行政行为。限制条件通常包括时间条件、期限条件、作为条件、不作为条件等。

时间条件包括始期条件、终期条件。始期条件是行政主体规定行政相对人只能从某一时间起方能作出某种行为；终期条件是行政主体规定相对人至某一时间必须终止某种行为。期限条件是行政主体规定相对人只能在某一期限内作出某种行为。这种期限可能同时附有一定始期、终期的规定，也可能无始期、终期而仅有期限规定。在后者的情况下，相对人何时开始行为，何时结束行为均可自行决定，只要行为不超过行政主体规定的期限即可。

作为条件是行政主体规定相对人必须作出某种行为，相应行政行为（如批准、许可、授予等）才能生效。例如，行政主体批准某企业建设某一工程项目，但规定其必须同时建造相应防治污染设施，并且该设施必须与相应工程同时启用、运作。若防污设施未建好或不能投入使用，该工程就不能启用、运作。或者规定该工程建造好以后，可以先行运作，但某些附属工程不得迟于工程运作以后一年建好和投入使用，否则已运作的工程必须下马。这两种情况都是附作为条件的行政行为。不作为条件是行政主体规定相对人不得作出某种行为，否则相应行政行为（如批准、许可、授予等）即失效。例如，行政主体向某一夜总会（内设舞厅，电子游戏厅，卡拉 OK 厅等）发放经营许可证，但附有不得向 16 岁以下少年儿童开放的不作为条件，该夜总会如违反这一条件，行政主体即可吊销该许可证。

无附款行政行为是指其效力不附有条件限制的行政行为，即行政主体作出相应行政行为不附加其他条件，相应行政行为只要符合法定标准和要求即生效，并在相应行政行为延续过程中，只要行政相对人不违反法定标准、要求，该行政行为即一直有效而不终止。例如，男女公民双方登记结婚，只要其符合法定年龄和其他法定条件，行政机关即应发给其结婚证而不能对之附加其他条件。之后，该公民双方在婚姻存续过程中，行政机关亦不得对之附加任何条件，不得以相对人未满足其附加的条件而撤销原婚姻登记行为。

附款与无附款是指行政主体在作出行政行为时附加或不附加有关条件，而不是指法律、法规设定的条件。无论是附款行政行为还是无附款行政行为，行政主体和行政相对人都要遵守法定条件。例如，行政主体给相对人颁发许可证，法律、法规通常会规定相对人取得相应许可证必须具备何种条件（资金条件、技术条件、人才条件等），相对人只有具备相应法定条件，行政主体才能给其发放许可证。在此基础上，行政主体方可在法律范围内附加有关非法律、法规明定的条件。无附款行政行为虽然在行政主体作出行政行为时不附加任何条件，但不意味着相应行政行为没有任何法定条件。例如，婚姻登记行为虽然是无附款行政行为，但《民法典》婚姻家庭编规定了结婚的年龄条件和其他条件，男女公民双方如果不符合法定条件，行政机关就不能发给其结婚证。

（八）要式行政行为与非要式行政行为

行政行为以有无法定形式要求为标准，分为要式行政行为与非要式行政行为。要式行政行为指法律、法规规定必须以某种方式或形式进行的行政行为。例如，《国家行政机关公文处理办法》（已失效）要求行政机关发送公文必须遵循该办法规定的公文格式，行政机关发送公文的行为即一种要式行政行为。非要式行政行为是指法律、法规未规定一定具体方式或形式，而允许行政机关根据情况自行选择适当方式或形式进行的行政行为。例如，行政机关的通知行为与指示行为等，对于这些行为，行政机关可以在不同情况下选择采用书面形式、口头形式或电话、传真、电子邮件等各种其认为适当的形式。

任务二　行政行为效力

导入案例

某广告公司于 2009 年 12 月 18 日，经某县城市管理行政执法局批准，在机场高速

30 米以外设置户外广告牌 1 块，批准设置期限为 15 年，并缴纳了户外广告牌设置费用。后因高速公路扩建，执法局根据上级部门的要求对高速公路 30 米内公路沿线非交通标志广告牌进行整治，该广告牌位置位于高速公路 30 米以内。2017 年 4 月 4 日，某公路路政执法管理处在未向某广告公司送达任何法律文书，未征得其同意，也未进行任何赔偿的情况下，强行将该广告牌拆除。某广告公司遂起诉至法院，要求确认强制拆除行为违法，并恢复原状。

问题：某公路路政执法管理处 2017 年 4 月 4 日强制拆除广告牌的行为是否违法？

基本原理认知

导入案例评析：行政机关在行使法定职权时，应当做到认定事实清楚、证据确凿、适用法律法规正确、程序合法。根据《行政许可法》的规定，公民、法人或者其他组织依法取得的行政许可受法律保护。某广告公司取得行政许可后，即对此许可产生信赖，因该信赖而产生或获得的利益是基于行政行为的确定力和执行力，应当受到法律的保护。本案中，高速公路未扩建前，第三人执法局有权批准设置该广告牌。尽管经过高速公路扩建，该广告牌位于高速公路 30 米以内，但基于当事人对行政许可行为的确定力和执行力，执法局非因法定事由、未经法定程序不得变更或者撤销，某公路路政执法管理处更无权直接否定执法局作出的行政许可的效力。据此，某公路路政执法管理处认定该广告牌"未经许可擅自设置"，属于认定事实不清，后期行政强制执行行为亦不具有合法性。但因对公路沿线的非公路标志广告牌的专项整治是为了维护社会和公共利益，如判令某公路路政执法管理处恢复原状，则与此公益目的相悖。故应确认某公路路政执法管理处 2017 年 4 月 4 日强制拆除广告牌的行为违法，同时责令路政处采取补救措施。

一、行政行为效力的内容

行政行为的效力，是指行政行为成立后，对行政相对人、行政主体以及其他组织、个人所具有的法律上的效力，主要包括公定力、确定力、拘束力和执行力。

（一）行政行为的公定力

行政行为的公定力是指行政行为一经作出，除非有重大、明显的违法情形，即假定其合法有效，任何机关、组织和个人未经法定程序，均不得否定其法律效力。行政行为的公定力是对世的，即此种效力不仅及于行政相对人和行政主体本身，而且及于其他任何机关、组织、个人。其他任何机关、组织、个人在其行为或活动中，都要尊重相应的行政行为，不得违反，也不得作出与之相抵触的行为。国家权力机关可以对行政行为进行监督，可以依法撤销违法的抽象行政行为；人民法院在行政诉讼中也可对行政行为进行监督，可以依法撤销违法的具体行政行为；上级行政机关可以对下级行政机关的行政行为进行监督，可以撤销下级行政机关任何违法的、不当的抽象或具体行政行为。但是，无论国家权力机关还是人民法院，或者上级行政机关，对于未依法定程序撤销的行政行为，都不得否定其效力。

（二）行政行为的确定力

行政行为的确定力是指行政行为作出后，除非有重大、明显的违法情形，即发生法律效力，行政主体本身非经法定程序不得变更、撤销或废止。行政相对人超过行政复议和行政诉讼期限后，不得对该行为申请行政复议或提起行政诉讼，即使在复议、诉讼期间，相对人非经法定程序，亦不得停止对该行为确定的义务的履行。行政行为的确定力主要是针对行政主体而言，目的主要在于防止行政主体反复无常，任意变更、撤销、废止其已作出的行政行为，而损害行政相对人权益。行政行为的确定力对于维护相对人对行政行为的信任也是很重要的。如果行政主体作出行政行为后又随时变更，相对人的权利、义务就会时时处于不稳定状态，从而会对其合法权益失去安全感，这对国家和社会利益的保障也是很不利的。

当然，行政行为的确定力是一种相对的确定力，而不是绝对的确定力。虽然行政行为作出后，除非有重大、明显的违法情形，在法律上假定其合法，但是这种假定在法定的期限内是可以依一定事实和证据推翻的。行政相对人如在法定期限内认为相应行政行为违法，可以通过行政复议和行政诉讼途径要求撤销或改变。行政主体或行政主体的上级行政机关如发现相应行政行为违法或不当，任何时候都可依法定程序撤销或改变。不过，相应行为的违法或不当如果不是行政相对方的过错造成的，行政主体对撤销、改变原行为给相对人造成的损失应予以赔偿或补偿，原行为已赋予相对人的权益一般不得再收回。在某些情况下，行政行为的违法或不当若不是很严重，撤销或改变相应行为又可能给相对人造成重大损失的，根据信赖保护原则，行政主体可以不撤销、不改变原行政行为。当然，相应行为的违法或不当如果是行政相对人的过错造成的，那么，行政主体不仅应撤销、改变相应行为，而且要收回行政相对人因相应行为已获得的利益。原行为如给国家或社会利益造成损失，行政相对人还要对此种损失予以赔偿。

（三）行政行为的拘束力

行政行为的拘束力，是指行政行为生效后，作为行政相对人的个人、组织都要受该行为的约束，履行该行为确定的义务，不得作出与该行为相抵触的行为。

首先，行政行为的拘束力及于行为的直接对象。例如，行政主体命令某公司停业整顿，该公司即不得再行开工营业；行政主体禁止某组织举行集会、游行，该组织即不得再组织集会、游行；行政主体查封某个人的财产，该个人即不得拆封启用该财产；等等。其次，行政行为的拘束力也及于行政行为非直接对象的个人、组织。例如，行政主体发给某饮食店营业执照和有关许可证，批准其从事饮食业，其他任何个人、组织即不得阻止、妨碍或破坏其进行营业；行政主体依法冻结、划拨某公司的存款、账户，有关金融机构就应予以配合，不得让该公司再支取相应款项，并将应划拨的款项划拨给指定的组织或个人；等等。

行政行为的拘束力不仅及于作为行政相对人的个人、组织，同时及于行政主体本身。行政主体对自己作出的行政行为，无论是规定相对人义务的行为，还是授予相对人权益的行为，都要保证其实现。特别是授益行政行为，行政主体更应受其拘束。此外，行政行为的拘束力也及于处在行政相对人地位的国家机关及其工作人员。任何国家机关及其工作人员，无论其地位和职位多高，当其处在相应行政领域时，都要受相应领域行政行为的约束，除非其依法享有相应的豁免。例如，交通部部长或公安部部长骑自行车或驾驶机动车在公路上、街道上行驶，要同其他骑车人或司机一样服从交通民警的指挥。在这些场合，任何国家机关或国家机关领导人实际上都处于行政相对人的地位。当然，有关国家机关根据法律授权，依法撤销、改变有关行政主体作出的行政行为时，相应国家机关是处于行使国家权力的地位，而不再是处于行政相对人的地位。

（四）行政行为的执行力

行政行为的执行力是指行政行为生效后，行政相对人必须自觉履行相应行为确定的义务，如其拒绝履行或拖延履行，相应行政主体可以依法采取强制措施，强制相对人履行，如果相应行政主体不具有采取某种强制措施的法定权力，该行政主体可以依法申请人民法院强制执行。

行政行为的执行力不仅及于行政相对人，也及于行政主体本身。行政主体作出某种行政行为，行政相对人可能直接或间接从中取得某种利益，如果行政主体在之后不采取措施保障相对人的利益得以实现，行政相对人既可以申请行政主体履行自己的行政行为，也可以通过行政复议或行政诉讼途径，请求行政复议机关或人民法院责令行政主体履行自己的行政行为。

行政行为的执行力是与拘束力紧密相连的。一方面，拘束力是执行力的前提，行政主体作出的没有拘束力的行为不可能强制执行。只有其行为具有了拘束力，相对人才必须履行相应行为所确定的义务；在相对人不履行时，行政主体才能对之予以强制执行。另一方面，执行力是拘束力的保障，行政行为如果没有强制执行力，其拘束力就是一句空话。诚然，绝大多数行政相对人不是因行政行为具有强制执行力才履行行政行为确定的义务，而是出于理性和道德自觉去履行义务。但是，行政行为如果没有强制执行力，确实会有一些个人、组织拒不履行其义务，使相应行政行为所欲达到的行政管理目标落空。显然，行政行为的拘束力必须以执行力为保障，行政行为的执行力始终潜藏于行政行为之中。

二、行政行为的生效

行政行为的生效是指行政主体实施的法律行为在完成其法定程序，具备相应法定要件后正式对外发生法律效力。法律对不同的行政行为设定了不同的生效要件。

（一）抽象行政行为[1]的生效要件

1. 经相应行政机关会议讨论决定。根据抽象行政行为的不同等级，有些抽象行政行为（如制定规章的行为），必须经过相应机关的正式会议（如政府常务会议或全体会议）讨论决定；有些抽象行政行为，可经相应机关的非正式会议（如办公会议）讨论决定。当然在实践中，也有一些抽象行政行为，无须相应机关的会议讨论决定，而直接由行政首长签署发布。

2. 经相应行政机关行政首长签署。首长签署是所有抽象行政行为生效的必备要件，但一般抽象行政行为与行政立法略有区别：行政立法必须由相应行政机关的正职行政首长签署。例如，部委规章必须由部长、主任签署，省级人民政府规章必须由省长、自治区主席、直辖市市长签署。但是，抽象行政行为既可由正职行政首长签署，也可由主管相应行政事务的副职行政首长签署。

3. 公开发布。公开发布也是抽象行政行为生效的必备要件。抽象行政行为既可在正式政府刊物上登载，也可以布告、公告、通告等形式在一定的公共场合或行政办公场所张贴，或者通过当地广播、电视等播放。要求抽象行政行为公开发布，是为了让所有受相应抽象行政行为拘束的人知晓该抽象行政行为。至于行政主体以什么载体，采取什么形式公布，并让相对人知晓，目前法律尚未作统一要求。

4. 行为确定的生效日期已到。抽象行政行为一般自公布之日起生效，但有的抽象行政行为的实施需事前做一定准备工作，或者行政相对人对之要有一个了解、熟悉和适应的时间，故抽象行政行为在公布时并不立即生效，而是另定一个生效日期（如自公布之日起 30 日或 60 日生效），在这种情况下，抽象行政行为在公布时确定的生效日期到达时方生效。

（二）具体行政行为的生效要件

1. 行政主体作出行政决定。具体行政行为一般以行政决定的形式作出，无论是行政主体实施行政处罚，采取行政强制措施，还是颁发或拒绝颁发许可证照，要求相对人履行某种义务，都应作出行政决定。这种行政决定在名称上有时可能不叫"行政决定"。如颁发许可证照，许可证照本身就应该被视为准予颁发的行政决定；拒绝颁发许可证照，其拒绝的通知应视为拒绝颁发的行政决定。行政决定无论采取何种形式，都

---

[1] 此处的"抽象行政行为"指不包括行政立法行为的抽象行政行为。行政立法有一定的特殊性，这一点将在项目六"抽象行政行为"中论述。

是行政主体正式向行政相对人作出的一种产生法律效力的意思表示。行政主体的这种正式意思表示是具体行政行为生效的必要要件。行政主体为作出某种具体行政行为而实施准备行为，如正在为作出某种具体行为准备材料，进行调查、鉴定，召开有关会议研究、征求意见等，此时相应具体行政行为尚未生效。只有行政主体就相应具体行政行为已形成了确定的意见和对外作出正式意思表示（行政决定），并在其他有关要件具备后，相应具体行政行为才能正式生效。

作出行政决定是具体行政行为生效要件之一，但在某些特殊情况下会有例外，如行政主体在紧急情况下，为了保障社会公共秩序和人民生命财产的安全，可以对行政相对人即时采取某种行政强制措施，行政主体作出这种行为可能事前来不及作出任何行政决定。对于这种行为，法律不要求以事前作出行政决定为其生效要件。

2. 行政决定已送达行政相对人。具体行政行为的成立不仅要求行政主体作出正式行政决定，而且要求行政主体在法定期限内将行政决定文书送达行政相对人。送达的方式有四种：当面送达、留置送达、邮寄送达、公告送达。当面送达是行政主体将行政决定文书直接送交受送达人（送达场所可以是行政机关所在地，也可以是受送达人住所地或其他场所），由受送达人在送达回证上记明收到的日期，并签名或盖章。受送达人是个人的，本人不在，可交其同住成年家属签收；受送达人是组织的，应交其法定代表人或该组织负责收件的人签收。留置送达是指受送达人或其同住成年家属拒绝接收行政决定文书，行政主体邀请有关基层组织或所在单位的代表到场，说明情况，在送达回证上记明拒收事由和日期，由送达人、见证人签名或盖章，把行政决定文书留在受送达人的住所，即视为已送达。邮寄送达是指行政主体向行政相对人直接送达行政决定文书有困难，通过邮局邮寄送达。邮寄送达回执上注明的收件日期为送达日期。公告送达是指受送达人下落不明，或采用当面送达、留置送达、邮寄送达均无法送达的，行政主体将行政决定有关内容予以公告。公告送达通常确定一个期限，期限一到即视为送达。

3. 附款行为所附条件成熟。具体行政行为分为附款行为与无附款行为。无附款行为自行政决定送达相对人即生效。附款行为则要待行为所附条件成熟时方可生效。例如，附起始条件的行为只有在行为确定的起始时间已到时才生效，附作为条件的行为只有在相对人作出某种行为，实现行政主体的某种要求后才生效。

行政行为必须具备相应的生效要件，才能正式对外发生法律效力。否则，该行政行为即因未生效而不成立。行政行为不成立意味着：①行政相对人可以不受该行为的约束，行政主体也不能因相对人不履行该行为确定的义务而对相对人采取强制执行措施或给予相对人行政处罚；②行政相对人不能对该行为申请行政复议或提起行政诉讼，行政救济主体可以不受理相对人就相应行政行为提起的行政救济请求；③不具备生效要件或生效要件缺损的行政行为对行政相对人合法权益产生实际不利影响，相对人可以请求行政救济主体确认相应行为无效，并请求赔偿相应行为造成的损失。

三、行政行为的失效

行政行为可能因撤销、废止和确认无效而失效，也可因行政行为期限届满而失效。

（一）行政行为的撤销

行政行为的撤销是指行政行为在具备可撤销情形时，由有权国家机关作出撤销决定后而失去法律效力。行政行为撤销不同于行政行为的无效，无效的行政行为自始无效，而可撤销的行政行为只在撤销之后才失去效力，尽管这种失效也可一直追溯到行为作出之日。行政相对人在撤销决定作出之前一般要受该行为拘束，而且，可撤销的行为不一定必然被撤销。行政相对人申请行政复议或提起行政诉讼均有一定时限，超过此时限即不能申请撤销相应行为，除非行为机关主动撤销（主动撤销又须受信赖保护原则的限制）或有权机关通过其他法定监督途径撤销。

1. 行政行为撤销的条件。

（1）行政行为合法要件缺损。合法的行政行为必须具备四个要件：主体合法、权限合法、内容合法、程序合法。某种行政行为如果缺损其中一个或一个以上要件，该行政行为就是可撤销的行政行为。

（2）行政行为不适当。不适当的行政行为也是可撤销的行政行为，"不适当"是指相应行为具有不合理、不公正、不符合现行政策、不合时宜、不合乎有关善良风俗习惯等情形，不适当的行政行为在很多情形下同时是不合法的行为，从而应以"违法"为由予以撤销。但在某些情况下，不适当的行政行为并不违法。因此，"不适当"亦可成为撤销行政行为的条件之一。

2. 行政行为撤销的法律后果。

（1）相应行政行为通常自撤销之日起失去法律效力，撤销之前仍有效。在没有被撤销之前，行政相对人仍应履行相应行为设定的义务，其对相应行为没有直接抵制权。但对于为相对人设定义务或对相对人作出不利处理的行政行为，只要相应行为不是相对人过错造成的，撤销的效力应追溯到行政行为作出之日。

（2）如果行政行为的撤销是因行政主体过错引起的，且相应行政行为是授益行政行为，撤销的效力可不追溯到行政行为作出之日。但是，如因社会公益的需要必须使行政行为的撤销效力追溯到行为作出之日，由此给相对人造成的一切实际损失则应由行政主体予以赔偿。例如，行政主体违法批地给某企业盖房建厂，但违法批准行为被有权机关撤销，已盖好的厂房因不符合城市建设规划而必须拆迁。为此，违法批地的行政机关应赔偿拆迁企业因此受到的损失。

（3）如果行政行为的撤销是由行政相对人的过错或行政主体与相对人的共同过错所引起的，那么行政行为撤销的效力应追溯到行为作出之日，如行政相对人通过虚报、瞒报有关材料，向行政主体提供虚假信息而获取行政主体的某种批准、许可行为或者行政行为是在相对人行贿，行政主体及其工作人员受贿的情况下作出等，在这些情形下，行政主体通过相应行为已给予相对人的利益、好处均要收回；行政相对人因行政行为撤销而遭受到的损失均由其本身负责；其他个人、组织因已撤销的行政行为所受到的损失，则应由行政主体和行政相对人依其过错程度共同赔偿；行政主体及其工作人员因导致行政行为撤销的过错发生的还应对国家承担行政法律责任。

（二）行政行为的废止

1. 行政行为废止的条件。行政行为具有确定力，一经作出即不得随意废止，只有在具有某些法定情形的条件下，才能依法定程序废止。行政行为废止的条件通常有下述三项：

（1）行政行为所依据的法律、法规、规章、政策经有权机关依法修改、废止或撤销，相应行为如继续存在，则与新的法律、法规、规章、政策相抵触，故行政主体必须废止原行政行为。

（2）行政行为所依据的客观情况发生重大变化，原行政行为继续存在将不利于或损害国家、社会公共利益，为了维护国家、社会公共利益，行政主体必须废止原行政行为。

（3）行政行为已完成原定目标、任务，实现了其历史使命，从而没有继续存在的必要，行政行为自然终止。

2. 行政行为废止的法律后果。

（1）行政行为自废止之日起失效，行政主体在行为废止之前通过相应行为已给予行政相对人的利益、好处不再收回；行政相对人依原行为已履行的义务不能要求行政主体予以赔偿或补偿。

（2）行政行为的废止如果是因法律、法规、规章、政策的废、改、撤或客观情况的变化，为了公共利益的需要而实施的，那么对此种废止给行政相对人的合法利益造成的损失，行政主体应予以补偿。

（三）行政行为的无效

行政行为的无效，是指行政行为自开始就完全不具备法律效力，被视为在法律上不存在，属于绝对无效，既不具有确定力，也不具有执行力。行政主体可能会运用行政权力使无效行政行为产生一定事实上的约束力，但由于不具有法律效力，故对当事人无任何形式上和程序上的约束力，当事人有权予以拒绝。

1. 行政行为无效的条件。行政行为如具备下述情形之一，可视为无效行政行为，有权国家机关可确认和宣布该行为无效：

（1）行政行为具有特别重大的违法情形。例如，某市政府命令一个因有爆炸危险而停止向外供气的煤气供应站立即恢复向外供气，此行政命令如果执行，将造成公民生命财产的重大的或无法挽回的损失。对此行政命令，相应煤气供应站就可以而且应该视之为一个无效行政行为，不予执行。政府如果事后对该煤气供应站及其负责人予以行政处罚，该煤气供应站及其负责人便可向人民法院提起行政诉讼，确认相应行政命令无效，并撤销该行政处罚。

（2）行政行为具有明显的违法情形。例如，某地方政府作出一个行政决定，要求该地所有机关、企事业组织只能购买、使用该地生产的某种产品，而不能购买、使用外地生产的同类型产品。该决定显然属于限制竞争的地方保护主义，明显违法，故对相对人不产生拘束力。

（3）行政行为的实施将导致犯罪。例如，某乡政府为了吸引外商在该地投资，命令村民捕杀若干国家保护的珍稀动物为招待外商的宴席所用。因捕杀珍稀动物的行为属犯罪行为，故该乡政府命令他人实施此种犯罪行为的行政命令是无效行政行为，行政相对人有权抵制而不予执行。

（4）没有可能实施的行政行为。例如，某市政府为了发展旅游事业，改善游客住宿条件以吸引游客，命令该市所有宾馆、旅馆、饭店在 5 日内修建好残疾人通道和设施，这项改建工程即使具备其他所有条件，其劳务工作量也至少需 30 天才能完成。因此，该行政命令是根本不可行的，从而属无效行政行为。

（5）行政主体受胁迫作出的行政行为。例如，行政主体及其工作人员在行政相对人武力威胁或其他方式胁迫下作出某种行政行为，如颁发许可证、执照等。行政主体在这种情形下作出的行政行为均是无效行政行为，自始不具备法律效力。

（6）行政主体不明确或明显超越相应行政主体职权的行政行为。例如，行政主体实施行政行为不表明身份，在行政决定上不署相应行政主体的名称，不盖印章，使行政相对人不能确定该行政行为的行政主体是谁，在该行为侵犯其合法权益时亦无法申请复议或提起行政诉讼。因此，此类行为应该认定为无效行政行为。至于超越职权的行政行为，如果不是很明显的越权，一般不宜认定为无效行政行为，而应该归之为可撤销的行政行为。只有明显的无权限或越权行为，才应该认定为无效行政行为。例如，乡镇政府对不执行其征收、拆迁决定的村民进行拘留，公安派出所对违反计生政策的公民进行罚款等。这些行为都是明显的越权行为，因而属于无效行政行为，自始即不具有法律效力。

2. 行政行为无效的法律后果。

（1）行政相对人可不受该行为拘束，不履行该行为确定的任何义务，即具有抵制权，并且对此种不履行不承担法律责任。这一点不同于可撤销的行政行为，可撤销的行为只是在撤销之后失去法律效力，在此之前仍然对相对人有拘束力，相对人如在撤销前不履行相应行为确定的义务，仍要承担法律责任。

（2）行政相对人可在任何时候请求有权国家机关（行为机关的上级机关、权力机关、人民法院）宣布该行为无效。这也不同于可撤销的行政行为，对于可撤销行政行为，行政相对人只能在法定时限内申请复议或提起行政诉讼。

（3）有权国家机关可在任何时候宣布相应行政行为无效，因为无效行政行为不具有公定力与确定力。

（4）行政行为被宣布无效后，行政主体通过相应行为从行政相对人处所获取的一切（如罚没款物等）均应返还相对人；所加予相对人的一切义务均应取消；对相对人所造成的一切实际损失，均应赔偿。至于行政相对人通过无效行政行为从行政主体处获得的利益、好处是否均应收回，则应视相对人对行政主体作出无效行为是否具有过错。如果相对人有过错，其所获得的利益、好处无疑应全部收回；如果相对人并无过错，根据信赖保护原则，对其获得的利益、好处，亦可不予收回；如果为了公共利益必须收回，行政主体对因此给善意的相对人造成的损害应予以赔偿。

行政行为的撤销、废止与无效是行政法学上三个相互联系但又有重要区别的概念。虽然三者都导致行政行为效力的终止，但引发三者的原因不同，效力终止的时间和情形也不一样。对于行政行为的撤销、废止、无效的条件和法律后果，由于我国目前尚未制定统一的行政程序法，故本单元论述的内容所根据的只是行政法的一般原理和我国行政法的有关单行法律的相关规定。

拓展阅读

高校的学术评价是否属于行政行为？[1]

长期以来，高等学校的内部管理属于不受司法监督的"真空"范围，教师和学生对学校的管理行为不服是无法申请行政复议和提起行政诉讼的。1999 年田某诉北京科技大学拒绝颁发毕业证、学位证行政诉讼案[2]打破了这一"寂静"，高校从事学籍证和学位证等管理属于得到法律法规授权的行政主体从事的可诉行政行为，这一司法观点被普遍接受。但当司法机关介入高校管理后，有一个问题仍未解决：高校对教师和学生的学术评价是否属于行政行为。

高校管理中有许多管理行为是以学术评价为前置条件的，如对学生学位论文是否达到通过标准的认定、对教师水平是否达到晋升教授的认定等。学校对于师生作出的以国家制度（学籍制度、学位制度、职称制度）为基础的决定，如授予（或者不授

---

〔1〕 胡建淼：《行政法学》，法律出版社 2023 年版，第 236~237 页。

〔2〕 1996 年 2 月 29 日，××大学二年级学生田某，在课程补考过程中，随身携带纸条，被监考教师发现。××大学于同年 3 月 5 日，对田某作出退学处理决定，4 月 10 日填发了学籍变动通知，并在学期教学简报和公告栏中公布。但是，田某一直以在校生身份被告××大学参加学习，完成了学校制定的教学计划，并且学习成绩和毕业论文已经达到高等学校毕业生水平。然而临近毕业，被告××大学的有关部门以原告田某不具有学籍为由，拒绝为其颁发毕业证，进而也未向教育行政部门呈报毕业派遣资格表。田某到北京市海淀区人民法院起诉，提出要求被告颁发毕业证、学位证等诉讼请求。参见最高人民法院：《指导案例 38 号：田永诉北京科技大学拒绝颁发毕业证、学位证案》，载 https://www.court.gov.cn/shenpan/xiangqing/13222.html，最后访问日期：2024 年 11 月 26 日。

予）学位决定，准予（或者不准予）毕业决定，属于可诉的行政行为。但是，前置性的学术评价不属于行政行为，而属于学术行为。为此，当事人不得直接针对这些学术评价申请行政复议或者提起行政诉讼（但是学校应当给予其他的救济渠道），行政复议机关和人民法院也不得直接审查这些行为的合法性和合理性。但在当事人已对后续决定（如不授予学位决定，不准予毕业决定等）提起复议和诉讼的条件下，行政复议机关和人民法院可以连带审查这些学术活动程序上的合法性。

思考与练习

一、思考题

1. 什么是行政行为？行政行为有什么特征？

2. 对行政行为可以作哪些分类？

3. 行政行为有什么效力？

4. 行政行为的效力撤销、废止与无效的条件与法律后果有什么区别？

二、选择题[1]

1. 下列行为中，属于行政行为的是（　　　）。

A. 教育局购买打印机、储物柜等办公用品

B. 市政府与村集体签订土地征收及补偿协议

C. 公安机关去汽修厂维修执行任务时损坏的汽车

D. 教育局与建设公司签订员工宿舍施工承包合同

2. 行政机关所实施的下列行为中，哪一项属于具体行政行为？

A. 公安交管局在辖区内城市快速路入口处悬挂"危险路段，谨慎驾驶"的横幅

B. 县公安局依照《刑事诉讼法》对李某进行拘留

C. 区政府对王某作出房屋征收决定

D. 因民间纠纷引起的打架斗殴双方经公安派出所调解达成的协议

3. 行政行为成立便对相对方和行政主体产生法律上的效力，一般地应具有（　　　）。

A. 确定力　　　　　　　　　　　B. 拘束力

C. 执行力　　　　　　　　　　　D. 公定力

实训任务1：行政行为的类型

【案例】

2019年7月18日，某县人民政府经政府常务会议研究发布《关于对某县个体工商

---

〔1〕　1. B；2. C；3. ABCD。

业经济实行强制整顿和管理的决定》的文件。文件规定："为了加强对全县个体工商业经济的管理引导，打击个体经济中的违法违纪现象，纠正职工的不合理流动，保障全县经济的健康发展，县人民政府经政府常务会议研究决定，对全县个体经济实行强制整顿和管理。"文件列举下列5种情况的个体工商户要予以取缔：①凡乡、村、机关、各直属单位在编现职干部直系亲属从事个体工商业的；②无证、无照经营的个体工商户；③与乡、村办集体企业争原料、争技术、争业务、争人才的个体工厂；④挂村办厂的私人企业；⑤阻碍乡、村企业发展的某些加工、服务行业。

县政府个体经济管理办公室根据县政府的文件，于2019年7月23日强行扣缴了19户个体工商户的营业执照，宣布从即日起予以取缔，并剪断电源线，迫使其停产停业，给个体工商户造成重大损失。该19户个体工商户在上访未能解决问题的情况下，向县法院提起行政诉讼，请求撤销县政府发布的《关于对某县个体工商业经济实行强制整顿和管理的决定》，并返还营业执照，恢复营业，赔偿损失。

【训练目的及要求】

结合案例和相关知识，通过训练，能正确掌握行政行为的相关知识。

【训练方法】

分两组进行，一组学生运用行政行为的基本原理对案例作出判断；另一组学生评价判断是否正确。

【训练步骤】

步骤1：分组。

步骤2：熟悉案例。

步骤3：学生分析案例。

步骤4：老师评判。

【案例解析】

1. 某县人民政府这一决定的性质属于抽象行政行为。抽象行政行为是指以不特定的人或事为对象，制定具有普遍约束力的规范性文件的行为。与此相对的是具体行政行为，是指行政机关在行政管理活动中，针对特定的人或事所采取的具体措施的行为。本案中某县人民政府的文件是针对某县个体工商业经济而发布的，对象不特定，且具有普遍约束力，可反复适用，因而属于抽象行政行为。

2. 对于19户个体工商户的请求，人民法院应当受理。但是人民法院不能判决撤销县政府的决定。本案中，县政府个体经济管理办公室根据县政府的文件进行整顿，对19户个体工商户予以取缔，强行扣缴了他们的营业执照，并断电断水迫使其停产停业。这一行为是针对19户个体工商户作出的，直接涉及他们的权利和义务，当属具体行政行为。《行政诉讼法》规定，人民法院受理公民、法人或者其他组织对行政拘留、暂扣或者吊销许可证和执照、责令停产停业、没收违法所得、没收非法财物、罚款、警告等行政处罚不服提起的诉讼。依此，19户个体工商户不服，可以依法向法院提起行政诉讼，人民法院应当受理。但是，某县人民政府就整顿个体工商户经济发布的该文件，是就一般的管理事项而不是针对 19 户个体工商户作出的决定，不直接针对 19 户个体工商户发生法律强制力，是抽象行政行为。根据《行政诉讼法》规定，人民法院不受理公民、法人或者其他组织对行政法规、规章或者行政机关制定、发布的具有普遍约束力的决定、命令提起的诉讼。因此，对于 19 户个体工商户要求撤销该决定的诉讼请求，人民法院是不予支持的。

综上，人民法院不能判决撤销县政府的决定。

实训任务 2：行政行为的类型及其效力

【案例】

2019 年 8 月，经营烟酒的个体户韩某先后从未成年人张某、马某处购进"万宝路"牌、"红塔山"牌等香烟 7 条零 7 包，并付给对方人民币 380 元，在购买过程中，韩某曾问过张某、马某香烟来源，张某、马某声明不是赃物。2019 年 10 月 25 日晚，某市公安局干警吴某等驾摩托车到韩某住所，未声明理由即用摩托车将韩某带到市公安局进行讯问，同时将韩某营业执照及酒类专卖许可证扣缴一直未还。对此，韩某不服，向法院起诉，要求归还执照及许可证。而市公安局则认为，暂扣韩某证照是追赃手段，属于刑事侦查行为。

问题：根据行政行为理论，评某市公安局的行为。

【训练目的及要求】

结合案例和相关知识，通过训练，能正确掌握行政行为及其效力。

【训练方法】

分两组进行，一组学生运用行政行为的相关知识对案例作出判断；另一组学生评价判断是否正确。

【训练步骤】

步骤 1：分组。

步骤 2：熟悉案例。

步骤 3：学生分析案例。

步骤 4：老师评判。

【案例解析】

1. 本案中某市公安局暂扣营业执照和许可证的行为属于行政行为，而不属于刑事行为。根据《刑事诉讼法》之相关规定，公安机关办理刑事案件中的刑事侦查行为并不包括暂扣证照的行为，证照并不属于刑事诉讼中可以作为证据的赃款赃物等，而且本案中韩某的行为在实体上并未触犯刑法，因而，本案中某市公安局的辩解是没有根据的，其行为属于对韩某人身、财产造成影响的具体行政行为，其扣押证照的行为属于行政强制措施。

2. 本案中某市公安局暂扣证照的行为属于无效行政行为，其行为自始无效。根据行政行为理论，行政主体明显超越其职权且违反正当程序的行政行为无效。本案中，某市公安局扣照的行为显然超越其职权范围，属无效行政行为。无效行政行为从一开始就不具行政行为的拘束力，行政相对人韩某可在任何时候请求有权国家机关宣布该行为无效，因无效行为而给韩某造成的一切损失，均由某市公安局承担。

3. 某市公安局未声明理由即用摩托车将韩某带到市公安局进行讯问的行为属于可撤销的违反法定程序的行政强制措施。根据《行政强制法》规定，行政机关实施行政强制措施应当当场告知当事人采取行政强制措施的理由、依据以及当事人依法享有的权利、救济途径，并听取当事人的陈述和申辩。人民法院可以根据《行政诉讼法》的规定作出撤销的判决。

参考书目

1. 胡建淼主编：《行政行为基本范畴研究》，浙江大学出版社 2005 年版。
2. 叶必丰：《行政行为原理》，商务印书馆 2014 年版。
3. 何海波：《论行政行为"明显不当"》，载《法学研究》2016 年第 3 期。

项目六　抽象行政行为

"徒善不足以为政，徒法不能以自行。"

能力目标

1. 掌握抽象行政行为的概念。
2. 掌握行政立法的主体及其程序。
3. 掌握行政立法的效力及对其监督。
4. 掌握行政规范性文件的概念。

能力目标

1. 能够准确描述我国的行政立法体制及行政立法程序。
2. 准确识别和运用"行政法规""部门规章""行政规范性文件"等专业术语。
3. 理解行政立法的效力以及对行政立法的监督。

✏️ 内容结构图

```
                                          ┌─────────────┐
                                          │ 抽象行政行为的 │
                                          │   概念      │
                                          └─────────────┘
                                          ┌─────────────┐
                                          │ 抽象行政行为的 │
                                          │   分类      │
                                          └─────────────┘
                        ┌──────────────┐  ┌─────────────┐
                        │ 抽象行政行为概述 │──│ 行政立法主体及 │
                        └──────────────┘  │   其权限     │
                                          └─────────────┘
                                          ┌─────────────┐
                                          │ 行政立法的程序 │
                                          └─────────────┘
   ┌──────────┐                           ┌─────────────┐
   │ 抽象行政行为 │                          │ 行政规范性文件 │
   └──────────┘                           └─────────────┘
                                          ┌─────────────┐
                                          │ 行政立法的效力 │
                                          │   范围      │
                                          └─────────────┘
                        ┌───────────────┐ ┌─────────────┐
                        │ 行政立法的效力与监督 │─│ 行政立法的生效 │
                        └───────────────┘ │   与生效     │
                                          └─────────────┘
                                          ┌─────────────┐
                                          │ 对行政立法监督 │
                                          └─────────────┘
```

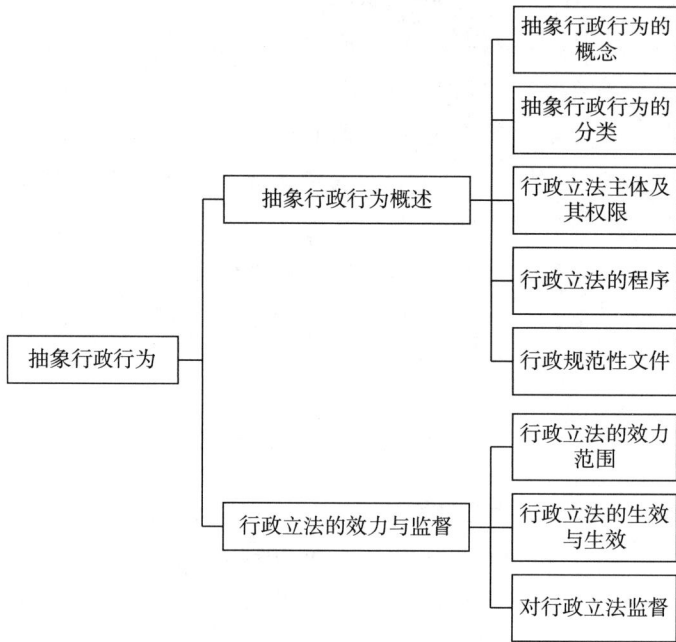

任务一　抽象行政行为概述

📝 **导入案例**

　　某市原有甲、乙、丙、丁四家定点屠宰场，营业执照、卫生许可证、屠宰许可证等证照齐全。该市政府根据《生猪屠宰管理条例》中的内容确认并颁发定点屠宰标志牌的规定发出通告，确定只给甲发放定点标志牌。据此，市工商局将乙、丙、丁三家屠宰场营业执照吊销，卫生局也将卫生许可证吊销。乙、丙、丁三家屠宰场对此不服，找到市政府，市政府称通告属于抽象行政行为，需遵守执行。三家屠宰场提起行政诉讼。

　　问题：市政府的通告属于何种类型的行政行为？理由是什么？

▦ 基本原理认知

　　在导入案例中，市政府的通告属于具体行政行为。理由在于：虽然它是以通告这种红头文件的形式作出的，但是因为该通告只针对特定甲屠宰场作出，内容是关于向甲发放定点屠宰标志牌，此为一次性处理。可见该行为是具体行政行为。

一、抽象行政行为的概念

抽象行政行为是与具体行政行为相对应的一个概念。行政主体在行政管理活动中，不仅会针对个案中特定的行政相对人作出"具体"的处理决定，而且会针对不特定多数人制定一般性的、"抽象"的行为规则。因此，在行政法上，以行政相对人是否特定为标准，可以将行政行为分为抽象行政行为和具体行政行为。简言之，抽象行政行为是指行政主体针对不特定行政相对人所作的行政行为，具体行政行为是指行政主体针对特定行政相对人所作的行政行为。作为行政法学中对于行政行为的一种最基本的分类，抽象行政行为与具体行政行为之间不仅在概念内涵和法律效果等方面多有不同，而且对应的行政救济方式也是相互区别的。因此，正确理解抽象行政行为与具体行政行为的分类，在学理和实务上都有着非常重要的意义。

抽象行政行为是指行政主体针对不特定行政相对人制定具有普遍约束力的行为规则的行政行为。一方面，抽象行政行为是行政行为的一种，是享有行政权能的行政主体运用行政权力针对行政相对人作出的、具有法律效果且表示于外部的法律行为，同样必须符合行政行为在主体、权限、内容和程序等方面的合法要件。另一方面，抽象行政行为又是一种特殊的行政行为，它有着与具体行政行为不同的行为对象、效力和功能。

（一）行为的对象

与具体行政行为针对特定的行政相对人不同，抽象行政行为所针对的是不特定的行政相对人。判定抽象行政行为的标准不在于相对人的数量多与少，而在于相对人是否特定。一般来说，如果相对人在行政行为作出时是无法确定和统计的，那么该行为就是抽象行政行为，反之就是具体行政行为。例如，为保证 2023 年杭州亚运会期间的交通正常运行和空气质量良好，杭州市政府发布通告，规定在赛会期间对本市机动车和外省市区机动车采取按车牌尾号实行单号单日、双号双日行驶的临时交通管理措施。单双号限行措施是一种典型的行政行为，这一行为针对的杭州本市和外省区市机动车及其驾驶人都是随时变动、不可预知的，也就是说，限行的对象在发布公告之时是无法确定和统计的，因此单双号限行措施应被定性为抽象行政行为。而在随后的具体执行过程中，行政机关对某一未遵守限行措施的驾驶人予以处罚的行为，则属于针对特定对象而作的具体行政行为。

（二）行为的效力

与具体行政行为只能一次性适用于已经发生的特定个案不同，抽象行政行为可以反复适用于此后发生的同类情形。如前例中，凡是在通告发布后的亚运会期间在杭州市行政区域内道路上行驶的机动车和驾驶人都要遵循单双号限行措施的规定，否则即会导致"劝返"、限令停驶、扣分乃至罚款等法律责任的追究，也就是说，单双号限行措施的实施是不限次数、反复适用的。而行政机关对某一未遵守限行措施的驾驶人予以处罚的行为，则是针对该驾驶人未遵守限行措施这一已经发生的个案，且只能对其处罚一次，因而是具体行政行为。

（三）行为的功能

抽象行政行为体现的是行政机关批量化地行使行政权，即权力的"概括行使"，目的在于为不特定的行政相对人规定一般性的行为规则，创设一种行政法律关系模式，其对行政相对人权利义务的影响仅是间接性和可能性的；具体行政行为体现的是行政机关就某一具体个案行使行政权，即权力的"个别行使"，目的在于将普遍的行为规则适用于特定的行政相对人，从而实现行政法律关系模式，其对行政相对人权利义务的影响则是直接性和现实性的。一般来说，抽象行政行为实施在前，构成了具体行政行为的前提和依据；具体行政行为实施在后，保障了抽象行政行为的贯彻和落实。因此，抽象行政行为与具体行政行为既有本质的区别，又有着内在的联系。

二、抽象行政行为的分类

以抽象行政行为所形成的规范性文件在法律上的地位为标准，可以将抽象行政行为划分为行政立法行为和制定其他规范性文件行为。

（一）行政立法行为

行政立法行为是指特定的行政机关在法定权限内并按照法定程序制定和发布行政法规和行政规章形式的行政法律规范的行为。在主体上，行政立法只能由特定的、享有行政立法权的国家行政机关进行，例如，行政法规的制定主体是国务院；在行政规章中，部门规章的制定主体是国务院各部、委员会、中国人民银行、审计署和具有行政管理职能的直属机构，地方政府规章的制定主体则是省、自治区、直辖市和设区的市、自治州的人民政府。除此之外的其他行政主体不能成为行政立法行为的主体，其所制定的规范性文件也不具备行政立法的效力。在程序上，行政立法必须遵照《立法法》《行政法规制定程序条例》《规章制定程序条例》等法律、法规专门设定的程序，享有行政立法权的行政机关未按行政立法程序的要求制定规范性文件的行为也不是行政立法行为。在结果上，行政立法行为在本质上是行政机关实施的立法行为，所产生的行政法规和行政规章属于法的范畴，具备行政法律渊源的地位和效力。

根据行政立法的主体地位和地域效力范围，行政立法可以分为中央行政立法与地方行政立法。在我国，国务院制定行政法规和国务院各部、委员会、中国人民银行、审计署和具有行政管理职能的直属机构制定的部门规章为中央行政立法，省、自治区、直辖市和设区的市、自治州的人民政府制定的地方政府规章为地方行政立法。中央行政立法调整全国范围内的普遍性问题和必须由中央统一作出规定的重大问题，如全国性的治安管理问题、环境保护问题、交通问题、资源问题、国家安全问题，等等。而地方行政立法的调整范围限于执行性事务、地方性事务以及城乡建设与管理、环境保护、历史文化保护等方面的事项。

行政立法根据其权力来源的不同，可分为职权立法与授权立法。职权立法是行政机关直接根据《宪法》和《地方各级人民代表大会和地方各级人民政府组织法》的授权，为执行相应法律、法规或为行使相应行政管理职权，而进行的行政立法。如国务院根据《宪法》和其他法律，制定行政法规。授权立法则是行政机关根据国家权力机关的特别授权，就本应由国家权力机关制定法律或地方性法规的事项而进行的行政立法。如《中华人民共和国车船税法》第2条2款规定："车辆的具体适用税额由省、自治区、直辖市人民政府依照本法所附《车船税税目税额表》规定的税额幅度和国务院的规定确定。"

（二）制定行政规范性文件行为

制定行政规范性文件行为是指行政主体为实施法律和执行政策，在法定权限内制定的除行政法规和行政规章以外的决定、命令等规范性文件的行为。在主体上，这类抽象行政行为的主体极为广泛，既包括享有行政立法权的国家行政机关，也包括没有行政立法权的其他行政主体，它们都有权就权限范围内的行政事务制定其他规范性文件。在程序上，制定行政规范性文件行为也需要遵守法定程序的要求，但总体上来说，其程序远不如行政立法程序要求严格，而更接近普通行政程序的标准。在结果上，这类抽象行政行为产生的是除行政法规和行政规章以外的行政规范性文件，通常表现为决定、命令等各种形式。与行政法规和行政规章不同，行政规范性文件尽管也具有普遍的约束力，但不属于法的范畴，不具备行政法律渊源的地位和效力。

三、行政立法主体及其权限

行政立法主体是指依法取得行政立法权，可以制定行政法规或规章的国家行政机关。每一类行政立法主体均有各自的立法权行使范围，即立法权限。我国的行政立法主体及其权限如下：

（一）国务院及其立法权限

国务院即中央人民政府，是最高国家权力机关的执行机关，是最高国家行政机关。国务院有权制定行政法规。根据《立法法》规定，国务院根据宪法和法律，制定行政法规。行政法规可以就下列事项作出规定：①为执行法律的规定需要制定行政法规的事项；②《宪法》第89条规定的国务院行政管理职权的事项。应当由全国人民代表大会及其常务委员会制定法律的事项，国务院根据全国人民代表大会及其常务委员会的授权决定先制定的行政法规，经过实践检验，制定法律的条件成熟时，国务院应当及时提请全国人民代表大会及其常务委员会制定法律。

（二）国务院各部、委员会、中国人民银行、审计署、具有行政管理职能的直属机构及其立法权限

《宪法》第90条第2款规定："各部、各委员会根据法律和国务院的行政法规、决定、命令，在本部门的权限内，发布命令、指示和规章。"《立法法》第91条第1款规定："国务院各部、委员会、中国人民银行、审计署和具有行政管理职能的直属机构以及法律规定的机构，可以根据法律和国务院的行政法规、决定、命令，在本部门的权限范围内，制定规章。"

（三）省、自治区、直辖市和设区的市、自治州的人民政府及其立法权限

根据《立法法》的规定，省、自治区、直辖市和设区的市、自治州的人民政府，可以根据法律、行政法规和本省、自治区、直辖市的地方性法规，制定规章。对于地方政府规章可以作出的事项，《立法法》规定：①为执行法律、行政法规、地方性法规的规定需要制定规章的事项；②属于本行政区域的具体行政管理事项。设区的市、自治州的人民政府根据该规定制定地方政府规章，限于城乡建设与管理、生态文明建设、历史文化保护、基层治理等方面的事项。已经制定的地方政府规章，涉及上述事项范围以外的，继续有效。

我国的行政立法主体及其立法形式，如表3-1所示：

表3-1　行政立法主体及其立法形式

行政立法机关	立法形式
国务院	行政法规
国务院各部、委员会、中国人民银行、审计署和具有行政管理职能的直属机构以及法律规定的机构	部门规章
省、自治区、直辖市和设区的市、自治州的人民政府	地方规章

四、行政立法的程序

关于行政立法的程序，《立法法》和国务院《行政法规制定程序条例》《规章制定程序条例》作了较详细的规定。下面根据这些法律、法规以及现行行政立法的实践，本节对行政立法的程序作概括性的说明。

（一）立项

立项是决定进行行政法规、规章制定工作的程序，是行政立法程序的第一个环节。行政事务复杂多变，哪些事情需要制定行政法规、规章，需要在什么时间制定，并需要对其必要性、可行性和及时性作出判断，这就是立项要解决的问题。即所谓先立项，后立法。

根据《立法法》规定，国务院法制机构应当根据国家总体工作部署拟订国务院年

度立法计划，报国务院审批。国务院年度立法计划中的法律项目应当与全国人民代表大会常务委员会的立法规划和立法计划相衔接。国务院编制年度行政法规立法计划的程序是：①国务院有关部门认为需要制定行政法规的，于每年年初编制国务院年度立法计划前，向国务院报请立项；②国务院法制机构根据国家总体工作部署和全国人大常委会的立法规划，对部门报送的行政法规立项申请汇总研究，突出重点，统筹兼顾，拟订国务院年度立法计划；③报国务院审批。国务院年度立法计划在执行中可以根据实际情况予以调整。

规章制定工作计划的编制程序是：①国务院部门内设机构或者其他机构认为需要制定部门规章的，向该部门报请立项；享有行政立法权的地方人民政府所属工作部门或者其下级人民政府认为需要制定地方政府规章的，向该地方人民政府报请立项。②国务院部门和享有行政立法权的地方人民政府的法制机构对制定规章的立项申请汇总研究，拟订本部门、本级人民政府规章制定计划。③报本部门、本级人民政府批准。国务院部门和地方人民政府年度规章制定计划在执行中可以根据实际情况进行调整。

（二）起草

《立法法》规定，行政法规由国务院有关部门或者国务院法制机构具体负责起草，重要行政管理的法律、行政法规草案应由国务院法制机构组织起草。行政法规的起草，可以由国务院的一个部门或者几个部门具体负责起草，也可由国务院法制机构起草或者组织起草。

部门规章由国务院部门组织起草，国务院部门可以确定由其一个或几个内设机构具体负责起草工作，也可以确定由其法制机构起草或组织起草；地方政府规章由享有行政立法权的地方人民政府组织起草，相应地方人民政府可以确定由其一个或几个部门具体负责起草工作，也可以确定由其法制机构起草或组织起草。此外，起草规章可以邀请有关专家、组织参加，也可以委托有关专家、教学科研单位、社会组织起草。

（三）征求和听取意见

行政立法是行政机关行使准立法权的行为。为了使行政立法体现人民的意志和利益，必须在立法过程中征求和充分听取各方面的意见，特别是人大代表、社会公众和利害关系人的意见。《立法法》规定，行政法规在起草过程中，应当广泛听取有关机关、组织、人民代表大会代表和社会公众的意见，听取意见可以采取座谈会、论证会、听证会等多种形式。行政法规草案应当向社会公布，征求意见，但是经国务院决定不公布的除外。

《行政法规制定程序条例》规定，起草行政法规，起草部门应当深入调查研究，总结实践经验，广泛听取有关机关、组织和公民的意见。涉及社会公众普遍关注的热点难点问题和经济社会发展遇到的突出矛盾，减损公民、法人和其他组织权利或者增加其义务，对社会公众有重要影响等重大利益调整事项的，应当进行论证咨询。听取意见可以采取召开座谈会、论证会、听证会等多种形式。

《规章制定程序条例》规定，听取意见可采用书面征求意见、座谈会、论证会、听证会等多种形式。起草规章，涉及社会公众普遍关注的热点难点问题和经济社会发展遇到的突出矛盾，减损公民、法人和其他组织权利或者增加其义务，对社会公众有重要影响等重大利益调整事项的，起草单位应当进行论证咨询，广泛听取有关方面的意见。

（四）审查

行政立法经起草部门起草、征求意见，并与有关部门协商完毕后，即由起草部门或起草单位主要负责人签署（几个部门、单位共同起草的，由相应负责人共同签署）送审稿并报送相应行政立法机关审查。

行政立法送审稿由行政立法机关法制机构负责审查，审查的范围通常包括：①送审稿是否严格贯彻落实党的路线方针政策和决策部署，是否符合宪法和法律的规定以及国家的方针、政策；②是否符合《立法法》确立的立法原则和《行政法规制定程序条例》《规章制定程序条例》对行政法规、规章的要求；③是否与有关行政立法协调、衔接；④是否正确处理了有关机关、组织和公民对送审稿主要问题的意见；⑤是否符合行政立法技术的要求；⑥其他需要审查的内容。

法制机构对审查不合格的行政立法送审稿，可以缓办或退回起草部门、起草单位。对送审稿涉及的主要制度、主要措施、方针政策、管理体制、权限分工等问题有不同意见的，法制机构应进行协调，力求达成一致意见；不能达成一致意见的，应将争议的主要问题以及有关部门、有关机构和法制机构的意见上报行政立法机关决定。法制机构应当认真研究各方面的意见，与起草部门、起草单位协商后，对送审稿进行修改，形成行政法规、规章的草案及其说明。

（五）决定与公布

行政立法草案及其说明形成后，由法制机构主要负责人提出提请行政立法机关审议的建议。行政法规草案由国务院常务会议审议或者由国务院审批，部门规章由部务会议或委员会会议审议决定，地方政府规章由地方人民政府的常务会议或全体会议审议决定。

经行政立法机关审议、决定（或审批）的行政法规和规章，应经行政首长签署发布令，在政府公报上或通过新闻媒介发布。《立法法》规定，行政法规由总理签署国务院令公布。有关国防建设的行政法规，可以由国务院总理、中央军事委员会主席共同签署国务院、中央军事委员会令公布。行政法规签署公布后，及时在国务院公报和中国政府法制信息网以及在全国范围内发行的报纸上刊载。在国务院公报上刊登的行政法规文本为标准文本。部门规章由部门首长签署命令予以公布，地方政府规章由省长、自治区主席、市长或者自治州州长签署命令予以公布。部门规章签署公布后，及时在国务院公报或者部门公报和中国政府法制信息网以及在全国范围内发行的报纸上刊载；地方政府规章签署公布后，及时在本级人民政府公报和中国政府法制信息网以及在本行政区域范围内发行的报纸上刊载。在国务院公报或者部门公报和地方人民政府公报上刊登的规章文本为标准文本。

行政立法自公布之日起 30 日后施行，但涉及国家安全、外汇汇率、货币政策的确定以及公布后不立即施行将有碍行政立法施行的，可以自公布之日起施行。

五、行政规范性文件

（一）行政规范性文件的概念

在抽象行政行为中，除了行政立法以外，行政主体通常还制定其他的规范性文件。与行政法规和行政规章相比，这些文件在内容上也是以不特定多数人为对象的普遍性行为规则，因此在性质上同属于规范性文件。不同的是，它们不属于法的范畴，不具备行政法律渊源的地位和效力。在行政实务中，这些俗称"红头文件"的其他规范性文件无处不在，数量庞大，种类众多，深刻地形塑着行政权力的行使和影响着公民权益的实现。

行政规范性文件指行政法规、规章以外的行政机关发布的规范性文件。我国国家行政机关中有权发布行政法规、规章的只占很小的比例，而有权发布行政规范性文件的则为绝大多数，包括各级人民政府和政府的所有工作部门。行政机关的大量行政行为是直接根据行政规范性文件作出的。具体来说，行政规范性文件是国家行政机关为执行法律、法规和规章，对社会实施行政管理，依法定权限和法定程序发布的规范公民、法人和其他组织行为的具有普遍约束力的政令。

第一，行政规范性文件是一种特殊政令。《宪法》规定，国务院可以规定行政措施，发布决定和命令；各部委可以发布命令、指示。《地方各级人民代表大会和地方各级人民政府组织法》规定，县级以上地方各级人民政府可以规定行政措施、发布决定和命令；乡镇人民政府可以发布决定和命令。《宪法》和《地方各级人民代表大会和地方各级人民政府组织法》中规定的"行政措施""决定""命令"等都可以是行政规范性文件的形式。

第二，行政规范性文件不是一般政令，它具有普遍约束力。行政机关发布的决定、命令，有一些是针对特定人和特定事项的，有些则是针对不特定的人和事项的。只有后者才是行政规范性文件，它的特点是具有"普遍约束力"，即它对于相应规范性文件制定主体所管辖的整个行政区域的公民、法人、其他组织均具有约束力。

第三，行政规范性文件是行政机关为执行法律、法规、规章，对社会进行行政管理而实施的一种抽象行政行为。行政规范性文件是抽象行政行为的一种，在这个范畴内，它与行政法规、规章具有相同的性质。行政法规、规章也属于抽象行政行为。二者的区别在于：行政法规、规章同时属于行政立法，而行政规范性文件只是一般抽象行政行为，它的制定应以法律、法规、规章为依据，没有法律、法规、规章依据的行政规范性文件是无效的。

第四，行政规范性文件是行政机关发布的用以对社会进行行政管理，规范公民、法人和其他组织行为的政令。在社会管理功能方面，行政规范性文件与具体行政行为有某些相同的作用，二者的区别在于：具体行政行为的管理功能通常是直接实现的，而行政规范性文件的管理功能通常是间接实现的，行政规范性文件确定的规则、要求，大多要通过具体行政行为实现。行政规范性文件不仅规范公民、法人和其他组织的行为，而且规范行政机关本身的行为。行政机关依据行政规范性文件实施具体行政行为，实现对社会的管理，保障法律、法规、规章在相应行政区域内的执行。

（二）行政规范性文件的种类

根据行政规范性文件发布的主体，行政规范性文件可以分为三类：一是享有行政立法权的行政机关发布的行政规范性文件；二是不享有行政立法权的国务院的工作机构发布的行政规范性文件；三是不享有行政立法权的地方人民政府及其工作部门发布的行政规范性文件。

第一类行政规范性文件有时与行政立法难以区分，主要区别在制定程序上：行政立法必须经相应行政立法机关的正式会议（通常是常务会议）审议通过，由行政首长签署发布，而行政规范性文件则没有这样的程序要求。

第二类行政规范性文件是由不享有行政立法权的国务院的工作机构发布的。国务院的某些机构（如办公机构等），《宪法》《地方各级人民代表大会和地方各级人民政府组织法》和《立法法》未赋予其规章制定权，但它们也直接或间接行使着某些行政管理职权。

第三类行政规范性文件制定的主体最为广泛。在 2015 年《立法法》修改以前，地方各级人民政府中只有省级人民政府、省级人民政府所在地的市的人民政府、国务院批准的"较大的市"和经济特区所在地的市的人民政府享有规章制定权。在 2015 年《立法法》修改以后，地方各级人民政府中也只有省、自治区、直辖市和设区的市、自治州的人民政府才享有规章制定权，其他数以千计的县级市、县和数以万计的乡、镇人民政府均只能发布行政规范性文件。这些行政规范性文件调整着广泛的社会关系，对于保障和维护社会经济秩序，促进国家政治、经济、文化等各项事业的发展具有重要的作用。

（三）行政规范性文件的法律效力

行政规范性文件的法律效力主要体现在行政管理和行政诉讼两个领域。在行政管理领域，行政规范性文件的法律效力主要表现在下述几个方面：其一，对作为行政相对人的公民、法人和其他组织具有拘束力和执行力。行政规范性文件一经颁布，相应文件所调整的个人、组织必须服从、遵守，对相应规范性文件所确定的义务必须履行。

行政相对人违反规范性文件的规定，不履行相应义务，行政执法机关可以依法对其采取强制执行措施，或依法对其科处行政处罚，追究其行政法律责任。其二，对行政机关本身具有公定力和确定力。行政规范性文件一经发布，行政机关非经法定程序不得任意撤销、改变、废止。发布规范性文件的行政机关及所属的下级行政执行机关在实施具体行政行为时必须遵循相应文件的规定，在作出有关行政决定时必须适用相应文件的规定。行政机关在实施有关具体行政行为，作出有关行政决定时，如果违反相应行政规范性文件的规定，或者不适用相应规范性文件，或者适用错误，都可能导致相应行为、决定的违法乃至被撤销。其三，行政规范性文件是行政复议的客体。根据我国《行政复议法》的规定，公民、法人或者其他组织认为行政机关的行政行为所依据的规范性文件不合法，在对行政行为申请行政复议时，可以一并向行政复议机关提出对该规范性文件的附带审查申请。复议机关在复议时，如认为相关条款合法的，在行政复议决定书中一并告知复议申请人；如认为相关条款超越权限或者违反上位法的，决定停止该条款的执行，并责令制定机关予以纠正。行政复议机构认为必要时，可以要求规范性文件或者依据的制定机关当面说明理由，制定机关应当配合。

在行政诉讼领域，行政规范性文件的法律效力主要表现在下述几个方面：其一，行政诉讼当事人可以以行政规范性文件作为论证相应具体行政行为违法或合法的根据。原告提起行政诉讼，指控具体行政行为违法，可以以相应具体行政行为违反、未适用或错误适用有关行政规范性文件的规定为理由，也可以以具体行政行为所适用的行政规范性文件违法为理由。同样，被告应诉也可以以相应具体行政行为是根据有关行政规范性文件作出的，且相应行政规范性文件符合法律、法规、规章的规定为理由，反驳原告的指控。其二，公民、法人或者其他组织认为行政行为所依据的行政规范性文件不合法，在对行政行为提起行政诉讼时，可以一并请求对该规范性文件进行审查。其三，人民法院在审理行政案件中，经审查（包括审查行政规范性文件发布的主体是否合法，发布的程序是否合法以及该文件的内容是否合法），如认为行政行为所依据的行政规范性文件合法，可以在裁判文书中引用；如认为不合法，则不作为认定行政行为合法的依据，并向制定机关提出处理建议。

总之，行政规范性文件是具有法律效力的国家政令。公民、法人和其他组织在进行各种活动时必须遵守相应行政规范性文件的规定；行政机关在实施具体行政行为时必须依据相应行政规范性文件的规定；人民法院在审查具体行政行为的合法性时，亦应参照合法有效的行政规范性文件的规定。

任务二　行政立法的效力与监督

📖 导入案例

为庆祝某自治州建州 20 周年，某州政府所在地的市政府要求市政府办公室做好有关工作。为此，市政府办公室以自己的名义发布了有关市容卫生、文明礼貌和清理、整顿秩序的通告，要求全市各行各业各单位和全市市民切实遵守执行。

问题：该通告行为合法吗？为什么？

▦ 基本原理认知

导入案例中该通告行为是不合法的。该市政府办公室只是其所在市政府的内部机构或办事机构，不具有行政立法主体资格，没有以自己的名义对外实施行政行为的权利能力和行为能力，不能针对外部相对人实施行政行为。因此，以自己的名义发布的要求全市各行各业各单位和全体市民遵守执行通告的行为是主体不合法的行政行为。

一、行政立法的效力范围

行政立法的效力是指行政立法对于行政相对人的拘束力、执行力以及对于行政机关实施行政管理和对人民法院审判活动的适用力。

行政立法属于法的范畴，行政机关是执法机关，实施行政管理应予遵循和适用。公民、法人和其他组织的行为应受行政立法的约束。行政相对人不遵守行政立法、不履行行政立法规定的义务的，行政机关可以依法采取行政强制措施或给予行政处罚。人民法院审理行政案件应以行政法规为依据，规章亦应参照适用。当然，行政立法的上述效力是以行政立法合法有效为前提的。行政立法合法有效的基本要求是：①符合宪法、法律和上位阶行政立法，其内容与宪法、法律和上位阶行政立法不相抵触。②未超越行政立法机关享有的行政立法权限，所立的法在其职权管辖范围之内，或者有合法的授权。③遵循法定程序。立法的起草、征求意见、审议、发布等都遵守了法律、法规的要求、规则。

行政立法的效力范围具体体现在四个方面：

（一）行政立法的空间效力

行政立法是多层次的，其空间效力范围（即效力的地域范围）是不一样的。国务院的行政法规和国务院部门规章效力的范围及于全国，而省、自治区、直辖市和设区的市、自治州的人民政府的规章的空间效力一般仅及于相应行政管辖区域，所谓"一般仅及于"，就是说，在某些特定情况下也可能有例外；行政机关对非本行政区域的公民、法人或者其他组织执法，法院审理非本行政区域的公民、法人或者其他组织的案件，有时依法需要适用或参照相应公民、法人或者其他组织所在行政区域的行政立法。在这种情况下，行政立法的空间效力范围会超出行政立法机关管辖的行政区域。

（二）行政立法对于行政机关的效力

行政法规和规章一经发布，对行政机关本身亦发生拘束力：下级行政机关必须执行上级行政机关的法规、规章，不得作出与上级行政立法不同的规定；上级行政机关及行政首长认为下级行政机关的行政立法不妥，应通过法定程序撤销或责令下级行政机关自行撤销，而不得任意改变、撤销或否定下级行政立法的效力；制定法规、规章的行政机关自己也不得任意改变、撤销、废止自己制定的法规、规章（具备法定条件或因公共利益的需要可自行改变，撤销或废止），其行为应受信赖保护原则的约束，否则，反复无常即构成滥用权力。对于合法有效的行政立法，任何行政机关在实施相应具体行政行为时都必须予以遵循和适用，而不得违反。

（三）行政立法对于其他国家机关的效力

对于行政机关就行政管理发布的行政法规和规章，其他国家机关也有遵守的义务。如关于城市建设、城市管理、环境保护以及交通、卫生、安全、消防乃至节假日安排等方面的行政立法，无论是立法机关，还是法院、检察院等司法机关，都必须遵守。当然，人民代表机关可以根据宪法和法律，撤销违法的行政立法，人民法院在行政诉讼中也有审查和不适用违反行政规章的权力。但是对于合法的行政法规和规章，人民法院在审理行政案件中还应予以适用和作为裁判案件的依据或参照。

（四）行政立法对于公民、法人和其他组织的效力

行政立法的效力范围及于全国公民，而不论其在境内还是在境外，也及于处在本国境内的外国人和无国籍人，但依照国际惯例或法律明确规定不适用的除外。就每一个具体的行政法规、规章来说，其效力由颁布机关的管辖权限和立法内容所决定。例如，省人民政府规章的效力及于该省的个人、组织，市人民政府规章的效力及于该市的个人、组织。又如，规定国家公务员事项的行政法规只适用于国家公务员，规定个体经营者问题的部门规章只适用于个体经营者等。

任何社会团体和企事业组织，包括外资、合资企业，无论是法人组织还是非法人组织，只要在中国境内，都必须遵守中国的行政立法，行政立法具有普遍的拘束力。当然，就某一具体行政法规或规章来说，它是否对某一企业、组织、团体具有拘束力，则应通过具体分析该法规、规章的内容和调整范围而定。

二、行政立法的生效与失效

（一）行政立法的生效要件

第一，经享有相应行政立法权的行政机关审议通过。例如，行政法规依法应经国务院常务会议审议决定或经国务院审批；国务院部门规章，应经部务会议或者委员会会议决定；地方人民政府规章，应经地方政府常务会议或者全体会议决定。可见，经相应行政立法机关会议审议、决定是行政立法生效的必需要件。未经相应会议讨论、审议、决定的行政立法，应认为不具备生效要件，不能发生法律效力。

行政立法因为具有立法性，为了保证民主，法律规定须经相应会议讨论、审议是必要的。但是行政立法同时又具有行政性，为了保障行政首长负责制原则的实现，法

律并未规定行政立法应实行票决通过程序。在相应行政机关对行政立法的讨论会议上，会议成员可充分发表意见，但不一定进行票决。只要行政首长认为相应行政立法适当、可行，即可签署发布；若认为不当或不可行，即予以搁置。签署发布或不签署发布以行政首长的权衡、裁量为依据。尽管这种权衡、裁量必然要受到会议成员所发表的意见的影响，但并不以会议成员持赞成或反对意见的人数为依据。

第二，经行政首长签署。例如，国务院公布行政法规，要由总理签署发布国务院令；国务院部门规章由部门首长签署发布命令；地方人民政府规章由省长或者自治区主席或者市长签署发布命令。行政首长签署发布令是行政立法生效的重要要件，没有行政首长的签署，行政法规、规章就不能对外发生法律效力。

第三，公开发布。行政立法生效的最后一个要件是公开发布。例如，行政法规经总理签署后，应在国务院公报和在全国范围内发行的报纸上刊登公布。部门规章经部门行政首长签署后，应在国务院公报或者部门公报和在全国范围内发行的报纸上刊登公布。地方政府规章经地方行政首长签署后，应在本级人民政府公报和在本行政区域范围内发行的报纸上刊登公布。总之，行政立法都必须公开发布，让所有受该行政立法拘束的人知晓。否则，作为行政相对人的公民、法人和其他组织不知晓相应行政立法，行政机关就不能要求其遵守和履行相应行政立法规定的义务。

（二）行政立法的生效时间

行政立法的生效时间通常有两种情况：①行政立法在公布一段时间后生效（通常自公布之日起 30 日后施行）。行政立法之所以通常在公布一段时间后施行，是因为有些行政法规和规章不能在公布之日为有关的组织、个人知晓，公布后不可能要求有关的个人、组织立即作出某种行为，否则会造成不公正；有些行政法规和规章在实施前需要做一些宣传解释工作，使有关人员理解它的意义、精神实质和内容；还有一些行政法规和规章，在生效前需要做某些准备工作。对于这些行政法规和规章，自发布之日起生效和施行是不适宜的，故规定一个准备期，过此期限后再生效。②自公布之日起生效。涉及国家安全、外汇汇率、货币政策的确定以及公布后不立即施行将有碍行政立法施行的行政立法，可以自公布之日起施行。

（三）行政立法的失效

行政立法失效大致有下述五种情况：①授权法规定的授权时效届满。权力机关通过特别法律或专门决定授权行政机关就一定事项立法时，一般要明确规定授权的时间限制。授权法如有此种规定，时限一到，依此授权法制定的行政法规、规章即失效。②新法废除旧法。根据一般规则，调整同一问题的新法颁布以后，旧法即自然失去效力。过去，新法取代旧法，并不在新法中明确规定废止旧法，而只是一般的规定，"过去有关法规与本法规不一致的，一律以本法规为准""过去有关规定与本办法有抵触的，均按本办法执行"等。但现在新法代替旧法，应在新法中明确规定废止旧法。③行政立法因规定的社会事实已消灭或效果已完成而失效。如规定预防某一流行病的行政立法因流行病的消灭而失效，规定某救灾工作的行政立法因救灾工作的结束而失效等。④在法规清理中宣布相关行政法规和规章的废止。⑤行政立法被有权机关撤销。

三、对行政立法的监督

行政立法因具有对公民、法人和其他组织的普遍约束力和执行力，所以一旦出现违法或不当，将对个人、组织权益造成广泛和严重损害。因此，在行政法上，应特别强调对行政立法的监督。关于对行政立法监督的途径、方式和程序，在《宪法》和《地方各级人民代表大会和地方各级人民政府组织法》的基础上，《立法法》作了进一步具体化的规定。

（一）法规、规章的备案

《立法法》对法规、规章备案的要求包括：①法规、规章应在公布后 30 日内备案；②行政法规报全国人大常委会备案；③部门规章和地方政府规章报国务院备案，地方政府规章应当同时报本级人大常委会备案，省级以下地方政府规章应当同时报省级人大常委会和人民政府备案；④根据授权制定的法规应当报授权决定的机关备案。

（二）改变或撤销法规、规章的条件

根据《立法法》的规定，法规、规章有下列情形之一的，有权机关可予以改变或撤销：①超越权限的；②下位法违反上位法规定的；③规章之间对同一事项的规定不一致，经裁决应当改变或撤销一方的规定的；④规章的规定被认为不适当，应当予以改变或者撤销的；⑤违背法定程序的。

（三）改变或撤销法规、规章的权限

根据《地方各级人民代表大会和地方各级人民政府组织法》《立法法》的规定，有权机关改变或撤销法规、规章的权限划分如下：①全国人大常委会有权撤销同宪法和法律相抵触的行政法规；②国务院有权改变或者撤销不适当的部门规章和地方政府规章；③地方人大常委会有权撤销本级人民政府制定的不适当的规章；④省、自治区的人民政府有权改变或者撤销下一级人民政府制定的不适当的规章；⑤授权机关有权撤销被授权机关制定的超越授权范围或者违背授权目的的法规，必要时可以撤销授权。

（四）对法规、规章进行监督审查的程序

全国人大常委会对法规、规章进行监督审查的程序主要包括：

1. 提出审查要求或建议。国务院、中央军事委员会、国家监察委员会、最高人民法院、最高人民检察院和各省、自治区、直辖市的人大常委会认为行政法规同宪法或者法律相抵触，或者存在合宪性、合法性问题的，可以向全国人大常委会书面提出审查要求；其他国家机关和社会团体、企业事业组织以及公民认为行政法规同宪法或者法律相抵触的，可以向全国人大常委会书面提出审查建议。

2. 专门委员会和常务委员会工作机构审查。对国务院、中央军事委员会、国家监察委员会、最高人民法院、最高人民检察院和各省、自治区、直辖市的人大常委会提出的审查要求，由全国人大有关的专门委员会和常务委员会工作机构进行审查、提出意见；对其他国家机关和社会团体、企事业组织以及公民提出的审查建议，由常务委员会工作机构进行审查；必要时，送有关的专门委员会进行审查、提出意见。

3. 向制定机关提出审查意见、研究意见。全国人大专门委员会、常务委员会工作机构在审查中认为行政法规同宪法和法律相抵触，或者存在合宪性、合法性问题的，可以向制定机关提出书面审查意见；也可以由宪法和法律委员会与有关的专门委员会、常务委员会工作机构召开联合审查会议，要求制定机关到会说明情况，再向制定机关提出书面审查意见。制定机关应在两个月内研究提出是否修改或者废止的意见，并向全国人大宪法和法律委员会、有关的专门委员会或者常务委员会工作机构反馈；全国人大宪法和法律委员会、有关的专门委员会，常务委员会工作机构向制定机关提出审查意见，制定机关按照所提意见对行政法规进行修改或者废止的，审查终止。

4. 全国人大宪法和法律委员会、有关的专门委员会、常务委员会工作机构经审查认为行政法规同宪法或者法律相抵触，或者存在合宪性、合法性问题需要修改或者废止，制定机关不予修改或者废止的，应当向委员长会议提出予以撤销的议案、建议，由委员长会议决定提请常务委员会会议审议决定。

5. 全国人大有关的专门委员会、常务委员会工作机构对审查、研究情况进行反馈与公开。全国人大有关的专门委员会、常务委员会工作机构应当按照规定要求，将审查情况向提出审查建议的国家机关、社会团体、企事业组织以及公民反馈，并可以向社会公开。

★ 拓展阅读

《立法法》修改背景下地方政府规章制定权的变化[1]

我国《立法法》制定和颁行于 2000 年。2015 年 3 月 15 日，第十二届全国人民代表大会第三次会议通过了《关于修改〈中华人民共和国立法法〉的决定》，对《立法法》进行了修改。这次修改的一个重要"亮点"，就是落实党的十八届四中全会通过的《中共中央关于全面推进依法治国若干重大问题的决定》的要求，明确地方立法权限和范围，依法赋予设区的市地方立法权。地方立法权，既包括地方人民代表大会及其常委会制定地方性法规的权力，也包括地方人民政府制定地方政府规章的权力。在此，

---

〔1〕 王周户主编：《行政法学》，中国政法大学出版社 2015 年版，第 204～205 页。

主要介绍 2015 年《立法法》修改背景下地方政府规章制定权的变化。

2015 年《立法法》修改之前，地方政府规章的制定主体是省、自治区、直辖市和较大的市的人民政府。根据 2000 年《立法法》的规定，"较大的市"是指省、自治区的人民政府所在地的市、经济特区所在地的市和经国务院批准的较大的市。国务院先后 4 次批准 19 个城市为较大的市：1984 年 10 月批准唐山、大同、包头、大连、鞍山、抚顺、吉林、齐齐哈尔、青岛、无锡、淮南、洛阳、重庆共 13 个市（其中重庆于 1997 年 3 月升格为直辖市）；1988 年 3 月批准宁波市；1992 年 7 月批准淄博、邯郸、本溪市；1993 年 4 月批准苏州、徐州市。因此，在全国 284 个设区的市中，享有地方政府规章制定权的有 49 个，包括 27 个省、自治区的人民政府所在地的市，4 个经济特区所在地的市和 18 个经国务院批准的较大的市。

2015 年《立法法》修改之后，"设区的市"的概念取代了"较大的市"，地方立法权扩大到所有设区的市，之前没有地方立法权的 235 个设区的市人民政府被赋予了地方政府规章制定权。与此同时，广东省东莞市和中山市、甘肃省嘉峪关市、海南省三沙市这 4 个不设区的地级市也被比照赋予了地方立法权。此外，根据《民族区域自治法》关于"自治州的自治机关行使下设区、县的市的地方国家机关的职权，同时行使自治权"的规定，在自治州人民代表大会可以依法制定自治条例、单行条例的基础上，2015 年修改后的《立法法》赋予了自治州与设区的市相对应的地方立法权。这样，地方政府规章的制定主体变成了省、自治区、直辖市和设区的市、自治州的人民政府（包括广东省东莞市和中山市、甘肃省嘉峪关市、海南省三沙市这四个不设区的地级市）。当然，新被赋予地方立法权的设区的市、自治州的人民政府开始制定规章的具体步骤和时间，还需要由省、自治区的人大常委会综合考虑本省、自治区所辖的设区的市、自治州的人口数量、地域面积、经济社会发展情况以及立法需求、立法能力等因素来确定，并报全国人大常委会和国务院备案。

除了制定主体之外，地方政府规章的制定权限也有较大的变化。2015 年修改前的《立法法》对制定地方政府规章的权限并无严格的限制，地方政府规章可以就下列事项作出规定：①为执行法律、行政法规、地方性法规的规定需要制定规章的事项；②属于本行政区域的具体行政管理事项。而 2015 年修改后的《立法法》规定，省级地方政府规章的制定权限没有变化，但设区的市、自治州的人民政府制定地方政府规章的事项被限定为"城乡建设与管理、环境保护、历史文化保护等方面的事项"。

思考与练习

一、思考题

1. 什么是行政立法？行政立法可以作哪些分类？

2. 行政立法要遵循哪些基本程序？

3. 行政立法有什么效力？

4. 什么是行政规范性文件？行政规范性文件有什么效力？

二、选择题[1]

1. 下列关于抽象行政行为错误的是（　　）。

A. 抽象行政行为一般以不特定的人和事为调整对象

B. 抽象行政行为向后发生效力，不具有溯及力

C. 抽象行政行为一般能够反复适用

D. 抽象行政行为和行政立法这两个概念的内涵和外延都是相同的

2. 下列机关中无权制定规章的有（　　）。

A. 审计署　　　　　　　　　　　B. 科学技术部

C. 国家市场监督管理总局　　　　D. 国务院法制办公室

3. 下列行为中属于抽象行政行为的是（　　）。

A. 某环保局对污染企业发出《限期整改通知书》

B. 某市政府发布的限制外地人购房的房屋限购令

C. 某高校向学生颁发毕业证书

D. 某县政府任命张某为建设局局长

4. 某省政府所在地的市政府制定的规章的规定不适当的，下列哪些主体可以予以撤销（　　）。

A. 某省人大常委会　　　　　　　B. 某省政府所在地的市人民代表大会

C. 某省政府所在地的市人大常委会　　D. 某省政府

实训任务 1：行政立法的贯彻

【案例】

倪某持有浙江省农村机械维修点技术许可证和某县工商局核发的个体工商户营业执照，在某县公路边设置农村机械维修点。2022 年 6 月，县公路运输管理所的工作人员路检时，发现倪某有专项维修汽车的行为。工作人员当场没收了倪某的部分工具及税务发票，并于 6 月 28 日根据《公路运输管理暂行条例》（已失效）、《道路运输违章处罚规定（试行）》（已失效）等规章，对倪某作出处罚决定。倪某不服，认为县公路运输管理所主体不合格，适用法律错误，要求法院撤销县公路运输管理所的行为。根据行政立法的有关原理，评县公路运输管理所的行为。

【训练目的及要求】

结合案例和相关知识，通过训练，能正确掌握行政立法的基本原理。

---

[1] 1. D；2. D；3. B；4. CD。

【训练方法】

分两组进行，一组学生运用行政立法原理对案例作出判断；另一组学生评价判断是否正确。

【训练步骤】

步骤 1：分组。

步骤 2：熟悉案例。

步骤 3：学生分析案例。

步骤 4：老师评判。

【案例解析】

公路运输管理所对倪某的处罚决定，适用法律错误，超越职权，违反法定程序，属于无效行为。

1. 本案争议的焦点是：交通运输部门在没有国家法律规定的情况下，制定规章，将汽车维修行业纳入公路运输管理的范畴，并对行政相对人设定处罚条款，此种行为合不合法。如果其制定的规章同有关的法规相冲突，该如何解决。根据行政立法理论，行政机关在法律法规没有规定的情况下，制定规章的，其规章内容不能与有关的其他法律法规相抵触。本案中，农机个体修理户倪某超越核准的经营范围，修补汽车轮胎，属违反工商行政管理的行为，应按国务院的《个体工商户条例》（已失效），由工商部门处理。作为规章，《公路运输管理暂行条例》不能作出与行政法规《个体工商户条例》相冲突的规定。公路运输管理所依据该规章作出的行政处罚决定属于适用法律错误。

2. 县公路运输管理所属于行政机关所属部门的内设机构，不具有行政主体资格，无权以自己的名义作出行政处罚决定。

3. 工作人员当场没收了倪某的部分工具及税务发票，而后再作出行政处罚决定，违反了法律规定的行政处罚程序。根据《行政处罚法》第 51 条的规定，违法事实确凿并有法定依据，对公民处以 200 元以下、对法人或者其他组织处以 3 000 元以下罚款或者警告的行政处罚的，可以当场作出行政处罚决定。执法人员当场作出行政处罚决定的，应当填写预定格式、编有号码的行政处罚决定书，并当场交付当事人。本案显然不符合上述简易程序的规定，即使适用，县公路运输管理所的行为也违反了法律规定的行政处罚程序。

实训任务 2：行政规范性文件的识别

【案例】

2018 年 5 月 28 日，罗某向市物价局举报某电信公司向其收取首次办理手机卡卡费 50 元，要求市物价局责令某电信公司退还手机卡卡费 50 元，查处并没收所有电信用户首次办理手机卡被收取的卡费，书面答复相关处理结果。市物价局办公室作出书面答复，具体内容为："我局收到您反映的申诉书后，非常重视，及时进行调查，经调查核实：省通管局和省发改委联合下发的《电信行业收费管理办法》规定：UIM卡收费上限标准：入网50元/张，补卡、换卡：30元/张。我局非常感谢您对物价工作的支持和帮助。"罗某收到市物价局办公室的答复后，认为省通管局和省发改委联合下发的《电信行业收费管理办法》违法，直接就该《电信行业收费管理办法》涉嫌违法提起行政诉讼。

材料：《价格法》第5条第2款规定，县级以上地方各级人民政府价格主管部门负责本行政区域内的价格工作。

问题：《电信行业收费管理办法》是什么规范性文件？罗某的行为是否合适？如果不合适应该怎么做？

【训练目的及要求】

结合案例和相关知识，通过训练，能正确识别行政规范性文件。

【训练方法】

分两组进行，一组学生运用行政规范性文件的知识对案例作出判断；另一组学生评价判断是否正确。

【训练步骤】

步骤1：分组。

步骤2：熟悉案例。

步骤3：学生分析案例。

步骤4：老师评判。

【案例解析】

《电信行业收费管理办法》属于规章以下的行政规范性文件。罗某的起诉不合适，不能直接针对该《电信行业收费管理办法》提起行政诉讼，因为该文件属于行政机关制定、发布的具有普遍约束力的决定、命令。根据《行政诉讼法》规定，公民、法人或者其他组织认为行政行为所依据的国务院部门和地方人民政府及其部门制定的规范性文件不合法，在对行政行为提起诉讼时，可以一并请求对该规范性文件进行审查。前款规定的规范性文件不含规章。所以应当附带提起诉讼。

参考书目

1. 叶必丰、周佑勇编著：《行政规范研究》，法律出版社2002年版。

2. 刘莘：《行政立法研究》，法律出版社2003年版。

3. 袁勇：《行政规范性文件效力的废除困境及其化解》，载《行政法学研究》2021年第5期。

项目七　具体行政行为

"法大行，则是为公是，非为公非。"

——刘禹锡

知识目标

1. 了解具体行政行为的概念、特征及种类。
2. 掌握具体行政行为的成立要件和效力问题。

能力目标

能够对行政行为进行分析，判断具体行政行为的成立与否和具体种类。

内容结构图

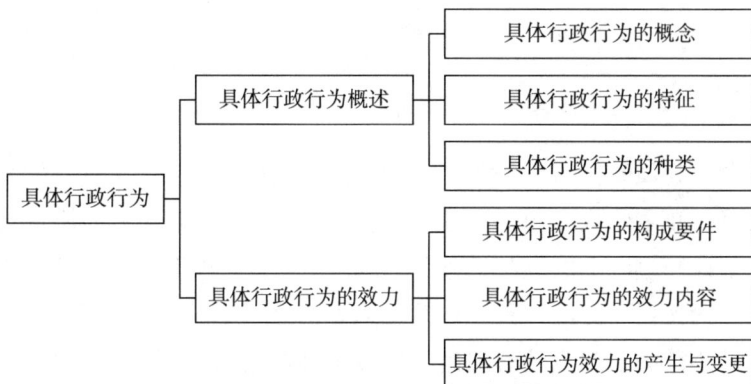

任务一　具体行政行为概述

导入案例

魏某与宗某，系同一村寨住宅相邻的两户农民。两家关于宅基地的划线已有多年纷争。他们曾在当地乡政府的主持下立过协议。2024 年 5 月，魏某翻建住宅，两家矛盾再次激发。乡政府多次协调不成，该县政府直接出面协调，最后做出"关于魏家与宗家宅基地使用权中界线的处理决定"。"决定"的内容是："双方宅基地的中界线以魏家东房山后墙角外线向东量 4.5 寸为一点，以东房山前角外线为另一点，两点连成一条直线向南延长到两户南院墙，线以东归宗家使用；线以西归魏家使用。"

魏某与宗某收到县人民政府的"决定"后，均表示不服，便向当地人民法院提起诉讼。但当地法院在立案时，关于应以民事案件立案，还是以行政案件立案有不同意见。

问题：该县人民政府做出"决定"的行为如何定性，应以何案由立案？

基本原理认知

一、具体行政行为的概念

具体行政行为，是指国家行政机关依法行使行政权力，就特定事项对特定的公民、法人和其他组织作出的有关其权利义务的单方行政职权行为。其行为形式主要体现为具体行政决定，如行政处罚决定、行政强制执行决定、授予相对人某种权益或剥夺其某种权益的决定，拒绝相对人某种申请、请求的决定等，也包括执行和实施这些决定的行为。具体行政行为的形式主要体现为书面行政决定，有时也以非书面决定的形式表现，如口头通知、当面训诫等。此外，具体行政行为不同于行政事实行为、行政协议行为、内部行政行为、抽象行政行为以及刑事法律行为，要留意甄别。

二、具体行政行为的特征

（一）处分性

处分性，也称为规制性或法律性，即产生处分效力的意思，一个行为只有在做出之后，能够根据行政主体的意思表示引起行政法律关系的变动（具体表现为建立、变更或者消灭了某种行政法上的权利义务关系），它才可能属于具体行政行为。这一特征包含两个方面的含义：一方面，具体行政行为做出之后必将引起行政法律关系的变动；另一方面，这种法律关系的变动必须出于行政主体的意思表示。这两个方面缺一不可，一个行为如果缺少了其中的任何一者，都不能够被称为具体行政行为。

例如，市场监督管理局对某公司作出罚款2万元的行政处罚，市场监督管理局制作并依法送达行政处罚决定书就是其作出的主观意思表示，客观法律效果就是公司履行自己的法律义务，缴纳了2万元罚款，从而丧失了该财产权。可见此处主观意思表示与客观法律效果是相互一致的，该行为属于具体行政行为。因此，处分性是具体行政行为的首要特征，这一特征将具体行政行为区别于行政事实行为，以及行政主体实施的其他行为。

行政事实行为，是指行政主体在实施行政管理、履行服务职能过程中作出的不以设定、变更或消灭行政法律关系为直接目的的行政行为。这种行为既可以是一种意思表示，也可以是一种实际操作。如提供公众参考的信息、建议和指导，拖走抛锚的车辆，设置交通安全指示，竖立测绘标志等。

行政事实行为主要包括：

1. 建议性行政事实行为。如县政府对村民进行行政指导，推荐种植优质农产品例。

2. 具体行政行为的补充。如海关对扣押物品的保管、对没收毒品的销毁。

3. 具体行政行为的衍生行为或相关行为。这类行为主要指行政公务人员在执行公务过程中作出的事实行为。如警察或城管在行使职权时采取殴打、刑讯逼供等暴力执法行为。

4. 准备性、部分性行政行为。这类行为是为最终作出权利义务安排进行的程序性阶段性工作行为。通常是一些监察检查活动。如电子眼的拍照行为，交管部门在高速公路上的测速行为。

（二）特定性

特定性是具体行政行为与抽象行政行为之间最主要的区别。如前所述，抽象行政行为是针对不特定的对象作出的，而且能够反复适用的行为，主要包括行政法规、行政规章和其他规范性文件。与此相反，具体行政行为是针对特定对象和特定事项作出的，且不可以反复适用。

具体行政行为是针对特定对象和特定事项作出的，即具体行政行为是对一个或若干个特定的公民、法人或者其他组织作出的，仅仅对特定对象的权利义务产生影响，建立、变更或者消灭行政法意义上的法律关系。

例如，为了保护绿地，市政府发布了《关于加强绿地保护的决定》，其中规定如果市民开车碾压绿地，情节严重的，罚款 1 000 元以上 5 000 元以下。该通知是抽象行政行为。如果市民甲某日驾车碾压了一片绿地，并因此被罚款 1 000 元，该罚款行为是具体行政行为。

（三）单方性

具体行政行为的单方性，是指行政机关无须对方同意，就可以单方意志决定具体行政行为，且决定后即发生法律效力。因此，防止行政权力滥用尤为重要，要强化行政执法监督机制和能力建设，严格落实行政执法责任制和责任追究制度。

单方性是具体行政行为与行政协议之间的主要区别。行政协议，是指行政机关为实现公共利益或者行政管理目标，在法定职责范围内，与公民、法人或者其他组织协商订立的具有行政法上权利义务内容的协议。行政协议既具有体现行政主体单方意志的行政性，又具有体现双方协商一致的合意性。行政性体现出行政主体与行政相对人在行政协议中的权利义务是不对等的，具体是指行政主体通过协议的形式实现其行政管理的目的，这就决定了协议的内容具有公益性，而且行政主体在行政协议的变更和解除上享有行政优益权，如行政主体基于公共利益的需要决定单方面终止协议。合意性是指行政协议的订立必须以行政主体与行政相对人共同协商一致为前提，这是其协议属性的体现。

（四）外部性

行政行为以其适用对象为标准，可以分为外部行政行为与内部行政行为。具体行政行为是典型的外部行政行为，其外部性体现为行政主体在行政管理过程中对处于行政相对人地位的公民、法人或者其他组织所作出的行政行为，行政主体与行政相对人之间不存在隶属关系。内部行政行为是指行政主体对隶属于其自身的组织或个人所进行的管理活动。

内部行政行为有三类：一是行政机关的内部人事处理。如公务员的任免、培训、奖惩等。二是行政机关内部的公文来往。如市政府向县政府作出的决定、通知、指示；县政府向市政府作出的请示、汇报等。三是行政机关的职权调整。如市政府决定将本来属于市交通局的行政管理事项调整给市建设局管理。

（五）职权性

职权性，是指具体行政行为是由行政主体在行使行政管理职权过程中对行政相对人作出的，其强调的是行政主体必须拥有并行使该行政管理职权。相反，如果该机关依据法律授权而享有和行使的是行政管理职权之外的其他权力，则作出的行为就不是具体行政行为，如公安机关的刑事司法行为。所谓刑事司法行为，是指公安机关或者国家安全机关依照《刑事诉讼法》明确授权实施的行为，是公安机关或者国家安全机关在刑事案件的立案阶段采取的强制措施，主要包括拘传、取保候审、监视居住、逮捕、搜查、扣押和通缉等。

三、具体行政行为的种类

（一）依申请和依职权的具体行政行为

按照行政主体行使职权的前提条件不同，可以分为依申请的具体行政行为和依职权的具体行政行为。依申请的具体行政行为，是指以相对人申请为前提条件，行使行政权力的具体行政行为，未经相对人的申请，行政主体不得主动为之。典型的依申请具体行政行为是行政许可。如在授予律师执业资格的行政许可中，司法行政主管机关接受行政相对人的申请对其进行资格审查，如果认为符合法定条件的，依法颁发许可。如果没有行政相对人的申请，即使其符合颁发条件，行政机关也不得主动颁发许可证。

依职权的具体行政行为，是指行政主体主动行使行政权力而作出的具体行政行为，典型的依职权具体行政行为是行政处罚。如在行政拘留的行政处罚中，公安机关根据自己掌握的证据，依法主动对行政相对人作出行政拘留决定。

两者的主要不同之处在于：

第一，行为开始程序不同。前者是以相对人申请为前提，没有申请就没有行为；后者的开始不取决于相对人的意思表示。

第二，行政程序中举证责任不同。前者由申请人承担提供充分证据证明自己向行政机关提出过申请的举证责任；后者是行政机关主动调查证据，由其承担举证责任。

（二）授益性和负担性具体行政行为

按照具体行政行为与当事人之间的权益关系，可以分为授益性具体行政行为和负担性具体行政行为。授益性具体行政行为，是指授予行政相对人以一定权利或利益，或者免除其义务的行为，如行政许可。负担性具体行政行为，是指要求行政相对人负担一定的义务或者对其权利进行限制的行为，如行政处罚、行政命令。

（三）羁束性和裁量性具体行政行为

按照行为受法律的拘束程度，可以分为羁束性具体行政行为和裁量性具体行政行为。羁束性具体行政行为，是指法律明确规定了具体行政行为的范围、条件、形式程序等内容，行政主体没有自由选择的余地，只能严格依法实施而作出的行政行为。在该类行为中，法律明确规定了处理结果，行政机关不得任意为之，行政相对人则确切知道行为产生的法律后果。如税收征收管理就是典型的羁束性具体行政行为，因为国家关于税率的规定是明确、具体的，税务管理机关没有自由裁量的权力。

裁量性具体行政行为，是指法律仅仅规定行为的范围、条件、幅度和种类等，由行政机关根据实际情况决定如何适用法律而作出的具体行政行为。该自由裁量权表现为多种形式，既可以是种类上的，也可以是数量上的。如在治安处罚中，公安机关可以根据行政相对人的违法情节，依法选择处以警告、罚款或者拘留等行政处罚；也可以是数量上的自由裁量，如法律规定了相应罚款的限度，则公安机关根据行政相对人的违法情节决定处以限度内的罚款。

（四）要式和非要式具体行政行为

按照是否需要法定形式为标准，可以分为要式具体行政行为和非要式具体行政行为。要式具体行政行为，是指需要具备法定形式才可以生效的具体行政行为，法定形式包括书面文字、特定符号等。可见，要式具体行政行为是对具体行政行为外在表现形式的要求，必须以法定形式表现出来。如市场监督管理局向 A 公司颁发营业执照以实施行政许可，对 B 公司作出罚款 5 万元的书面决定并按照法定程序送达以实施行政处罚。

非要式具体行政行为，是指法律没有明确外在表现形式，行政主体可以根据实际需要以各种形式作出的具体行政行为。如行政机关的通知、指示行为等，对于这些行为，行政机关可在不同情况下选择采用书面形式、口头形式或电话、传真、电子邮件、微信等各种其认为适当的方式。

需要明确的是，在行政法上要式具体行政行为是原则，非要式具体行政行为只是例外。

（五）常见的具体行政行为

1. 行政征收。行政征收是指行政主体凭借国家行政权，根据国家和社会公共利益的需要，依法向行政相对人强制性征集一定数额金钱和实物的具体行政行为。

2. 行政给付。行政给付是指行政主体依照有关法律、法规，向符合条件的申请人提供物质利益或者赋予其与物质利益有关的权益的具体行政行为。

3. 行政许可。行政许可是指在法律一般禁止的情况下，行政主体根据行政相对方的申请，通过颁发许可证或执照等形式，依法赋予特定的行政相对方从事某种活动或实施某种行为的权利或资格的行政行为。

4. 行政确认。行政确认是指行政主体依法对行政相对人的法律地位、法律关系或有关法律事实进行甄别，给予确定、认定、证明（或证伪）并予以宣告的具体行政行为。

5. 行政处罚。行政处罚是指行政机关依法对违反行政管理秩序的公民、法人或者其他组织，以减损权益或者增加义务的方式予以惩戒的具体行政行为。

6. 行政强制。行政强制是指行政主体为了实现行政目的，据法定职权和程序做出的对行政相对人的人身、财产和行为采取的行政强制措施、行政强制执行。

7. 行政裁决。行政裁决是指行政主体依照法律授权和法定程序，对当事人之间发生的与行政管理活动密切相关的、与合同无关的特定民事、经济纠纷进行裁决的具体行政行为。

任务二　具体行政行为的效力

导入案例

因陈女士位于甲市乙区丙乡丁村 68 号的房屋建造年代久远，2018 年 5 月，甲市乙区丙乡人民政府与陈女士签订《拆房协议》，约定协议签订后 5 日内拆除房屋，丁村村委会补偿陈女士 30 000 元。

协议签订后，陈女士未拆除房屋。2018 年 7 月 5 日，丙乡政府委托鉴定机构对案涉房屋进行结构安全鉴定，认定陈女士的房屋为 D 级危房，建议在条件允许的情况下拆除重建。2018 年 7 月 8 日，丙乡政府向陈女士下达拆除通知书。2018 年 7 月 10 日，丙乡政府对案涉房屋进行强制拆除。

问题：本案中丙乡政府对案涉房屋进行强制拆除是否合法？

基本原理认知

一、具体行政行为的构成要件

（一）主体要素

具体行政行为必定是行政机关实施的行为，不是行政机关实施的行为，一般不是具体行政行为。但是，由法律、法规授权的组织或者行政机关委托的组织实施的行为，也可能是具体行政行为。

（二）成立要素

必须要有行使行政权力所为的单方行为，这是具体行政行为成立的必备要素。该行为无需对方同意，仅行政机关单方即可决定，且决定后即发生法律效力，对方负有服从的义务，如果不服从，该行为可以强制执行或者申请人民法院强制执行。如税务机关决定某企业应纳所得税税额，纳税人应当执行，如果不执行，税务机关有权从其银行账户中划拨。如果纳税人不服，也必须先按决定纳税，然后申诉或起诉。

（三）对象要素

必须是对特定的公民、法人或者其他组织作出的行为，这是对象要素，"特定"是指具体的某公民或某组织，这也是区分具体行政行为与抽象行政行为的重要因素。如甲打乙造成轻微伤害，行政机关为保护乙的权利而拘留了甲，该行为是对甲、乙作出的，甲、乙即为特定的公民。

（四）内容要素

行政机关作出的是直接关系到特定公民、法人或者其他组织的权利义务的行为，这是内容要素。如专利局将某项发明的专利证书授予了甲企业，该企业即获得了该项发明的专利权。

二、具体行政行为的效力内容

法律效力是具体行政行为法律制度中的核心因素，是指具体行政行为在法律上能够产生的影响或者效果，主要包括拘束力、确定力和执行力。

（一）拘束力

作为一种推定的法律效力，拘束力是指具体行政行为一经成立即具有的约束和限制行政主体、行政相对人和其他国家机关的法律效力。具体体现为行政主体不得随意更改，行政相对人应当接受并实际履行行为确定的义务，其他国家机关不得以相同事实和理由再次受理和处理该同一案件，第三人也不得对该案件进行随意干预。在性质上，拘束力属于具体行政行为成立之后的推定力，其既可能一直有效下去，获得实质性法律效力，也可以通过一定程序被推翻。如行政相对人在法定的争议期间内提起行政复议或行政诉讼，经过审理，由行政复议机关作出复议决定或者法院作出裁判来撤销该行为，使其效力被消灭。

（二）确定力

作为一种不可改变的法律效力，确定力是指具体行政行为经过一定期限和程序被最终地、实质性地确定下来，不可再争议、不得再更改的效力。如前所述，具体行政行为成立之后推定产生的约束力在一定的期限之内是可以争议和改变的，但是出于稳定行政管理法律关系的需要，该期限不可能无限延长，这就需要在法律上规定一个明确的争议期限，如行政复议中 60 天的行政复议申请期限、行政诉讼中 6 个月的行政诉讼起诉期限等。当该期限经过之后，如果具体行政行为没有被撤销或者宣告无效，则由其确定的权利义务内容将不得再变更。

（三）执行力

作为一种实现具体行政行为内容的法律效力，执行力是指已生效的具体行政行为要求行政主体和行政相对人将其确定的权利义务内容转化为现实的法律效力。依据前述的拘束力，行政相对人应当在法定的期限内履行具体行政行为所确定的义务，如果该履行期经过之后，行政相对人仍未自行履行义务，则为了保证具体行政行为确定的权利义务内容得以实现，行政主体有权通过直接强制执行或者申请法院强制执行的方式强制实现具体行政行为的权利义务安排。

三、具体行政行为效力的产生与变更

（一）具体行政行为的生效前提

具体来说，存在是生效的前提，存在解决的是具体行政行为有无的问题，生效解决的是具体行政行为存在之后的法律效果，即有效无效的问题。一个具体行政行为，只有在具备了生效前提，确定其存在之后，才可能去进一步考查其效力问题。

1. 行政主体作出行政决定。具体行政行为一般以行政决定的形式作出，无论是行政主体实施行政处罚，采取行政强制措施，还是颁发或拒绝颁发许可证照要求相对人履行某种义务，都应作出行政决定。这种在名称上有时可能不是"行政决定"。如颁发许可证照，许可证照本身就应该被视为准予颁发的行政决定；拒绝颁发许可证照，其拒绝的通知应视为拒绝颁发的行政决定。行政决定无论采取何种形式，都是行政主体正式向行政相对人作出的一种产生法律效力的意思表示。行政主体的这种正式意思表示是具体行政行为生效的必要要件。行政主体为作出某种具体行政行为而实施准备行为，如正在为作出某种具体行为准备材料，进行调查、鉴定，召开有关会议研究、征求意见等，此时相应具体行政行为尚未生效。只有行政主体就相应具体行政行为已形成了确定的意见和对外作出正式意思表示（行政决定），并在其他有关要件具备后，相应具体行政行为才能正式生效。

作出行政决定是具体行政行为生效要件之一，但在某些特殊情况下会有例外，如行政主体在紧急情况下，为了保障社会公共秩序和人民生命财产的安全，可以对行政相对人即时采取某种行政强制措施，行政主体作出这种行为可能事前来不及作出任何

行政决定。对于这种行为，法律不要求以事前作出行政决定为其生效要件。

2. 行政决定已送达行政相对人。具体行政行为的成立不仅要求行政主体作出正式行政决定，而且要求行政主体在法定期限内将行政决定文书送达行政相对人，送达的方式有四种：当面送达、留置送达、邮寄送达、公告送达。当面送达是行政主体将行政决定文书直接送交受送达人（送达场所可以是行政机关所在地，也可以是受送达人住所地或其他场所），由受送达人在送达回证上记明收到的日期并签名或盖章。受送达人是个人的，本人不在，可交他的同住成年家属签收；受送达人是组织的，应交其法定代表人或该组织负责收件的人签收。留置送达是指受送达人或他的同住成年家属拒绝接收行政决定文书，行政主体邀请有关基层组织或所在单位的代表到场，说明情况，在送达回证上记明拒收事由和日期，由送达人、见证人签名或盖章，把行政决定文书留在受送达人的住所，即视为已送达。邮寄送达是指行政主体向行政相对人直接送达行政决定文书有困难，通过邮局邮寄送达。邮寄送达回执上注明的收件日期为送达日期。公告送达是指受送达人下落不明，或采用当面送达、留置送达、邮寄送达均无法送达的，行政主体将行政决定有关内容予以公告。公告送达通常确定一个期限，期限一到即视为送达。

3. 附款行为所附条件成熟。具体内容本书项目五中已经介绍，此处不再赘述。

（二）具体行政行为生效的合法性要件

1. 证据确凿充分。

（1）有需要行政主体行使行政管理职权的客观事实；

（2）事实证据应当确实充分，具备真实性、合法性和关联性。

2. 正确适用法律法规。

3. 符合法定程序。

4. 没有超越职权。无权而为称之为超越职权。行政机关应当在法律授予的权限范围内行使行政管理职权，法无授权即禁止，不得以公共利益需要的理由对抗职责权限的要求。

（1）横向越权。其一，事务越权，指一个行政主体超越业务主管范围管辖了依法应当由另一行政主体管辖的事务。如县公安局对本县一违法生产企业作出吊销企业营业执照的行政处罚决定。其二，地域越权，是指一个地域的行政主体超越地域管辖权行使了另一地域行政主体的职权。如甲县税务局到乙县进行税收征管。其三，内容越权，是指行政主体在行使职权时超越了法律法规规定的幅度、手段等情形。如乡派出所对治安违法的行政相对人作出罚款 1 000 元的处罚决定。

（2）纵向越权。即有行政隶属关系的上下级行政主体之间一方行使了属于另一方的职权。

5. 没有滥用职权。有权而考虑无关因素称之为滥用职权。滥用职权在行政法上是一个实质违法的概念，行政机关作出行政行为，不仅应当依法行政，做到法律优先和法律保留，还要做到只考虑法律因素，而不得考虑法外的无关因素。如果行政机关及其工作人员在作出行政行为时基于追求个人利益，而不是为了公共利益，假公济私、以权谋私，违背了立法目的而作出行政行为，则构成滥用职权。滥用职权具有四个方面的法律特征：一是行为没有超越法定权限；二是主观上表现为故意；三是客观上表现为违背了法律的目的、原则和要求；四是其本质上是一种行政违法行为，而不是行政不当行为。

6. 无明显不当。明显不当是指具体行政行为明显不合理，特别是行政主体行使行政裁量作出具体行政行为时明显逾越了合理性界限。行政行为虽然在形式上没有违反法律法规的强制性规定但却明显违背了立法的目的、原则和精神，不适当地损害了社会和他人的利益。明显不当具有以下三个方面的特点：一是行政机关作出具体行政行为时具有事实根据和法律依据；二是行政机关作出行政行为虽然符合法律规定，但却存在明显不合理、不适当；三是这种不合理、不适当已经严重违背了法律法规的目的和精神，以至于具有一般理性的人都能够发现这种不适当。

（三）具体行政行为的无效

1. 具体行政行为无效的条件。《行政诉讼法》第75条规定："行政行为有实施主体不具有行政主体资格或者没有依据等重大且明显违法情形，原告申请确认行政行为无效的，人民法院判决确认无效。"如何理解"等重大且明显违法情形"呢？我们必须借助于行政法的一般原理。同时，应当提请注意的是，本法条是开放式规定，不排除其他确认无效的情形。

如果一个具体行政行为存在重大且明显违法情形或重大的法律缺陷，以致一个有正常理智的普通人都可以明显理解其违法，则属于无效的具体行政行为。无效具体行政行为虽具备具体行政行为的形式，但是不具备具体行政行为的本质特征。无效行政行为因缺乏底线意识，脱离了一般理性人的判断，达到"重大且明显"的地步，其根本不具有任何效力，任何机关和个人都可以无视它的存在。这就是"无效行政行为"与"违法行政行为"的最主要区别。

"重大且明显违法"是构成具体行政行为无效的条件，"重大"是指具体行政行为的实施将给公民、法人或者其他组织的合法权益带来严重影响；"明显"是指行政行为的违法性已经明显到任何理性人都能够判断的程度。大致可表现为：

（1）行政行为实施主体不具有行政主体资格。

（2）减损权利或者增加义务的行政行为没有法律规范依据。

（3）行政行为的内容客观上不可能实施。

简言之，即"主体无资格、行为无依据、客观不可能"。

2. 无效的特征。无效行政行为的"无效"具有如下特征：

（1）自始无效，即行政行为从作出之时起就没有法律上的约束力；

（2）当然无效，即该无效不是由于法院的判决导致无效，而是其本身就无效，法院的确认无效只是对该事实予以宣告确认而已；

（3）绝对无效，即该行政行为所包含的意思表示完全不被法律承认，如同该行政行为从来没有存在过。可见，无效是对一个具体行政行为最彻底、最根本的否定，主要的无效情形如下：

第一，要求当事人从事犯罪的行政行为。如公安局作出允许猎杀国宝熊猫的行政许可；文旅局许可发行非法出版物。

第二，明显缺乏法律依据的行政行为。如市政府为了保护地方产业而禁止外地同类商品进入本地市场的行为。

第三，明显缺乏事实根据或者要求行政相对人从事客观上不可能实施的行为。如县公安局未经调查取证作出的行政拘留决定。

3. 无效的后果。无效的具体行政行为不具有任何法律效力。

（1）在实体法上，自始无效，行政相对人不受其拘束，不需履行其规定的义务，并不承担法律责任。而可撤销行为只是在被撤销之后才失去法律效力，在此之前仍然对相对人有拘束力，相对人如果在撤销之前不履行相关义务，仍要承担法律责任。

（2）在程序法上，因为无效的具体行政行为不具有确定性，行政相对人有权在任何时候请求国家机关（比如行为机关的上级机关、权力机关、人民法院等）宣布该具体行政行为无效，有权国家机关可在任何时候宣布该具体行政行为无效。

（3）在处理后果上，行政行为被宣布无效后，行政主体通过该行为从行政相对人处获得的所有利益均应返还给行政相对人；所加予相对人的一切义务均应取消；对相对人所造成的实际损失，均应赔偿。至于相对人通过无效行政行为获得的利益是否均应收回，则应根据相对人是否存在过错而定。如果相对人有过错，则其所获得的利益好处应当予以收回。如果相对人无过错，根据信赖保护原则，对其获得的利益，可以不予收回。当然，为了公共利益需要，应当予以收回，那么行政机关应当对因此给相对人造成的损失予以赔偿。一般而言，行政行为被宣告无效后，无效行政行为改变的状态应当尽可能恢复到行政行为作出之前的状态。

（四）具体行政行为的撤销

1. 撤销的条件。

（1）一般违法，即合法要件的缺乏，包括缺乏事实证据、法律依据、法定程序或者超越职权、滥用职权。

（2）明显不当，即具体行政行为的内容明显不合理。

2. 撤销的后果。

（1）在程序法上，必须经过行政复议、行政诉讼或者行政监督程序由国家有权机关作出撤销决定，否定其法律效力。

（2）在实体法上，具体行政行为被撤销之前一直有效，当事人应当受其约束。撤销一般都具有溯及既往的效果，即行政行为撤销通常使得行为自作出之日起丧失法律效力。但是根据社会公益的需要或行政相对人是否存在过错等情况，撤销也可仅使行政行为自撤销之日起失效。

第一，如果行政行为的撤销是由于行政主体的违法行为引起的，而为了公共利益的需要必须使行政行为的撤销效力追溯到行为作出之日起，则行政相对人因为撤销而遭受的一切损失，应当由行政主体予以赔偿。如县规划局违法批准王某建三层楼房，后违法批准行为被上级机关撤销，王某的楼房因为违反新农村集体建设规划而必须被拆除。则县规划局应当赔偿王某所遭受的损失。

第二，如果行政行为的撤销是因为行政相对人的过错（如通过欺诈的方式获得行政许可）或双方共同过错（如行政相对人行贿，工作人员收受贿赂的方式作出行政许可）引起的，行政行为撤销的效力通常应追溯到行为作出之日。行政相对人因此获得的所有利益都应当被收回，其因此遭受的所有损失由其自身承担。

（五）具体行政行为的废止

1. 废止的条件。具体行政行为的废止，是指因情势、法律、政策的变化，原合法、适当的行政行为已不符合现行法律、政策，或者具体行政行为已完成其原定目标、任务，则终止其法律效力。

废止的条件通常有：

（1）依据变更。行为依据的原法律、法规、规章、政策经有权机关依法修改、废止或者撤销，使其失去存在的合法依据。

（2）情势变更。具体行政行为作出时依据的客观事实发生重大变化或者已经不复存在，使其丧失存在的事实依据。

（3）目的实现。具体行政行为所期望的目标已经实现，其失去继续存在的必要。

2. 废止的后果。

（1）具体行政行为自废止之日起失效，废止之前的效力仍然有效。行政主体在废止之前通过相应行为已给予行政相对人的利益、好处不再收回；行政相对人依原行为已履行的义务亦不得要求行政主体予以补偿。

（2）具体行政行为的废止如果是因情势变化或者法律、法规、规章、政策的废、改、撤而引起的，且此种废止给当事人的合法的信赖权益造成了严重损失，行政主体应对其损失予以适当补偿。

拓展阅读

行政违法行为检察监督的完善（节选）[1]

一、行政违法行为检察监督的内涵

（一）行政违法行为的界定

行政违法行为是指，行政机关及其公职人员在行政执法过程中，由于不作为或乱作为，给国家和社会利益造成侵害或可能造成侵害的行为。由此，行政违法行为的构成主要包含三个要素：一是表现形式，即作为和不作为；二是内容，即程序违法和实体性违法；三是造成的结果，即需要有实际损害或可能造成损害的发生。

（二）行政违法行为检察监督的内涵

目前，对行政权的监督主要有社会的监督，行政复议和行政诉讼，权力机关的监督，检察机关的监督和监察机关的监督等。在司法实践中，对于行政机关的违法行为，检察机关应该对行政执法活动的全过程进行及时有效的监督。

对于行政违法行为检察监督，学界主要有以下三种观点，第一种观点认为行政违法行为检察监督是检察机关通过诉讼活动对行政违法行为进行的监督，除了诉讼活动以外，检察机关也可以通过检察建议等方式来开展监督；第二种观点认为行政违法行为检察监督就是依据法律规定，对特定的违法行政行为进行的监督，这种观点扩大了行政违法行为检察监督的范围；第三种观点认为对行政违法行为检察监督的本质可以概括为检察机关为维护公共利益，依照法律规定，对行政行为是否合法所进行的监督。这种观点较为清晰地界定了行政违法行为检察监督，指出了检察机关在行政机关实施违法行为时，依据法律的规定对其进行检察监督，保障国家与社会利益免受侵害。

本文认为，对其定义进行界定同样需要明确三个方面的问题：一是检察监督的时间条件和对象条件；二是检察监督的本质；三是检察监督的切入点。由于检察监督的对象是行政违法行为，对于行政机关实施行政行为的全过程，检察机关都可以实施监督，而不是在其违法行为被处以行政处罚或刑事处罚之后实施的监督。因此，检察监督的本质是"事前+事中"的监督，检察监督的切入点是以维护公共利益为首要目的。

二、行政违法行为检察监督的边界

（一）行政违法行为检察监督边界的总体要求

所谓边界主要包括两层内涵：第一层内涵是指任何一个领域都具有其内在的有限

---

〔1〕　贺卫、原佳丽、岳至柔：《行政违法行为检察监督的完善》，载《山西省政法管理干部学院学报》2023年第2期。

性，而这使得这一领域拥有自身的独特性；第二层内涵是指任何一个领域都具有其独特的目的性，其不能越过边界去干涉其他的领域。在检察机关对行政机关进行监督时，要掌握好检察监督的边界，亦即行政权与检察权的界限，或检察权介入行政权的深度和广度。主要包括国家权力配置的要求，有限监督的要求和公益性的要求。

第一，国家权力配置的要求。宪法明确规定了由人民代表大会统一行使国家权力，在此之外，还包括行政、司法权、法律监督权和军事权等四个分权力。检察权与行政权具有相同的地位，但检察权与行政权的相互并列，并不代表不需要对行政权进行制约与监督。我国检察机关作为专门的法律监督机关，应当对行政机关的违法行为进行监督。行政权作为一种国家权力，对其违法行为进行监督需要检察机关遵循其权力配置的要求。

第二，有限监督的要求。有论者指出，"我国行政检察监督制度需遵循检察机关作为专门的法律监督机关的定位，回归到比较广泛的一般监督权和司法监督权。"依据我国的监督制度，检察监督并不是唯一的监督手段，目前我国现行的行政监督体制形式上形成了一个"横向到边、纵向到底"的行政监督网络。因此，对行政机关行使的监督权应当持谨慎的态度，其监督对象只能是严重违反法律的行为，不能随意超越有限监督的边界。

第三，公益性的要求。公益性是行政权这一国家权力的基本属性。行政违法行为检察监督本质上是检察机关保护国家公共利益和社会公共利益的方式，其监督的是行政机关所行使的具有公益性的行政行为，而不是个人行为。检察机关在对行政违法行为进行监督时，对于其中存在的任何以个人利益为目的的行为都应当持否定态度。

（二）行政违法行为检察监督与行政行为的边界

由于行政行为本身存在的专业性和独特性，在检察机关对行政行为行使监督权时，对于某些具体的问题是否可以监督需要进一步的明确。

第一，抽象行政行为。我国《行政诉讼法》第53条第1款明确规定，公民、法人或者其他组织认为行政行为所依据的国务院部门和地方人民政府及其部门制定的规范性文件不合法，在对行政行为提起诉讼时，可以一并请求对该规范性文件进行审查。依据我国《立法法》第110条第1款的规定，最高人民法院可就特定法规的合宪性问题向全国人大常委会书面提出审查的要求。可以看出，目前我国法律仅赋予最高人民法院特定法规的违宪审查权，或其他法院就特定问题的审查权，但并未规定检察机关可对抽象行政行为进行监督。实践中不宜对检察监督的范围进行无限扩张。

第二，具体行政行为的合理性。有论者认为，检察机关的监督对象可以包括行政行为的合法性和合理性。但也有论者认为，检察机关不应对行政活动的合理性进行监督。依据《行政诉讼法》第6条的规定，法院应当审查具体行政行为的合法性，同时对显失公正的行政行为可以审查合理性。所以，检察机关对于具体行政行为的合理性不宜随意进行监督，应当对行政主体的自由裁量给予尊重。

第三，内部具体行政行为。内部具体行政行为包括工作性质的行为和人事性质的行为。工作性质的行为包括上级对下级的指示、命令、批准、批复以及内部工作安排、计划、制度等。人事性质的行为如内部人员的奖惩、任免、考核等。依据《行政诉讼法》第12条的规定，这些内部行政行为不属于行政诉讼的受案范围，不应属于检察机关行使行政违法行为检察监督的范围。但如一些内部行政行为超越了其内部效力，对范围外的行政相对人产生了影响，则应当纳入法院受案范围之内，检察机关也应当进行相应的监督。

思考与练习

一、思考题

1. 具体行政行为与抽象行政行为如何区分？
2. 具体行政行为无效与废止的区别？

二、选择题[1]

1. 行政机关所实施的下列行为中，哪一项属于具体行政行为？（　　）

A. 公安交管局在辖区内城市快速路入口处悬挂"危险路段，谨慎驾驶"的横幅

B. 县公安局依照《刑事诉讼法》对李某进行拘留

C. 区政府对王某作出房屋征收决定

D. 因民间纠纷引起的打架斗殴双方经公安派出所调解达成的协议

2. 为落实淘汰落后产能政策，某区政府发布通告：凡在本通告附件所列名单中的企业两年内关闭。提前关闭或者积极配合的给予一定补贴，逾期不履行的强制关闭。关于通告的性质，下列哪一选项是正确的？（　　）

A. 行政规范性文件

B. 具体行政行为

C. 行政给付

D. 行政强制

3. 某地连续发生数起以低价出售物品引诱当事人至屋内后实施抢劫的事件，当地公安局通过手机短信告知居民保持警惕以免上当受骗。公安局的行为属于下列哪一性质？（　　）

A. 行政指导行为

B. 负担性的行为

---

[1]　1. C；2. B；3. A。

C. 准备性行政行为

D. 强制行为

实训任务 1：行政行为的类型判定

【案例】

某市原有甲、乙、丙、丁四家定点屠宰场，营业执照、卫生许可证、屠宰许可证等证照齐全。该市政府根据《生猪屠宰管理条例》中有关确认并颁发定点屠宰标志牌的规定发出通告，确定只给甲发放定点标志牌。据此，市工商局将乙、丙、丁三家屠宰场营业执照吊销，卫生局也将卫生许可证吊销。

乙、丙、丁三家屠宰场对此不服，拟咨询律师寻求帮助，假设你是受托律师，请对本案中市政府发布通告的行为进行界定，提出解决之策。

【训练目的及要求】

根据所学的具体行政行为相关知识，通过训练，能正确判断易混淆的具体行政行为。

【训练方法】

分多小组进行，各组学生根据所学知识原理对案例作出判断形成小组意见，各小组交流讨论。

【训练步骤】

步骤 1：熟悉案例。

步骤 2：分组。

步骤 3：组内讨论。

步骤 4：交流讨论。

步骤 5：教师评判。

【案例解析】

市政府发布通告的行为属于具体行政行为。虽然通常而言，政府发布公告的行为多是抽象行政行为或是行政指导行为，这也是本案例最容易误导学生做出错误判断的地方。但本案中市政府发布公告的受众并非全体民众，而仅仅是面向甲、乙、丙、丁四家定点屠宰场，属于针对特定对象作出的情形，故而市政府发布通告的行为属于具体行政行为。此外，本案还兼有吊销营业执照、卫生许可证等具体行政行为，可一并向上级政府申请复议或是向有管辖权的人民法院提起行政诉讼。

实训任务 2：具体行政行为的效力

【案例】

2013 年 3 月 22 日，某县政府作出国有土地上房屋征收决定并发布公告，某县城关镇居民方某的房屋位于被征收范围内，经征收部门与方某多次协商，未能达成一致。2019 年 6 月 28 日，该县政府向方某送达《重大危险源排查通知书》。2019 年 9 月 26

日，该县政府责令方某限期腾空房屋并搬离。2019 年 10 月 10 日，经该县住建局委托，检测机构对方某的房屋危险性进行鉴定，结论为 D 级危房，建议拆除处理，但该鉴定结果未向方某送达。2019 年 10 月 28 日，该县政府向方某作出《应急排险解危告知书》，并强制拆除了方某的房屋。方某提起诉讼，请求确认某县政府的强制拆除行为违法。

【训练目的及要求】

结合案例和相关知识，通过训练，能正确判断具体行政行为的合法性与效力。

【训练方法】

根据学生的观点，分两组对案涉具体行政行为的合法性与效力进行正反辩论。

【训练步骤】

步骤 1：熟悉案例。

步骤 2：分组。

步骤 3：辩论。

步骤 4：老师评判。

【案例解析】

法院经审理认为，在房屋征收程序中对危房进行处置，无论依照房屋征收程序还是应急排险解危程序，均应严格依照法定程序。某县住建局并非房屋所有人或使用人，其启动危房鉴定程序不符合法律规定，且鉴定报告未向方某送达，剥夺了方某的知情权、申辩权，故该鉴定报告不合法，不能作为认定方某的房屋为危房的有效证据。此外，某县政府适用《中华人民共和国突发事件应对法》实施强制拆除，未严格依照该法的规定发布决定、报告，其程序违法。经二审终审，法院判决确认某县政府强制拆除方某房屋的行为违法。

参考书目

1.《行政法与行政诉讼法学》编写组编：《行政法与行政诉讼法学》，高等教育出版社 2018 年版。

2. 罗豪才、湛中乐主编：《行政法学》，北京大学出版社 2016 年版。

3. 张树义、罗智敏主编：《行政法学》，北京大学出版社 2021 年版。

项目八　行政许可

"绝对的自由会导致自由的终结，不加限制的自由是自由的敌人。"

✏️ 知识目标

1. 理解行政许可的概念特征和性质作用。

2. 掌握行政许可的设定原则、范围及权限。

3. 清楚行政许可的实施主体和实施程序以及监督检查机制。

◾ 能力目标

能够分析、判断行政许可设定、实施环节的合法性问题。

✏️ 内容结构图

```
                              ┌─ 行政许可的概念及特征
                    行政许可概述 ├─ 行政许可的性质
                              └─ 行政许可的作用

                              ┌─ 行政许可设定原则
            行政许可 ─────  行政许可的设定 ├─ 行政许可设定范围
                              └─ 行政许可设定权限

                              ┌─ 行政许可的实施主体
                    行政许可的实施 ├─ 行政许可的实施程序
                              └─ 行政许可的监督检查
```

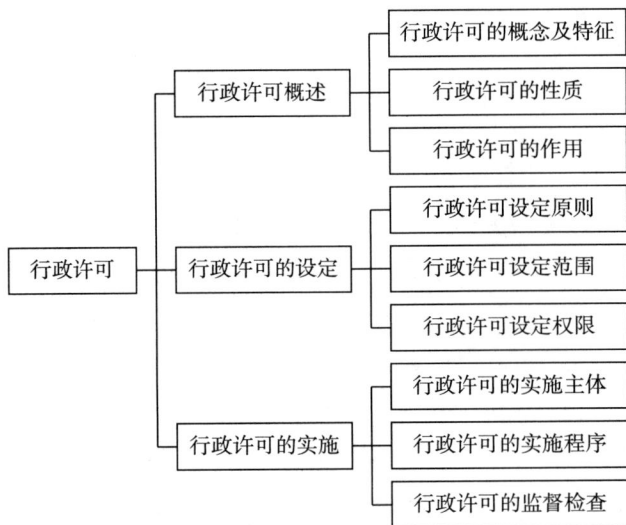

任务一 行政许可概述

📝 导入案例

某国土资源管理部门根据村民王某报上的材料，在未进行实地勘测的情况下，为其办理了集体土地使用证。不久，国土资源管理部门接到举报，称王某占用耕地建房。国土资源管理部门现场调查后，发现举报属实，拟对王某作出拆除房屋并复垦的行政处罚。王某认为用地四至都已经在上报的材料中写明，现在的问题是国土资源管理部门在办理集体土地使用证中工作失职所致，如果要拆除房屋，国土资源管理部门必须承担办证中的过错责任，赔偿其损失。

问题：

1. 在本案中，宅基地审批是否属于行政许可范畴？

2. 如果是，国土资源管理部门应当承担什么责任？

基本原理认知

一、行政许可的概念及特征

（一）行政许可的概念

一般认为，行政许可是指在法律一般禁止的情况下，行政主体根据行政相对方的申请，通过颁发许可证或执照等形式，依法赋予特定的行政相对方从事某种活动或实施某种行为的权利或资格的行政行为。这一概念包含三层含义：一是存在法律一般禁止；二是行政主体对相对人予以一般禁止的解除；三是行政相对方因此获得了从事某种活动或实施某种行为的资格或权利。

（二）行政许可的特征

1. 行政许可的主体为特定主体。行政许可的行为主体是行政主体，而不是处于行政相对方地位的公民、法人和其他组织。只有基于行政管辖职权，行使对行政相对方申请的审核与批准权的行政机关或法律、法规授权的组织，才是行政许可的主体。一般的社会团体、自治协会向其成员颁发资格证书及许可性文件的行为不是行政许可行为。公民、法人或其他组织允许对方从事某种活动的行为也不能称之为行政许可。

2. 行政许可是一种依申请的具体行政行为。一般来说，行政许可只能依当事人的申请而发生，行政主体不能主动作出。无申请，即无行政许可。

3. 行政许可原则上是一种授益性行政行为。行政许可准予申请人从事特定活动，申请人从而获得了从事特定活动的权利或者资格，行使许可的权利并获得相关利益。但是，这种授益性并不绝对排除在许可的同时附加一定的条件或义务。

4. 行政许可决定具有多样性。行政许可既可能表现为肯定性的行为，也可能表现为否定性的作为。对于行政主体既不作肯定表示也不作否定表示的，则表现为不作为的形态。在法律有明文规定的情况下，还可允许有默示许可的存在。例如，《中华人民共和国集会游行示威法》第9条第1款规定逾期不通知的视为许可。

5. 行政许可一般为要式行政行为。行政许可应遵循相应的法定程序，并应以正规的文书、格式、日期、印章等形式予以批准、认可和证明，必要时还应附加相应的辅助性文件。这种明示的书面许可是行政许可在形式上的特点。

二、行政许可的性质

在我国，对行政许可的性质也没有统一的认识。学理上的主要观点如下：

（一）"特权"或"特许"说

此说认为许可是行政机关授予公民、法人的一种特权，许可的前提是对一般人的普遍禁止。对此说的批评意见认为：把行政许可作为一种特权，等于承认公民、法人或其他组织的权利来自行政机关的授予与恩赐，这与法治国家的原则相悖，违反了人民主权原则和法律平等原则。

（二）"赋权"说

此说认为行政相对方没有该项权利，只是因为行政机关的允诺和赋权才获得该项被许可的权利，"行政许可是行政主体依法赋予行政相对方某种权利和资格的行政行为。"不同意见认为：作出具体行政行为的行政主体是无权"赋予"行政相对方以权利的，权利是法定的（包括享有权利和行使权利），许可在于审查申请人是否符合行使法定权利的条件。对于未经许可的人，并不是他不得享有和行使申请许可的权利，而只是暂时不得或在未许可之前不得行使此项权利，否则其从事的活动违法并应受到相应的法律制裁。但他仍享有此项权利，也享有行使此项权利的资格。

（三）"解禁"说或"权利恢复"说

此说认为许可是对一般禁止行为的解除，是自由的恢复而不是权利的授予。一般认为此说合理性较为充分。

（四）"折中"说

此说认为行政许可既是对行政相对方禁止义务的免除，又是对行政相对方权利或资格的授予。该说实则是"赋权"说的延伸，因而也就存在着与"赋权"说同样的缺憾。

（五）"验证"或"确认"说

此说认为行政许可不是建立在法律禁止的基础上从而通过解除禁止赋予行政相对方权利或资格，它应是建立在权利行使应具备一定条件这一基础上，是对权利人行使权利的资格与条件加以验证，并给予合法性的证明。不同观点认为，此说的缺点在于将许可与确认相混淆。

（六）"命令"说

此说认为许可的性质是一种命令行为。行政许可行为主要是种形成性行政行为，其正常状态（即批准）是建立、改变或者消灭具体的法律关系，而不是命令性行政行为。命令性行政行为，由于涉及当事人的义务履行，因而需要实施与执行，在当事人不履行义务的情况下行政机关可以依法强制执行。而行政许可行为就不存在强制执行的问题。

将上述行政许可性质归纳起来主要有两种理论：第一种理论认为，行政许可是普遍禁止的解除，自由的恢复。被许可的事项，在没有此种限制以前是任何人都可以作为的行为，但是由于法律规定的结果，限制了当事人行使的自由，所以，许可是对自由的恢复，而非权利的设定。第二种理论认为，行政许可是一种权利的赋予，是一种授益性的行政行为。相对人本来没有此项权利，由于行政关的允许和赋予，才使其获得了一般人所不能享有的特权。

当前，我国行政法学界的通说认为行政许可的性质是"解禁"或"权利恢复"，对行政许可性质最大的争议在于是否存在"法律的一般禁止"这一行政许可的前提。如有人认为，经济特区鼓励外商投资而不是禁止外商投资就不存在"禁止"的前提。而通说认为，"法律的一般禁止"表现为明确禁止和非明确禁止两种形式。经济特区鼓励外商投资，对投资者应有一定的条件要求，只有符合条件者能获得投资者的资格，享受投资的权利。实质上这属于不明确禁止的情形之一。此外，行政许可作为一种事前控制的手段，其本质主要表现为对相对人是否符合法律、法规规定的权利资格和行使权利的条件进行审查核实，不是对相对人的授权。行政机关对于相对人提出的行政许可申请，必须受理并在法定期限内作出批准或者不批准的决定。这表明行政许可对行政机关来说不是一种可以随意处置的权利（权力），而是一种职责，行政机关有责任为许可申请人实现其权利提供相关的服务。所以，我们可以认为，行政许可的本质是公民自由权利的恢复。

三、行政许可的作用

行政许可作为一种重要的行政管理手段，对于维护公民人身财产安全和公共利益、加强经济宏观调控、保护并合理分配有限资源等方面，都具有重要作用。但是，行政许可也不是万能的，在运用行政许可这一手段时，必须要考虑实施本管理的范围以及管理结果等因素，必须对行政许可的作用有着正确认识。

行政许可可以在以下几个方面发挥积极作用：其一，协调作用。协调功能是行政许可制度最基本的功能，其内容包括协调行政机关与公民之间的相互利益关系，使两者处于相对平衡的状态；协调行政机关内部的各种关系；协调行政管理中产生的各种纠纷。其二，保护作用。这体现在三个方面：保护公民的合法权益、保护行政机关依法行政、保护自然资源和生态平衡。其三，调控作用。这主要是指政府利用行政许可进行宏观调控。其四，促进文化建设。其五，推动对外贸易的发展。

除了从设定行政许可后的结果角度出发考察行政许可的作用，还可以从行政许可制度存在的原因入手，进一步分析行政许可的作用。主要有以下三种：

（一）控制危险

这是行政许可最主要、最基本的作用。行政监督方式通常分为事前监督和事后监督，行政许可属于事前监督管理方式。作为一种具体行政行为，行政许可的直接目的是将那些对社会及公民来说是必要的或者是有益的，但同时又可能对社会或者公民个人带来某些不利甚至危害性的活动纳入规范化的管理，置于行政部门的直接监控之下。行政许可具有审查与监督两方面的内容，行政机关可以通过对公民、法人或者其他组织的条件进行严格审查，对其活动进行必要的监督，排除可能产生对社会、个人带来危险的活动，维护社会秩序和公民、法人或者其他社会组织的合法权益。

（二）配置资源

在市场经济条件下，市场在配置资源方面发挥了基础作用。但是，在有限资源领域，完全靠市场自发调节来配置资源，有可能会导致资源配置严重不公以及资源配置低效率。因此，由政府通过行政许可的方式配置有限资源，已经成为世界各国的通行做法。

（三）提供公信力证明

在经济、社会生活中，为了使公众可以有效地获取信息，需要政府以许可的方式，确立相对人的特定主体资格或者特定身份，使相对人获得合法从事涉及公众利益的经济、社会活动的某种能力，以此向社会证明或者提供信誉、信息，以公信于民。行政机关对特定事项或者活动进行登记，社会公众通过对登记信息的查询，就可以明确知道取得行政许可的当事人在某些方面的能力、条件以及其他信息，降低了人们在社会生活中搜寻信息的成本，继而提高了经济、社会整体运行的效率。

任务二　行政许可的设定

导入案例

某省甲、乙、丙三名律师决定出资合伙成立"新华夏律师事务所"，于是向该省司法厅提出口头申请成立律师事务所并提供了律师事务所章程、发起人名单、简历、身份证明、律师资格证书、能够专职从事律师业务的保证书、资金证明、办公场所的使用证明、合伙协议。但被告知根据该省地方政府规章相关规定，设立合伙制律师事务所必须有一名以上律师具有硕士以上学位并且需要填写省司法厅专门设计的申请书格式文本。刚好乙为法学博士，于是三人交了50元工本费后领取了专用申请书，带回补正。次日，三人带了补正后的材料前来申请，工作人员A受理了申请，并出具了法律规定的书面凭证。后司法厅指派工作人员B对申请材料进行审查，发现申请人提供的资金证明系伪造，但其碍于与甲三人是好朋友，隐瞒了真实情况，在法定期限内作出了准予设立律师事务所的决定并颁发了《律师事务所执业证书》。1个月后，资金证明被司法厅发现系伪造，遂撤销了"新华夏律师事务所"的《律师事务所执业证书》。此间，甲乙丙三人已付办公场所租金2万元，装修费3万元。

问题：

1. 该省地方政府规章规定"设立合伙制律师事务所必须有一名以上律师具有硕士以上学位"的条件是否合法？为什么？

2. 该省地方规章规定设立律师事务所，"需要填写省司法厅专门设计的申请书格式文本"是否合法？能否收取 50 元工本费？为什么？

基本原理认知

一、行政许可设定原则

我国《行政许可法》第 11 条规定："设定行政许可，应当遵循经济和社会发展规律，有利于发挥公民、法人或者其他组织的积极性、主动性，维护公共利益和社会秩序，促进经济、社会和生态环境协调发展。"这是我国立法方面对于行政许可设定所应遵循的原则的表述。除此之外通过对行政许可设定价值取向的分析，再结合行政许可的基本理论，可以将行政许可设定的基本原则归纳为以下几项：

（一）依法设定原则

行政许可设定的基本原则是许可法定，这是行政许可设定的根本性原则。它是指行政许可的设定、范围、行政许可的机关及其权限、行政许可的条件和标准、行政许可的程序及其法律后果等都必须依据法律，不能同法律相抵触。由此可见，依法设定许可是许可法定原则的内涵之一。

（二）公众参与原则

公众参与原则是行政程序的基本原则之一，也是行政许可设定的基本原则之一。它是指行政主体在作出行政行为的过程中，除法律有特别规定外，应当尽可能为行政相对方提供参与行政行为的各种条件和机会，从而确保行政相对方实现行政程序权益，同时可以使行政行为更加符合社会公共利益。这一原则的法律价值是使行政相对方一方在行政程序中成为具有独立人格的主体，而不致成为行政权随意支配的客体。公众参与原则的内容主要包括参与听证权、陈述申辩权以及复议申请权等。在行政许可设定过程中，公众参与原则主要体现在参与听证权上。

（三）适当性原则

行政许可制度本身的特点，决定了它一方面有利于保护公共利益、增进公共福利，另一方面会因复杂繁琐的程序对公民和社会生活造成重大影响。因此，行政许可一旦设立不当，就会导致行政事务复杂化，损害公民的合法权利。因此，在行政许可中必须遵循适当性原则。

（四）成本—效益原则

成本—效益原则是指行政机关在行使职权时，要努力以尽可能快的时间、尽可能少的人员、尽可能低的经济耗费达到行政目的，获得较大的社会经济效益。之所以在行政许可的设定上强调成本效益分析，是因为我国目前行政许可设定过多、过滥，许多行政许可的管理成本高昂，而取得的效果却十分微薄。这里纵然有地方保护和获取部门利益的原因，但是设定行政许可不作调查、不进行成本效益分析，只考虑行政管理的便捷性，忽视最终的行政效益，也是导致行政许可泛滥的一个主要因素。

二、行政许可设定范围

对行政许可事项范围的划定，是一个直接影响公权力与私权利界限的敏感问题。行政许可事项范围划定过大，会导致政府对公民权利干预过多；相反可能会导致政府对社会的管理失控。从《行政许可法》的立法设计来看，行政许可的事项主要被分为两类：一是可以设定许可的事项；二是可以不设定许可的事项。

（一）可以设定许可的事项

根据《行政许可法》第 12 条规定，以下六类属于可以设定许可的事项：

1. 准予公民、法人或者其他组织从事直接涉及国家安全、公共安全、经济宏观调控、生态环境保护以及人身健康、生命财产安全等特定活动的事项。这类事项有三个特点：一是必须直接涉及国家安全、公共安全、经济宏观调控、生态环境保护以及直接关系人身健康、生命财产安全等特定活动；比如党的二十大报告所强调的"全面实行排污许可制，健全现代环境治理体系。"二是一般无数量控制；三是行政机关只是审查申请者的申请条件，对符合法定条件者给予许可，否则就不予许可。

2. 赋予公民、法人或者其他组织从事有限自然资源开发利用、公共资源配置以及直接关系公共利益的特定行业的市场准入等权利的事项。这类事项有三个特点：一是功能在于赋予有限自然资源开发利用、公共资源配置以及特定行业的市场准入等权利；二是一般有数量控制；三是具有对价性，相对人被许可获得特定权利后，需支付一定的对价。具体说来，涉及"两大资源一大行业"，即对自然资源的利用、对公共资源的配置与特定行业市场的准入。

3. 有关确定资格、资质方面的事项。这类事项有两个特点；一是它只限于"提供公众服务并且直接关系公共利益的职业、行业"，不提供公众服务或虽提供公众服务但并不直接关系公共利益的职业、行业，不需实行许可制度，如医生与律师等；二是从事这些职业、行业的个人和组织依法需要确定"特殊信誉、特殊条件或者特殊技能"，如律师的法律职业资格证等。如果只需有一般的信誉、一般的条件或者一般的技能，就无须实施许可制度。

4. 对特定物的检测、检验和检疫的事项。《行政许可法》第 12 条第 4 项将这一事项表达为："直接关系公共安全、人身健康、生命财产安全的重要设备、设施、产品、物品，需要按照技术标准、技术规范，通过检验、检测、检疫等方式进行审定的事项。"根据这一表达，这类事项的特点是：其一，它是"通过检验、检测、检疫等方式进行审定"的活动，它接近事实上的鉴定性，而不是一般的审批活动；其二，这种活动的对象是"物"而不是"人"，是设备、设施、产品、物品等；其三，这种"物"必须直接关系公共安全、人身健康、生命财产安全，否则也无须许可。民用航空器及发动机设备，应当向国务院民用航空主管部门申领合格证书，就属于这类许可。

5. 有关组织的设立需确定主体资格的事项。这是有关企业或者社会组织（如社会团体）设立的行政登记制度。行政登记并不全部属于行政许可，主体设立登记或行为登记属于行政许可，但权属登记与人身关系登记不属于行政许可。

6. 法律、行政法规规定可以设定行政许可的其他事项。这是一个兜底条款，意味着除了以上五类可设定许可的事项以外，全国人大及其常委会的法律和国务院的行政法规还可通过单一性法律、法规来规定新的可设定许可的事项。当然，这一规定必须受到《行政许可法》第13条的约束。

（二）可以不设定许可的事项

根据《行政许可法》第13条的规定，可以设定行政许可的事项如果通过以下方式能够解决，就可以不设定行政许可：

1. 公民、法人或者其他组织能够自主决定的。这是说，如果某种事项由当事人自己来决定、处理，不实行许可一般也不会妨害国家安全、公共安全和他人权利，那么对该事项不必设定许可，如对于保姆资格就是一例。

2. 市场竞争机制能够有效调节的。也就是说，如果某种事项通过市场竞争机制能够有效调节，无须通过政府干预来解决，也可不设定许可，如服务业的价格就是一例。

3. 行业组织或者中介机构能够自律管理的。行业组织和中介机构是连接市场主体与政府的桥梁，它们具有自律、高效等特点。随着市场经济的成熟，这类机构越来越能担当起一定的社会管理职能。所以，诸如资质评定等，如果可由行业组织或者中介机构自律解决，也可不设行政许可。

4. 行政机关采用事后监督等其他行政管理方式能够解决的。如果某些事项不以事先许可，而以事后发现违法追究其责任便可解决，也可不设定行政许可，如一般的生活用品的假冒伪劣问题。

三、行政许可设定权限

上述可以设定行政许可的事项，必须通过一定的法律形式来设定。不经过法律形式设定的行政许可，不是合法有效的许可项目，它对相对人无约束力。

《行政许可法》第14条、第15条规定了法律、行政法规和地方性法规对行政许可的设定，分列如下：

（一）法律的设定权

法律可以设定《行政许可法》第12条所列的全部事项：①直接涉及国家安全、公共安全、经济宏观调控、生态环境保护以及直接关系人身健康、生命财产安全等特定活动，需要按照法定条件予以批准的事项；②有限自然资源开发利用、公共资源配置以及直接关系公共利益的特定行业的市场准入等，需要赋予特定权利的事项；③提供公众服务并且直接关系公共利益的职业、行业，需要确定具备特殊信誉、特殊条件或者特殊技能等资格、资质的事项；④直接关系公共安全、人身健康、生命财产安全的重要设备、设施、产品、物品，需要按照技术标准、技术规范，通过检验、检测、检疫等方式进行审定的事项；⑤企业或者其他组织的设立等，需要确定主体资格的事项；⑥法律、行政法规规定可以设定行政许可的其他事项。法律设定上述事项时，必须以它们无法通过《行政许可法》第13条规定的方式加以规范为条件。

（二）行政法规的设定权

行政法规同样可以设定《行政许可法》第12条所列的事项。但它的设定必须符合两个条件：一是通过《行政许可法》第13条方式无法规范的；二是尚未制定法律的。如果作为上位法的法律已设定了某项许可，行政法规就不得再行设定，只能作出规定。

（三）地方性法规的设定权

地方性法规同样可以设定《行政许可法》第12条列的事项，但它的设定条件更加严格。具体有四项条件：一是通过《行政许可法》第13条方式无法规范的。二是尚未制定法律、行政法规的。如果作为上位法的法律和行政法规已设定了某项许可，地方性法规就不得再行设定，只能作出规定了。三是在内容上，不得设定应当由国家统一确定的公民、法人或者其他组织的资格、资质的行政许可；不得设定企业或者其他组织的设立登记及其前置性行政许可。四是在效力上，设定的行政许可，不得限制其他地区的个人或者企业到本地区从事生产经营和提供服务，不得限制其他地区的商品进入本地区市场。

（四）不得设立行政许可的规范性文件

不得设定行政许可的规范性文件：包括国务院部门规章、依法不享有规章制定权的地方人民政府和其他机关制定的规范性文件。我国的《行政许可法》特别强调，除了法律规定的设定依据外，其他规范性文件一律不得设定行政许可。根据《行政许可法》规定，其他规范性文件目前主要指三类规范性文件：第一类是国务院部门规章，第二类是省级人民政府规章以外的其他地方政府规章，第三类是除了行政法规和规章之外的"其他行政规范性文件"。

任务三　行政许可的实施

导入案例

据报载，某市近年来在吸引投资方面费力不小，优化投资环境是该市吸引投资的重要准备工作之一。但是，旧书报亭破破烂烂，非常影响市容。于是该市决定将书报亭折旧换新。市政府专门成立了"某市报刊零售整顿工作领导小组"（以下简称"整顿小组"）决定拍卖新书报亭的经营权，并在制定拍卖政策时采取了优惠措施，对于没能获得书报亭经营权的原经营者，"整顿小组"定下来的补偿标准是每户1 000元。

近日，"整顿小组"将二百多个新书报亭的经营权对全市失业人员招标拍卖，价高者得。拍得新书报亭的人，可以获得5~8年的经营权。通过拍卖，成交的最高价格达到了7.2万元，平均每个书报亭的成交价为1万多元。拍卖结束后，有33户旧书报亭经营者流标，二十多户原经营者没有参加投标。

问题：

1. 该案中"整顿小组"是否有权收回和拍卖书报亭的经营权，为什么？
2. 书报亭的收回程序是否合法，为什么？

基本原理认知

一、行政许可的实施主体

（一）行政机关

行政许可原则上由行政机关予以实施。并非任何行政机关都天然享有行政许可权，只有依据法律规定享有行政许可职权的行政机关才能实施行政许可。

（二）被授权组织

被授权组织实施行政许可的条件：

1. 授权依据是法律、法规。
2. 被授权的组织必须是具有管理公共事务职能的组织。
3. 被授权组织以自己的名义对外实施行政许可。
4. 对实施行政许可行为的后果独立承担法律责任。

（三）被委托机关

行政许可的委托实施必须符合以下条件：

1. 委托依据是法律、法规、规章。
2. 受托者必须是行政机关。
3. 委托机关应当将受托机关和受托实施行政许可的内容予以公告（授权实施无须公告）。
4. 受委托机关不得再委托。
5. 受委托机关应当以委托机关名义实施行政许可。
6. 委托机关对受托机关实施行政许可行为的后果承担法律责任。

（四）特殊情况

1. 相对集中行政许可权。省级政府经国务院的批准，可以决定一个行政机关集中行使有关行政机关的行政许可权。但是这一"集中"不是绝对和全部集中，是"相对集中"。因为这一制度并未将其他行政机关的所有行政许可权都集中到一个行政机关的身上。

因为该集中将改变行政机关之间的权力分配，所以要求比较严格：

（1）遵循精简、统一、效能原则。

（2）在程序上必须经过国务院批准。

2. 一个机关内的多个机构的统一办理制度。行政许可需要由一个行政机关内设的多个机构办理的，该行政机关应当确定一个机构统一受理行政许可申请，统一送达行政许可决定。

3. 并联审批。行政许可依法由地方人民政府两个以上部门分别实施的，本级人民政府可以确定一个部门受理行政许可申请并转告有关部门分别提出意见后统一办理。并联审批的最大特征在于"统一受理，统一送达"。这一许可虽然经多个机关审批，但与当事人发生关系的只有一个机关。

4. 联合办理。联合办理或称为集中办理，是由不同部门分别接受与审批许可，只是办公地点集中在一个大厅进行，故称为"一站式"服务。联合办理、集中办理都是指办理方式的联合或集中，不是指行政主体的联合或集中。实施行政许可的名义、行为效果的承担等，都由各行政主体负责，不发生任何实质上的变化。

二、行政许可的实施程序

（一）一般程序

行政许可的一般程序包括按照先后顺序分为申请、受理、审查、决定。

1. 申请程序。提出申请的方式：

（1）申请人自己到行政机关办公场所提出。

（2）委托代理人提出，但依法应当由申请人到行政机关办公场所提出行政许可申请的除外。

（3）以信函、电报、电传、传真、电子数据交换以及电子邮件等书面方式提出。

提出申请的注意事项：

第一，无论采用何种方式提出申请，都必须采用书面形式，不得以口头方式提出申请。

第二，申请人的诚信义务。申请人应当如实向行政机关提交有关材料和反映真实情况，并对其申请材料实质内容的真实性负责。申请人如果违反诚信义务，依法必须承担相应的法律责任，具体内容下文将详细阐述。

第三，公示义务。行政机关主体应当将行政许可的事项及需要提交的材料目录和申请书范本等在办公场所公示。

第四，提供格式文本义务。如果申请书采用格式文本，行政主体应当免费提供，并且格式文本中不得包含与申请行政许可事项没有直接关系的内容。

第五，说明义务。如果申请人要求行政主体对公示内容予以说明解释的，行政主体应当说明、解释，提供准确、可靠的信息。

2. 受理程序。行政主体对申请人提出的行政许可申请，如果申请事项属于本行政机关职权范围，申请材料齐全、符合法定形式的，应当受理行政许可申请。而如果出现下列特殊情况，则应当分别作出相应处理：

（1）不予受理。

第一，申请事项依法不需要取得行政许可。

第二，申请事项不属于本机关职权范围，应当即时作出不予受理决定，并告知申请人向有关行政机关申请。

（2）申请材料存在缺陷的处理。

第一，申请材料存在错误，但是当场可以更正的，行政主体应当允许申请人当场更正，更正后的材料符合受理条件的，应当受理其申请。所谓"可以当场更正的错误"主要是指文字错误、计算错误或者其他类似错误。

第二，申请材料不齐全或者不符合法定形式，应当当场或者5日内一次告知申请人需要补正的全部内容，如果申请人按照行政主体的要求提交全部补正申请材料的，应当受理其行政许可申请。如果行政主体逾期未告知申请人补正材料的，视行政主体自收到申请材料之日起即为受理。

（3）书面凭证。行政主体无论是否受理申请人的行政许可申请，都应当向申请人出具加盖本机关专用印章和注明日期的书面凭证。

3. 审查程序。行政主体收到申请后，依照法定标准对申请人及其申请事项进行相应审查：

（1）审核材料。

第一，形式审查。即行政主体仅对申请材料的形式要件进行审查，包括申请材料是否齐全，是否符合法定形式等。

第二，实质审查。即行政主体不仅要对申请材料的形式要件是否具备进行审查，还要对申请材料的实质内容是否符合条件进行审查，包括：其一，审查申请材料反映的申请人条件的适法性。如公民申请医师执业资格，卫生行政部门就要审查申请人提供的材料能否证明其达到了法律所规定的领取医师执业证书的条件。其二，审查申请材料反映的实质性内容的真实性。如申请人申请消防行政机关验收消防设施的，消防行政机关不仅要看申请材料，还必须实地核查有关消防通道是否畅通、消防设备设施是否与申请材料所述一致。需要对申请材料的实质内容进行核实的，行政机关应当指派2名以上工作人员进行核查（形式审查对人数没有要求）。

（2）多层级审查。部分行政许可依法应当先经下级机关审查后再报上级机关决定，为了减轻申请人程序性负担，法律规定下级机关应当在 20 日内将初步审查意见和全部申请材料直接报送上级机关。上级机关不得要求申请人重复提供申请材料。

（3）告知义务。审查过程中，发现许可事项直接关系他人重大利益的，应当告知该利害关系人，并听取申请人、利害关系人两方面的意见。如行政机关要许可建一家化工厂，因为这一许可直接关系到周边居民的重大合法权益，所以应当告知附近居民，听取相关方的意见。

4. 决定程序。

（1）决定的类型。准予行政许可；拒绝行政许可。

（2）决定的方式。

第一，准予行政许可的，应当作出书面决定，包括颁发证书、文件，在设备、设施、产品、物品上加贴标签或加盖印章。同时，应当予以公开，公众有权查阅。

第二，拒绝行政许可的，应当作出书面决定，说明不予行政许可的理由，并告知申请人享有依法申请行政复议或提起行政诉讼的权利。

准予行政许可的决定应当公开，拒绝行政许可的决定无须公开。

（3）决定的地域效力。

第一，全国有效，即法律、行政法规设定的行政许可，因为法律、行政法规原则上在全国范围内发生效力，所以该行政许可也在全国范围内有效。

第二，特定地域内有效，即地方性法规和省级规章设定的许可，因为地方性立法文件的效力范围限定在该特定地域，所以由此立法文件设定的行政许可的效力范围也只能在该特定地域内有效，在其他地域并不发生效力。

（4）决定的期限。

第一，当场作出决定。申请符合条件的，应当当场作出准予行政许可的书面决定。

第二，20 日内作出决定。无法当场作出决定的，自受理行政许可申请之日起 20 日内作出决定。20 日内不能作出决定的，经本行政机关负责人批准，可以延长 10 日。在多层级机关实施的行政许可中，下级机关应当自其受理申请之日起 20 日内完成对申请材料的审查。但是法律、法规有例外规定的，从其例外。

第三，45 日内作出决定。采取统一办理或者联合办理、集中办理的行政许可，应当自受理之日起 45 日内作出许可决定。45 日内不能作出办结的，经本级人民政府负责人批准，可以延长 15 日。

第四，所有实施行政许可的期限，都是工作日，不包括法定节假日。

第五，决定的送达期限。行政主体应当自作出决定之日起 10 日内向申请人颁发、送达行政许可证件，或者加贴标签、加盖检测、检验、检疫印章。

第六，期限的扣除。行政机关作出行政许可决定，依法需要听证、招标、拍卖、检验、检测、检疫、鉴定和专家评审的，所需时间不计算在上述规定的期限内。行政机关应当将所需时间书面告知申请人。

（二）听证程序

1. 启动方式。

（1）依职权：一是法律、法规、规章规定实施行政许可应当听证的事项；二是行政机关认为需要听证的其他涉及公共利益的重大行政许可事项。

（2）依申请：行政许可直接涉及申请人与他人之间重大利益关系的，行政主体在作出行政许可决定前，应当告知申请人、利害关系人享有要求听证的权利；申请人或利害关系人在被告知听证权利之日起 5 日内提出听证申请的，行政主体应当在 20 日内组织听证。

2. 程序设计。

（1）听证通知。行政机关应当于举行听证的 7 日前将举行听证的时间、地点通知申请人、利害关系人，必要时予以公告。

（2）申请回避。①程序原因回避。行政主体应当指定审查该行政许可申请的工作人员以外的人员为听证主持人，如果申请人、利害关系人发现听证主持人就是之前审查过自己申请材料的工作人员，则有权申请回避。②实体原因回避。申请人、利害关系人认为主持人与该行政许可事项有直接利害关系的，有权申请回避。

（3）听证公开。行政许可听证会应当公开进行。

（4）申辩和质证。举行听证时，审查该行政许可申请的工作人员应当提供审查意见的证据、理由，申请人、利害关系人可以提出证据，并进行申辩和质证。

（5）听证笔录。听证应当制作笔录，听证笔录应当交听证参加人确认无误后签字或盖章。行政主体应当根据听证笔录作出行政许可决定。案卷排他原则，即在行政许可程序中，许可决定只能根据听证案卷中载明的经过当事人质证的材料为全部依据，不得对任何其他未经记载的因素加以考虑。该原则的意义在于树立案卷的权威，确保行政许可不受其他因素的干扰，能够作出合法、公正的决定。目前，我国只有行政许可听证中采用了案卷排他原则，而行政处罚、行政立法、行政复议的听证程序中都未规定该原则。

（6）听证费用。申请人、利害关系人不承担行政主体组织听证的费用，该费用由行政主体承担。

（三）特殊程序

1. 特许。特许事项主要包括三类：

（1）有限自然资源开发利用。即对土地、森林、草原、水流、矿产资源和海域等自然资源的开发利用。

（2）公共资源配置。即公共运输线路和电信资源（包括无线电频率、卫星轨道位置电信网码号）等有限公共资源的配置。

（3）直接关系公共利益的特定行业的市场准入。即企业进入电力、铁路、民航和通信等行业从事相关经营活动，这些行业一般都是形成自然垄断的公用事业。

由于特许事项具有巨大的经济价值，需要通过特殊的程序设计来确保其运作的规范合法，所以对特许事项原则上应当通过招标、拍卖等公平竞争的方式作出许可决定。

2. 核准。核准的特殊性主要体现在其实施期限上。行政机关对一定物品实施核准的，应当自受理申请之日起 5 日内指派 2 名以上工作人员按照技术标准、规范进行核准，不需要对核准结果作进一步技术分析即可得出结论的，应当当场根据检测、检验、检疫结果作出许可决定。

3. 有数量限制的许可。有数量限制的许可，是指由于客观条件的限制，行政机关在一个地区、一段时间内，对于申请人从事某项活动只能发放一定数量的行政许可，如排污证、电台许可证和出口配额等。如果多个申请人均符合法定条件和标准的，行政机关应当根据受理行政许可申请的先后顺序作出准予行政许可的决定。但是法律、行政法规另有规定的，从其例外。

（四）变更与延续程序

1. 变更。被许可人要求变更行政许可事项的，应当向作出行政许可决定的行政机关提出申请；符合法定条件标准的，行政机关应当依法办理变更手续。

2. 延续。在行政许可有效期届满后，可以通过申请来延长许可有效期。

（1）申请期限：被许可人需要延续行政许可有效期的，应当在该行政许可有效期届满 30 日前提出延续申请。法律、法规、规章对期限另有规定的除外。

（2）默示批准：行政机关应当在有效期届满前作出是否准予延续的决定，逾期未作决定的，视为准予延续。

（五）许可费用

1. 原则上禁止收费。

（1）行政机关实施行政许可和对行政许可事项进行监督检查，不得收取任何费用，但是法律、行政法规另有规定的，依照其规定。

（2）行政机关提供许可申请书格式文本，不得收费。

2. 法定例外。行政机关实施行政许可，依照法律、行政法规收取费用的，应当按照公布的法定项目和标准收费。

三、行政许可的监督检查

行政许可的监督检查是要促进被许可人合法有效地实施许可，实现许可的目的。行政许可监督检查机关基于自身拥有的权力，可采取多种监管方式，并依据情形不同导致不同的法律后果。这主要包括中止许可、变更许可的内容、宣告许可无效以及撤销、注销许可等后果。

1. 中止许可。通过行政许可监督检查机关的检查，发现被许可人在从事许可事项的活动过程中未严格按照许可的范围、方式、期限及其他事项进行，监督检查机关为制止或惩罚被许可人该轻微违法行为暂时收回许可，即为中止许可。其目的是使被许可人改正违法行为。中止许可既是惩罚，也是督促改正的措施，但被许可人的违法行为必须是轻微的，情节尚不严重，尚未达到被撤销许可的程度。对被许可人而言，中止许可既是一种惩治，也是一种督促改正的措施；对行政机关而言，中止权是一项法定职权，中止的情形、程序必须符合法律的规定。从法律、法规规定来看，中止权的运用形式主要有暂扣、扣缴、收缴等。

行政许可的中止是暂时停止行政许可的效力，使行政许可处于一种未确定状态，因而对被许可人来说，就可能使其重大利益的被剥夺，因此，中止许可需要有告知、听证等相应的程序制度加以保障。

2. 变更许可的内容。行政许可行为具有确定力。无论是对被许可人还是对许可机关，许可行为一经作出，非经法定程序不得随意变更。但随着客观情况的发展变化，原先的许可内容或许可期限可能不再符合公共利益，因此，在许可监督检查过程中，许可机关可变更许可的内容。变更的内容可能涉及许可的范围、活动的方式、许可的期限，还可能涉及被许可人的身份、资格等，这些都直接关系到被许可人权利义务的变化。所以，变更许可内容应严格按照法定的条件和程序进行。已经取得行政许可的被许可人，要求变更行政许可的，应当向作出行政许可决定的行政机关提出变更申请；符合法定条件、标准的，行政机关应当依法办理变更手续，但不符合法定条件的，行政机关不得办理变更手续，也不得擅自单方面变更原许可的内容，以免侵犯原被许可人的信赖利益。

许可机关对行政许可的内容的变更，实际上牵扯到方方面面的利益关系，这很容易引发法律纠纷，而且许可机关也必须对其变更行为承担法律责任，因而许可机关在决定变更许可内容时应当严格依照法定程序谨慎行使职权。

3. 宣告许可无效。行政许可机关在批准行政许可后，发现被许可人获得许可是基于某种错误的事实或行为，可以宣告许可无效。许可的无效不同于许可的失效，二者的主要区别在于：许可的失效是一个自然过程，无须行政许可机关撤销或确认无效；而许可的无效是非自动发生的，须经行政许可机关确认。许可的失效无溯及力，只向后失去效力，即只对失效之后起作用，而对以前的效力不发生影响；而许可的无效经确认，自始就不发生法律效力，它具有溯及既往的特点，向前向后均失去效力。

4. 撤销许可。行政许可的撤销是行政许可机关颁发许可证之后，因被许可人未遵守许可的内容或未履行法定义务，从事违法活动，从而永久地撤回许可证，不再允许从事所许可事项活动的一种具体行政行为。行政许可的撤销使行政许可向后失效力，但不溯及既往。

（1）行政许可撤销的条件包括：①行政许可合法要件缺损。合法的行政许可必须具备主体合法、内容合法、程序合法等要件。某种行政许可只要缺损其中一个要件，该行政许可就是可被撤销的行政许可。②行政许可不适当。不适当的行政许可也是可撤销的行政许可。所谓"不适当"，是指相应行为具有不合理、不公正、不符合现行决策、不合时宜、不合乎有关善良风俗习惯等情形。不适当的行政许可在很多情形下也是不合法的行为，从而可以以"违法"为由撤销。在有些情况下，不适当的行政许可并不违法。

（2）行政许可撤销的法律后果：①行政许可撤销通常使行为自始失去法律效力，但根据社会公益的需要或行政相对方是否存在过错等情况，撤销也可使行政许可自撤销之日起失效。②如果行政许可的撤销是因行政主体的过错引起，而依社会公益的需要又必须使行政许可的撤销效力追溯到行为作出之日起，那么，由此给被许可人造成的一切实际损失应由行政主体予以赔偿。③如果行政许可的撤销是因为被许可人的过错或行政主体与被许可人的共同过错所引起的，行政许可撤销的效力通常应追溯到行为作出之日。行政主体通过相应行为已给予被许可人的利益要收回；被许可人因行政许可撤销而遭受到的损失均由其本身负责；国家或社会公众因已撤销的行政许可所受到的损失，应由被许可人依其过错程度予以适当赔偿；行政主体或其工作人员对导致行政许可撤销的过错则应承担内部行政法律责任，如接受行政处分等。

（3）撤销行政许可的程序：①行政主体应依法设定具体的撤销标准，并予以公布，使相关的权利人能了解该标准。②在作出中止或撤销行政许可决定之前，提供相应的缓冲机制，如警告、罚款或限期整改等，给予被许可人在规定期限内自我纠正的机会。③在作出中止或撤销行政许可决定之前，应当告知被许可人作出决定的事实、理由和依据，给予被许可人申辩的机会，涉及被许可人重大利益的，应采取听证程序。④行政处理决定应以书面形式作出，并说明理由。

（4）我国《行政许可法》关于行政许可撤销的规定。

第一，撤销的启动。作出行政许可决定的行政机关或者其上级行政机关，根据利害关系人的请求或者依据职权。

第二，撤销的机关。作出行政许可决定的行政机关或其上级行政机关。

第三，撤销的情形。可以撤销的情形包括：行政机关工作人员滥用职权、玩忽职守作出准予行政许可决定的；超越法定职权作出准予行政许可决定的；违反法定程序作出准予行政许可决定的；对不具备申请资格或者不符合法定条件的申请人准予行政许可的；依法可以撤销行政许可的其他情形。应当撤销的情形则是指被许可人以欺骗、贿赂等不正当手段取得行政许可的。

第四，不得撤销行政许可的情形。撤销行政许可，可能对公共利益造成重大损害的，不予撤销。

第五，撤销行政许可的法律后果。行政机关依照规定撤销行政许可，依照可以撤销的规定撤销行政许可，被许可人的合法权益受到损害的，行政机关应当依法给予赔偿。依照应当撤销的规定撤销行政许可的，被许可人基于行政许可取得的利益不受保护。此处的赔偿要有撤销行政许可的事实，有损害的事实且损害事实是行政机关撤销行政许可所致。对于这类损失的赔偿，行政机关应当按照信赖保护利益的原则决定是否给予赔偿。

5. 注销。行政许可的注销是指由于被许可人违反要求不再适宜持有行政许可，或者行政许可被撤销，或行政许可有效期已满或其他特定情形，行政许可自然失去效力，而由决定给予行政许可的行政机关予以注销。行政许可的注销是属于行政许可废止的一种情形，因而必须符合行政许可废止的一般条件。

通常来说，行政许可废止的条件包括：①行政许可所依据的法律、法规、规章、政策经有权机关依法修改、废止或撤销，相应行为如继续实施，则与新的法律、法规、规章、政策相抵触。②国际、国内或行政主体所在地区的形势发生重大变化，原行政许可的继续存在将有碍社会政治、经济，文化的发展，甚至给国家和社会利益造成重大损失。③行政许可已完成原定目标、任务，实现了国家的行政管理目的，从而没有存在的必要。

行政许可废止的法律后果有：①行政许可废止后，其效力自行为废止之起失效，行政主体在行为废止之前通过相应行为已给予行政相对方的利益、好处不再收回；行政相对方依原行为已履行的义务亦不能要求行政主体予以任何补偿。②行政许可的废止如果是因为法律、法规、规章、政策的废除、修改、撤销或形势变化而引起的，且此种废止给行政相对方的利益造成了损失，行政主体不负赔偿责任。

我国《行政许可法》对应当适用行政许可注销的情形作出了明确规定，有下列情形之一的，行政机关应当依法办理有关行政许可的注销手续：①行政许可有效期届满未延续的；②赋予公民特定资格的行政许可，该公民死亡或者丧失行为能力的；③法人或者其他组织依法终止的；④行政许可依法被撤销、撤回，或者行政许可证件依法被吊销的；⑤因不可抗力导致行政许可事项无法实施的；⑥法律、法规规定的应当注销行政许可的其他情形。

⭐ 拓展阅读

行政许可告知承诺制合法性困境的调适（节选）[1]

一、行政许可告知承诺制与传统行政许可程序的制度冲突

许可告知承诺制的完整程序机制主要包括事前审查部分和事后监管部分，具体可以分解为：相对人申请适用许可告知承诺制→行政机关对书面材料和告知承诺协议进行形式审查→行政机关作出行政许可决定→事后核查。下文将对许可告知承诺制与《行政许可法》法定程序制度框架的冲突进行讨论。

---

〔1〕　张惠瑀：《行政许可告知承诺制合法性困境的调适》，载《法学》2024年第6期。

（一）行政许可告知承诺事前审查程序与行政许可审查程序的冲突

1. 形式逻辑上的冲突，许可告知承诺制背离了《行政许可法》的法定程序设置。长久以来，普遍认为行政许可审查程序包括事前的形式审查和实质审查，实质审查是事前审查必不可少的一部分，立法者在解读《行政许可法》时指出"行政机关对申请材料的审查，包括形式审查和实质性审查"，通说也认为许可审查程序包含"申请事项的实质要件审查"。而许可告知承诺制的审查模式却一反常规逻辑，如江苏省人民政府办公厅发布的《关于全面推行证明事项告知承诺制的实施方案》（苏政办发〔2020〕84号）规定了事前的形式审查而取消了实质审查，"申请人书面承诺已经符合告知的相关要求并愿意承担不实承诺的法律责任，行政机关不再索要有关证明并依据书面承诺办理相关行政事项"，同时其又规定要"强化承诺核查"，"需要核查的事项，行政机关要按照确定的核查方式，在规定的时间内进行核查，排查不实承诺消除各种隐患"。由此可见，许可告知承诺制对于许可审查程序的冲击表现为两方面：一方面，许可告知承诺制只保留了事前的形式审查，而删去了实质审查，这已经背离了事前审查程序的运行逻辑；另一方面，许可告知承诺制以事后核查代替实质审查。司法部有关同志曾经指出实质审查就是事前的深度核查："实质审查是指行政机关依法需要对申请人提交的行政许可申请材料所反映的情况的真实性进行进一步核查。"而告知承诺核查则将这种"进一步核查"的顺序更加延后了，因此告知承诺核查不仅发挥事后监管的作用，也在实际上发挥了代替实质审查的作用，这又同样背离了事后监管程序的运行逻辑。

2. 功能逻辑上的冲突，行政许可的实质审查与行政机关的审查义务、相对人的权利义务密切相关。在传统许可审查程序模式下，行政机关重实质审查义务、轻事后监管义务，而相对人自然也重取得许可、轻事后守法。而许可告知承诺制取消了实质审查后，已经在实质上改变了原有的行政机关、相对人在许可程序中的义务承担方式，使得行政机关轻事前审查义务、重事后监管义务，相对人轻取得许可、重事后守法。

（二）行政许可告知承诺事后核查程序与行政许可监管程序的冲突

许可告知承诺制在取消了事前的实质审查程序后又增加了事后的核查程序，用以弥补实质审查程序缺失带来的影响。核查程序尽力预防和填补因为实质审查空缺而可能带来的风险，某种程度上是实质审查程序的后置，这从核查在时间上优先于整个事后监管程序可以看出。因此，学界对于告知承诺核查的认知并不统一。多数观点认为核查程序是事后监管程序的一部分，也有少数观点反对现场核查是事后监管程序的一部分，认为"（核查）后置即意味着现场核查在某种程度上也是许可程序的一部分"。那么，告知承诺核查是否属于事后监管程序的一部分？

1. 告知承诺"核查"与既有的事前"核查"和事后"核查"的关系是什么？《行政许可法》第34条第3款规定了事前核查："根据法定条件和程序，需要对申请材料的实质内容进行核实的，行政机关应当指派两名以上工作人员进行核查。"《行政许可法》第 61 条规定了事后核查："行政机关应当建立健全监督制度，通过核查反映被许可人从事行政许可事项活动情况的有关材料，履行监督责任……核查被许可人从事行政许可事项活动情况。"国务院《全面推行证明事项和涉企经营许可事项告知承诺制的指导意见》（以下简称《指导意见》）对告知承诺核查的定义是"事中事后核查"，并规定了核查方式、核查目的、免于核查形式等配套条款。实践中对于告知承诺核查的处理方式也是各异，如《工业和信息化部安全生产司关于在民用爆炸物品生产许可中开展证明事项告知承诺制的通知》规定的"相关民爆行业主管部门在转送申请材料过程中也可对承诺真实有效性进行核查"就是一种事前核查，而《国家卫生健康委办公厅关于印发职业健康和公共卫生监督领域"证照分离"改革措施的通知》中《公共卫生监督领域改革措施》规定的"各地要在完成公共场所备案后及时组织对公共场所进行全覆盖现场核查"又属于一种事中或事后核查。显然这三者"核查"的意义存在较大的不一致。

2. 告知承诺"核查"与既有行政许可日常监管程序的关系是什么？实务机关对于这一关系的理解并不一致。例如，国务院《指导意见》将事后监管二分为"核查"和"日常监管"（也就是现行许可事后监管程序）两个概念，大部分部门规章都采用了这样的表述，但是也有部门将"核查"和"事后监管"混淆，比如交通运输部办公厅发布的《水运领域许可事项首批推行证明事项告知承诺制工作方案》就规定"行政机关在日常监管中发现承诺不实的……""适用告知承诺制行政事项办理完成后，行政机关在审查、后续监管中发现申请人作出不实承诺……"，将"核查""审查""后续监管"都视为"日常监管"的一类。而如果采取《指导意见》的表述，也意味着核查程序实际上构成了对法定事后监管程序基本逻辑的解构和超越。因此需要对核查、日常监管、事后监管三者的关系做进一步的澄清和阐述（相关规范梳理见表 3-2）。

表 3-2 告知承诺"核查"与《行政许可法》"核查"对比

内容	形式	手段	时间	功能
许可事前核查	现场	实地检查	事前	事前实质审查
许可事后核查	书面、现场	检查、检验、检测、实地检查	事后	事后监管
告知承诺核查	书面、现场、在线	检查、检验、检测、实地检查	事中事后	事后监管、代替事前实质审查

3. 告知承诺"核查"期限应当如何理解？告知承诺核查程序的增加需要核查期限制度的配套。《行政许可法》第 42~45 条确立的期限制度原本旨在规范行政机关的形式与实质审查程序，并未直接涉及事后核查的时限问题，在增加了告知承诺核查程序后，我们也有必要对告知承诺核查期限的相关问题进行讨论。

《行政许可法》是一部高度体现"法定主义"原则的法律，然而，许可告知承诺制的政策性、创新性对《行政许可法》的教义性、原旨性产生了激烈的冲击乃至颠覆，对于这种极具创新性的行政许可程序变革，采用传统的行政许可程序框架进行分析不仅是不切实际的，而且缺乏实质意义。因此本文以行政许可特别程序为切入点作深入探讨，以期能更准确而全面地理解这一新型程序。

……

思考与练习

一、思考题

1. 行政许可的性质与作用有何关联？

2. 行政许可的设定权限与依据如何对应？

3. 如何加强对行政许可的实施监督？

二、选择题[1]

1. 关于行政处罚和行政许可行为，下列哪些说法是不正确的？（　　　）

A. 行政处罚和行政许可的设定机关均应定期对其设定的行政处罚和行政许可进行评价

B. 法律、法规授权的具有管理公共事务职能的组织，可依授权行使行政处罚权和行政许可权

C. 行政机关委托实施行政处罚和行政许可的组织应当是依法成立的管理公共事务的事业组织

D. 行政机关依法举行听证的，应当根据听证笔录作出行政处罚决定和行政许可决定

2. 关于行政许可的设定权限，下列哪些说法是不正确的？（　　　）

A. 必要时省政府制定的规章可设定企业的设立登记及其前置性行政许可

B. 地方性法规可设定应由国家统一确定的公民、法人或者其他组织的资格、资质的行政许可

C. 必要时国务院部门可采用发布决定的方式设定临时性行政许可

D. 省政府报国务院批准后可在本区域停止实施行政法规设定的有关经济事务的行政许可

3. 天龙房地产开发有限公司拟兴建天龙金湾小区项目，向市规划局申请办理建设工程规划许可证，并提交了相关材料。下列哪一说法是正确的？（　　　）

A. 公司应到市规划局办公场所提出申请

---

[1] 1. B；2. ABC；3. B；4. B。

B. 公司应对其申请材料实质内容的真实性负责

C. 公司的申请材料不齐全的，市规划局应作出不受理

D. 市规划局为公司提供的申请格式文本可收取工本费

4. 食品药品监督管理局向一药店发放药品经营许可证。后接举报称，该药店存在大量非法出售处方药的行为，该局在调查中发现药店的药品经营许可证系提供虚假材料欺骗所得。关于对许可证的处理，该局下列哪一做法是正确的？（　　　）

A. 撤回　　　　　　　　　　　　　B. 撤销

C. 吊销　　　　　　　　　　　　　D. 待有效期届满后注销

实训任务 1：行政许可行为判断

【案例】

一企业未经批准，占用耕地 2000 平方米建厂房。国土资源管理部门发现时，主体工程已经完工。国土资源管理部门作出限期自行拆除违法建筑的行政处罚，该企业置之不理。国土资源管理部门申请法院强制执行，但申请发出近 3 个月，法院迟迟未采取行动。国土资源管理部门的强制执行申请是否属于申请行政许可的范畴？

【训练目的及要求】

结合案例和相关知识，通过训练，能正确判断行政许可行为及种类。

【训练方法】

分多小组进行，各组学生根据所学知识原理对案例作出判断形成小组意见，各小组交流讨论。

【训练步骤】

步骤 1：熟悉案例。

步骤 2：分组。

步骤 3：组内讨论。

步骤 4：交流讨论。

步骤 5：教师评判。

【案例解析】

依《行政许可法》第 2 条规定，行政许可是指行政机关根据公民、法人或者其他组织的申请，经依法审查，准予其从事特定活动的行为。从行政许可的概念可以看出，行政许可的申请人是公民、法人或者其他组织，而被申请人是行政机关，也即行政许可的实施机关是行政机关。

在本案中国土资源管理部门申请强制执行的行为，申请人是行政机关，即国土资源管理部门，被申请人是司法机关，即人民法院，不符合行政许可的构成要件。因此说，国土资源管理部门的强制执行申请不属于申请行政许可，法院作出的强制执行决定也不是行政许可行为，而是一种司法行为。

实训任务 2：行政许可与效率

【案例】

某国有企业新上一个项目，计划用地 100 亩。项目获上级主管部门审核通过后，该企业向国土资源管理部门提出用地申请。半年后，企业的用地申请仍没有通过。原因是国土资源管理部门每次都会要求该企业提交新的用地申请材料。后来，该企业诉至法院。法院认为国土资源管理部门违反了《行政许可法》的有关规定，判决国土资源管理部门败诉。那么，本案中国土资源管理部门有何违法之处，应如何处理？

【训练目的及要求】

结合案例和相关知识，通过训练，能正确判断行政许可行为是否合理合法。

【训练方法】

分多小组进行，各组学生根据所学知识原理对案例作出判断形成小组意见，各小组交流讨论。

【训练步骤】

步骤 1：熟悉案例。

步骤 2：分组。

步骤 3：组内讨论。

步骤 4：交流讨论。

步骤 5：教师评判。

【案例解析】

《行政许可法》第 32 条第 1 款第 4 项规定，行政机关对申请人提出的行政许可申请，认为申请材料不齐全或者不符合法定形式的，应当当场或者在 5 日内一次告知申请人需要补正的全部内容，逾期不告知的，自收到申请材料之日起即为受理。本案中，国土资源管理部门多次要求该企业提交新的用地申请材料，而不是一次告知申请人需要补正的全部内容，该行为违反了《行政许可法》第 32 条第 1 款第 4 项规定。同时，也违反了《行政许可法》的便民原则，即实施行政许可，应当遵循便民的原则，提高办事效率，提供优质服务，这是行政许可追求的目标之一。对于此类行为，应依《行政许可法》第 72 条的规定，由其上级行政机关或者监察机关责令改正；情节严重的，对直接负责的主管人员和其他直接责任人员依法给予行政处分。

🏷 **参考书目**

1. 《行政法与行政诉讼法学》编写组编：《行政法与行政诉讼法学》，高等教育出版社 2018 年版。

2. 罗豪才、湛中乐主编：《行政法学》，北京大学出版社 2016 年版。

3. 张树义、罗智敏主编：《行政法学》，北京大学出版社 2021 年版。

项目九 行政处罚

"举着法律的火把行走，就是与光明结伴而行，人生的脚步必然不会步入歧途。"

知识目标

1. 理解行政处罚的概念和原则。
2. 掌握行政处罚的种类。
3. 掌握行政处罚的实施程序。

能力目标

能够正确运用行政处罚的基本原理和法律规定分析、解决涉及行政处罚的实务问题。

内容结构图

```
                              ┌── 行政处罚概述 ──┬── 行政处罚的概念
                              │                  └── 行政处罚的原则
                              │
                              │                  ┌── 行政处罚的种类
            行政处罚 ─────────┼── 行政处罚的设定 ┤
                              │                  └── 行政处罚的设定
                              │
                              │                  ┌── 行政处罚的实施机关
                              │                  ├── 行政处罚的管辖
                              └── 行政处罚的实施 ┤
                                                 ├── 行政处罚的适用
                                                 └── 行政处罚的程序
```

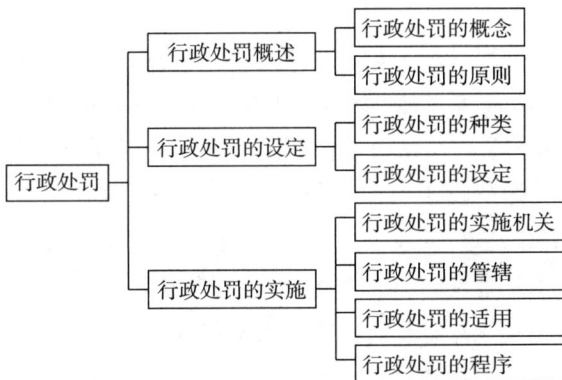

任务一 行政处罚概述

导入案例

张某在某花店买花时，因选购花卉与店主发生了纠纷，于是拨打 110 报警。出警民警在处置现场警情时，张某不断借故提前离开事发现场不配合调查，而且在民警电话通知其返回现场接受调查时拒绝返还，并且因对民警言语的不满，先后通过拨打民警电话、发送短信的方式辱骂民警。某区公安分局调查后认为张某的行为阻碍了人民警察依法执行职务，遂对张某作出了行政拘留 3 日的决定。

问题：

1. 某区公安分局实施的是哪种行政行为？

2. 如何理解这一行为？

基本原理认知

一、行政处罚的概念

行政处罚，是指行政机关依法对违反行政管理秩序的公民、法人或者其他组织，以减损权益或者增加义务的方式予以惩戒的行为。

行政处罚是违反行政管理秩序的公民、法人或者其他组织承担行政法律责任的一种表现形式，具有如下几个特征：

1. 行政处罚主体的特定性。决定并实施行政处罚的主体只能是行政主体，即拥有行政处罚权的行政机关或法律、法规授权的其他主体，其他任何组织、个人不能决定、实施行政处罚。应当注意：其一，行政处罚是在行政管理过程中，对违反行政管理秩序的公民、法人或者其他组织实施的具体行政行为，具有行政性特性；其二，在具体决定并实施行政处罚的过程中，哪一种违法行为应当由哪一特定的行政主体决定并实施行政处罚权，必须由法律、法规予以明确的规定。其三，行政处罚权的实施，可由被授权、被委托的组织行使。

2. 行政处罚对象的特定性。行政处罚的对象为违反行政管理秩序的公民、法人或者其他组织。也即行政法律关系中的行政相对人，具有外部性特性。这一特征区别于行政机关基于行政隶属关系或监察机关依职权对其公务员所作出的行政处分行为。

3. 行政处罚的前提是行政相对人的行政违法性。行政处罚是针对违反行政管理秩序的公民、法人或者其他组织实施的具体行政行为，即以行政相对人具有行政违法性为前提。行政违法性是指违反行政法律规范，而非指刑事法律规范或民事法律规范。没有违法不得处罚，法律、法规未规定的行为不得处罚。

4. 行政处罚的惩戒性。行政处罚从性质上是一种以惩戒违法为目的、具有制裁内容的具体行政行为。具体方式表现为对违反行政管理秩序的公民、法人或者其他组织减损权益或者增加义务，即对违法行为人的权益予以限制、剥夺，或对其科以新的义务。这一特征区别于刑事制裁、民事制裁，也区别于授益性的行政奖励行为或赋权性的行政许可行为，以及其他负担性行政行为。

二、行政处罚的原则

行政处罚的原则是指行政处罚的设定和实施应当遵循的基本准则。行政处罚的决定和实施影响到行政相对人的声誉、行为、资格、财产和人身自由，行政处罚必须遵循一定的原则。根据《行政处罚法》的规定，行政处罚应当遵循如下原则：

（一）处罚法定原则

《行政处罚法》第4条规定："公民、法人或者其他组织违反行政管理秩序的行为，应当给予行政处罚的，依照本法由法律、法规、规章规定，并由行政机关依照本法规定的程序实施。"这是处罚法定的法律依据。处罚法定原则是行政处罚最重要的原则，是依法行政原则在行政处罚过程中的具体体现。

行政处罚法定原则要求实施处罚的主体及处罚的依据、程序法定：

1. 实施行政处罚的主体必须是法定的行政主体。《行政处罚法》第17条规定，行政处罚由具有行政处罚权的行政机关在法定职权范围内实施。这表明，有些行政主体有行政处罚权，有些行政主体没有行政处罚权，有行政处罚权的行政主体并不具有各类行政处罚职权。行政处罚主体法定，意味着不具有行政处罚职权的行政主体不能实施行政处罚，不具有特定行政处罚职权的行政主体不能实施特定的行政处罚。根据《行政处罚法》第38条第1款的规定，行政处罚实施主体不具有行政主体资格的，行政处罚无效。

2. 行政处罚的依据法定。根据《行政处罚法》第4条的规定，公民、法人或者其他组织违反行政管理秩序的行为，应当给予行政处罚的，依照《行政处罚法》由法律、法规、规章规定。行政处罚只能由法律、法规、规章设定，其他规范性文件不得设定行政处罚。只有法律、法规、规章设定了行政处罚的，才能实施行政处罚。其中，法规包括行政法规和地方性法规；规章包括国务院部门规章和地方政府规章。根据《行政处罚法》第38条第1款的规定，行政处罚没有依据的，行政处罚无效。

3. 行政处罚的程序法定。行政处罚由行政机关依照《行政处罚法》规定的程序实施。处罚法定原则不仅要求行政处罚符合实体法的规定，做到实体合法，而且要求行政处罚符合程序法的规定，做到程序合法。行政处罚要遵循法定程序。根据《行政处罚法》第38条第2款的规定，违反法定程序构成重大且明显违法的，行政处罚无效。

（二）公正、公开原则

《行政处罚法》第5条第1款规定："行政处罚遵循公正、公开的原则。"其第5条第3款规定："对违法行为给予行政处罚的规定必须公布；未经公布的，不得作为行政处罚的依据。"这是《行政处罚法》对行政处罚公正、公开原则的具体规定。

行政处罚公正原则要求行政主体在行政处罚中必须依法、公平地处罚违法行为人。具体表现为：在实施行政处罚时，不仅要求形式合法，而且要求内容合法，符合立法目的；不但保障行政处罚的合法性，也要保障行政处罚的合理性；实施行政处罚要建立在正当考虑的基础上，要考虑相关因素。在设定和实施行政处罚时，必须以事实为依据，与违法行为的事实、性质、情节以及社会危害程度相当；既不能同等情况给予不同处罚，也不能不同情况给予相同处罚。

行政处罚公开原则要求实施行政处罚的过程、结果要公开。行政处罚公开原则便于监督行政主体依法、公正行使职权，保障行政相对人合法权益。也有利于提高行政主体实施行政处罚的信任度。行政处罚公开原则也要求对违法行为给予行政处罚的规定必须公布，就是法律、法规、规章，要事先公布。未经公布的，不得作为行政处罚的依据。

（三）处罚与教育相结合的原则

《行政处罚法》第6条规定："实施行政处罚，纠正违法行为，应当坚持处罚与教育相结合，教育公民、法人或者其他组织自觉守法。"这是行政处罚与教育相结合的规定。

实施行政处罚，不是单纯的制裁行政违法行为，而是在制裁的同时，让被处罚者和其他人认识到行政违法的危害性，自觉守法，不再危害社会。实施行政处罚的目的是通过行政处罚教育人们自觉遵守法律。对于发生的行政违法行为，必须坚持行政处罚与教育相结合，不能以罚代教，也不能只教育不处罚。

（四）处罚救济原则（权益保障原则）

亦称为"无救济即无处罚"原则，即行政主体对行政相对人实施行政处罚时，必须保证行政相对人有取得救济的途径，否则，不能对行政相对人实施行政处罚。行政权所具有的强制性、裁量性、主动性和广泛性等特点，决定了行政主体有可能会侵害公民、法人或者其他组织的合法权益，应当保障当事人通过救济使其合法权益免受损害。即使行政处罚具有合法性、合理性，也应当给予被处罚者申辩和陈述的机会，这是现代法治社会人权保障的要求。

根据《行政处罚法》第7条的规定，处罚救济的途径包括：公民、法人或者其他组织对行政机关所给予的行政处罚，享有陈述权、申辩权；对行政处罚不服的，有权依法申请行政复议或者提起行政诉讼。公民、法人或者其他组织因行政机关违法给予行政处罚受到损害的，有权依法提出赔偿要求。

（五）一事不再罚原则

《行政处罚法》第29条规定："对当事人的同一个违法行为，不得给予两次以上罚款的行政处罚。同一个违法行为违反多个法律规范应当给予罚款处罚的，按照罚款数额高的规定处罚。"这是一事不再罚原则的法律规定。

对于这一规定，应把握以下几个方面：①当事人的同一个违法行为，既包括一个行为违反了一个法律、法规规定的情况，也包括一个行为违反了几个法律、法规规定的情况。②当事人的一个行为，违反了一个法律、法规的规定，可以并处两种以上行政处罚，如罚款、吊销许可证件等。这种情况不违背一事不再罚原则。对当事人的同一个违法行为，违反了两个以上法律、法规规定，可以给予两次以上的行政处罚。但如果处罚是罚款，则只能给予一次，另一次处罚可以是其他种类的行政处罚。即罚款处罚只能适用一次，不得给予两次以上罚款的行政处罚。③同一个违法行为违反多个法律规范应当给予罚款处罚的，按照罚款数额高的规定处罚。④公民、法人或者其他组织因违法行为受到行政处罚，其违法行为对他人造成损害的，应当依法承担民事责任。违法行为构成犯罪，应当依法追究刑事责任的，不得以行政处罚代替刑事处罚。应当依法追究刑事责任的同时，依法应予行政处罚的当然适用。违法行为构成犯罪，人民法院判处拘役或者有期徒刑时，行政机关已经给予当事人行政拘留的，应当依法折抵相应刑期。违法行为构成犯罪，人民法院判处罚金时，行政机关已经给予当事人罚款的，应当折抵相应罚金；行政机关尚未给予当事人罚款的，不再给予罚款。

任务二 行政处罚的设定

导入案例

某市应急管理局执法人员张某、钱某到某家具城开展执法检查工作时，发现该家具城中有一企业未按照规定建立粉尘防爆安全管理制度，涉嫌违法。通过立案调查，认为该家具城违反了《工贸企业粉尘防爆安全规定》第7条的规定，某市应急管理局遂对该家具城作出责令限期整改、并处罚款人民币10 000元的行政处罚，对直接负责的主管人员王某处以人民币2 000元的罚款。

某市卫生局在例行执法检查时，发现某餐馆违反了《食品安全法》的规定，使用了过期食材制作食品。于是某市卫生局对该餐馆作出暂停营业的规定，并对其进行了罚款。

问题：

1. 上述两起案例实施了什么形式的行政处罚？分别属于什么类型的行政处罚？
2. 行政处罚如何设定？

基本原理认知

一、行政处罚的种类

《行政处罚法》第9条规定："行政处罚的种类：（一）警告、通报批评；（二）罚款、没收违法所得、没收非法财物；（三）暂扣许可证件、降低资质等级、吊销许可证件；（四）限制开展生产经营活动、责令停产停业、责令关闭、限制从业；（五）行政拘留；（六）法律、行政法规规定的其他行政处罚。"上述规定实际上是行政处罚的具体形式，可以根据不同的标准划分为人身自由罚、行为罚、财产罚、声誉罚等四类。

（一）人身自由罚

人身自由罚是指特定行政主体实施的短期限制或剥夺违法行为人人身自由的行政处罚。这是最严厉的行政处罚。目前，我国人身自由罚的表现形式是行政拘留。

行政拘留，也称治安拘留，是公安机关依法对违反治安管理的行为人短期内限制或剥夺其人身自由的行政处罚。由于行政拘留是对人身自由的限制或剥夺，法律对其设定、实施条件和程序有严格的规定：行政拘留的决定由县级以上地方各级人民政府公安机关作出，是针对严重违反治安管理法规但不构成犯罪的自然人采取的惩戒措施，已满 14 周岁不满 16 周岁的、已满 16 周岁不满 18 周岁初次违反治安管理法规的、70 周岁以上的、怀孕或者哺乳自己不满 1 周岁婴儿依法应当给予行政拘留处罚的，不执行行政拘留处罚；行政拘留的期限一般限制在 1 日以上 15 日以内。有两种以上违反治安管理行为的，分别决定，合并执行。行政拘留处罚合并执行的，最长不超过 20 日；行政拘留必须经过传唤、讯问、取证、裁决、执行等程序。

（二）行为罚

行为罚是限制和剥夺违法行为人某种行为能力或资格的处罚措施，有时也称能力罚。行为罚不同于自由罚，前者适用于个人和组织，而后者只能适用于个人。行为罚的主要表现形式有：暂扣、吊销许可证件、降低资质等级；限制开展生产经营活动、责令停产停业、责令关闭、限制从业等。

1. 暂扣、吊销许可证件。暂扣、吊销许可证件是指行政主体依法暂扣或收回违法行为人已获得的由行政主体颁发的许可其从事某种活动的权利或资格的证书。只要是行政主体颁发的、具有许可性质的文件，不管其名称是什么，只要被行政主体暂时中止或收回，都应视为行政处罚法规定的"暂扣、吊销许可证件"。暂扣许可证件是暂时扣留许可证件，这是一种暂时性中止违法行为人行政许可的能力罚，其目的是暂时剥夺其从事某种活动的权利或资格的行政处罚。吊销许可证件是收回许可证件，这是一种取消违法行为人行政许可的能力罚，其目的是永久性剥夺其从事某种活动的权利或资格的行政处罚。

2. 降低资质等级。降低资质等级是通过降低违法行为人实施行为所需的资质条件来限制其行为实施的一种行政处罚形式。这是对违法行为人行为的一种间接性限制。

3. 限制开展生产经营活动。限制开展生产经营活动是在一定时间、区域内限制或禁止违法行为人从事某种生产经营活动的一种行政处罚形式。限制开展生产经营活动对生产经营活动的影响较大，但与责令停产停业、责令关闭、限制从业相比又较轻。

4. 责令停产停业。责令停产停业是行政主体强制命令违法行为人停止从事生产、经营和其他业务活动的一种行政处罚形式。责令停产停业一般适用于违法行为严重的行政相对人，如从事加工、生产与人的生命健康密切相关的已经或可能威胁人的生命健康的商品，出版对人的精神生活产生不良影响的出版物、音像制品，或实施了其他后果较为严重的违法行为等。

5. 责令关闭。责令关闭是指行政主体禁止违法行为人继续从事生产经营活动的一种行政处罚形式。责令关闭是一种较为严重的行政处罚。如对造成严重污染环境的企业，经过限期治理，逾期未完成治理任务的，则可责令关闭该企业，不能让其继续存在下去。

6. 限制从业。限制从业又称职业限制或者从业限制，是行政主体对违法行为人有限期或无限期地限制其获取某类资格或从事某项职业的一种行政处罚形式。即不允许其从事某种行业或职业。

7. 科以违法行为人某种作为义务。又称劳务罚，是对违法行为人处以一定公益性劳务，以教育和惩罚违法行为人的一种行政处罚形式。如责令违法行为人限期治理、恢复植被等。

（三）财产罚

财产罚是指使被处罚的违法行为人的财产权利和利益受到损害的行政处罚。这种处罚表现为违法行为人缴纳一定数额的金钱或对其没收一定财物，是对其财产权的剥夺，并不影响违法行为人的人身自由和进行其他活动的权利。财产罚必须以制裁违法行为为目的，依法适用，不能滥用。财产罚的具体形式包括罚款、没收违法所得、没收非法财物。

1. 罚款。罚款是行政主体强制违法行为人承担一定金钱给付义务的处罚形式。这是行政主体对违反法律、法规，不履行法定义务的违法行为人的一种经济上的处罚，既具有经济内容，又具有强制性。

2. 没收违法所得、没收非法财物。没收违法所得、没收非法财物统称没收财物。其中，没收违法所得，是指行政主体实施的将违法行为人通过违法途径和方法取得的违法收入收归国有的一种行政处罚形式；没收非法财物，是指行政主体实施的将违法行为人非法占有的财产和物品收归国有的一种行政处罚形式。没收可以视情节轻重决定部分没收或全部没收；没收的财物包括违法所得或非法财物及非法占有的利益，也包括虽属于违法行为人所有但从事违法活动所使用的工具、违禁品等；没收的财物，除应予销毁及存档备查的以外，均收归国有。

（四）声誉罚

声誉罚是指行政主体对违法行为人的名誉、荣誉、信誉或精神上的利益造成一定损害以示警诫的行政处罚，故又称申诫罚或精神罚。声誉罚既适用于个人也适用于组织。声誉罚的主要形式有警告、通报批评等。

1. 警告。警告是行政主体对违反行政法律、法规的行为人的谴责和告诫。目的在于向违法行为人发出警戒，声明其行为违法，避免其再犯，最终使违法行为人通过警告处罚认识其行为的违法性和社会危害性，纠正其违法性，使其不再继续违法。警告一般适用情节轻微或未构成实际危害结果的违法行为，既具有教育性质，也具有制裁性质，使违法行为人在精神上造成损害。警告既可以适用于自然人，也可以适用于法人、其他组织。既可单处，也可并处。

2. 通报批评。通报批评是指行政主体通过书面形式，以公开、公布的方式，使违法行为人的名誉权受到损害，既制裁教育违法行为人，又可广泛地教育他人的一种行政处罚形式。通报批评只适用于法人或其他组织，不适用于自然人。一般单独使用。通过通报批评，使违法行为人的荣誉或信誉造成损害。

二、行政处罚的设定

行政处罚的设定是指设定行政处罚，即国家有权机关创设行政处罚的立法活动。由于行政处罚是行政主体对行政相对人的行政违法行为以减损权益或者增加义务的方式予以惩戒的行为，其实施必然会对行政相对人造成不利影响。为避免擅设、滥设行政处罚的现象，特别是根据《行政处罚法》处罚法定原则的要求，必须由国家有权机关对行政处罚的设定予以明确规定，明确行政处罚设定的条件、种类和幅度等。

根据我国《行政处罚法》第 10 条至第 16 条的规定，行政处罚由法律、法规、规章设定，除法律、法规、规章外，其他规范性文件不得设定行政处罚。

1. 法律可以设定各种行政处罚。法律是由最高国家权力机关制定的。根据立法权限，最高国家权力机关有权通过法律设定各种行政处罚。而且，限制人身自由的行政处罚，只能由法律设定。法律所设定的行政处罚是法规、规章设定行政处罚的依据，法律对行政违法行为已经设定行政处罚的，其他任何法规、规章对行政处罚的设定均不能与法律相抵触或者相悖。

2. 行政法规可以设定除限制人身自由以外的行政处罚。根据《行政处罚法》的规定，限制人身自由的行政处罚，只能由法律设定。因此，行政法规不能设定限制人身自由的行政处罚。但可以设定除限制人身自由以外的行政处罚。具体包括：警告、通报批评；罚款、没收违法所得、没收非法财物；暂扣许可证件、降低资质等级、吊销许可证件；限制开展生产经营活动、责令停产停业、责令关闭、限制从业；法律、行政法规规定的其他行政处罚。

法律对违法行为已经作出行政处罚规定，行政法规需要作出具体规定的，必须在法律规定的给予行政处罚的行为、种类和幅度的范围内规定。

法律对违法行为未作出行政处罚规定，行政法规为实施法律，可以补充设定行政处罚。拟补充设定行政处罚的，应当通过听证会、论证会等形式广泛听取意见，并向制定机关作出书面说明。行政法规报送备案时，应当说明补充设定行政处罚的情况。

3. 地方性法规可以设定除限制人身自由、吊销营业执照以外的行政处罚。法律、行政法规对违法行为已经作出行政处罚规定，地方性法规需要作出具体规定的，必须在法律、行政法规规定的给予行政处罚的行为、种类和幅度的范围内规定。

法律、行政法规对违法行为未作出行政处罚规定，地方性法规为实施法律、行政法规，可以补充设定行政处罚。拟补充设定行政处罚的，应当通过听证会、论证会等形式广泛听取意见，并向制定机关作出书面说明。地方性法规报送备案时，应当说明补充设定行政处罚的情况。

4. 国务院部门规章可以在法律、行政法规规定的给予行政处罚的行为、种类和幅度的范围内作出具体规定。

尚未制定法律、行政法规的，国务院部门规章对违反行政管理秩序的行为，可以设定警告、通报批评或者一定数额罚款的行政处罚。罚款的限额由国务院规定。

5. 地方政府规章可以在法律、法规规定的给予行政处罚的行为、种类和幅度的范围内作出具体规定。

尚未制定法律、法规的，地方政府规章对违反行政管理秩序的行为，可以设定警告、通报批评或者一定数额罚款的行政处罚。罚款的限额由省、自治区、直辖市人民代表大会常务委员会规定。

根据《行政处罚法》第 15 条的规定，国务院部门和省、自治区、直辖市人民政府及其有关部门应当定期组织评估行政处罚的实施情况和必要性，对不适当的行政处罚事项及种类、罚款数额等，应当提出修改或者废止的建议。

任务三　行政处罚的实施

导入案例

某县个体工商户李某涉嫌违法经营。某县工商局接到群众举报后，立即派执法人员赵某前往调查，最终查实李某违法事实确凿。于是，该工商局拟决定对李某吊销营业执照、罚款 5 000 元，并告知了李某拟作出行政处罚的事实、理由、依据及依法享有的陈述、申辩、要求听证等权利。李某当即要求组织听证，该工商局要求李某交纳听证费 100 元后，在次日下午由执法人员赵某主持组织了听证。听证会结束后，该工商局对李某作出了吊销营业执照、罚款 2 000 元的行政处罚，制作了行政处罚决定书，并于 15 日后送达给李某。

问题：

1. 某县工商局关于该行为的实施过程是否正确？
2. 如何正确实施这一行为？

基本原理认知

一、行政处罚的实施机关

行政处罚体现的是行政处罚权的行使，而行政处罚权是一项重要的国家行政权，因此，行政处罚的实施机关必须由法律予以明确，由有法定职权的行政主体实施，避免行政处罚权的滥用，避免造成行政处罚的违法性。《行政处罚法》分别规定了行政机关、法律法规授权的具有管理公共事务职能的组织、受委托组织可以实施行政处罚。

1. 行政机关。《行政处罚法》第17条规定，行政处罚由具有行政处罚权的行政机关在法定职权范围内实施。《行政处罚法》首先规定行政处罚的实施机关是具有行政处罚权的行政机关。这一规定既明确行政机关代表国家行使行政权，可以实施处罚，又表明只有具有行政处罚权的行政机关才可以实施行政处罚。

为更好实施行政处罚，《行政处罚法》规定国家在城市管理、市场监管、生态环境、文化市场、交通运输、应急管理、农业等领域推行建立综合行政执法制度，相对集中行政处罚权。国务院或者省、自治区、直辖市人民政府可以决定一个行政机关行使有关行政机关的行政处罚权。限制人身自由的行政处罚权只能由公安机关和法律规定的其他机关行使。

2. 法律、法规授权的具有管理公共事务职能的组织和受委托组织。行政处罚主要由具有行政处罚权的行政机关在法定职权范围内实施。但法律、法规授权的具有管理公共事务职能的组织可以在法定授权范围内实施行政处罚。即具有管理公共事务职能的组织通过法律、法规授权，可以在法定授权范围内实施行政处罚。此外，行政机关依照法律、法规、规章的规定，也可以在其法定权限内书面委托符合《行政处罚法》第21条规定条件的组织实施行政处罚。根据《行政处罚法》的规定，该受委托组织必须符合以下条件，才能实施行政处罚：①受委托组织必须依法成立并具有管理公共事务职能；②受委托组织有熟悉有关法律、法规、规章和业务并取得行政执法资格的工作人员；③需要进行技术检查或者技术鉴定的，受委托组织应当有条件组织进行相应的技术检查或者技术鉴定。

行政机关必须以书面委托的形式委托符合法定条件的组织实施行政处罚，不得委托其他组织或者个人实施行政处罚。在进行书面委托时，委托书应当载明委托的具体事项、权限、期限等内容。委托行政机关和受委托组织应当将委托书向社会公布。

委托行政机关对受委托组织实施行政处罚的行为应当负责监督，并对该行为的后果承担法律责任。受委托组织在委托范围内，以委托行政机关名义实施行政处罚，并不得再委托其他组织或者个人实施行政处罚。

二、行政处罚的管辖

行政处罚的管辖是指处理行政处罚案件的分工和权限划分，即行政处罚案件由哪些具有行政处罚权的机关处理。行政处罚的管辖包括级别管辖、地域管辖、共同管辖、指定管辖和移送管辖。

（一）级别管辖

级别管辖是指不同级别的具有行政处罚权的机关对行政处罚案件的管辖。根据《行政处罚法》第23条的规定，行政处罚由县级以上地方人民政府具有行政处罚权的行政机关管辖。法律、行政法规另有规定的，从其规定。

根据这一规定，一般情况下，行政案件的管辖权属于县级以上地方人民政府具有行政处罚权的行政机关，乡级人民政府没有管辖权。但法律、行政法规另有规定的，从其规定。《行政处罚法》第24条第1款明确规定了，省、自治区、直辖市根据当地实际情况，可以决定将基层管理迫切需要的县级人民政府部门的行政处罚权交由能够有效承接的乡镇人民政府、街道办事处行使，并定期组织评估。省、自治区、直辖市所作的决定应当公布。

行政处罚的级别管辖由具体法律、法规规定。就级别管辖的一般规则而言，上一级行政机关有权管辖下一级行政机关管辖的行政处罚案件。

（二）地域管辖

地域管辖是指不同地域的具有行政处罚权的机关对行政处罚案件的管辖。根据《行政处罚法》第22条的规定，行政处罚由违法行为发生地的行政机关管辖。法律、行政法规、部门规章另有规定的，从其规定。违法行为发生地包括违法行为实施地和违法结果发生地。

行政处罚由违法行为发生地的行政机关管辖，便于违法行为发生地的行政机关及时对行政处罚案件调查取证，查明事实，做出正确处理。但如果法律、行政法规、部门规章规定由违法行为发生地以外的行政机关管辖的，则从其规定。如果行政处罚案件由违法行为人居住地的行政机关管辖更为方便的，经与违法行为发生地的行政机关协商，也可以由违法行为人居住地的行政机关管辖。

行政机关因实施行政处罚的需要，可以向有关机关提出协助请求。协助事项属于被请求机关职权范围内的，应当依法予以协助。如违法行为人，或证人、关系人等不在其管辖的行政区域，可以请求这些人所在地的行政区域的行政机关询问或调查取证，被请求机关有义务协助。

（三）共同管辖

共同管辖是指两个以上的具有行政处罚权的机关对行政处罚案件都有管辖权。如一个行政处罚案件根据法律的规定，既可以由违法行为实施地具有行政处罚权的行政机关管辖，也可以由违法结果发生地具有行政处罚权的行政机关管辖，这样就构成了共同管辖。两个以上行政机关都有管辖权的，由最先立案的行政机关管辖。

（四）指定管辖

指定管辖是指在两个以上的具有行政处罚权的机关对行政处罚案件都有管辖权的情况下，如果对管辖权发生争议，由共同上一级行政机关制定具体管辖机关的制度。根据《行政处罚法》的规定，指定管辖有两种情形：一是对管辖发生争议的，应当协商解决，协商不成的，报请共同的上一级行政机关指定管辖；二是直接由共同的上一级行政机关指定管辖。

（五）移送管辖

移送管辖是指无行政处罚管辖权的行政机关将已受理的行政相对人违反法律、法规的案件依法移交给有管辖权的行政机关管辖的制度。如行政机关已受理的案件，违法行为涉嫌犯罪的，行政机关应当及时将案件移送司法机关，依法追究刑事责任。对依法不需要追究刑事责任或者免予刑事处罚，但应当给予行政处罚的，司法机关应当及时将案件移送有关行政机关。

《行政处罚法》规定，行政处罚实施机关与司法机关之间应当加强协调配合，建立健全案件移送制度，加强证据材料移交、接收衔接，完善案件处理信息通报机制。

三、行政处罚的适用

行政处罚的适用是指行政主体在认定行政相对人违法的基础上，依法决定对行政相对人是否给予行政处罚以及如何科以行政处罚的活动。行政处罚的适用解决的是行政处罚的具体运用问题。

（一）行政处罚的适用条件

是否适用行政处罚，必须符合一定的条件。

1. 行政处罚适用的前提条件。公民、法人或者其他组织客观存在行政违法行为。公民、法人或者其他组织不存在行政违法行为，不得对其实施行政处罚。

2. 行政处罚适用的主体条件。行政处罚必须由具有行政处罚权的适格行政主体实施。即该行政主体不但具有行政处罚权，而且对该行政违法行为有行政处罚权。

3. 行政处罚适用的对象条件。行政处罚适用的对象，必须是违反了法律、行政法规的公民、法人或者其他组织。

4. 行政处罚适用的时效条件。是否适用行政处罚，必须遵循行政处罚时效的有关规定。根据《行政处罚法》第36条的规定，违法行为在2年内未被发现的，不再给予行政处罚；涉及公民生命健康安全、金融安全且有危害后果的，上述期限延长至5年。法律另有规定的除外。也就是一般情况下，违法行为在2年内未被发现的，不再给予行政处罚。这是行政处罚适用的一般时效条件。涉及公民生命健康安全、金融安全且有危害后果的，5年内未被发现的，不再给予行政处罚。这是行政处罚适用的特殊时效条件。如果法律对上述时效有特别规定的，按特别规定。如我国《治安管理处罚法》规定，违反治安管理行为在6个月内没有被公安机关发现的，不再处罚。

《行政处罚法》规定的时效期限，从违法行为发生之日起计算；违法行为有连续或者继续状态的，从行为终了之日起计算。

（二）行政处罚的适用方式

1. 不予处罚与免予处罚。

（1）不予处罚。不予处罚是指因存在法律、法规所规定的事由，行政主体对某些形式上虽然违法但实质上不应承担法律责任的人不适用行政处罚。根据法律、法规的规定，不适用行政处罚的情形有：

①不具有责任能力的人违法，不予处罚。包括：不满 14 周岁的未成年人有违法行为的，不予行政处罚，责令监护人加以管教；精神病人、智力残疾人在不能辨认或者不能控制自己行为时有违法行为的，不予行政处罚，但应当责令其监护人严加看管和治疗。②当事人有证据足以证明没有主观过错的，不予行政处罚。法律、行政法规另有规定的，从其规定。对当事人的违法行为依法不予行政处罚的，行政机关应当对当事人进行教育。③违法行为轻微并及时改正，没有造成危害后果的，不予行政处罚。初次违法且危害后果轻微并及时改正的，可以不予行政处罚。

（2）免予处罚。免予处罚是指行政主体依照法律、法规的规定，基于法定的特殊情况存在，对本应处罚的违法行为人免除其处罚。

免予处罚不同于不予处罚。不予处罚是法律、法规规定本不应该处罚因而不进行处罚；而免予处罚则是法律、法规规定应该处罚，只是考虑到法定的特殊情况存在，不需要科以处罚而免于处罚。

免予处罚须有法定的特殊情况存在，主要是指存在法定的免除情节，具体包括：①行为人的违法行为是因行政管理人员的过错造成的；②因国家法律、法规和政策影响及其他因素而违法的。

2. 可以处罚与应当处罚。

（1）可以处罚。可以处罚是指行政主体对违法行为人或然适用行政处罚。可以处罚具体表现为三个方面：在处罚与不处罚之间选择，如既可以予以行政处罚，也可以不予以行政处罚；在处罚幅度内选择，如既可以从重处罚，也可以从轻处罚；在处罚方式上选择，如既可以罚款，也可以拘留。

（2）应当处罚。应当处罚是指行政主体对违法行为人必然适用行政处罚。应当处罚表现为必然对违法行为人适用处罚，当然，在处罚幅度内行政主体仍然有一定的自由裁量权。应当处罚具体形式包括应当从轻、减轻、免于、从重处罚。

3. 从轻、减轻处罚与从重处罚。从轻处罚是指行政主体在法定的处罚方式和处罚幅度内，对违法行为人选择适用较轻的方式和幅度较低的处罚。减轻处罚相对于加重而言，是指行政主体对违法行为人在法定处罚幅度最低限以下适用行政处罚。从重处罚是从轻处罚的对称，是指行政主体在法定的处罚方式和处罚幅度内，对违法行为人选择适用数种处罚方式中较为严厉，或处罚幅度接近上限或达到上限的行政处罚。

从轻、从重处罚并不绝对适用最轻的处罚方式、最低的处罚幅度，或最严厉的处罚方式、最高的处罚幅度。如何从轻、减轻处罚与从重处罚，一般由行政主体在具体案件中，根据法定或酌定的情节适当、合理地予以裁量。根据《行政处罚法》第 34 条的规定，行政机关可以依法制定行政处罚裁量基准，规范行使行政处罚裁量权，行政处罚裁量基准应当向社会公布。

《行政处罚法》规定的从轻、减轻的情形有：尚未完全丧失辨认或者控制自己行为能力的精神病人、智力残疾人有违法行为的，可以从轻或者减轻行政处罚；已满 14 周岁不满 18 周岁的未成年人有违法行为的，应当从轻或者减轻行政处罚；当事人有下列情形之一，应当从轻或者减轻行政处罚：①主动消除或者减轻违法行为危害后果的；②受他人胁迫或者诱骗实施违法行为的；③主动供述行政机关尚未掌握的违法行为的；④配合行政机关查处违法行为有立功表现的；⑤法律、法规、规章规定其他应当从轻或者减轻行政处罚的。

在实施行政处罚时，应当注意：①违法行为构成犯罪，人民法院判处拘役或者有期徒刑时，行政机关已经给予当事人行政拘留的，应当依法折抵相应刑期。②违法行为构成犯罪，人民法院判处罚金时，行政机关已经给予当事人罚款的，应当折抵相应罚金；行政机关尚未给予当事人罚款的，不再给予罚款。③实施行政处罚，适用违法行为发生时的法律、法规、规章的规定。但是，作出行政处罚决定时，法律、法规、规章已被修改或者废止，且新的规定处罚较轻或者不认为是违法的，适用新的规定。

四、行政处罚的程序

（一）行政处罚的简易程序

行政处罚的简易程序又称当场处罚程序，是指对符合法定条件进行当场处罚所适用的程序。即如违法行为人具备当场处罚的条件，执法人员可遵循当场处罚的步骤、方式、时限、形式等，当场作出行政处罚决定。简易程序是相对于一般程序而言，简易程序不必遵循一般程序所要求的相对完整的程序要素要求。设置简易程序的法律意义在于简易程序可以提升行政管理的效率。

根据《行政处罚法》第 51 条的规定，适用简易程序的条件包括：①违法事实确凿；②有法定依据；③较小数额的罚款或者警告的行政处罚。较小数额罚款，是指对公民处以 200 元以下、对法人或者其他组织处以 3 000 元以下罚款或者警告的行政处罚。行政处罚的条件法律另有规定的，从其规定。

当场处罚，应当遵循以下简易程序：

1. 表明身份。执法人员当场作出行政处罚决定的，应当向当事人出示执法证件。向当事人出示执法证件，表明身份，是表明处罚主体是否合法的必要手续。

2. 告知处罚事实、理由、依据及权利。行政机关在作出行政处罚决定之前，应当告知当事人拟作出的行政处罚内容及事实、理由、依据，并告知当事人依法享有的陈述、申辩、要求听证等权利。当事人有权进行陈述和申辩。行政机关必须充分听取当事人的意见，对当事人提出的事实、理由和证据，应当进行复核；当事人提出的事实、理由或者证据成立的，行政机关应当采纳。行政机关不得因当事人陈述、申辩而给予更重的处罚。

3. 制作并交付当场处罚决定书。执法人员当场作出行政处罚决定的，应当填写预定格式、编有号码的行政处罚决定书，并当场交付当事人。当事人拒绝签收的，应当在行政处罚决定书上注明。行政处罚决定书应当载明当事人的违法行为，行政处罚的种类和依据、罚款数额、时间、地点，申请行政复议、提起行政诉讼的途径和期限以及行政机关名称，并由执法人员签名或者盖章。

4. 备案。执法人员当场作出的行政处罚决定，应当报所属行政机关备案。对当场作出的行政处罚决定，当事人应当依照《行政处罚法》第 67 条至第 69 条的规定履行行政处罚决定。

（二）行政处罚的一般程序

行政处罚的一般程序又称普通程序，是指除简易程序以外作出行政处罚所适用的程序。普通程序是行政处罚的基本程序，除法律、法规另有规定外，任何一个行政处罚决定都必须适用一般程序。相对于简易程序，一般程序具有适用范围广及程序严格、复杂的特点。

行政处罚的一般程序包括以下具体步骤：

1. 立案。立案是指行政主体通过行政检察监督，或者对申诉、控告、举报等材料，按照各自的管辖范围对违法行为进行审查后，决定将其作为行政案件进行调查取证并作出行政处罚的活动。

立案是行政处罚的启动程序。如果行政主体通过各种途径发现行政相对人实施了违法行为，应先予立案，再展开调查。一般而言，立案应符合以下条件：①经对有关材料的审查，初步认定行政相对人实施了违法行为；②该违法行为是应当受到行政处罚的行为；③属于行政主体职权管辖的范围；④不属于适用简易程序的案件。

根据《行政处罚法》的规定，符合立案标准的，行政机关应当及时立案。对符合立案条件的，行政机关应当填写立案报告表或立案审批表，经行政机关主管负责人审批后完成法律上的立案程序，并落实办案人员办理。行政处罚应当由具有行政执法资格的执法人员实施。执法人员不得少于两人，法律另有规定的除外。执法人员与案件有直接利害关系或者有其他关系可能影响公正执法的，应当回避。当事人认为执法人员与案件有直接利害关系或者有其他关系可能影响公正执法的，有权申请回避。当事人提出回避申请的，行政机关应当依法审查，由行政机关负责人决定。决定作出之前，不停止调查。

如不符合立案条件，或行政机关主管负责人不批准立案，应当制作不予立案决定书送达利害关系人。利害关系人如不服不予立案的决定，可依法申请行政复议或提起行政诉讼。

2. 调查取证。根据《行政处罚法》的规定，立案后，除依法可以当场作出的行政处罚外，行政机关发现公民、法人或者其他组织有依法应当给予行政处罚的行为的，必须全面、客观、公正地调查，收集有关证据；必要时，依照法律、法规的规定，可以进行检查。依法应当给予行政处罚的，行政机关必须查明事实；违法事实不清、证据不足的，不得给予行政处罚。

执法人员在调查或者进行检查时，应当主动向当事人或者有关人员出示执法证件。当事人或者有关人员有权要求执法人员出示执法证件。执法人员不出示执法证件的，当事人或者有关人员有权拒绝接受调查或者检查。

当事人或者有关人员应当如实回答询问，并协助调查或者检查，不得拒绝或者阻挠。询问或者检查应当制作笔录。

证据包括：①书证；②物证；③视听资料；④电子数据；⑤证人证言；⑥当事人的陈述；⑦鉴定意见；⑧勘验笔录、现场笔录。证据必须经查证属实，方可作为认定案件事实的根据。以非法手段取得的证据，不得作为认定案件事实的根据。

行政机关在收集证据时，可以采取抽样取证的方法；在证据可能灭失或者以后难以取得的情况下，经行政机关负责人批准，可以先行登记保存，并应当在 7 日内及时作出处理决定，在此期间，当事人或者有关人员不得销毁或者转移证据。

3. 告知行政处罚的事实、理由、依据和有关权利。行政机关在作出行政处罚决定之前，应当告知当事人拟作出的行政处罚内容及事实、理由、依据，并告知当事人依法享有的陈述、申辩、要求听证等权利。通过告知行政处罚的事实、理由、依据和有关权利，让当事人知晓其将被行政处罚并及时请求救济，防止错过救济时效。

行政机关及其执法人员在作出行政处罚决定之前，未依照《行政处罚法》第 44 条、第 45 条的规定向当事人告知拟作出的行政处罚内容及事实、理由、依据，或者拒绝听取当事人的陈述、申辩，不得作出行政处罚决定；当事人明确放弃陈述或者申辩权利的除外。

4. 听取陈述、申辩或者举行听证。当事人有权进行陈述和申辩。行政主体必须充分听取当事人的意见，对当事人提出的事实、理由和证据，应当进行复核；当事人提出的事实、理由或者证据成立的，行政机关应当采纳。行政机关不得因当事人陈述、申辩而给予更重的处罚。

5. 作出行政处罚决定。行政机关应当自行政处罚案件立案之日起 90 日内作出行政处罚决定。法律、法规、规章另有规定的，从其规定。

调查终结后，行政机关负责人应当对调查结果进行审查，根据不同情况，分别作出如下决定：①确有应受行政处罚的违法行为的，根据情节轻重及具体情况，作出行政处罚决定；②违法行为轻微，依法可以不予行政处罚的，不予行政处罚；③违法事实不能成立的，不予行政处罚；④违法行为涉嫌犯罪的，移送司法机关。

对情节复杂或者重大违法行为给予行政处罚，行政机关负责人应当集体讨论决定。

有下列情形之一，在行政机关负责人作出行政处罚的决定之前，应当由从事行政处罚决定法制审核的人员进行法制审核；未经法制审核或者审核未通过的，不得作出决定：①涉及重大公共利益的；②直接关系当事人或者第三人重大权益，经过听证程序的；③案件情况疑难复杂、涉及多个法律关系的；④法律、法规规定应当进行法制审核的其他情形。

行政机关依照《行政处罚法》第57条的规定给予行政处罚，应当制作行政处罚决定书。行政处罚决定书应当载明下列事项：①当事人的姓名或者名称、地址；②违反法律、法规、规章的事实和证据；③行政处罚的种类和依据；④行政处罚的履行方式和期限；⑤申请行政复议、提起行政诉讼的途径和期限；⑥作出行政处罚决定的行政机关名称和作出决定的日期。行政处罚决定书必须盖有作出行政处罚决定的行政机关的印章。

行政处罚决定书应当在宣告后当场交付当事人；当事人不在场的，行政机关应当在7日内依照《中华人民共和国民事诉讼法》（以下简称《民事诉讼法》）的有关规定，将行政处罚决定书送达当事人。当事人同意并签订确认书的，行政机关可以采用传真、电子邮件等方式，将行政处罚决定书等送达当事人。行政处罚决定书一经送达，便产生一定的法律效果。当事人提起行政复议或行政诉讼的期限，自送达之日起计算。

（三）行政处罚的听证程序

1. 听证程序的概念和特征。听证程序是指行政主体在作出重大行政处罚前，在行政主体指派的专门人员主持下，公开举行由案件承办人和当事人参加的听证会，通过申辩、质证和听取意见，进一步核实和查清事实，以保证处理结果合法、公正的一种程序。

听证程序不是一种独立的行政处罚程序，而是行政主体在普通程序中，针对法定的行政处罚决定，通过当事人申请而实施的一道特殊环节。具有以下特征：①听证程序由行政主体在作出重大行政处罚前指派专门人员主持，并与案件承办人一方和当事人一方参加；②听证程序除涉及国家秘密、商业秘密或者个人隐私依法予以保密外，须公开进行；③听证程序并不适用所有的行政处罚案件，而只适用法定的一定范围的行政处罚案件。④听证程序是一种依申请程序，以当事人要求听证为前提。当事人没有申请听证的，行政主体不主动组织听证；⑤组织听证是行政主体的法定义务。当事人要求听证的，行政主体应当组织听证。

2. 听证程序的适用范围。根据《行政处罚法》第63条第1款的规定，行政机关拟作出下列行政处罚决定，应当告知当事人有要求听证的权利，当事人要求听证的，行政机关应当组织听证：①较大数额罚款；②没收较大数额违法所得、没收较大价值非法财物；③降低资质等级、吊销许可证件；④责令停产停业、责令关闭、限制从业；⑤其他较重的行政处罚；⑥法律、法规、规章规定的其他情形。

3. 听证程序的组织。行政主体根据调查取证的材料，对法定的可以听证的行政处罚案件，应当告知当事人有要求听证的权利，当事人要求听证的，行政主体应当组织听证。行政主体一般应制作听证告知书告知当事人有要求听证的权利。听证告知书内容包括：①当事人的违法事实和证据；②拟作出的行政处罚内容及事实、理由、依据；③要求听证的权利及提出听证要求的期限；④听证组织机关。

根据《行政处罚法》第64条的规定，听证应当依照以下程序组织：

（1）听证的申请与决定。当事人要求听证的，应当在行政机关告知后5日内提出。当事人申请听证有书面形式和非书面形式两种。以非书面形式提出听证要求的，应当将情况记入笔录。当事人以邮寄方式提出听证要求的，以寄出日期为准。当事人逾期未提出听证要求的，视为放弃听证权利。当事人申请听证，不承担行政机关组织听证的费用，从而确保当事人积极听证请求权的积极行使，以便更好地组织听证，充分听取当事人的意见，全面、客观、公正地调查取证，保障行政处罚的正确。行政机关接到听证申请后，应决定举行听证的时间、地点和形式。

（2）听证通知。行政机关应当在举行听证的7日前，通知当事人及有关人员听证的时间、地点。

（3）听证的形式。除涉及国家秘密、商业秘密或者个人隐私依法予以保密外，听证公开举行。

（4）举行听证会。听证由行政机关指定的非本案调查人员主持；当事人认为主持人与本案有直接利害关系的，有权申请回避；当事人可以亲自参加听证，也可以委托1~2人代理；当事人及其代理人无正当理由拒不出席听证或者未经许可中途退出听证的，视为放弃听证权利，行政机关终止听证；举行听证时，先由主持人宣布听证会开始、听证事项及其他有关事项，然后由调查人员提出当事人违法的事实、证据和行政处罚建议，当事人进行申辩和质证；随后调查人员和当事人相互辩论；辩论结束后，当事人有最后陈述的权利，由当事人做最后的陈述；最后听证主持人宣布听证会结束。

（5）制作听证笔录。听证应当制作笔录，记录听证会的全过程。听证笔录制作后，应当交当事人或者其代理人核对无误后签字或者盖章。当事人或者其代理人拒绝签字或者盖章的，由听证主持人在笔录中注明。听证笔录是行政处罚的重要依据，应与有关证据材料一起入档封卷保存。

4. 行政处罚决定。听证结束后，行政机关应当根据听证笔录，依照《行政处罚法》第57条的规定，作出行政处罚决定。

（四）行政处罚的执行程序

行政处罚的执行程序，是指行政处罚决定作出后，为实现行政处罚决定确定的内容所遵循的程序。《行政处罚法》规定的执行程序的内容包括：

1. 作出罚款决定的行政机关应当与收缴罚款的机构分离。《行政处罚法》确立了"罚""缴"分离的制度，除依照本法第68条、第69条的规定当场收缴的罚款外，作出行政处罚决定的行政机关及其执法人员不得自行收缴罚款。下列情况下，可以当场收缴罚款：

第一，依照《行政处罚法》第 51 条的规定当场作出行政处罚决定，有下列情形之一，执法人员可以当场收缴罚款：①依法给予 100 元以下罚款的；②不当场收缴事后难以执行的。

第二，在边远、水上、交通不便地区，行政机关及其执法人员依照《行政处罚法》第 51 条、第 57 条的规定作出罚款决定后，当事人到指定的银行或者通过电子支付系统缴纳罚款确有困难，经当事人提出，行政机关及其执法人员可以当场收缴罚款。

2. 收支两条线。当事人应当自收到行政处罚决定书之日起 15 日内，到指定的银行或者通过电子支付系统缴纳罚款。银行应当收受罚款，并将罚款直接上缴国库。

执法人员当场收缴的罚款，应当自收缴罚款之日起 2 日内，交至行政机关；在水上当场收缴的罚款，应当自抵岸之日起 2 日内交至行政机关；行政机关应当在 2 日内将罚款缴付指定的银行。

行政机关及其执法人员当场收缴罚款的，必须向当事人出具国务院财政部门或者省、自治区、直辖市人民政府财政部门统一制发的专用票据；不出具财政部门统一制发的专用票据的，当事人有权拒绝缴纳罚款。

3. 行政强制。行政处罚决定依法作出后，当事人应当在行政处罚决定书载明的期限内，予以履行。当事人确有经济困难，需要延期或者分期缴纳罚款的，经当事人申请和行政机关批准，可以暂缓或者分期缴纳。

当事人逾期不履行行政处罚决定的，作出行政处罚决定的行政机关可以采取下列措施：①到期不缴纳罚款的，每日按罚款数额的 3% 加处罚款，加处罚款的数额不得超出罚款的数额；②根据法律规定，将查封、扣押的财物拍卖、依法处理或者将冻结的存款、汇款划拨抵缴罚款；③根据法律规定，采取其他行政强制执行方式；④依照《行政强制法》的规定申请人民法院强制执行。行政机关批准延期、分期缴纳罚款的，申请人民法院强制执行的期限，自暂缓或者分期缴纳罚款期限结束之日起计算。

4. 行政处罚的不停止执行、暂缓执行。当事人对行政处罚决定不服，申请行政复议或者提起行政诉讼的，行政处罚不停止执行，法律另有规定的除外。

当事人对限制人身自由的行政处罚决定不服，申请行政复议或者提起行政诉讼的，可以向作出决定的机关提出暂缓执行申请。符合法律规定情形的，应当暂缓执行。

当事人申请行政复议或者提起行政诉讼的，加处罚款的数额在行政复议或者行政诉讼期间不予计算。

5. 罚款、没收的违法所得或者没收非法财物的处理。除依法应当予以销毁的物品外，依法没收的非法财物必须按照国家规定公开拍卖或者按照国家有关规定处理。

罚款、没收的违法所得或者没收非法财物拍卖的款项，必须全部上缴国库，任何行政机关或者个人不得以任何形式截留、私分或者变相私分。

罚款、没收的违法所得或者没收非法财物拍卖的款项，不得同作出行政处罚决定的行政机关及其工作人员的考核、考评直接或者变相挂钩。除依法应当退还、退赔的外，财政部门不得以任何形式向作出行政处罚决定的行政机关返还罚款、没收的违法所得或者没收非法财物拍卖的款项。

6. 行政处罚的监督。行政机关应当建立健全对行政处罚的监督制度。县级以上人民政府应当定期组织开展行政执法评议、考核，加强对行政处罚的监督检查，规范和保障行政处罚的实施。

行政机关实施行政处罚应当接受社会监督。公民、法人或者其他组织对行政机关实施行政处罚的行为，有权申诉或者检举；行政机关应当认真审查，发现有错误的，应当主动改正。

拓展阅读

谦抑理念在行政处罚中的展开（节选）[1]

实践中，时常发生行政主体对行政相对人的一些轻微违法行为，甚至不当行为予以重罚而引起公众质疑的事件。与此相反，在疫情防控时期，成都等一些地方政府出台了《不予处罚清单》《减轻处罚清单》《从轻处罚清单》等文件，针对市场主体的轻微违法行为进行审慎监管，根据情节轻重分别作出不予、减轻或从轻处罚，既纠正了企业的违法行为，又帮助企业走出了困境，收到了良好的社会效果。如今，这些审慎处罚做法，已被各级行政机关在常态化管理中推广运用。

一、行政处罚谦抑的基本意涵

在借鉴刑罚谦抑理论的基础上，结合行政处罚的性质、目的及功能，可分析出行政处罚谦抑的谦和、节制和恰当三层意涵。

（一）行政处罚的谦和

行政处罚的谦和是贯穿行政处罚全过程的整体理念。其要义是，行政处罚权的行使主体（主要是行政主体）不应呈现高高在上的管制者形象，而是相对人合法权益的保护者角色，设定和实施行政处罚时，应保持应有的谦逊、谨慎和温和，避免处罚过于刚性和强势。

（二）行政处罚的节制

行政处罚的节制主要是对其审慎介入行政管理的理念要求。节制的要义是，基于处罚权的扩张性、制裁性和损益性，行政主体应当根据法律要求，约束和控制行政处

---

〔1〕　参见邓佑文：《谦抑理念在行政处罚中的展开》，载《法学》2022 年第 10 期。

罚介入与扩张的冲动，不得任意扩展处罚的边界和宽度。

（三）行政处罚的恰当

行政处罚作为秩序行政的重要方式，其适用在所难免，因此，需要明确处罚适用中的谦抑理念，亦即处罚的恰当观念，通俗地说，就是处罚适用应恰到好处，防止过度处罚，保障处罚的公平和效能。

二、行政处罚谦抑理念的证立

行政处罚为何应保持谦抑？又为何属于一种理念？这是在明确处罚谦抑的基本意涵基础上需要进一步释明的问题。

（一）行政处罚谦抑的正当性证成

行政处罚谦抑的正当性，可从权力属性、行政方式、制度目的和实践价值四重维度予以证成。

1. 权力属性维度之考察。行政的核心是行政权。从权力维度看，行政处罚是行政处罚权的使用。因而行政处罚的核心为行政处罚权，且是一种制裁性的消极行政权。行政权是庞大且与公民权利关系密切而紧张的权力，对公民的影响直接且广泛，而行使过程的条件限定和程序控制又相对宽松，拥有较大的裁量空间，滥用并侵权的可能性较大，需要进行严格控制。而作为行政权的行政处罚权，不但具有行政权的强制性、扩张性及滥用后的损益性等属性，而且具有制裁性。行政处罚权的制裁性意味着直接减损被处罚人的权益或增加其义务，这样更呈现损益性的可能，与相对人权利关系也就更为紧张，行政处罚权如果滥用或泛化，极容易以权谋私和侵害当事人合法权益，因此更需要加以严格控制。

2. 行政方式维度之考察。随着社会发展，公共行政范式已由传统行政向现代行政转型。政府职能从全面管制转向"放管服"张弛有度；政府角色从主要充当管理者转向主要担当服务者；行政理念从以强制为核心的管制转向以政社合作为核心的治理；行政目标从秩序效率优先转向公平效率兼顾；行政法治从合法律的形式法治转向合法律且合理的实质法治；行政过程从命令—服从转向协商—指导；行政方式从强制型转向合作型。为回应公共行政的现代转型，政府尤其应当进行行政方式的变革。在具体的行政方式选择上，行政机关宜多采用商谈方式，少用强制方式；宜以积极方式为主，消极方式为辅；宜柔性方式在先，刚性方式置后；宜将指导激励方式作为最优选项，强制惩戒方式是不得已而为之。

3. 制度目的维度之考察。对行政处罚目的需要有更精准的定位：以惩戒制裁为辅，具有手段性；以教育预防为主，具有终极性。其理由如下：①从实定法依据看，2021年修订的《行政处罚法》第6条、第33条第3款规定，对于相对人违法行为的规制，不管是依法应当处罚的，还是依法不予处罚的，最终目的都是教育改正违法行为，包括通过教育相对人自觉守法，预防违法行为的发生。②从行政处罚的惩戒功能看，"惩"的落脚点在于"戒"，亦即通过对违法当事人的惩罚，促使当事人和其他相对人引以为戒，改正和预防违法行为，达到"惩前毖后"之目的，"惩罚已发生违法行为"只是手段，"警示与教育不再违法"才是终极目的。③从行政处罚实践来看，行政主体把违法行为的制裁作为目的，不重视教育预防，则难以消除违法行为；相反，坚持处罚与教育相结合，则能取得良好执法效果。

4. 实践价值维度之考察。行政处罚谦抑的实现具有重要的实践价值。①防止处罚权滥用，促进公平正义。②促进义务履行，降低执法成本和救济成本。③有利于优化营商环境，增进社会经济效益。④有助于纠正和预防违法行为，化解社会矛盾和风险。⑤有助于信用规制和诚信社会建设。

（二）行政处罚谦抑理念属性的释明

行政处罚谦抑的属性究竟是什么，是属于行政处罚的性质，还是原则、指导思想或理念，需要对其进行释明。

1. 谦抑不是行政处罚的性质。从权力视角看，行政处罚权具有内在的扩张性和干预性，作为行使行政处罚权的行政处罚行为自然也具有上述性质。而谦抑性则是与扩张性、干预性反向的属性，彼此不可能同属于行政处罚的性质。因而，具有扩张性、干预性的行政处罚不具有内在的谦抑性，不会自动谦抑，而是基于抑制和弱化行政处罚的扩张性、干预性之目的，赋予行使行政处罚权、实施行政处罚的主体之要求。

2. 谦抑不是行政处罚的原则。行政法的原则应具备法律性、部门法特性、普遍适用性和可操作性。谦抑是对设定和实施行政处罚的主体控制行政处罚权之要求，其主要目的在于规制行政处罚权，因而具有一定的规范性，亦即具有法律性。但谦抑并不完全具备其他三方面属性。行政处罚的谦抑对行政处罚活动不具备直接的规范作用，需要将其转化为相应的法律原则和具体规则，方能实现其指引价值。

3. 谦抑不宜确定为行政处罚的指导思想。谦抑虽然对行政处罚活动具有观念层面的指引作用，但也不宜确定为行政处罚的指导思想。法的指导思想是人们对法律目的和价值的普遍认识和整体观念，对人的行为的指导作用是全局性和整体性的。而谦抑的直接价值主要体现为规范和控制行政处罚权，且不是所有的行政处罚都需谦抑，可见，谦抑对行政处罚的指引作用的全局性和普遍性不足，难以达到指导思想的高度。

4. 谦抑宜定位为行政处罚的理念要求。法律理念对法律实践具有指引作用和一定的规范作用，但这种作用是方向性和间接性的，不是直接的规范功能，如行政处罚的谦抑主要是对立法者设定处罚，以及执法者实施处罚的观念导向，其作用的实现还需适用行政处罚的各种原则和规则。

思考与练习

一、思考题

1. 行政处罚的含义与原则。

2. 行政处罚的种类、设定。

3. 行政处罚的简易程序、一般程序、听证程序、执行程序。

二、选择题[1]

1. 行政拘留的期限一般为 1 日以上（　　）。

A. 10 以下 　　　　　　　　　　　B. 30 日以下

C. 15 日以下 　　　　　　　　　　D. 60 日以下

2. 责令停产停业属于（　　）。

A. 财产罚 　　　　　　　　　　　B. 行为罚

C. 声誉罚 　　　　　　　　　　　D. 人身自由罚

3. 《行政处罚法》规定，违法行为在一定期限内没有被发现的，不再给予行政处罚，法律另有规定的除外。该期限是（　　）。

A. 10 年 　　　　　　　　　　　　B. 4 年

C. 2 年 　　　　　　　　　　　　　D. 1 年

4. 下列行政违法中，应当从轻或减轻处罚的有（　　）。

A. 已满 14 周岁不满 18 周岁的人有违法行为的

B. 主动消除或者减轻违法行为危害后果的

C. 受他人胁迫有违法行为的

D. 配合行政机关查处违法行为有立功表现的

5. 行政处罚简易程序中的较小数额罚款，是指对公民罚款在（　　）。

A. 20 元以下 　　　　　　　　　　B. 50 元以下

C. 100 元以下 　　　　　　　　　　D. 200 元以下

6. 行政处罚的一般程序包括（　　）。

A. 立案

B. 调查取证

C. 说明理由并告知权利

D. 听取当事人陈述与申辩

E. 作出行政处罚决定

---

[1] 1. C；2. B；3. C；4. ABCD；5. D；6. ABCDE。

实训任务1：行政处罚的听证程序

【案例】

孙某是经营饮食的个体工商户。一日，顾客吴某在其饮食店点了一碗米粉，吃后得了急性肠胃炎，断定为吃米粉中毒引起，要求孙某赔偿，孙某认为不是吃自己的米粉引起的中毒，拒绝赔偿。于是吴某向该区食品药品监督管理局举报，办案人员王某接到举报后，独自一人来到饮食店调查后，拟对孙某作出暂停营业及罚款1000元的处罚决定，孙某申辩说，自己的食品卫生没有问题，对处罚不服。王某教训说："吴某是吃了你的米粉才中的毒，你还想抵赖？如果你认为有问题，可以举行听证"。孙某一听，立即要求听证。

【训练目的及要求】

结合案例和相关知识，通过训练，能正确掌握行政处罚的听证程序。

【训练方法】

分两组进行，一组学生运用行政处罚听证程序模拟该案件的处理；另一组学生评价判断是否正确。

【训练步骤】

步骤1：分组。

步骤2：熟悉案例。

步骤3：学生分析案例。

步骤4：老师评判。

【案例解析】

本案结合听证程序的适用范围判断是否需要听证。如需听证，按照听证程序的一般规定组织听证。在听证过程中，调查人员提出当事人违法的事实、证据和行政处罚建议，当事人围绕行政处罚程序、事实、理由、依据等方面进行申辩和质证，特别是要明确本案中的程序错误。

实训任务2：行政处罚的一般程序

【案例】

2022年11月8日早晨，赵某在未凝固的水泥路上行走，梁某看到后立即阻止，因此双方发生争执。在争执过程中梁某被赵某打伤，于是向当地公安机关报警。当地公安机关接到报案后，立即对该案进行调查，并在当日对梁某的伤情进行法医鉴定。法医当即出具临床学鉴定书，认定属轻微伤。于是该公安机关对赵某作出行政处罚，决定对赵某治安拘留5日，罚款500元，并于同日起至2022年11月13日对赵某实施拘留。

【训练目的及要求】

结合案例和相关知识，通过训练，能正确掌握行政处罚的一般程序。

【训练方法】

分两组进行，一组学生运用行政处罚一般程序原理模拟该案件的处理；另一组学生评价判断是否正确。

【训练步骤】

步骤 1：分组。

步骤 2：熟悉案例。

步骤 3：学生分析案例。

步骤 4：老师评判。

【案例解析】

本案主要是能够按照行政处罚的一般程序——从接到案件线索、立案开始，到调查取证、处罚前告知当事人行政处罚的事实、理由、依据和有关权利，再听取当事人的陈述、申辩，根据程序规定举行听证，最后作出行政处罚决定——进行模拟，能够准确按照这一完整的程序规定对这一案件作出处理。

参考书目

1. 江必新主编：《行政处罚法条文精释与实例精解》，人民法院出版社 2021 年版。

2. 袁雪石：《中华人民共和国行政处罚法释义》，中国法制出版社 2021 年版。

3. 龚国艳、盛永彬主编：《行政法与行政诉讼法教程》，中国政法大学出版社 2015年版。

4. 湛中乐主编：《行政法学》，北京大学出版社 2012 年版。

项目十　行政强制

"法律是有牙齿的，必要的时候它会咬人。"

知识目标

1. 掌握行政强制的概念和特征。

2. 理解行政强制的设定权限。

3. 理解行政强制措施的实施程序、行政强制执行程序。

能力目标

能够分析、解决行政强制权行使的合法性问题。

✏️ 内容结构图

```
                                          ┌─────────────────┐
                                          │   行政强制的概念  │
                                          ├─────────────────┤
                    ┌──────────────┐      │   行政强制的特点  │
                    │  行政强制概述  │─────┤                 │
                    └──────────────┘      ├─────────────────┤
                                          │   行政强制的原则  │
                                          └─────────────────┘
                                          ┌─────────────────┐
                                          │ 行政强制措施的概念 │
                                          ├─────────────────┤
                    ┌──────────────┐      │ 行政强制措施的种类 │
                    │ 行政强制措施的设定│─────┤                 │
  ┌──────────┐      │   与实施      │      ├─────────────────┤
  │  行政强制  │─────└──────────────┘      │ 行政强制措施的设定 │
  └──────────┘                            ├─────────────────┤
                                          │ 行政强制措施的实施 │
                                          └─────────────────┘
                                          ┌─────────────────┐
                                          │ 行政强制执行的概念 │
                                          ├─────────────────┤
                                          │ 行政强制执行的方式 │
                    ┌──────────────┐      ├─────────────────┤
                    │ 行政强制执行的设定│─────│行政强制执行的设定权│
                    │   与实施      │      ├─────────────────┤
                    └──────────────┘      │ 行政机关强制执行程序│
                                          ├─────────────────┤
                                          │申请人民法院强制执行程序│
                                          └─────────────────┘
```

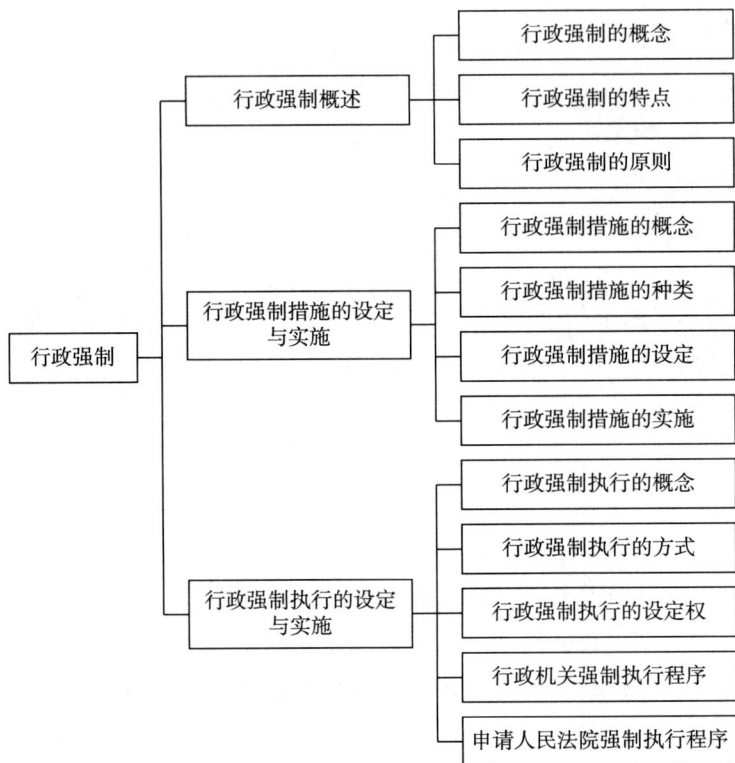

任务一　行政强制概述

📓 导入案例

某日，朱某对与其有矛盾的罗某进行殴打，致使罗某被打伤。某区公安局民警赶到现场后将伤者送往医院救治，并将相关人员口头传唤到局里调查处理，同时对朱某进行了强制传唤，经过两天的讯问查证后，因罗某的伤势结论暂不能确定，该区公安局又将本案作为刑事案件处理，进行刑事立案后又对朱某办理了拘传手续，又进行了12 小时的讯问。故朱某在公安局接受调查讯问的时间为 60 小时。罗某的伤情后经法医鉴定确认为轻微伤。区公安局查明事实后，撤销了刑事立案，又以治安案件对朱某进行处理，朱某认为，区公安局对其限制其人身自由的行为违反法律规定、属滥用职权行为，故对此事提出控告。

问题：该区公安局的行为中哪些属于行政强制？哪些属于刑事诉讼强制措施？

基本原理认知

一、行政强制的概念

行政强制，是指为了实施行政管理或者达成行政管理人或其他组织的行政目的，而对行政相对人的人身、财产、行为等采取强制性措施的制度。行政强制包括行政强制措施和行政强制执行。

行政强制措施，是指行政机关在行政管理过程中，为制止违法行为、防止证据损毁、避免危害发生、控制危险扩大等情形，依法对公民的人身自由实施暂时性限制，或者对公民、法人或者其他组织的财物实施暂时性控制的行为。

行政强制执行，是指行政机关或由行政机关申请法院对不履行行政机关依法作出的行政处理决定的公民、法人或者其他组织，采取强制手段，迫使其履行义务，或者达到与履行义务相同状态的行为。

二、行政强制的特点

1. 行政性。行政强制发生在行政管理过程中，是行政机关为了实现行政目的，依照行政程序作出的行政行为。尽管行政机关可以依法申请法院实施强制，但行政强制的主体并不因此变成人民法院，行政强制也没有因此改变其行政的性质。

2. 服从性。行政强制是行政机关的单方行为，具有强制力，相对人必须服从。

3. 限制性。行政强制直接作用于当事人的人身自由和财产等权利，具有限制公民人身自由和财产权利的作用。

4. 依附性。行政强制本身不是目的，不是为了强制而强制，而是为了其他行政行为的作出或实现而服务的。

三、行政强制的原则

由于行政强制涉及公民、法人的人身权、财产权，因此实施行政强制必须遵循一定的原则。主要有法定原则、适当原则、教育与强制相结合原则、不得为单位和个人谋利原则、保障当事人程序权利和法律救济权利原则等。

（一）法定原则

行政强制法定原则是指行政强制必须严格依照法律的规定进行。当然，这里的"法律"可作广义的理解，并不单指《行政强制法》。尽管《行政强制法》是规范行政强制的主要法律，但它并不是唯一法源，其他法律、行政法规以及地方性法规，只要其内容涉及行政强制的设定和实施，都是行政强制的依据。

行政强制法定原则包括以下四个方面：其一，权限法定。即没有行政强制权的机关和组织不得实施行政强制，有行政强制权的机关和组织必须在自己法定的权限范围内实施行政强制，否则就要承担相应的法律后果。其二，范围法定。即对于应采取行政强制的事项，法律事先规定了范围，行政机关只能在法律规定的范围内采取行政强制。其三，条件法定。即行政机关只有在法律规定的条件符合时，才能采取行政强制。其四，程序法定。即采取行政强制，不仅要实体合法，还必须符合法定程序的要求。

（二）适当原则

行政强制适当原则，要求行政强制的设定和实施都必须对手段与目的、手段的强度与目的进行衡量。

第一，行政强制的设定应当适当，在设定行政强制时应在维护公共秩序和保护公民权利之间掌握平衡，兼顾公共利益和当事人的合法利益。

第二，实施行政强制时应当适当，行政主体依法实施行政强制应当以实现行政管理所要求的目标为限。实施行政强制应当依据法定条件，选择适当的方式，既要达到行政管理的目的，又要最小限度地损害当事人的合法权益。换言之，不得滥用行政强制，采用非强制性手段能够实现行政管理目的的，不能实施行政强制；只有当采用非强制性手段不能达到行政管理目的的时候，才能依法实施行政强制。具体表现为：

1. 情节轻微的，能不实施就不实施。这里要求做到：①违法行为情节显著轻微或者没有明显社会危害的，可不采取行政强制措施；②对没有明显社会危害当事人确无能力履行，中止执行满 3 年未恢复执行的，行政机关不再执行。

2. 查封、扣押、冻结的财物价值应当适当，如应该冻结部分资金的，不能冻结整个账户。具体要求做到：①限于涉案的场所、设施或者财物，不得查封、扣押与违法行为无关的场所、设施或者财物；②不得查封、扣押公民个人及其所扶养家属的生活必需品。

3. 强制手段要适当。①当事人不依法履行行政决定时，应当优先使用非强制手段；②行政机关应当优先使用间接强制手段，无法实现行政目的时，才适用直接强制执行；③多种强制手段都可以实现行政目的的，应当选择对当事人损害最小的方式，即符合比例原则的要求。

（三）教育与强制相结合原则

实施行政强制，应当坚持教育与强制相结合。行政强制是行政机关对国家和社会事务进行管理的一种手段，而不是目的。对相对人进行说服教育，使相对人自觉守法、自觉履行法定义务，就可以降低行政目的实现的成本。

这里的"教育"，既包括特定教育，也包括一般教育；既包括对相对人的教育，也包括对一般社会公众的教育。当然，"教育与强制相结合"的"教育"主要是指对相对人的特定教育。

此外，"教育与强制相结合"，还具有"先教育，后强制"和在行政强制的事前、事中、事后的整个过程中坚持教育的意涵。该原则要求，行政机关在实施行政强制之前，即应对相对人进行教育，促使相对人自觉履行义务。如果经教育能达到的行政管理目的的，行政机关就不需要实施行政强制了。

（四）不得为单位和个人谋利原则

行政强制权作为一种公权力，其存在和行使是为了维护公共利益。国家设定行政强制及行政机关实施行政强制是为了保障和监督行政机关依法履行职责，维护公共利益和社会秩序，保护公民、法人和其他组织的合法权益，如果行政机关利用行政强制权为单位或者个人谋取私利，则构成滥用行政强制权。行政强制权如果被滥用，既损害行政机关及其工作人员的形象，也会对公民利益和社会公共利益造成严重的损害。

不得利用行政强制权谋取利益，包括不得为单位谋取利益和不得为个人谋取利益。这里的单位和个人不限于执法单位和执法人员本身，运用行政强制权为任何单位和任何个人谋取利益都是被禁止的。这就要求行政机关及其工作人员在行使行政强制权的过程中，不得掺杂部门目的或个人目的，不得徇私枉法。行政强制执法不能与部门利益或个人利益挂钩。

（五）保障当事人程序性权利原则

行政机关要严格遵守法定程序，依法保障行政管理相对人、利害关系人的知情权、参与权和法律救济权。具体有三点：

1. 作出对当事人不利的决定前，应当听取当事人的意见，当事人享有充分的陈述和申辩的权利。

2. 在行政强制实施后，当事人认为自己的权益受到损害的，有权依法申请行政复议或者提起行政诉讼。

3. 行政机关申请人民法院强制执行后，如果法院裁定并执行，而且没有变更基础行政决定，最后因基础行政决定违法导致法院的司法强制执行行为违法，且损害当事人合法权益的，应当由"申请执行的行政机关"承担主要赔偿责任。

（六）法律救济权利原则

公民、法人或其他组织因行政机关违法实施行政强制受到损害的，有权依法要求赔偿；因人民法院在强制执行中有违法行为或者扩大强制执行范围受到损害的，有权依法要求赔偿。

任务二　行政强制措施的设定与实施

导入案例

盛某驾驶货车行驶时，被交通执法人员王某以涉嫌车辆改装为由拦截，执法人员王某及该运输管理所根据交通运输部《道路货物运输及站场管理规定》的规定决定暂扣盛某的车辆及其营运证，直接把车开到停车场，拔掉车钥匙就走。后在有关部门督促、调查下，该运输管理所向盛某送达了扣押决定书。

问题：

1. 执法人员王某及该运输管理所的行政强制行为是否违反了行政程序？

2. 执法人员王某及该运输管理所暂扣证件的依据是否正确？

基本原理认知

一、行政强制措施的概念

行政强制措施，是指行政机关在行政管理过程中，为制止违法行为、防止证据损毁、避免危害发生、控制危险扩大等情形，依法对公民的人身自由实施暂时性限制，或者对公民、法人或者其他组织的财物实施暂时性控制的行为。

行政强制措施具有以下特征：①预防性和制止性。行政强制措施的目的在于预防、制止或者控制危害社会行为的发生或者扩大；②临时性和中间性。行政强制措施只是行政主体在未作出其他具体行政行为之前暂时采取的措施，是对当事人的人身、财产或行为进行的暂时限制或约束；一旦包含案件结果的其他具体行政行为作出，行政强制措施必然解除。

二、行政强制措施的种类

行政强制措施是行政机关对公民人身自由实施暂时性限制，或对公民、法人或者其他组织的财产实施暂时性控制。行政强制措施一般包括两类：对人采用的强制措施、对物采用的强制措施。

（一）对人采用的强制措施

限制公民人身自由。我国《立法法》规定，只有法律才能设定限制人身自由。根据现行颁布的《中华人民共和国人民警察法》《治安管理处罚法》《中华人民共和国道路交通安全法》《集会游行示威法》《中华人民共和国出境入境管理法》，等一系列法律，限制公民人身自由的措施的形式有盘问、留置盘问、传唤、强制传唤、扣留、人身检查、强制检测、约束、隔离、强制隔离、强行带离现场、强行驱散、驱逐和禁闭等。

（二）对物采用的强制措施

1. 查封。查封是行政机关限制当事人对其财产的使用和处分的强制措施。主要是对不动产或者不便移动的财产，由行政机关加贴封条的方式限制当事人对财产的使用或移动。形式有封存、加封、暂时性封存、先行登记保存等。

查封场所、设施或者财物的特点有：①其目的是查处违法行为固定证据；②查封的对象有场所、工具、设施、设备、财物、资料、合同、账簿等；③常见方式是就地封存。

2. 扣押财物。扣押是行政机关暂时剥夺当事人对其财物的占有。形式有扣押、扣留、暂扣、暂时扣留等。

扣押财物的特点有：①目的是查处违法行为保全证据；②对象是动产；③一般由行政机关自己保管或指定第三人保管。

查封、扣押的措施都有禁止或限制被执行人对标的物有害处分的效力，都要作出裁定并送达双方当事人，都要制作查封、扣押财产清单，但两者也有明显的区别：①采取的措施对象不同。查封的对象既可以是动产，也可以是不动产，而扣押只能是动产或证据资料。②操作的方法步骤不同。对动产的查封可以就地查封，也可以异地查封，但均需在被查封的标的物上贴上封条，对特殊动产如车辆、船舶，还应向有关部门送达协助执行通知书。对不动产的查封，可以贴封条，也可以不贴封条；如不贴封条，应张贴查封公告。如有权属登记机关的，应向有关部门送达协助执行通知书，办理查封登记；无法办理查封登记的，亦应采取张贴查封公告的方式公示。而扣押，只能异地进行，将所扣押的物品从被执行人或第三人处扣走，使其不再占有扣押的物品。对特殊的动产，亦应向有关部门送达协助执行通知书；对证据材料，应责令有关单位或个人交出，清点后封存扣走。

3. 冻结存款、汇款。冻结主要是限制金融资产流动的强制措施，是指有权的执法机关为了保证行政案件的顺利查处，根据案情需要，在一定时期内禁止存款或汇款的所有人（包括单位或个人）提取其账户内的全部或部分存款的措施。冻结对象包括冻结银行存款、汇款和邮政企业汇款，也包括股票等有价证券。形式有冻结、临时冻结、暂停支付等。

冻结存款、汇款的特点有：①冻结对象是账户资金，包括存款、汇款、有价证券等；②完成冻结需要有金融机构协助；③并非转移资金，只是限制资金流动的措施。

（三）其他强制措施

法律、行政法规及地方性法规设定的除上述行政强制措施以外的措施，主要有：进入生产经营场所的强制检查；对商品或产品的强制检验；进入或处置土地、建筑物、住宅；临时紧急征用交通工具或其他财产；法律规定的其他强制措施。

三、行政强制措施的设定

行政强制措施的只有法律、行政法规和地方性法规，包括规章在内的其他规范性文件不得设定。同时，行政强制是一般行政管理措施，不属于民族自治地方和经济特区的特别需要，因此，自治条例和单行条例、经济特区法规也不得设定。

1. 法律的设定权。法律可以设定各种行政强制措施，但下列行政强制措施的设定由法律保留：①限制公民人身自由的行政强制措施；②冻结存款、汇款；③其他应由法律设定的事项。

2. 行政法规的设定权。①某一领域或事项尚未制定法律，且属于国务院行政管理权事项的，行政法规可以设定行政强制措施，但是不得设定限制人身自由、冻结存款汇款，因为它们属于法律保留的事项；②某一领域或事项已经制定法律，行政法规只能对已经创设的行政强制措施作出细化规定。

3. 地方性法规的设定权。①尚未制定法律、行政法规且属于地方性事务的，地方性法规可以设定行政强制措施，但是仅限于两类：第一类，查封场所设施或者财物，第二类，扣押财物；②对法律、行政法规已经设定的行政强制措施，地方性法规只能作出细化规定。

四、行政强制措施的实施

（一）实施行政强制措施的一般条件

行政机关履行行政管理职责，依照法律、法规的规定，实施行政强制措施。违法行为情节显著轻微或者没有明显社会危害的，可以不采取行政强制措施。

（二）行政强制措施的实施主体

1. 行政机关。行政强制措施由法律、法规规定的行政机关在法定职权范围内实施，由行政机关具备资格的行政执法人员实施，其他人员不得实施。

行使相对集中行政处罚权的行政机关，可以实施法律、法规规定的与行政处罚权有关的行政强制措施。

2. 被授权组织。法律、行政法规授权的具有管理公共事务职能的组织在法定授权范围内，可以以自己的名义实施行政强制措施。

3. 行政强制措施权不得委托。行政强制措施与行政处罚和行政许可不同，行政强制措施权不得委托实施。

（三）行政强制措施的一般程序

行政强制措施的一般程序是指根据《行政强制法》的规定，实施各类行政强制措施应当遵守的程序和要求：

1. 报告批准。行政强制措施实施前须向行政机关负责人报告并经批准。情况紧急，需要当场实施行政强制措施的，行政执法人员应当在 24 小时内向行政机关负责人报告，并补办批准手续。行政机关负责人认为不应当采取行政强制措施的，应当立即解除。

2. 由 2 名以上行政执法人员实施。

3. 出示执法身份证件。

4. 通知当事人到场。

5. 当场告知当事人采取行政强制措施的理由、依据以及当事人依法享有的权利、救济途径。

6. 听取当事人的陈述和申辩。

7. 制作现场笔录。

8. 现场笔录由当事人和行政执法人员签名或者盖章，当事人拒绝的，在笔录中予以注明。

9. 当事人不到场的，邀请见证人到场，由见证人和行政执法人员在现场笔录上签名或者盖章。所以说，在行政强制措施的实施中，当事人可以不到场，当场也可以不签字。但是执法人员必须签。

（四）行政强制措施的特别程序

1. 实施限制公民人身自由的行政强制措施。人身自由是公民的最基本、最重要的权利，是其他公民权利的前提。法律不仅对设定限制人身自由的行政强制措施作了明确限制，对它的实施程序也作了特别规定。实施限制公民人身自由的行政强制措施，除应当履行一般程序外，还应当遵守特别规定：

（1）告知义务。当场告知或者实施行政强制措施后立即通知当事人家属实施行政强制措施的行政机关、地点和期限。

（2）批准义务。在紧急情况下当场实施行政强制措施的，在返回行政机关后，立即向行政机关负责人报告并补办批准手续。

（3）期限。实施限制人身自由的行政强制措施不得超过法定期限。实施行政强制措施的目的已经达到或者条件已经消失，应当立即解除。

2. 查封、扣押的程序。查封、扣押是实践中最为常用的行政强制措施，《行政强制法》对查封、扣押的程序作了具体规定。

（1）查封、扣押的对象。查封、扣押的仅限于涉案场所、设施或者财物。严格遵守"三不得"：不得查封、扣押与违法行为无关的场所、设施或者财物；不得查封、扣押公民个人及其所扶养家属的生活必需品；已被其他国家机关依法查封的当事人的场所、设施或者财物不得重复查封。

（2）查封、扣押的文书。制作并当场交付查封、扣押决定书。查封、扣押决定书是作出查封、扣押决定的法律文书，是采取查封、扣押措施的书面凭证，当事人对查封、扣押措施不服的可以据此申请行政复议或者提起行政诉讼。查封、扣押决定书应当载明的事项：①当事人的姓名或者名称、地址；②查封、扣押的理由、依据和期限；③查封、扣押场所、设施或者财物的名称、数量等；④申请行政复议或者提起行政诉讼的途径和期限；⑤行政机关的名称、印章和日期。

当场交付查封、扣押清单。查封、扣押清单是记载被查封、扣押财产的详细情况的书面凭证。查封、扣押清单一式二份，由当事人和行政机关分别保存。

（3）查封、扣押的期限。一般情况下，查封、扣押的期限不得超过30日，情况复杂的，经行政机关负责人批准可以延长，但延长期不得超过 30 日。因此，查封、扣押最长期限不超过 60 日。行政机关在实施查封、扣押过程中需要将延长查封、扣押的决定书面告知当事人，并说明理由。

如果对物品需要进行检测、检验、检疫或者技术鉴定情形的，查封、扣押的期间不包括检测、检验、检疫或者技术鉴定的期间。检测、检验、检疫或者技术鉴定不能成为变相的延长查封、扣押期限的手段，物品的检测、检验、检疫或者技术鉴定应当以"需要"为限，有关机构应当在最短时间内完成检测、检验、检疫或者技术鉴定，不得故意拖延。

（4）查封、扣押后的保管。对查封、扣押的场所、设施或者财物，行政机关应当妥善保管，不得使用或者损毁。因未尽妥善保管义务造成损失的，行政机关应当承担赔偿责任。

对查封的场所、设施或者财物，行政机关可以委托第三人保管，第三人不得损毁或者擅自转移、处置。因第三人的原因造成的损失，行政机关先行赔付后，有权向第三人追偿。

（5）查封、扣押的费用。因查封、扣押发生的费用，应当由行政机关承担；检测、检验、检疫或者技术鉴定的费用也由行政机关承担。

（6）查封、扣押后的处理。行政机关在采取查封、扣押措施后，应尽快查清事实，在法定期限内作出相应的决定：

①没收：行政机关对违法事实清楚的非法财物，应当依法予以没收。②销毁：对法律、行政法规规定的应当销毁的非法财物，予以依法销毁。③解除：对于当事人没有违法行为；或者查封、扣押的场所、设施或者财物与违法行为无关；或者行政机关对违法行为已经作出处理决定，不再需要查封、扣押；或者查封、扣押期限已经届满的情形，行政机关应当解除查封、扣押措施。

对于已解除的查封、扣押措施，行政机关立即退还财物。如果行政机关已将鲜活物品或者其他不易保管的财物拍卖或者变卖的，退还拍卖或者变卖所得款项。变卖价格明显低于市场价格，给当事人造成损失的，行政机关应当给予补偿。

3. 冻结。冻结存款、汇款既关系到金融机构的信用，又关系到公民、法人以及其他组织的财产安全，应当予以严格限制。

（1）冻结的实施主体。冻结实施主体只能是法律规定的行政机关，其他任何行政机关或组织不得冻结存款、汇款。

（2）冻结对象。冻结存款、汇款的数额应当与违法行为涉及的金额相当。这里体现了适当原则，行政机关行使冻结存款、汇款措施时，要求冻结的金额与涉案金额相当，这样既保证了行政效率，也保障了公民、法人以及其他组织的合法财产权利。

不得重复冻结。对于已被其他国家机关依法冻结的存款、汇款，不得重复冻结。这里的重复冻结指的是已被冻结的财产再次被别的有权机关冻结的情形。但如果同一笔存款、汇款中有一部分冻结，其余没有被冻结的部分依然可以冻结。

（3）冻结的文书。①冻结通知书：行政机关应当向金融机构交付冻结通知书。金融机构收到冻结通知书后应核实执法人员的身份证明文件的真实性和冻结通知书的有效性，证明真实有效后，金融机构有义务配合行政机关实施冻结。金融机构有配合冻结的义务：接到行政机关依法作出的冻结通知书后，应当立即予以冻结，不得拖延；不得在冻结前向当事人泄露信息。金融机构同时有权拒绝法律规定以外的行政机关或者组织要求冻结当事人存款、汇款的要求。②冻结决定书：作出决定的行政机关应当在3日内向当事人交付冻结决定书。冻结决定书应当载明：当事人的姓名或者名称、地址；冻结的理由、依据和期限；冻结的账号和数额；申请行政复议或者提起行政诉讼的途径和期限；行政机关的名称、印章和日期。

（4）冻结的期限。自冻结存款、汇款之日起30日内，行政机关应当作出处理决定或者作出解除冻结决定；情况复杂的，经行政机关负责人批准，可以延长，但是延长期限不得超过30日。法律另有规定的除外。

为了保障当事人的知情权，行政机关依法作出延长冻结期限时，应当书面告知当事人并说明理由。同时，为了保持冻结的效力，行政机关也应当将延长冻结的决定书面通知金融机构，金融机构接到通知书后，应当及时协助延长冻结。

（5）冻结的解除。有下列情形之一，行政机关应当及时作出解除冻结的决定：①当事人没有违法行为；②冻结的存款、汇款与违法行为无关；③行政机关对违法行为已经作出处理决定，不再需要冻结；④冻结期限已经届满；⑤其他不再需要采取冻结措施的情形。

行政机关作出解除冻结决定的，应当及时通知金融机构和当事人。金融机构接到通知后，应当立即解除冻结。行政机关逾期未作出处理决定或者解除冻结决定的，金融机构应当自冻结期满之日起解除冻结。

（6）实施冻结的程序。

第一，实施冻结的程序和其他行政强制措施有一定区别，根据《行政强制法》的规定，实施冻结应当遵守以下程序：实施前须向行政机关负责人报告并经批准；有两名以上行政执法人员实施；出示执法身份证件；制作现场笔录，现场笔录载明的事项一般包括冻结时间、地点，实施冻结的单位和个人，被冻结的单位和个人，协助冻结的单位和个人，冻结的具体事项等。除此之外，《行政强制法》第18条规定的通知当事人到场并当场告知采取行政强制措施的理由、依据以及告知当事人所享有权利、救济途径，现场笔录需要当事人现场签名，邀请见证人到场以及要求见证人在现场笔录上签名或盖章等程序，行政机关在实施冻结程序时不需要遵守。

第二，行政机关应当向金融机构交付冻结通知书。金融机构收到冻结通知书后应核实执法人员的身份证明文件的真实性和冻结通知书的有效性，证明真实有效后，金融机构有义务配合行政机关实施冻结。金融机构的配合冻结义务有：接到行政机关依法作出的冻结通知书后，应当立即予以冻结，不得拖延；不得在冻结前向当事人泄露信息。金融机构同时有权拒绝法律规定以外的行政机关或者组织要求冻结当事人存款、汇款的要求。

第三，《行政强制法》第32条第1款规定了冻结决定书交付的期限。自冻结存款、汇款之日起30日内，行政机关应当作出处理或解除冻结决定；情况复杂的，经行政机关负责人批准，可以延长，但延长期限不得超过30日。法律另有规定的除外。

冻结决定书应当载明：①当事人的姓名或者名称、地址；②冻结的理由、依据和期限；③冻结的账号和数额；④申请行政复议或者提起行政诉讼的途径和期限；⑤行政机关的名称、印章和日期。

任务三　行政强制执行的设定与实施

导入案例

某市政府进行老区旧城改造，王某的房屋位于旧城改造范围内。区政府成立了区旧城改建房屋征收办公室（以下简称"区旧改办"）负责房屋征收补偿工作。王某的父亲以王某的名义与区旧改办签订了《区旧城改建房屋征收实物安置与货币补偿协议书》，协议书中对房屋征收安置、搬迁过渡、费用结算等情况进行了具体约定。其中约定乙方（王某）必须在7日内腾空房屋，将房屋交给甲方（区旧改办）。协议签订后，王某未在约定时间内履行交房义务。区政府组织人员对王某的房屋进行了拆除。后王某提起诉讼。

问题：区政府拆除王某房屋的行为是否违法？

基本原理认知

一、行政强制执行的概念

行政强制执行，是指政机关或由行政机关申请法院对不履行行政机关依法作出的行政处理决定的公民、法人或者其他组织，采取强制手段，迫使其履行义务，或者达到与履行义务相同状态的行为。

行政强制执行具有以下特征：①执行主体特殊，包括行政机关和法院。一般情况下，对于紧急的、应及时采取行政强制执行的行政行为，由行政机关负责，而对于经过一段时间不会影响行政行为效果的行政强制执行，出于对行政相对人权益的保护，由行政机关申请人民法院予以适用；②执行性，行政强制执行的目的在于以强制的方式迫使当事人履行义务，或者达到与履行义务相同状态的行为。

二、行政强制执行的方式

（一）加处罚款和滞纳金

加处罚款和滞纳金是对拒不履行行政决定所确定的金钱给付义务的当事人，以加处新的金钱给付义务的方式，迫使当事人履行的行政强制执行方式。在我国，加处罚款和滞纳金主要是针对不履行罚款、税款、行政收费、社会保险费等金钱给付义务的强制执行。

（二）划拨存款、汇款

目前行政机关划拨存款、汇款的，只适用于税收和征收社会保险费等少数领域，并需要法律明确的授权才可执行。

（三）拍卖或者依法处理查封、扣押的场所、设施或者财物

拍卖或者依法处理查封、扣押的场所、设施或者财物是针对执行金钱给付义务所采取的强制执行方式。当事人在法定期限内不申请行政复议或者提起行政诉讼，经催告仍不履行的，在实施行政管理过程中已经采取查封、扣押措施的行政机关，可以将查封、扣押的财物依法拍卖抵缴罚款。

（四）排除妨碍、恢复原状

排除妨碍就是排除对权利人行使人身权或者财产权的阻碍；恢复原状就是通过修理等手段使受到损坏的财产恢复到损坏前的状况。在行政管理中，公民、法人或者其他组织的行为侵害的不是其他民事主体的权利，而是侵害了公共财产，影响了行政管理秩序，这时，当事人就可能需要承担排除妨碍、恢复原状的责任。

（五）代履行

代履行是当事人拒绝履行行政决定义务时，由行政机关或者第三人代替当事人履行行政决定的义务，并向当事人收取履行费用的执行方式。

而对于不能履行的义务，只能直接强制，不能代履行。如 1995 年《预备役军官法》（已失效）第 53 条第 1 款规定："预备役军官拒绝或者逃避登记、军事训练，经教育拒不改正的，由当地人民政府强制其履行兵役义务"。

《行政强制法》所规定的强制执行方式中，根据执行手段的不同，可分为直接强制执行和间接强制执行。直接强制执行形式多样，其特点是将执行手段直接作用于当事人的财产和人身，较为常见的方式有划拨存款、汇款，拍卖或者依法处理财物；间接强制执行的手段则相对平和，包括加处罚款或滞纳金，还有代履行。

区别代履行和直接强制执行，一是看是否属于排除妨碍、恢复原状的情形，如果当事人应当履行的义务是由于当事人事先的作为引起的从而需要当事人消除违法的后果的，是直接强制执行而并非代履行；二是看决定是否强迫当事人消除自己违法的后

果，代履行排除了强迫当事人作出一定行为，体现了对当事人人格和自由的尊重；三是看是否属于由当事人承担费用；四是如果代履行时当事人抵抗，则不能代履行；五是代履行的前提是行政决定的义务是可替代履行的，即当事人履行和其他人履行的效果是相同的。

三、行政强制执行的设定权

行政强制执行只能由法律设定。行政法规、地方性法规等都不得设定行政强制执行。法律没有规定行政机关强制执行的，作出行政决定的行政机关应当申请人民法院强制执行。

行政机关强制执行和行政机关申请法院执行并行的模式是由我国的实际情况决定的，目前我国法律对税务、海关、公安机关、地方人民政府等十多个机关的直接行政强制执行权进行单独授权，没有直接强制执行权的执法部门，需要申请人民法院强制执行。

四、行政机关强制执行程序

（一）行政强制执行的一般条件

行政机关依法作出行政决定后，当事人在行政机关决定的期限内不履行义务的，行政机关可以强制执行。

（二）行政强制执行的一般程序

对于行政机关自行强制执行程序，无论采取何种措施均应遵循下列程序要求：

1. 催告。催告就是当事人不履行行政决定，行政机关在强制执行前，书面督促当事人自觉履行。催告具有缓冲作用，有利于减少直接强制执行带来的冲突，体现了教育与强制相结合的原则。

（1）行政机关作出强制执行决定前，应当事先催告当事人履行义务。不需要催告程序的例外情形：一是立即实施代履行，需要立即清除道路、河道、航道或者公共场所的遗洒物、障碍物或者污染物，当事人不能清除的，行政机关可以决定立即实施代履行；当事人不在场的，行政机关应当在事后立即通知当事人，并依法作出处理。这里是针对紧急情形，如果不立即代履行会给别人带来不便，甚至损害正常的行政管理秩序，催告程序中的期限规定不适用于立即实行代履行的情形。二是执行罚，行政机关依法作出金钱给付义务的行政决定，当事人逾期不履行的，行政机关可以依法加处罚款或者滞纳金。根据这一规定，行政机关的执行罚并不以催告为前提。

（2）催告应当以书面形式作出，并载明以下事项：①履行义务的期限。行政机关应当根据当事人应当承担义务的具体情况，根据当事人能够正常履行义务的时间和当事人陈述和申辩的时间设定合理期限。②明确当事人履行义务的方式。③涉及金钱给付的，应当有明确的金额和给付方式。④当事人依法享有的陈述权和申辩权。

2. 听取当事人的意见。

（1）当事人收到催告书后有权进行陈述和申辩。

（2）行政机关应当充分听取当事人的意见，对当事人提出的事实、理由和证据，应当进行记录、复核。

（3）当事人提出的事实、理由或者证据成立的，行政机关应当采纳。

3. 作出强制执行决定。

（1）经催告，当事人逾期仍不履行行政决定，且无正当理由的，行政机关可以作出强制执行决定。

（2）行政强制执行决定应当以书面形式作出，并载明下列事项：①当事人的姓名或者名称、地址，②强制执行的理由和依据，③强制执行的方式和时间；④申请行政复议或者提起行政诉讼的途径和期限；⑤行政机关的名称、印章和日期。

（3）在催告期间，对有证据证明有转移或者隐匿财物迹象的，行政机关可以作出立即强制执行决定

（4）催告书、行政强制执行决定书应当直接送达当事人。当事人拒绝接收或者无法直接送达当事人的，应当依照《民事诉讼法》的有关规定送达。

4. 采取强制执行措施。行政机关根据执行内容、标的等不同，分别采取不同的强制执行方式，并遵循不同的程序规定。

5. 行政强制执行的禁止。

（1）行政机关不得在夜间或者法定节假日实施行政强制执行。但是，情况紧急的除外。

休息权是劳动者获得休息和休假时间的权利，它是公民的基本权利之一。行政强制执行也应当尊重当事人的休息权，所以法律规定行政强制执行一般不应在夜间或者法定节假日实施。这里的"夜间"一般指夜晚二十二点至早晨六点之间的期间；"法定节假日"由法律规定，根据《全国年节及纪念日放假办法》，法定节假日包括三类：一是全体公民放假的节日，包括元旦、春节、清明节、劳动节、端午节、中秋节和国庆节等；二是部分公民放假的节日及纪念日，包括妇女节、青年节、儿童节和建军节等；三是少数民族习惯的节日，具体节日由各少数民族聚居地区的地方人民政府按照该民族的习惯，规定放假日期。

但是，在紧急情况下，行政机关的强制执行不受夜间或法定节假日的限制。例如，对有证据证明有转移或者隐匿财物迹象的，行政机关可以作出立即强制执行决定；又如，需要立即清除道路、河道、航道或者公共场所遗洒物、障碍物或者污染物，当事人不能清除的，行政机关可以决定立即实施代履行。

（2）行政机关不得对居民生活采取停止供水、供电、供热、供燃气等方式迫使当事人履行相关行政决定。

水、电、热、燃气是维持居民基本生活的必需品，缺少这些会直接影响居民的基

本生存权利。如果执法机关强行执法，可能会造成当事人的对立情绪，激化矛盾，不利于社会稳定。所以行政机关实施行政强制执行过程中，不能为了公共利益的需要，给当事人的私权造成过度损害。特别是在对违法的建筑物、构筑物、设施等进行强制拆除的情况下，不得采取停止供水、供电、供热、供燃气等方式迫使当事人履行相关行政决定。

同时，需要注意的是，这一规定的对象仅指居民生活，至于法人和其他组织，行政机关依然可以采取停止供水、供电、供热、供燃气等方式迫使当事人履行相关义务。

在夜间或者法定节假日实施行政强制执行或者对居民生活采取停止供水、供电、供热、供燃气等方式迫使当事人履行相关行政决定的，由上级行政机关或者有关部门责令改正，对直接负责的主管人员和其他直接责任人员依法给予处分。

（三）行政强制执行的特别程序

除一般程序要求外，针对具体强制执行措施，行政机关还应该遵循特别程序要求。

1. 金钱给付义务的行政强制执行。金钱给付义务就是当事人应当交纳税收、行政收费和社会保险费义务以及违法应当缴纳的罚款义务。金钱给付义务的执行方式包括间接执行和直接执行。间接执行方式是罚款或滞纳金，直接执行方式是划拨和拍卖。间接执行优先于直接执行，这体现了合理行政原则。

（1）间接强制执行。①加处罚款或滞纳金的标准应告知当事人。如果故意不告知，而使当事人遭受不合理损失的，属于程序违法，应认定无效。②加处罚款或者滞纳金的数额不得超出金钱给付义务的数额。

（2）直接强制执行。①行政机关实施加处罚款或者加收滞纳金超过 30 日，经催告当事人仍不履行的，具有行政强制执行权的行政机关可以强制执行，没有行政强制执行权的行政机关就应当申请人民法院强制执行。②划拨存款、汇款应当由法律规定的行政机关决定，并书面通知金融机构。金融机构接到行政机关依法作出划拨存款、汇款的决定后，应当立即划拨；法律规定以外的机关组织要求的，金融机构应当拒绝。③依法拍卖财物，由有权的行政机关委托拍卖机构依照《中华人民共和国拍卖法》（以下简称《拍卖法》）的规定办理。

2. 代履行。代履行是根据行政决定由当事人履行的义务，由其他人履行也能达到同样的效果，在当事人不履行时，行政机关决定自己或者委托第三人履行，发生的费用由当事人承担的行政强制执行的方式。代履行是一种间接强制，本身没有强制性，这项制度的优势是避免了与当事人直接冲突，也能实现行政管理目的。

（1）适用范围。行政机关依法作出要求当事人履行排除妨碍、恢复原状等义务的行政决定，当事人逾期不履行，经催告仍不履行，其后果已经或者将危害交通安全、造成环境污染或者破坏自然资源的，行政机关可以代履行，也可以委托没有利害关系的第三人代履行。

（2）主体。行政机关可以代履行，也可以委托没有利害关系的第三人代履行。

（3）一般代履行的程序。①代履行前送达决定书，代履行决定书应当载明当事人的姓名或者名称、地址，代履行的理由和依据、方式和时间、标的、费用预算及代履行人；②代履行 3 日前，催告当事人履行，当事人履行的，停止代履行；③代履行时，作出决定的行政机关应当派员到场监督；④代履行完毕，行政机关到场监督的工作人员、代履行人和当事人或者见证人应当在执行文书上签名或者盖章。

（4）立即实施代履行的程序。立即实施代履行的程序是代履行的特别程序，立即实施代履行主要考虑到一些紧急情况下，为了保护公共利益、保证行政效率必须快速处置。

①适用对象是特定的。需要立即清除道路、河道、航道或者公共场所的遗洒物、障碍物或者污染物，当事人不能清除的，行政机关可以决定立即实施代履行；②授权形式是普遍授权。任何行政机关只要在其职权范围内，符合规定条件的，都可以依照规定立即实施清除道路、河道、航道或者公共场所的遗洒物、障碍物或者污染物；③实施程序简易。立即代履行没有催告程序，当事人在场的，行政机关可以责令当事人予以清除，当事人不能清除的，行政机关可以决定立即实施代履行；当事人不在场的，行政机关可以直接进行代履行，事后应立即通知当事人，并依法作出处理。但是立即代履行是代履行的特别程序，还是应当遵守当事人优先履行的原则，同时应当制作书面代履行决定。

（5）费用。为了控制代履行的费用，《行政强制法》规定代履行的费用按照成本合理确定，由当事人承担。但是，法律另有规定的除外。

（四）行政机关强制执行的特殊制度

1. 中止执行。中止执行是暂行停止执行。

中止执行的情形有：

（1）当事人履行行政决定确有困难或者暂无履行能力；

（2）第三人对执行标的主张权利，确有理由的；

（3）执行可能造成难以弥补的损失，且中止执行不损害公共利益的；

（4）行政机关认为需要中止执行的其他情形。

中止执行的情形消失后，行政机关应当恢复执行。对没有明显社会危害，当事人确无能力履行，中止执行满 3 年未恢复执行的，行政机关不再执行。

2. 终结执行。终结执行就是出现了客观上无法执行的情形，执行程序结束，不再执行。

终结执行的情形有：

（1）公民死亡，无遗产可供执行，又无义务承受人的；

（2）法人或者其他组织终止，无财产可供执行，又无义务承受人的；

（3）执行标的灭失的；

（4）据以执行的行政决定被撤销的；

（5）行政机关认为需要终结的其他情形。

中止执行和终结执行的区别：中止执行是执行程序的暂停，待造成中止的原因消除后，执行程序恢复，执行工作将继续进行；终结执行后，执行程序就宣告结束，以后不会恢复。

3. 执行协议。执行协议就是由行政机关与当事人就执行的内容和方式达成妥协，减少被执行人的部分义务，以实现当事人的主动履行。

（1）适用条件。实施行政强制执行，行政机关可以在不损害公共利益和他人合法权益的情况下，与当事人达成执行协议。

（2）履行。①执行协议可以约定分阶段履行；②当事人采取补救措施的，可以减免加处的罚款或者滞纳金。在执行中是否能和解，在立法过程中曾经有争议，因为按照传统的行政法理论，行政决定具有公定力和权威性，除非经过行政复议或者行政诉讼被撤销，一旦作出就要严格按照决定内容执行。如果行政决定在履行中可以打折扣，会不会影响公共利益，会不会对行政机关的权威产生影响，进而影响行政效率等一系列问题也随之而来。从国外的情况看，即使在西方法治国家，行政执行和解也鲜有所闻。执行和解是我国行政强制执行的实践经验的总结，在不损害公共利益和他人权益的情况下，行政机关与当事人当达和解，既保证了行政决定的执行，又减少了社会冲突，符合构建社会主义和谐社会的要求，是我国《行政强制法》的制度创新；③当事人不履行执行协议的，行政机关应当恢复强制执行。

4. 执行回转。执行回转是执行中或者执行完毕后，发现行政决定确有错误或者执行过程中发生错误，从而进行弥补的制度。执行回转作为对执行中错误的补救是非常必要的，尤其是目前在我国行政复议和行政诉讼不停止执行，有些行政机关自己有执行权，行政决定作出后，当事人不服申请行政复议或者提起行政诉讼，行政决定被上级行政机关或者法院撤销，执行完毕的行政决定就需要采取措施，予以补救。《行政强制法》规定，强制执行完毕后，据以执行的行政决定被撤销、变更，或者执行错误的，应当恢复原状或者退还财物；不能恢复原状或者退还财物的，依法给予赔偿。

五、申请人民法院强制执行程序

当事人在法定期限内不申请行政复议或者提起行政诉讼，又不履行行政决定的，没有行政强制执行权的行政机关可以自期限届满之日起3个月内，依照相关法律规定申请人民法院强制执行。

（一）适用条件

行政机关没有强制执行权，当事人在法定期限内不申请行政复议或者提起行政诉讼，又不履行行政决定的，行政机关依照相关法律规定申请人民法院强制执行。

（二）催告

行政机关申请人民法院强制执行前，应当催告当事人履行义务。催告书送达10日后当事人仍未履行义务的，行政机关可以申请人民法院强制执行。

（三）申请

申请人是作出该行政行为的行政机关或者法律、法规、规章授权的组织，申请期限为自当事人法定起诉期限届满之日起3个月内。

行政机关向人民法院申请强制执行，应当提供下列材料：强制执行申请书，强制执行申请书应当由行政机关负责人签名，加盖行政机关的印章，并注明日期；行政决定书及作出决定的事实、理由和依据；当事人的意见及行政机关催告情况；申请强制执行标的的情况；法律、行政法规规定的其他材料。

（四）管辖法院

行政机关可以向所在地的人民法院申请强制执行；执行对象是不动产的，向不动产所在地的基层人民法院申请强制执行。基层法院认为执行确有困难的，可以报请上级法院执行；上级法院可以决定由其执行，也可以决定由下级法院执行。

（五）法院受理

人民法院接到行政机关强制执行的申请，应当在5日内受理。行政机关对人民法院不予受理的裁定有异议的，可以在15日内向上一级人民法院申请复议，上一级人民法院应当自收到复议申请之日起15日内作出是否受理的裁定。

（六）法院审理

人民法院对行政机关强制执行的申请进行书面审查，对符合代履行条件的规定，且行政决定具备法定执行效力的，除以下列举情形外，人民法院应当自受理之日起7日内作出执行裁定：即在作出裁定前可以听取被执行人和行政机关的意见明显缺乏事实根据的；明显缺乏法律、法规依据的；其他明显违法并损害被执行人的合法权益的。人民法院应当自受理之日起30日内作出是否执行的裁定。

（七）法院裁定

裁定分为予以执行裁定和不予执行裁定。裁定不予执行的，应当说明理由，并在5日内将不予执行的裁定送达行政机关。行政机关对人民法院不予执行的裁定有异议的，可以自收到裁定之日起15日内向上一级人民法院申请复议，上一级人民法院应当自收到复议申请之日起30日内作出是否执行的裁定。

（八）立即执行

因情况紧急，为保障公共安全，行政机关可以申请人民法院立即执行。经人民法院院长批准，人民法院应当自作出执行裁定之日起5日内执行。

（九）执行费用

行政机关申请人民法院强制执行，不缴纳申请费。强制执行的费用由被执行人承担。

人民法院以划拨、拍卖方式强制执行的，可以在划拨、拍卖后将强制执行的费用扣除。依法拍卖财物，由人民法院委托拍卖机构依照《拍卖法》的规定办理。划拨的存款、汇款以及拍卖和依法处理所得的款项应当上缴国库或者划入财政专户，不得以任何形式截留、私分或者变相私分。

拓展阅读

关于行政强制执行权分配模式的探讨（节选）[1]

一、行政强制执行主体模式的界定

模式是指"事先或者将要确定的某一事务的样式或者特征"，从强制执行权行使主体的角度进行考察，行政强制执行主体模式是指对实施行政强制执行权的主体安排的制度，它可以分为单轨制执行模式和双轨制执行模式。单轨制执行模式即一元化的主体，是将行政强制执行权只赋予行政机关或法院的安排；双轨制执行模式是将行政强制执行权在行政机关和法院之间分配，以实现对权力的制约。行政强制执行的主体模式有借助法院司法程序强制执行的司法本位模式和承认行政机关自力救济、通过行政程序强制执行的行政本位模式两种，但并没有一个国家实行绝对的单轨制，都是在行政机关和法院之间分配行政强制执行权，进行分权制约，只是在制度的构建上有不同的偏重而已。不同的行政强制执行主体模式的选择，对于统一行政强制执行程序、规范行政强制执行行为、提高行政效率、监督和保障行政主体依法行使行政强制执行权、保护公民的合法权益等等在价值取向上具有不同的意义。

二、我国行政强制执行制度的分析

我国现行的行政强制执行制度是"以申请人民法院执行为原则，以行政机关自行执行为例外"的。从散见于各种法律法规中有关行政强制执行的立法可以看出，我国现行以法院为主导的行政强制执行主要由三个部分构成：

（一）行政机关自己实施的强制执行

法律、法规明确赋予行政机关强制执行权时，若行政相对方拒不履行行政义务时，行政机关依法自行强制执行，无需申请人民法院强制执行。翻看现行的法律、法规，拥有行政自行强制执行权的行政机关大多是具有公共管理职能的机关，如公安机关、海

---

〔1〕　李振杰：《关于行政强制执行权分配模式的探讨》，载 https://www.chinacourt.org/article/detail/2010/04/id/403124.shtml，最后访问日期：2024 年 11 月 15 日。

关、工商行政管理、税收管理机关、金融管理机关、交通管理部门、商标管理机关等。

目前法律授予行政机关自行强制执行的大概有如下情形：①属于各部门专业范围内的强制执行，一般由法律规定，专项授权给主管行政机关，如关于人身权的，有强制传唤、强制拘留（《治安管理处罚法》）、强制履行（《中华人民共和国兵役法》）等；属于财产和其他权利的，如滞纳金（《国营企业调节税征收办法》，已失效）、强制收兑（《违反外汇管理处罚施行细则》，已失效）、强制许可（《中华人民共和国专利法》）等。②属于各行政机关普遍需要的，如强制划拨、强制拍卖财产，原则上都需申请人民法院强制执行，法律只授予少数几个行政机关，如税务（《税收征收管理暂行条例》，已失效）、海关、审计等。

（二）人民法院实施的强制执行

法律、法规未规定行政机关可自行强制执行的，不管法律、法规是否明确可申请人民法院强制执行，也不论作出具体行政行为的依据是法律法规，还是规章抑或是其他规范性文件，行政机关均可申请人民法院强制执行。如2010年修正的《中华人民共和国著作权法》第50条规定："当事人对行政处罚不服的，可以在收到行政处罚决定书三个月内向人民法院起诉，期满不起诉又不履行的，著作权行政管理部门可以申请人民法院执行。"人民法院实施执行是通过行政机关的申请进行的，行政机关提出申请以后，法院必须认真进行审查，不仅要作形式审查，还要作实质性审查。对行政机关的申请，经审查合法，将由法院实施司法强制；经审查不合法，则退回行政机关，不予执行。

（三）既可由行政机关强制执行，又可申请人民法院强制执行的

法律、法规把行政强制执行权既授予行政机关，又授予人民法院的，行政机关可自行强制执行或申请人民法院强制执行，由行政机关决定。但行政机关一启动行政强制执行程序的，便不得再申请人民法院强制执行。如《中华人民共和国海关法》第93条规定，当事人逾期不履行海关的处罚决定，又不申请复议或向人民法院起诉的，作出处罚决定的海关可以将其保证金没收或者将其被扣留的货物、物品、运输工具依法变价抵缴，也可以申请人民法院强制执行。这种选择模式实际上是法院强制执行的一种特例，即只有在法律授权行政机关于执行前已采取某些强制措施的前提下适用。如果行政机关没有此类强制措施，仍然要向法院申请强制执行。

思考与练习

一、思考题

1. 行政强制的含义与原则。
2. 行政强制措施的种类、设定与实施程序。

3. 行政强制执行的种类、设定与实施程序。

二、选择题[1]

1. 某市质监局发现一公司生产劣质产品，查封了公司的生产厂房和设备，之后决定没收全部劣质产品、罚款 10 万元。该公司逾期不缴纳罚款。下列哪一选项是错误的？（ ）

A. 实施查封时应制作现场笔录

B. 对公司的处罚不能适用简易程序

C. 对公司逾期缴纳罚款，质监局可以每日按罚款数额的 3% 加处罚款

D. 质监局可以通知该公司的开户银行划拨其存款

2. 代履行是行政机关强制执行的方式之一。有关代履行，下列哪些说法是错误的？（ ）

A. 行政机关只能委托没有利害关系的第三人代履行

B. 代履行的费用均应当由负有义务的当事人承担

C. 代履行不得采用暴力、胁迫以及其他非法方式

D. 代履行 3 日前应送达决定书

3. 在行政强制履行过程中，行政机关依法与甲达成执行协议。事后，甲应当履行协议而不履行，行政机关可采取下列哪一措施？（ ）

A. 申请法院强制执行

B. 恢复强制执行

C. 以甲为被告提起民事诉讼

D. 以甲为被告提起行政诉讼

实训任务 1：行政强制措施的实施

【案例】

某日，江某驾驶东风运输汽车行驶至某路口时，某交警一大队执勤民警以该车未经年审为由将该车扣留。2 天后，江某携带审验手续前往处理。交警一大队执勤民警在核实过程中又发现无法查验该车的发动机号码和车架号码，遂以涉嫌套牌为由继续扣留，并口头告知江某应提供其他合法有效手续。江某虽多次托人交涉并提供更换发动机缸体、更换发动机缸体造成不显示发动机号码、车架用钢板铆钉加固致使车架号码被遮盖等证明材料，但交警大队一直以其不能提供车辆合法来历证明为由扣留。江某不服，提起行政诉讼。法院审理期间，组织当事人对加固车架的钢板铆钉进行了切割查验，显示该车车架号码与该车行驶证载明的车架号码一致。

---

[1] 1. D；2. ABD；3. B。

【训练目的及要求】

结合案例和相关知识，通过训练，能正确掌握行政强制措施的程序。

【训练方法】

分两组进行，一组学生运用行政强制原理对案例作出判断；另一组学生评价判断是否正确。

【训练步骤】

步骤1：分组。

步骤2：熟悉案例。

步骤3：学生分析案例。

步骤4：老师评判。

【案例解析】

在江某提交合法年审手续后，交警一大队又发现涉案车辆涉嫌套牌时，可依法继续扣留，但其违反法定程序，且始终未出具任何形式的书面扣留决定。涉案车辆确系我国生产的东风运输汽车，特定汽车生产厂家生产的特定汽车的车架号码最后8位字符组成的字符串具有唯一性，切割查验后显示的车架号码和行驶证所载车架号码的最后8位字符完全一致，可以认定被扣留车辆即为行驶证载明的车辆。交警一大队认定涉案车辆涉嫌套牌而持续扣留，构成主要证据不足。在江某提交相关材料后，交警一大队既不返还，又不积极调查核实，反复要求江某提供客观上已无法提供的其他合法来历证明，长期扣留涉案车辆不予处理，构成滥用职权。据此确认交警一大队扣留涉案车辆违法。

实训任务2：行政强制执行程序

【案例】

某县政府规划建设经济产业基地，需要征收某村村民小组的部分土地。王某的房屋所占土地在被征收土地范围之内，属于未经乡镇规划批准和领取土地使用证的"两违"建筑物。县政府先后在被征收土地的村民委员会、村民小组张贴《关于禁止抢种抢建的通告》《征地通告》《征地预公告》《致广大村民的一封信》《关于责令停止一切违建行为的告知书》等文书，以调查笔录等形式告知王某房屋所占土地是违法用地。后来县国土资源局分别发出两份《通知》，要求王某停止土地违法行为。1个月后某日凌晨在未发强行拆除通知、未予公告的情况下，县政府组织人员对王某的房屋实施强制拆除。王某向法院提起行政诉讼，请求确认某县政府强制拆除行为违法。

【训练目的及要求】

结合案例和相关知识，通过训练，能正确掌握行政强制执行的程序。

【训练方法】

分两组进行，一组学生运用行政强制原理对案例作出判断；另一组学生评价判断是否正确。

【训练步骤】

步骤 1：分组。

步骤 2：熟悉案例。

步骤 3：学生分析案例。

步骤 4：老师评判。

【案例解析】

虽然王某使用农村集体土地建房未经政府批准属于违法建筑，但县政府在凌晨对王某所建的房屋进行强制拆除，程序上存在严重瑕疵，即采取强制拆除前未向王某发出强制拆除通知，未向强拆房屋所在地的村民委员会、村民小组张贴公告限期自行拆除。而且，县政府在夜间实施行政强制执行，不符合法律规定。据此确认县政府对王某房屋实施行政强制拆除的具体行政行为违法。

参考书目

1. 全国人大常委会法制工作委员会行政法室编著：《中华人民共和国行政强制法解读》，中国法制出版社 2011 年版。

2. 应松年主编：《行政强制法教程》，法律出版社 2013 年版。

3. 全国人大常委会法制工作委员会行政法室编写：《〈中华人民共和国行政强制法〉释义与案例》，中国民主法制出版社 2012 年版。

4. 法律出版社法规中心编：《中华人民共和国行政强制法注释本》，法律出版社 2011 年版。

项目十一　政府信息公开

"阳光是最好的防腐剂，路灯是最好的警察。"

知识目标

1. 掌握政府信息公开的概念和原则。

2. 理解政府信息公开的范围和程序。

3. 理解政府信息公开的监督保障制度。

能力目标

能够分析、解决政府信息主动公开和依申请公开的问题。

✎ 内容结构图

```
                                    ┌──────────────────────┐
                                    │  政府信息公开的概念    │
                                    ├──────────────────────┤
                                    │ 政府信息公开的理论依据 │
                    ┌──────────┐    ├──────────────────────┤
                    │政府信息公开│────│  政府信息公开的原则    │
                    │ 的概述    │    ├──────────────────────┤
                    └──────────┘    │  政府信息公开的特征    │
                                    ├──────────────────────┤
                                    │  政府信息公开的作用    │
                                    └──────────────────────┘
                                    ┌──────────────────────┐
                    ┌──────────┐    │   政府信息主动公开     │
 ┌────────┐         │政府信息公开│────├──────────────────────┤
 │政府信息公开│──────│的范围和程序│    │  政府信息依申请公开    │
 └────────┘         └──────────┘    └──────────────────────┘
                                    ┌──────────────────────┐
                                    │ 政府信息公开工作年度报告制度│
                                    ├──────────────────────┤
                                    │ 考核、评议和责任追究制度 │
                    ┌──────────┐    ├──────────────────────┤
                    │政府信息公开│────│ 定期培训和监督检查制度  │
                    │的监督保障 │    ├──────────────────────┤
                    │  制度     │    │   保密审查制度         │
                    └──────────┘    ├──────────────────────┤
                                    │  政府信息公开救济制度   │
                                    └──────────────────────┘
```

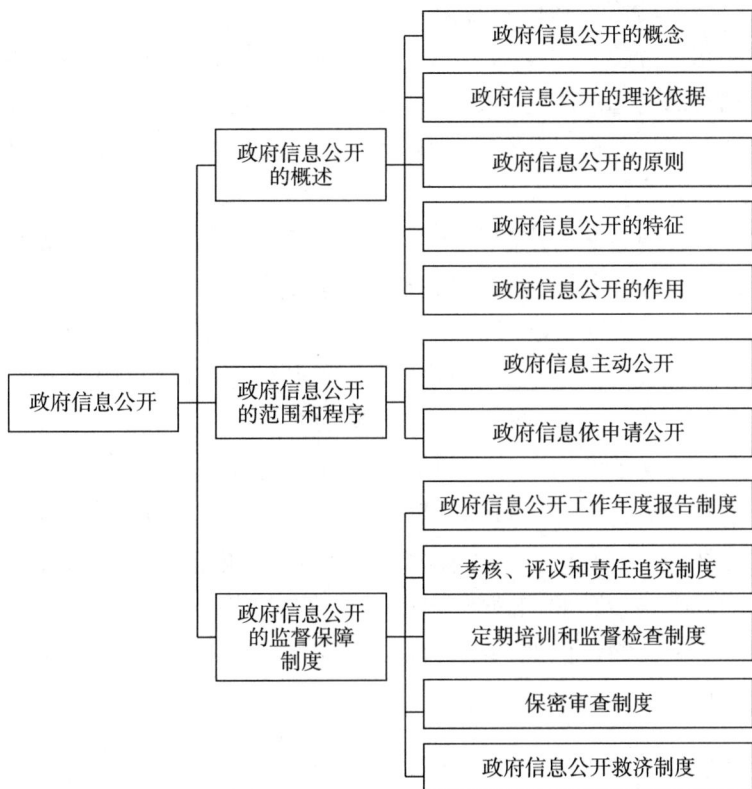

任务一　政府信息公开的概述

☞ 导入案例

　　李某系某工厂职工，该厂经区政府批准后改制。李某向区政府申请公开该厂进行改制的全部档案、拖欠原职工工资如何处理等信息。

　　问题：

　　1. 区政府是否为公开该信息的义务主体？

　　2. 若区政府作出拒绝公开的答复，是否需要告知李某并说明理由？

▦ 基本原理认知

一、政府信息公开的概念

　　政府信息，是指行政机关在履行行政管理职能过程中制作或者获取的，以一定形式记录、保存的信息。

政府信息公开，是指行政机关依照法定程序，以法定形式公开与社会公众利益相关的所有信息，并允许公众通过查询、阅览、复制、摘录、收听、观看、下载等形式充分利用政府所掌握的信息和行为的制度。

政府信息是与党务信息、立法信息、司法信息、村务信息、社团信息、企业信息和个人信息等相对的概念。相应的，政府信息公开则是与党务信息公开、立法信息公开、司法信息公开、村务信息公开、社团信息公开、企业信息公开和个人信息公开等相对的概念。

政府信息公开的内容非常广泛，既包括行政法规、规章、规范性文件、行政规划、行政政策、统计信息等抽象性的政府信息，也包括预算报告，决算报告，行政收费的项目、依据、标准，重大建设项目的批准和实施情况，以及行政主体据以作出相应决定的有关材料。除此之外，公民、法人或者其他组织还可以根据自身生产、生活、科研等特殊需要，向行政主体申请获取相关政府信息。

政府信息公开体现了政府的依法行政、服务行政的理念。政府信息公开既可以看作一种特殊的行政行为，也可以看作一种特殊的法治路径，意味着政府依法向社会公众或者申请人公开相关政府信息，政府对社会公众或者申请人的知情权的保障和实现。作为一种特殊的政治路径，如同正当程序一样，政府信息公开是促进依法行政、打造法治政府的一种重要机制，因此，在行政法上具有特殊意义，可以构成行政法上一个相对独立的组成部分。

二、政府信息公开的理论依据

（一）人民主权理论

根据人民主权理论，政府机关需要向社会公众披露有关政府机构的信息，公民亦可以从政府机关获取有用的信息，这是政府的责任和义务。具体要求就是政府在依法行使公民所赋予的法律权力时，应该做到公开、透明，在这个过程中必须接受社会公众的指导和监督，促使各级政府部门能更好地为民服务。

（二）知情权理论

知情权理论是指公民有权获得他们想了解并应知悉的政府信息。因此，行政机关应充分保障公民依法获得政府资料和信息的合法权利。知情权理论的出现为公民获取政府信息的正当性和合理性提供了有力的依据，同时也为我国学者研究信息公开的基本理论奠定了学术基础，推动了我国政府信息公开理论的发展与完善，从而有利于更好的建设政府信息公开的各项制度。

（三）言论自由理论

在我国，言论自由是公民的一项基本政治权利，法律明确规定我国公民有通过文字或者其他方式表达自己意见的权利。公民通过行使言论自由权，发表自己对政府信息公开的意见或建议，从而督促政府工作人员改进工作方法，是加强公民对政府工作监督的一种有效方式。另外，言论自由权的正确行使能为政府进行科学民主的决策带来良好的效果，避免决策的片面化，从而进一步推进服务型政府的建设。

三、政府信息公开的原则

行政机关公开政府信息，应当坚持"以公开为常态、不公开为例外"，遵循公平、公正、合法、及时、准确、高效、便民的原则。

（一）"以公开为常态、不公开为例外"为总原则

政府信息公开的总原则，是"以公开为常态、不公开为例外"。行政机关须以公开信息为常态，只要不违反保护国家秘密、商业秘密和个人隐私的要求，行政机关就应当回应申请人的请求，及时、准确地公开相关行政信息。信息不公开为例外，即要求行政机关不得公开涉及国家秘密、商业秘密、个人隐私及其他依法不予公开的政府信息。以公开为常态，不公开为例外，是对行政机关自由裁量权的限制，能够最大限度的保护公众的信息知情权。

（二）公平、公正原则

公平原则要求行政机关在政府信息公开工作中充分保障每个公民、法人和其他组织都能够平等地获得政府信息，防止某些群体或者某些社会成员以双重或者多重标准来满足私利，从而损害其他群体或者其他社会成员的利益。公正原则要求行政机关在政府信息公开工作中能够做到不偏私、不歧视，符合法律正义的标准并且以正当的目的行使公共权力。行政机关应当对作出公开或者不公开决定的公正性负责，负有对公开或者不公开决定说明理由的义务，并应提供必要的法律救济途径。

（三）合法原则

政府信息公开的合法原则体现在以下三个方面：一是依法公开。政府信息公开必须遵守法律规定，以确保社会公众对政府工作的知情权和参与权。二是权限合法。政府信息公开应当由具有相关权限的政府部门进行。三是程序合法。政府信息公开应当遵循一定的程序，包括政府信息依申请公开等程序。

（四）及时、准确原则

及时性是对政府信息公开工作时间上的要求。《中华人民共和国政府信息公开条例》（以下简称《政府信息公开条例》）规定了属于主动公开范围的政府信息，应当自该政府信息形成或变更之日起20个工作日内及时公开；应申请的政府信息公开期限要求一般为15个工作日。准确性是对政府信息公开工作内容上的要求。准确性要求行政机关不得公布虚假信息，尽量避免公开错误信息。

（五）高效、便民原则

行政机关应当以便利、有效的途径和方式公开政府信息，以方便公众获取和利用

政府信息，最大限度地满足公众对政府信息的需求。根据《政府信息公开条例》的有关规定，对于应申请的政府信息公开，信息公开申请人书面申请确有困难的可以口头申请；除检索、复制、邮寄等成本费用外，不得收取其他费用；对于信息公开申请人确有经济困难的可以减免相关费用；应当对存在阅读或者视听障碍的申请人提供必要的帮助。这些规定都体现了高效、便民原则的要求。

四、政府信息公开的特征

（一）政府信息公开的目的特定性

根据《政府信息公开条例》第1条，关于立法目的的规定，之所以要制定该条例，将政府信息公开制度化，就是"为了保障公民、法人和其他组织依法获取政府信息，提高政府工作的透明度，建设法治政府，充分发挥政府信息对人民群众生产、生活和经济社会活动的服务作用，制定本条例。"据此，可以得知，实施政府信息公开有其特定的目的。政府信息公开是政府的义务，获取政府信息是公民的权利。政府信息公开的首要目的是保障公民的知情权，缺乏相应的权利救济机制将导致公民知情权得不到保障，政府信息公开的目的和功能也将难以实现。

（二）政府信息公开的权利保障性

政府信息公开应保障公民"知"的权利或"知情权"，这是人民行使主权的前提，政府信息公开是人民主权理论的必然产物。我国推行政府信息公开是保障公民知情权、监督权、参与权的重要举措，是为实现《宪法》确定的"人民依照法律规定，通过各种途径和形式，管理国家事务，管理经济和文化事业，管理社会事务"的权利，因此，我国政府信息公开具有权利保障性的特征。

（三）政府信息公开的公权性

政府信息公开行为，是行政主体基于公法上的义务而必须实施的行为，无论是主动公开还是依申请公开，它都有公法上的依据，特别是主动公开部分更是属于公共行政。政府信息的产生，是行政机关行使行政职权的结果，而政府信息的公开，又是行政机关基于相应法律规定而作出的行政决定，无论从何种角度出发，行政信息公开行为都具有典型的公权性。从信息公开行为的本质来看，公开行为是具有公权性的行政主体行使职权的行为，具有公权性，因为其所行使的职权是法律法规赋予的权力，其代表人民行使公共权力。

五、政府信息公开的作用

（一）保障公众参政议政的权利

《政府信息公开条例》的实施给公民获取政府信息提供了一个便捷的渠道，也使得公民的参政议政愿望成为可能。因为公民只有明确知道自己拥有的权利，以及这些权利的实现途径时，才能根据个体的理解提出关于社会发展的合理化建议。而落实到某一具体行政行为时，公民在作为行政行为相对人扮演怎样的角色，是否享受相应的抗辩权、申诉权，当权利受到侵害时，可以通过哪些方式来救济，这些信息都需要政府来公开。所以，为了实现公民参政议政的权利，公开政府信息是一项切实可行的。

（二）有利于推进依法行政

党的二十大精神强调全面依法治国的重要性。在法治国家建设进程中，政府信息公开是至关重要的一环。贯彻党的二十大精神，应当坚持全面依法治国，规范政府信息公开流程。依法行政是实现依法治国的重要目标，根据这项原则，行政机关的任何行政行为都要根据法律来实施，不能违反法律的规定，也不能超越法律的规定。合法行政、合理行政、程序正当、高效便民、诚实守信、权责统一这六项内容是依法行政的内容，是行政行为所应当遵循的原则。一个国家政府信息的公开程度在很大程度上决定了公民所能掌握信息的多少和真实程度，继而影响公民对政府行为的判断和监督。公民通过政府的主动公开获取大量信息，充分了解政府的运行，同时通过依申请公开的方式了解与自身相关的政府信息。公众通过主动公开和依申请公开的方式了解到了更多的信息，进而通过举报、投诉等方式维护自己的合法权益，客观上督促行政机关依法行政。

（三）有利于监督行政机关

将政府信息进行公开，使得行政机关权力的运行完全置于公众的监督之下，一方面有效防止行政机关人员的腐败行为发生，另一方面由于信息的畅通，监督制度能够发挥自身的作用，专门的监督机构可以采取各种有效的常规、专项监督方式进行监督，公众、互联网、媒体也可以发挥补充监督作用，从而达到监督行政机关行使权力的作用。

任务二　政府信息公开的范围和程序

导入案例

某市交通局对哒哒专车公司进行了执法检查，并形成了检查记录，后将该检查记录报送给市政府。该市某出租车公司向市政府申请公开该信息，该信息涉及哒哒公司的商业秘密。

问题：

1. 由于信息涉及哒哒公司的商业秘密，公开信息是否须征求哒哒公司意见？
2. 需要如何进行政府信息依申请公开的意见征求？

基本原理认知

政府信息公开在国家行使行政权力过程中，根据法定形式和程序，将政府的相应信息予以公开，政府信息公开分为主动公开和依申请公开，所谓主动公开是指行政机关依据法律的规定，在行使行政权力的过程中主动向公众公布一些信息，而依申请公开则是指依据《政府信息公开条例》规定，公民、法人或者相关组织，根据自己生产生活科研的相关需要，向政府申请公开相关的信息。

一、政府信息主动公开

（一）政府信息主动公开的范围

对涉及公众利益调整、需要公众广泛知晓或者需要公众参与决策的政府信息，行政机关应当主动公开。《政府信息公开条例》第19条至第22条规定了行政机关主动公开的信息范围，主要包括：

1. 行政法规、规章和规范性文件；
2. 机关职能、机构设置、办公地址、办公时间、联系方式、负责人姓名；
3. 国民经济和社会发展规划、专项规划、区域规划及相关政策；
4. 国民经济和社会发展统计信息；
5. 办理行政许可和其他对外管理服务事项的依据、条件、程序以及办理结果；
6. 实施行政处罚、行政强制的依据、条件、程序以及本行政机关认为具有一定社会影响的行政处罚决定；
7. 财政预算、决算信息；
8. 行政事业性收费项目及其依据、标准；
9. 政府集中采购项目的目录、标准及实施情况；
10. 重大建设项目的批准和实施情况；
11. 扶贫、教育、医疗、社会保障、促进就业等方面的政策、措施及其实施情况；
12. 突发公共事件的应急预案、预警信息及应对情况；
13. 环境保护、公共卫生、安全生产、食品药品、产品质量的监督检查情况；
14. 公务员招考的职位、名额、报考条件等事项以及录用结果；
15. 法律、法规、规章和国家有关规定规定应当主动公开的其他政府信息。

除上述政府信息外，设区的市级、县级人民政府及其部门还应当根据本地方的具体情况，主动公开涉及市政建设、公共服务、公益事业、土地征收、房屋征收、治安管理、社会救助等方面的政府信息；乡（镇）人民政府还应当根据本地方的具体情况，主动公开贯彻落实农业农村政策、农田水利工程建设运营、农村土地承包经营权流转、宅基地使用情况审核、土地征收、房屋征收、筹资筹劳、社会救助等方面的政府信息。

综上，政府应当主动公开的政府信息主要分为三个方面：一是涉及公民、法人或者其他组织切身利益的；二是需要被广泛知晓以及需要社会广泛参与的政府信息；三是反映本行政机关机构设置、职能、办事程序等情况的。

（二）政府信息主动公开的例外

政府信息主动公开的例外，具体包括三类情形：

1. 绝对不公开。依法确定为国家秘密的政府信息，法律、行政法规禁止公开的政府信息，以及公开后可能危及国家安全、公共安全、经济安全、社会稳定的政府信息，不予公开。

根据《中华人民共和国保守国家秘密法》（以下简称《保守国家秘密法》）有关条款，所有对国家安全和利益产生重要影响的事项都属于国家秘密，其涵盖范围较广，主要包括国家事务重大决策中的秘密事项、国防建设和武装力量活动中的秘密事项、外交和外事活动中的秘密事项以及对外承担保密义务的秘密事项、国民经济和社会发展中的秘密事项、科学技术中的秘密事项、维护国家安全活动和追查刑事犯罪中的秘密事项、经国家保密行政管理部门确定的其他秘密事项。正是由于这些事项的泄露可能对国家安全和利益造成重大损害，因此其在知悉的人员和时间上有着极严格的规定。故国家秘密是为维护国家安全和利益，在一定时间内仅限于部分人员知晓的信息，按照内容的不同分为不同的保密等级，分为绝密、机密和秘密三级。《政府信息公开条例》对涉及国家秘密的政府信息严禁公开，对公开信息是否涉密规定了事前审查程序，在无法确定是否涉密时需要报主管部门或者保密工作部门决定。

2. 相对不公开。涉及商业秘密、个人隐私等公开会对第三方合法权益造成损害的政府信息，行政机关不得公开。但是，第三方同意公开或者行政机关认为不公开会对公共利益造成重大影响的，予以公开。

商业秘密主要由《中华人民共和国反不正当竞争法》规定，一般指具有保密性的技术信息和经营信息，而技术信息和经营信息能否成为商业秘密取决于其自身的商业价值的大小。商业秘密包括不为公众知悉的秘密性、经济利益的价值性、实用性和采取保密措施的管理性四个构成要件。基于对企业合法权益的保护，商业秘密原则上不予公开，除非是基于公共利益的需要。因此，对何为公共利益以及其在何时适用等要有明确的解释和规定。实践中，在具体认定公共利益时，主要有三个方面：其一，公共利益的范围不局限于经济利益，也可以是政治利益、公共安全利益等。其二，当不公开商业秘密，会侵害到人的生命权、人格尊严、健康权时，优先保护公众的人身权利。其三，衡量信息公开前后可能会造成的损失。从上述三个方面来具体权衡公共利益维护与商业秘密的保护。

个人隐私是指自然人的私人生活安宁和不愿为他人知晓的私密空间、私密活动、私密信息，任何组织或者个人不得以刺探、侵扰、泄露、公开等方式侵害他人的隐私权。个人隐私主要包括个人的生理信息、身体隐私、健康隐私、财产隐私、家庭隐私、个人经历隐私、基因隐私。个人隐私属于政府信息不公开范围，只是其要受到公共利益衡量的限制或者个人同意公开。在保障公众知情权与保护公民隐私权两者发生冲突时，行政机关在公开相关信息可能侵害第三方合法权益时，行政机关应根据比例原则，作出适当处理，以取得与同样受法律保护的其他权利之间的平衡。

3. 可以不公开。行政机关的内部事务信息，包括人事管理、后勤管理、内部工作流程等方面的信息，可以不予公开。行政机关在履行行政管理职能过程中形成的讨论记录、过程稿、磋商信函、请示报告等过程性信息以及行政执法案卷信息，可以不予公开。法律、法规、规章规定上述信息应当公开的，从其规定。之所以不披露过程性、内部性以及决策性信息的主要原因是，此类信息存在"非终极性"与"内部性"特征，假如过早披露，或许会导致混乱，或者阻碍真实意见的提出与合理意思的形成，进而影响政府的工作效率。

（三）政府信息主动公开的程序

1. 主动公开的方式。主动公开方式，是指行政机关向社会公众主动传播政府信息的途径和载体，包括政府公报、政府网站、其他互联网政务媒体、新闻发布会以及报刊、广播、电视等。各级人民政府利用统一的政府信息公开平台集中发布主动公开的政府信息。政府信息公开平台具备信息检索、查阅、下载等功能。

对公开方式的选择，主要考虑传播的效率，即以最小的成本使政府信息为更多的人群所知晓，某种方式的传播效率越高，对政府信息公开就越有利。

2. 主动公开的场所。各级人民政府在国家档案馆、公共图书馆、政务服务场所设置政府信息查阅场所，并配备相应的设施、设备，为公民、法人和其他组织获取政府信息提供便利。行政机关可以根据需要设立公共查阅室、资料索取点、信息公告栏、电子信息屏等场所、设施，公开政府信息。行政机关应及时向国家档案馆、公共图书馆提供主动公开的政府信息。

3. 主动公开的期限。属于主动公开范围的政府信息，应当自该政府信息形成或者变更之日起20个工作日内及时公开。法律、法规对政府信息公开的期限另有规定的，从其规定。

二、政府信息依申请公开

（一）政府信息依申请公开的主体

1. 申请人。公民、法人或者其他组织可以向地方各级人民政府、对外以自己名义履行行政管理职能的县级以上人民政府部门（含派出机构、内设机构）申请获取相关政府信息。

申请人的主体资格，包含以下三方面的内容：

第一，"公民、法人或者其他组织"是适格的申请人。不具有行为能力的法律主体，虽然具有申请人资格，但是需要由其法定监护人代理其实施有关法律行为。

第二，"公民、法人或者其他组织"，一般不包括行政机关本身，因此，行政机关自身不能成为政府信息公开申请人。在我国现行体制下，事业单位与行政机关具有类似性，一般也不能成为政府信息公开申请人。

第三，只要具备"公民、法人或者其他组织"的法律主体身份，就具备申请人主体资格，没有其他附带条件。

2. 义务主体。《政府信息公开条例》对负有公开义务的三类主体有明确规定，即各级政府及其职能部门、具有管理职能的组织和公共企事业单位。这三类主体因为工作职责需要，保存了众多信息资源，是信息的拥有者，故而也负有向社会提供相关信息的职责。前两类主体需要严格执行条例的各项规定，其具体公开工作都要依法开展。第三类主体却是规定在附则中，属于参照执行，具有特殊性。教育、供电、供水、供热、供气、环保等与社会公共利益关系紧密的企、事业单位并没有管理公共事务的权限，与前两类主体具有不同的性质。但由于其公共服务的性质，也拥有大量社会公共信息，所以此条例将这部分公共企事业单位也纳入调整范围。同时考虑到这部分公共企事业单位并非公权力机关的性质，条例作出参照执行的特别规定。将这部分与人民群众利益密切相关的公共信息公开，更加有助于回应社会关切，提高公共组织服务水平。

政府信息可能由多个行政主体所掌握，确定由哪一个行政机关负责公开或者申请人在选择具体的行政主体时，应当以什么标准来选择。理论上，有两种途径可供选择：一是行政机关制作的政府信息，由制作该政府信息的行政机关负责公开。行政机关从公民、法人和其他组织获取的政府信息，由保存该政府信息的行政机关负责公开。二是行政机关获取的其他行政机关的政府信息，由制作或者最初获取该政府信息的行政机关负责公开。法律、法规对政府信息公开的权限另有规定的，从其规定。《政府信息公开条例》确定了"谁制作谁公开，谁保存谁公开"的原则，因此申请人必须对义务主体做出正确的选择和请求。

行政机关设立的派出机构、内设机构依照法律、法规对外以自己名义履行行政管理职能的，可以由该派出机构、内设机构负责与所履行行政管理职能有关的政府信息公开工作。两个以上行政机关共同制作的政府信息，由牵头制作的行政机关负责公开。

由于行政机关内部机构设置不同，政府信息公开的负责机构也不同，出现了由办公室、信息中心、新闻处、法制处等不同机构负责政府信息公开工作的情况。

确定政府信息公开义务主体范围时，需要把握三方面的标准：

第一，行政性，是指作为政府信息公开义务主体的行政机关，是行政性的行政机关，而不包括立法机关和司法机关。

第二，外部性，是指作为政府信息公开义务主体的行政机关，是对外履行行政职责，其行为能够直接影响当事人权益的行政机关。

第三，独立性，是指作为信息公开义务主体的行政机关，是在组织上相对独立地履行职责的行政机关。

（二）政府信息依申请公开的程序

1. 申请前的准备。申请人在向特定机关申请获取政府信息之前，应当首先阅读该行政机关的政府信息公开指南和政府信息公开目录，以便更好地申请并获取相关政府信息。政府信息公开指南包括政府信息的分类、编排体系、获取方式和政府信息公开工作机构的名称、办公地址、办公时间、联系电话、传真号码、互联网联系方式等内容。政府信息公开目录包括政府信息的索引、名称、内容概述、生成日期等内容。

2. 申请人的申请程序。申请人提出申请主要有三种方式：一是网上申请，目前我国的主要行政职能部门开设了官方网站，公众可以在相关的行政职能部门的官方网站中向其提出公开政府信息的申请；二是书面申请，公众可以当场或通过邮寄、传真等方式向行政职能部门提出公开相关政府信息的书面申请；三是口头申请，一般来说，行政职能部门是不接受口头申请的，但一些部门规定对于那些书面申请确有困难的人群口头提出的政府信息公开申请，行政职能部门的受理人员可以代为书写政府信息公开申请，再由申请人签字确认后提交。

政府信息公开申请应当包括下列内容：

（1）申请人的姓名或者名称、身份证明、联系方式；

（2）申请公开的政府信息的名称、文号或者便于行政机关查询的其他特征性描述；

（3）申请公开的政府信息的形式要求，包括获取信息的方式、途径。

3. 补正程序。政府信息公开申请内容不明确的，行政机关给予指导和释明，并自收到申请之日起 7 个工作日内一次性告知申请人作出补正，说明需要补正的事项和合理的补正期限。答复期限自行政机关收到补正的申请之日起计算。申请人无正当理由逾期不补正的，视为放弃申请，行政机关不再处理该政府信息公开申请。

4. 依申请公开的答复期限。行政机关收到政府信息公开申请，能够当场答复的，应当当场予以答复。行政机关不能当场答复的，应当自收到申请之日起 20 个工作日内予以答复；需要延长答复期限的，应当经政府信息公开工作机构负责人同意并告知申请人，延长的期限最长不得超过 20 个工作日。行政机关征求第三方和其他机关意见所需时间不计算在前款规定的期限内。

5. 行政机关的受理答复。依申请公开主要审查的是申请公开的内容，一是审查是否属于主动公开的内容；二是审查是否属于不予公开的内容；三是审查是否与申请人的特殊需要有关。审查之后，行政机关根据下列情况分别作出答复：

（1）所申请公开信息已经主动公开的，告知申请人获取该政府信息的方式、途径；

（2）所申请公开信息可以公开的，向申请人提供该政府信息，或者告知申请人获取该政府信息的方式、途径和时间；

（3）行政机关依据条例的规定决定不予公开的，告知申请人不予公开并说明理由；

（4）经检索没有所申请公开信息的，告知申请人该政府信息不存在；

（5）所申请公开信息不属于本行政机关负责公开的，告知申请人并说明理由；能够确定负责公开该政府信息的行政机关的，告知申请人该行政机关的名称、联系方式；

（6）行政机关已就申请人提出的政府信息公开申请作出答复、申请人重复申请公开相同政府信息的，告知申请人不予重复处理；

（7）所申请公开信息属于工商、不动产登记资料等信息，有关法律、行政法规对信息的获取有特别规定的，告知申请人依照有关法律、行政法规的规定办理。

综上，申请的答复有三种：一是不予以公开的答复，这种答复主要适用于所申请的信息含有不予公开的内容，作出这种答复必须要对不予公开的理由进行说明，但在这种答复中，如果信息能够区分处理的，则要向申请人公开可以公开的信息；二是公开答复，申请人申请的信息如果属于可以公开的信息，则公开义务部门必须向申请人公开；三是告知答复，当申请人申请公开的信息不属于本部门保管或制作的信息时，或者属于主动公开的内容时，受理机关应向申请人告知其可以获取相关信息的部门或渠道。另外，对于同一申请人向同一行政机关就同一内容反复提出公开申请的，行政机关可以不重复答复。

6. 依申请公开的形式和收费。政府信息公开处理决定，是正式的国家公文，应当以权威、规范的方式依法送达申请人。行政机关依申请公开政府信息，根据申请人的要求及行政机关保存政府信息的实际情况，确定提供政府信息的具体形式。按照申请人要求的形式提供政府信息，可能危及政府信息载体安全或者公开成本过高的，通过电子数据以及其他适当形式提供，或者安排申请人查阅、抄录相关政府信息。

申请公开政府信息的公民存在阅读困难或者视听障碍的，行政机关应当为其提供必要的帮助。行政机关依申请提供政府信息，不收取费用。但是，申请人申请公开政府信息的数量、频次明显超过合理范围的，行政机关可以收取信息处理费。

7. 信息更正程序。公民、法人或者其他组织有证据证明行政机关提供的与其自身相关的政府信息记录不准确的，可以要求行政机关更正。有权更正的行政机关审核属实的，应当予以更正并告知申请人；不属于本行政机关职能范围的，行政机关可以转送有权更正的行政机关处理并告知申请人，或者告知申请人向有权更正的行政机关提出。

（三）政府信息依申请公开的意见征求

《政府信息公开条例》第 32 条规定，依申请公开的政府信息公开会损害第三方合法权益的，行政机关应当书面征求第三方的意见。其第 34 条规定："申请公开的政府信息由两个以上行政机关共同制作的，牵头制作的行政机关收到政府信息公开申请后可以征求相关行政机关的意见，被征求意见机关应当自收到征求意见书之日起 15 个工作日内提出意见，逾期未提出意见的视为同意公开。"上述规定明确了行政机关何时、因何征求意见，也即法定的征求意见事由。

同时，由于征求意见是行政机关和其他机关、组织或个人之间交往常见的行为方式，行政机关在信息公开工作中，可能会基于《政府信息公开条例》第 11 条第 1 款中"协调"及第 17 条"审查"条款等相关规定，以征求意见的形式行使如协商、确认、请示的职能。故依申请公开政府信息，行政机关因信息公开征求意见应还包括《政府信息公开条例》第 11 条第 1 款、第 17 条及类似的法律规定。该类规定虽未明确行政机关可征求意见，但行政机关基于上述规定以征求意见的形式履行相关职能不为法律所禁止，也是行政机关习惯做法，故行政机关基于此类规定征求意见具有正当性，属征求意见的正当事由。

从《政府信息公开条例》第 33 条第 3 款的规定来看，行政机关就政府信息公开事项征求意见可以分为两类：一类是向第三方征求意见，一类是向其他机关征求意见。根据条例第 15 条、第 32 条规定，行政机关在依申请公开政府信息中向第三方征求意见应当是在依申请公开的政府信息可能会涉及除申请人外的第三方的商业秘密或个人隐私的情况下，这是因为涉及商业秘密或个人隐私的政府信息公开会对第三方合法权益造成损害，为了保护第三方的合法权益，有必要就此类政府信息的公开向第三方征求意见。

在《政府信息公开条例》中，行政机关可能存在征求意见的情形包括政府信息公开条例第 11 条第 1 款、第 17 条、第 34 条的规定。从上述规定看，行政机关向其他机关征求意见包括三种情形：其一，申请公开的政府信息由两个以上行政机关共同制作的。此时征求意见的对象是行政机关，而非立法机关、司法机关。其二，公开政府信息涉及其他机关的，为保证公开的政府信息准确一致，应当与其他机关协商、确认。此时征求意见的前提是相关政府信息内容可能引用了其他机关的数据、文件等，为了保证信息一致，需要向其他机关协商、确认，征求意见的对象不限于行政机关，也包括立法机关、司法机关等。其三，行政机关在不能确定政府信息是否可以公开的情况下，如可能涉及国家秘密和行业秘密等，应当依照法律、法规和国家有关规定报有关主管部门或者保密行政管理部门确定。此时，征求意见的对象是行政机关。

任务三　政府信息公开的监督保障制度

导入案例

某环保联合会对某公司提起环境民事公益诉讼，因在诉讼中需要该公司的相关环保资料，遂向县环保局提出申请公开该公司的排污许可证、排污口数量和位置等有关环境信息。申请书中载明了单位名称、住所地、联系人及电话并加盖了公章、获取信息的方式等。县环保局收到申请后，要求环保联合会提供申请人身份的证明材料。环保联合会提供了社会团体登记证复印件。县环保局以申请公开的内容不明确为由拒绝公开。

问题：该环保联合会有什么救济途径，能否投诉、举报、申请行政复议或者提起行政诉讼？

基本原理认知

若没有监督作为保障，政府信息公开不过是一纸空文。"阳光下政府"的提出要求行政机关要秉公行事，依法行政。政府信息公开反映政府权力运行的工作机制，政府信息公开监督同时也是对政府权力运行工作进行监督。加强政府信息公开监督，可以有效预防腐败，对政府的建设和社会的稳定有着积极的作用。政府信息公开监督保障的制度，包含着政府信息公开工作年度报告制度，考核、评议和责任追究制度，主管部门的培训和监督检查制度，保密审查制度，政府信息公开救济制度。

一、政府信息公开工作年度报告制度

政府信息公开年度报告制度已经被《政府信息公开条例》明文规定为一项实施法律法规的"监督和保障"措施。对于政府按时完成信息公开年度工作报告，我国《政府信息公开条例》有着严格的规定，进行工作报告不能晚于每年的3月31日。政府信息公开年度报告制度与其说是一项政府信息公开职责，不如说是一种将各级行政机关政府信息公开工作实况交由社会监督的"监督和保障"措施。其不同于《政府信息公开条例》在同一章中规定的个案性的救济，而是一种采用公布年度工作报告方式对履行政府信息公开职责的情况予以整体和全面的监督措施。这既是一种结果监督，也是一种过程监督。虽然在目前仅由行政法规作出规定，无论是就规则制定主体，还是报告主体以及报告内容都具有明显的行政机关的"自我监督性"。各级行政机关将每年的政府信息主动公开的内容和执行情况、依申请公开案件数量和公开情况、信息公开行政诉讼案件数量及胜诉率和对比前年增长情况等相关信息向上级主管部门进行汇报，主要的上级机关是各级政府办公室，向各级机关的上级机关汇报后，再由上级机关进行汇总上报和对外公布。

政府信息公开工作年度报告应当包括下列内容：①行政机关主动公开政府信息的情况；②行政机关收到和处理政府信息公开申请的情况；③因政府信息公开工作被申请行政复议、提起行政诉讼的情况；④政府信息公开工作存在的主要问题及改进情况，各级人民政府的政府信息公开工作年度报告还应当包括工作考核、社会评议和责任追究结果情况；⑤其他需要报告的事项。全国政府信息公开工作主管部门应当公布政府信息公开工作年度报告统一格式，并适时更新。

二、考核、评议和责任追究制度

（一）考核制度

考核制度是由各级人民政府负责的行政机关的内部监督制度，包括制定考核的具体办法，确立考核的具体标准，并且明确考核机构及其人员构成。考核针对各行政机关及其政府信息公开工作机构的人员定期进行，一般采取听取汇报、查看资料、数据统计、报表分析、社会调查等多种方式综合评价。要想对政府信息公开进行监督和保障，政府信息公开工作考核制度是其中尤为重要的一环。该制度通过设立客观公正、合理科学的考核标准，同时结合对时效性的要求，将政府信息公开工作的评估内容、方式等进行合理的归类和划分，让政府信息公开工作的成果具体化，从而能够客观评价政府公开工作，发现政府部门信息公开工作的不足，并能够及时得到纠正，强化政府的服务性，促进服务型政府的建设。

（二）评议制度

评议制度是由各级人民政府组织人民群众进行的行政机关的外部监督制度。由于人民群众是政府信息公开的直接受益者，人民群众对政府信息公开的内容是否真实、准确、全面，时间是否及时，程序是否符合规定，制度是否落实到位等都有切身体会。由人民群众对政府信息公开工作进行评议，是人民监督的具体体现。政府信息公开监督的评议制度，要由政府牵头，通过组织专家、新闻媒体、公众参与，通过问卷、调研、走访等多种形式，收集人民群众对政府公开工作的意见，以促进政府信息公开工作的有效实施，进一步促进我国建立服务型政府和阳光透明政府。

（三）责任追究制度

政府信息公开工作完成后，对于优秀的部门应当奖励，对于不合格的部门和违法的行为不能听之任之，而是应进行严格的责任追责。责任追究制度是考核、评议制度能够切实发挥监督作用的保障。如果不根据考核、评议的结果采取相应的措施，追究履行政府信息公开职责不到位的工作部门及人员的责任，那么考核、评议就难以发挥其应有的监督作用。因此，考核、评议完毕之后，必须及时根据责任追究办法，对政府信息公开工作较差的部门中有关责任人员予以惩戒。

法律责任包括责令改正和处分。责令改正是针对行政机关作出的，是对违法行为后果及其违法行为本身的纠正，目的是强制行政机关履行法定义务。处分是一种对行政机关公务员的惩戒措施，属于纪律责任范畴。行政机关公务员处分分为警告、记过、记大过、降级、撤职、开除六类。需要注意的是，这里规定的"情节严重"，是指长时间不建立健全政府信息公开有关制度、机制的，经责令仍不改正，或者造成严重的后果等情形。

法定的责任追究情形有三类：一是不依法履行政府信息公开职能。这种情形所涉及的具体情况很宽泛，只要政府信息公开条例确立的法定要求没有得到落实的情况，都可以纳入这一责任追究情形；二是不及时更新公开的政府信息内容、政府信息公开指南和政府信息公开目录。这一责任追究情形比较明确具体，需要注意的是，"不及时更新公开的政府信息内容"，限于法定主动公开内容，而不是行政机关公开的所有内容，否则，这一条将不可操作；三是兜底性的规定，即"违反本条例规定的其他情形"。

三、定期培训和监督检查制度

（一）定期培训制度

政府信息公开工作主管部门对行政机关的政府信息公开工作人员定期进行培训。政府信息公开工作，综合性、政策性、法律性很强，对工作人员专业素质和综合素养的要求都很高。做好政府信息公开工作，需要加强系统性的工作培训。

政府信息公开培训工作，原则上分级负责。政府信息公开工作主管部门的培训对象，是本级政府所属行政机关的政府信息公开工作人员。行政机关自行开展的政府信息公开业务培训，不能代替政府信息公开工作主管部门的业务培训。从实践需要的角度看，培训频率一般一年至少一次。培训内容，是以政府信息公开条例为中心的业务工作。

（二）监督检查制度

政府信息公开工作主管部门应当加强对政府信息公开工作的日常指导和监督检查，对行政机关未按照要求开展政府信息公开工作的，予以督促整改或者通报批评；需要对负有责任的领导人员和直接责任人员追究责任的，依法向有权机关提出处理建议。公民、法人或者其他组织认为行政机关未按照要求主动公开政府信息或者对政府信息公开申请不依法答复处理的，可以向政府信息公开工作主管部门提出。政府信息公开工作主管部门查证属实的，应当予以督促整改或者通报批评。

政府信息公开工作主管部门三种具体的法定监督权：一是督促整改权；二是通报批评权；三是责任人处理建议权。督促整改、通报批评，都是行政机关内部常用的工作手段。一般而言，上级机关对于下级机关，可以基于行政组织法的规定，依托上下级组织关系，就日常工作要求督促整改，进行通报批评。责任人处理建议权，是《政府信息公开条例》新创设的一种法定监督权。法定的处理建议权，与一般性的处理建议不同，法定的处理建议，只要不存在重大的法律和事实错误，有权作出处理的机关原则上应当尊重这一处理建议，并依职权落实这一处理建议。这也就意味着，对于政府信息公开工作主管部门依法提出的责任人处理建议，只要没有法律和事实错误，有权机关将根据该建议作出相应的处理决定。

政府信息公开工作主管部门启动法定监督权的两种方式：一是依职权启动，政府信息公开工作主管部门在工作中认为需要启动监督权的，可以依职权自行启动；二是应公民、法人或者其他组织的要求启动，公民、法人或者其他组织认为行政机关未按照要求主动公开政府信息的，可以向政府信息公开工作主管部门提出。政府信息公开工作主管部门查证属实的，予以督促整改或者通报批评。需要注意的是，依职权启动的事项范围，比应公民、法人或者其他组织的要求启动事项范围要广一些。应公民、法人或者其他组织的要求启动，限于"行政机关未按照要求主动公开政府信息或者对政府信息公开申请不依法答复处理"的情形。依职权启动，没有明确的范围限制，可以适用于所有政府信息公开工作领域。

四、保密审查制度

保密审查制度是按照一定的审核标准和程序，对待政府公开的信息进行保密审查，并提交保密审查报告，对于已审核信息能否公开提出意见并做出说明的法律制度。《政府信息公开条例》在第 17 条第 1 款单独列出了建立政府信息发布保密审查机制的要求，即行政机关应当建立健全政府信息公开审查机制，明确审查的程序和责任。

行政机关应当依照《保守国家秘密法》以及其他法律、法规和国家有关规定对拟公开的政府信息进行审查，凡属国家秘密或者公开后可能危及国家安全、公共安全、经济安全和社会稳定的政府信息，不得公开。对主要内容需要公众广泛知晓或参与，但其中部分内容涉及国家秘密的政府信息，应经法定程序解密并删除涉密内容后，予以公开。行政机关不能确定政府信息是否可以公开的，应当依照法律、法规和国家有关规定报有关主管部门或者保密行政管理部门确定。

政府信息公开保密核查，是政府信息公开监督中的重要内容。保密核查工作大致分为三个方面：一是确定国家秘密的工作，明确保密对象和保密范围；二是对国家秘密信息采取的防范性保护措施，明确保密的手段和措施；三是利用法律手段与泄密作斗争，追究法律责任，明确违法后果。

五、政府信息公开救济制度

救济伴随着权利产生，"无救济则无权利"。公民、法人或者其他组织要求政府公开信息的权利和自由受到侵害时，若缺乏有效的救济机制，那么对于权利和自由的保障也只会是空谈。普遍的、多样的政府信息公开救济方式，才能保证顺利地开展信息公开。

政府信息公开救济制度是指公民、法人或者其他组织认为行政机关在政府信息公开工作中侵犯其合法权益的，可以向上一级行政机关或者政府信息公开工作主管部门投诉、举报，也可以依法申请行政复议或者提起行政诉讼。

政府信息公开救济制度可以从以下方面进行理解：其一，有权投诉、举报的主体十分广泛，任何公民、法人或者其他组织认为行政机关在政府信息公开工作中侵犯其合法权益的，都可以投诉、举报。其二，投诉、举报的理由是行政机关在政府信息公开工作中侵犯其合法权益。其三，受理投诉、举报的主体是上级行政机关或者政府信息公开工作主管部门。其四，有关行政机关、政府信息公开工作主管部门收到投诉、举报后应当依照各自职责及时调查处理。其五，在政府信息公开工作中合法权益受到行政机关侵犯的公民、法人或者其他组织，可以通过行政复议和行政诉讼制度获取救济。而且行政复议并非行政诉讼的前置程序，申请行政复议还是提起行政诉讼，由当事人自由选择。如果公民、法人或者其他组织认为其合法权益受到行政机关行政行为的侵犯，其可以向复议机关申请行政复议，也可以直接向人民法院提起行政诉讼。

✦ 拓展阅读

政府信息公开条例总则的修订及司法适用[1]

《政府信息公开条例》2017年6月启动实施11年来的首次大修，2019年4月15日国务院公布了修订后的条例，并明确自2019年5月15日起施行。2019年修订条例从原来的38条增加到56条，将该项法律制度以条例方式确立以来的实践经验进行了全面总结，解释、修正了原有规则，在部分章节上进行了功能再造。条例总则部分根据整个条例的理论逻辑和框架结构，重新进行了优化设计，对一些基础性的概念和基本要求作出明确，理顺政府信息公开工作机制。重点应该关注以下几点重大变化：

一、新调整了条例的立法目的

立法目的条款是对制度作用、功能与价值的概括。2019年修订条例第1条将"促进依法行政"调整为"建设法治政府"，依法行政只是对政府行政工作的一项基本要求，本次修订调高了工作标杆，强调了政府信息公开制度的工具性作用，在于促使行政机关优质高效地为公民和社会提供公共服务，追求法治政府的境界，是一个基本价值理念的大提升。

二、限缩了政府信息的概念

2019年修订条例第2条规定，政府信息是指行政机关在履行行政管理职能过程中制作或者获取的……该条的修改，旨在对司法实践中长期存在争论的"政府信息"概念进行进一步的明确，与2007年条例相比，新增加了定语履行"行政管理"职能过程中制作或者获取的……对原来较为宽泛无边的海量政府信息进行了大幅度限缩。行政法学理论上，行政机关主要是行使行政职权，履行行政职责的主体。2019年修订，表明政府信息公开工作的特点主要是通过公开行政信息，提高政府工作的透明度，与行政机关的职责和社会功能一致。该修订对于政府信息公开实务操作和司法审查中，辨

---

[1] 吴宏文：《政府信息公开条例总则的修订及司法适用》，载《人民法院报》2019年5月9日，第6版。

识与界定政府信息具有标尺作用。

三、确定了垂直管理部门的信息公开领导机制

2019 年修订条例新增加第 3 条第 4 款规定，实行垂直领导的部门的办公厅（室）主管本系统的政府信息公开工作。该修改针对我国存在的行政管理条块结合的现状，对垂直管理部门的信息公开主管主体进行了规范，避免了垂直管理部门的政府信息公开管理的主体缺位。司法审查中，在确定行政责任和行政诉讼被告主体时也会更加方便和明确。

四、对政府信息公开工作机构的具体职能进行了完善

完善主要体现在 2019 年修订条例第 4 条第 2 款第 4 项，"组织开展对拟公开政府信息的审查"。将 2007 年的条例规定的政府信息公开工作机构单纯的"保密审查"职能扩大为"信息的审查"，因为需要审查的不仅是信息是否属于保密信息，还涉及是否安全、稳定、侵犯他人合法权益等方面，也需要审查。

五、新增加"以公开为常态、不公开为例外""合法性"两个重要基本原则

2007 年的条例的"公正、公平、便民"原则过于简陋，且缺乏针对性。2019 年修订条例第 5 条规定，行政机关公开政府信息，应当坚持以公开为常态、不公开为例外，遵循公正、公平、合法、便民的原则。"以公开为常态、不公开为例外原则"既是政府信息公开条例立法的法理依据，也是已经达成共识的政府信息公开基本法律原则，将其上升为正式指导原则，且作为基本原则的第一个原则，与现代国家的普遍信息公开立法基本原则一致。这将会对整个政府信息工作起到极大推进作用，特别是会促使政府信息公开理念上的重大变化，进一步落实"能够主动公开的一律公开"要求，为扩大信息公开广度和深度提供了充足依据。对司法审查来说，当一个信息处于可公开与不公开两可之间的模糊地带时，应当以这一原则作为判断的基础性法律依据，"合法性原则"是行政行为的基本原则，将其作为政府信息公开的基本原则是应有之义，2019 年修订予以完善，使得整个政府信息公开法律原则更加完备。两个新增原则为正确运用条例和解释条例提供了指引。

六、对扰乱经济管理秩序的不实信息进行了规制

2019 年修订条例第 6 条第 2 款规定，行政机关发现影响或者可能影响社会稳定、扰乱社会和经济管理秩序的虚假或者不完整信息的，应当发布准确的政府信息予以澄清。主要针对现实中经济管理领域不实信息传播现象，如涨价、限购等市场调控的不实信息对生活秩序的重大影响，这既是行政机关对社会传播信息的监控重点，也是政

府信息公开工作如何让人民群众更多获益的发力点。

七、制定了政府信息公开工作发展的路线图

2019年修订条例新增加第7条规定，各级人民政府应当积极推进政府信息公开工作，逐步增加政府信息公开的内容。我国政府信息公开制度建立以来，行政机关从原来的不适应到现在的基本适应，工作规范化程度得到了很大提升，但是由于政府行政工作本身的性质决定了其信息的广泛性，贸然扩大公开范围会导致承受能力的被动，采取渐进式的扩大方式适合行政工作现阶段实际，也明确了政府信息公开制度下一步的发展方向是不断扩大公开内容。

八、对政府信息公开与信息化社会同步发展作出了总规划

为顺应大数据、互联网思维，借助现代信息科学技术提升政府信息公开水平，2019年修订条例新增加第8条规定，各级人民政府应当加强政府信息资源的规范化、标准化、信息化管理，加强互联网政府信息公开平台建设，推进政府信息公开平台与政务服务平台融合，提高政府信息公开在线办理水平。由于现代网络电子信息技术已经深入地渗透到当代生活的各个领域，政府信息公开工作也要保持同步发展，由传统的面对面纸质化单一方式转变为更多的在线互动与多平台融合发展方式，条例对此作出了清晰规划。

九、将公民、法人和其他组织对政府工作的监督权落实细化

将2007年条例第五章监督和保障中的监督权在总则部分予以规定，作为2019年修订条例第五章监督和保障的立法基础，条例新增加第9条规定，公民、法人和其他组织有权对行政机关的政府信息公开工作进行监督，并提出批评和建议。监督权是宪法规定的权利。我国《宪法》第41条第1款规定，中华人民共和国公民对于任何国家机关和国家工作人员，有提出批评和建议的权利。该条规定在总则部分，旨在细化人民群众对公权力的监督，让政府信息公开工作更多地接受人民群众的监督。

条例2019年的修订，对公开范围和申请进行了一定幅度的限缩，可能会制约制度未来的发展。但是，2019年的修订重点针对实践突出问题，充分吸收了理论研究的新成果，适时将经过实证检验的规范性文件和司法解释有关内容吸收到条例中，使得条例更加完整，实践操作性更强，体现了行政实践和判例、法律实施的良性互动，将对进一步深化推进政府信息工作法治化起到深远的影响，同时，也将深刻影响到政府信息公开行政诉讼司法审查标准的优化调整。

思考与练习

一、思考题

1. 政府信息公开的概念与原则。
2. 政府信息主动公开的例外。
3. 政府信息依申请公开的程序。

二、选择题[1]

1. 根据《政府信息公开条例》的规定，下列关于政府信息公开限制的表述中，正确的是（　　）。

A. 行政机关不得公开涉及个人隐私的政府信息，但是经权利人同意公开的，可以予以公开

B. 当事人申请公开依申请公开范围内的政府信息，行政机关应自收到当事人申请之日起 60 日内作出答复

C. 对于法定的主动公开范围内的政府信息，行政机关应该自政府信息形成或者自变更之日起 30 个工作日内予以公开

D. 行政机关不得公开涉及国家秘密的政府信息，但上级行政机关同意的除外

2. 下列哪一项信息不属于《政府信息公开条例》所规定的政府信息？（　　）

A. 某市保密局制定的保密规定

B. 某企业申请营业执照时向工商局递交的材料

C. 某公安局对甲作出的行政处罚决定

D. 某环保局干部小吴在办公室计算机中存储的参加研究生考试笔记

3. 行政机关对符合下列基本要求之一的政府信息应当主动公开（　　）。

A. 涉及公民、法人或者其他组织切身利益的

B. 需要社会公众广泛知晓或者参与的

C. 反映本行政机关机构设置、职能、办事程序等情况的

D. 其他依照法律、法规和国家有关规定应当主动公开的

实训任务 1：政府信息主动公开

【案例】

《中华人民共和国政府采购法》规定，对属于地方预算的政府采购项目，其集中采购目录由省、自治区、直辖市政府或其授权的机构确定并公布。王某在浏览某省财政

---

〔1〕 1. A；2. D；3. ABCD。

厅网站时未发现该省政府集中采购项目目录，在通过各种方法均未获得该目录后，于2021年2月25日向省财政厅提出公开申请。财政厅答复，政府集中采购项目目录与王某的生产、生活和科研等特殊需要没有直接关系，拒绝公开。王某向省政府申请行政复议，要求认定省财政厅未主动公开目录违法，并责令其公开。省政府于2021年4月10日受理，但在法定期限内未作出复议决定。王某不服，认为接下来向法院提起诉讼是唯一的救济途径。

【训练目的及要求】

结合案例和相关知识，通过训练，能正确掌握政府信息的主动公开。

【训练方法】

分两组进行，一组学生运用政府信息公开原理对案例作出判断；另一组学生评价判断是否正确。

【训练步骤】

步骤1：分组。

步骤2：熟悉案例。

步骤3：学生分析案例。

步骤4：老师评判。

【案例解析】

财政厅拒绝公开政府集中采购项目目录的理由不成立，按照《政府信息公开条例》以及相关法律规定，政府集中采购项目的目录属于政府主动公开的信息，不是依申请公开的信息，故不应当要求该信息与申请人的生产、生活和科研等特殊需要有关。省政府受理后在法定期间内未作出复议决定不符合法定程序。省政府应当审查财政厅拒绝公开目录的行为是否合法，并在法定期限内作出复议决定。政府集中采购项目的目录属主动公开信息，如省政府已授权财政厅确定并公布，省政府应责令财政厅及时公布；如未授权相关机构确定并公布，省政府应主动公布。除了向法院提起诉讼，王某还可以向上级行政机关、监察机关或者政府信息公开工作主管部门举报，收到举报的机关应当予以调查处理。

实训任务2：政府信息依申请公开

【案例】

2022年6月1日，刘某与甲公司发生纠纷向某工商局申请公开甲公司的工商登记信息。该工商局先向刘某收取了高昂费用之后，在2022年8月15日公开了甲公司的名称、注册号、住所、法定代表人等基本信息以及涉及商业秘密的甲公司专利信息，但对经营范围、从业人数、注册资本等信息拒绝公开。刘某向法院起诉，法院受理。

【训练目的及要求】

结合案例和相关知识，通过训练，能正确掌握政府信息的依申请公开。

【训练方法】

分两组进行，一组学生运用政府信息公开原理对案例作出判断；另一组学生评价判断是否正确。

【训练步骤】

步骤1：分组。

步骤2：熟悉案例。

步骤3：学生分析案例。

步骤4：老师评判。

【案例解析】

刘某于2022年6月1日向某工商局申请公开甲公司的工商登记信息，但时隔两个半月某工商局才答复刘某并公开相关信息，已超出《政府信息公开条例》规定的依申请公开的答复期限。工商局未经权利人甲公司的同意，公开了涉及甲公司商业秘密的专利信息，以及向刘某收取高昂费用的行为已违法。对经营范围、从业人数、注册资本等信息拒绝公开的理由应当由工商局进行说明。

参考书目

1. 中国法制出版社：《中华人民共和国政府信息公开条例》，中国法制出版社2019年版。

2. 后向东：《中华人民共和国政府信息公开条例（2019）理解与适用》，中国法制出版社2019年版。

3. 《行政法与行政诉讼法学》编写组编：《行政法与行政诉讼法学》，高等教育出版社2018年版。

4. 张树义、罗智敏主编：《行政法学》，北京大学出版社2021年版。

项目十二　行政复议

"有权利，必有救济。"

知识目标

1. 掌握行政复议的概念、特征和原则。

2. 了解行政复议参加人与行政复议机关的类型。

3. 熟悉行政复议的范围与管辖。

4. 理解行政复议的过程与程序。

■ 能力目标

能够分析、解决行政复议过程的问题。

✎ 内容结构图

```
                              ┌─ 行政复议概述 ─┬─ 行政复议的概念及特征
                              │                └─ 行政复议的原则
                              │
                              ├─ 行政复议参加人 ─┬─ 行政复议参加人
                              │  与行政复议机关   └─ 行政复议机关与行政复议机构
     行政复议 ─────────────────┤
                              ├─ 行政复议的范围 ─┬─ 行政复议的范围
                              │  与管辖           └─ 行政复议的管辖
                              │
                              └─ 行政复议程序 ──┬─ 申请的提出
                                               ├─ 受理
                                               ├─ 审理
                                               └─ 决定
```

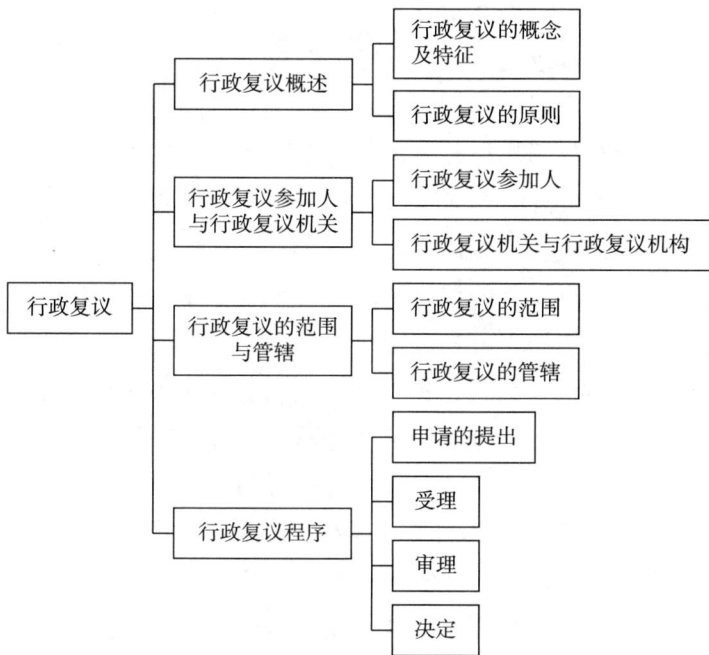

任务一 行政复议概述

📖 导入案例

李某参加了某县 2020 年由某县人民政府组织的公开招聘事业单位工作人员考试，报考单位和岗位为某服务中心管理岗，笔试成绩位列该岗位第一，进入《面试资格复审合格人员名单》。但在随后公布的《面试资格复审合格人员名单》中并没有李某的名字，后被告知因为李某没有提供报到证，不符合复审要求的条件被取消面试资格。李某认为招聘单位取消其面试资格违反法律法规，违反公开、公平、公正以及诚信原则，严重侵犯了自身的合法权益。要求撤销某县人民政府取消李某面试资格的决定，责成某县人民政府停止执行取消李某面试资格的行政行为。某县人民政府称，公开招聘工作领导组认为李某不能提供报到证，是证件不全，资格复审不合格，是严格依据《实施方案》的要求作出的决定，认定事实清楚，适用依据正确、程序合法、内容适当，并未违反任何法律法规的规定，更未违反公平、公开、公正及诚信原则，李某要求撤销该决定的理由不能成立。

问题：李某能运用何种行政争议解决机制维护自己的合法权益？

基本原理认知

一、行政复议的概念及特征

行政复议是一种解决纠纷的方法，当公民、法人或其他组织认为行政机关的行政行为侵犯其合法权益时，行政相对人可以要求有权机关进行审查，并根据法律对被申请的行政行为进行合法性和适当性的审查，最终作出行政决定。行政复议既是行政相对人行使行政救济权的有效法律途径，也是行政机关依法解决行政争议，加强自我监督的法律制度。行政复议具有以下特征：

第一，行政复议是行政救济制度。行政复议是一种解决行政争议的行政行为。行政复议只能由行政主体进行，主要用于解决行政争议，而民事纠纷和其他争议只有在法律明确规定的情况下才能纳入处理范围。行政争议是指在行政活动实施中，如果解决不当，可能会影响行政效率，或侵害公民、法人或其他组织的合法权益。因此，建立一个良好的法律制度来解决行政争议是必要的，而行政复议就是解决行政争议的其中一种途径。行政复议使合法正确的行政决定能得到贯彻执行，违法不当的行政行为能得到撤销或废止，同时能够恢复公民、法人或其他组织受到的合法权益损失，为他们提供良好的救济途径。根据《行政复议法》的规定，行政复议机关对相关行政行为进行审查并非无限制的，一般只针对具体行政行为进行审查，抽象行政行为只有部分可以被行政复议审查。通过行政复议制度，可以启动对这部分抽象行政行为的审查。

第二，行政复议是依申请而启动的程序。行政复议是行政机关进行的一种特殊行政行为。其特点是以解决行政争议的形式进行，并以公民、法人或其他组织的申请为基础，行政主体为被申请人。一般而言，如果没有公民、法人或其他组织的申请，就不会进行行政复议活动。尽管行政主体也可以自行复查其行政决定，但与由公民、法人或其他组织提出申请形式的复议请求是有区别的。因此，行政复议是一种依申请而非主动行使职权的行政行为，如果没有公民、法人或其他组织主动提出申请，行政复议机关不能自行作出复议决定。

第三，行政复议审查包括合法性和合理性两个方面。在行政复议中，行政复议机关根据合法性和合理性标准对行政行为进行审查：即行政主体是否履行法定职责；事实是否清楚、证据是否确凿；是否正确应用法律、法规、规章及具有普遍约束力的行政决定、命令；是否违反法定程序；是否超越职权、滥用职权或行政侵权；根据法律、法规和规章等法律规范作出的行政行为是否明显不当。根据这些标准进行审查后，行政复议机关依法作出行政复议决定。

二、行政复议的原则

行政复议的原则是由法律规定的，贯穿于整个行政复议过程中，对行政复议活动具有普遍指导意义的基本准则。因此，在行政复议过程中，所有的行政复议机关和行政复议参加人都必须遵守行政复议的原则。根据我国《行政复议法》的规定，行政复议机关履行行政复议职责，应当遵循合法、公正、公开、高效、便民、为民的原则。

（一）合法原则

合法性原则是行政法的基本原则之一，同样也适用于行政复议。具体到行政复议中，合法性原则从广义上讲主要是指在行政复议过程中，行政复议申请人，被申请的作出行政行为的行政主体和主持裁决的行政复议机关，都应当遵守现行有效的有关行政复议的法律、法规和规章。其中主持裁决的行政复议机关依法进行行政复议活动是合法性原则的核心要求。合法原则是任何行政复议机关履行行政复议职责时都必须遵守的原则，行政复议机关在处理行政复议案件时，必须以事实为根据，以法律为准绳。行政复议机关遵循合法原则的主要内容有三个方面：

1. 合法履行复议职责。合法，就是要依照《行政复议法》的规定履行自己的职责。绝不能该受理的不受理；该审查的拖延不办；该变更、撤销的不变更、撤销；该对失职的责任人员予以处理的不处理。这样既是严重失职，也是违背合法原则的。

2. 依法审查行政主体作出的行政行为。行政复议机关应当审查行政行为是否合法、适当，包括认定事实是否清楚，证据是否确凿，适用依据是否正确，实施中执行的程序是否合法，作出的行政决定的内容是否适当等。同时要审查作出行政行为的依据是否合法，也就是审查行政主体作出决定所依据的文件是否合法。《行政复议法》对此作出了明确规定，从而在法律制度上有所突破，使我国的监督制度更加完善。审查作出行政行为的依据，实际上赋予行政复议机关在职权范围内审查抽象行政行为的权力。

3. 审理复议案件的程序应当合法。行政复议本身是一种程序性行为，为确保行政复议的顺利进行，行政复议主体都必须严格遵守法定程序。《行政复议法》对行政复议各个阶段的程序都作出了明确的规定，所以复议机关及复议申请人和被申请复议的行政主体都要按照既定的程序进行复议活动。

（二）公正原则

行政复议机关履行行政复议职责，应当遵循公正原则。行政复议机关在行使复议权时应当公正地对待复议双方当事人，不能有所偏袒，同时也包括了对被申请的行政行为应当从合法性和合理性两方面进行审查，以真正保障公民、法人、其他组织的合法权益。公正性原则主要有以下两方面的要求：

1. 复议机关站在公正中立的立场来解决复议双方的行政争议。公正是法律的生命和价值所在，所以保证公正是实现行政法治的一个基本要求。由于行政复议机关往往是被申请人的上级机关，甚至可能是复议被申请人自己本身；所以更要求复议机关必须站在中立的立场来处理复议双方的矛盾和争议，对被申请复议的行政主体不能有所偏袒。

2. 复议机关在审查复议案件时要合法性和合理性兼审。由于行政主体在实践中拥有较多的自由裁量权，如果行使不当，很容易侵犯公民、法人或其他组织的合法权益，从而引发行政争议。所以，《行政复议法》规定复议机关在审查复议案件时必须既审查其合法性，又要审查其合理性。对于违法的行政行为给予撤销，对于不当的行政行为给予纠正，或责令被申请人重新作出行政行为，从而保证公正处理。

（三）公开原则

公开原则是行政合理性原则的核心内容，公开才能更好地保证公正，防止复议权的滥用，便于社会的监督。体现在行政复议中要求除涉及国家秘密、商业秘密和个人隐私外，行政复议机关应当将整个复议过程向行政复议双方当事人和社会公开。行政复议公开原则具体表现为：①行政复议的依据要公开；②审理行政复议案件的材料要公开；③行政复议的过程要公开；④行政复议的结果要公开。

（四）高效原则

高效原则是指行政复议机关应当高效率地处理行政复议案件的审理工作。这一原则的核心要求是，行政复议机关必须按照《行政复议法》所规定的受理、审理以及作出决定的期限执行，延长期限也必须严格按照法律规定，要有法律依据。高效原则在行政复议过程中有以下几点要求：

1. 行政复议机关应当严格遵守法定的期限，不得随意或故意拖延，以免进一步增加对立情绪，不利于矛盾的化解。若在复议期限内未能及时对复议事项作出处理，极大可能会引起行政诉讼活动，有违设立行政复议的本意，使复议价值降低。

2. 行政复议的各个环节都应遵循高效的原则要求，包括复议申请的受理、复议案件的审查、复议决定的作出、对复议当事人不履行复议决定情况的处理等都应当迅速而高效。

（五）便民原则

便民原则是指行政复议机关在复议过程中尽可能为复议申请人提供一些便利条件，以方便其顺利地行使权利。此原则在行政复议法中具体体现为申请人申请行政复议的方式，既可以书面申请，也可以口头申请；口头申请的，行政复议机关应当当场记录申请人的基本情况、行政复议请求、申请行政复议的主要事实、理由和时间。《行政复议法》在对复议管辖的规定中，规定申请人多数情况下可以向行政行为发生地的县级地方人民政府提出行政复议申请，由接受申请的县级地方人民政府依法进行转送。

（六）为民原则

行政复议应以服务民众为原则，致力于解决行政争议、化解官民矛盾、调整官民关系，同时规范和控制行政权，保护公民、法人或其他组织的合法权益。对于违法行使行政职权侵犯公民、法人或其他组织合法权益的行为，应坚决纠正，确保行政权力真正为民众服务，切实维护民众的合法权益，实现民众生活的安定和谐。

任务二 行政复议参加人与行政复议机关

导入案例

根据相关法律法规的规定，关于人类遗传资源项目研究许可，需要首先经过省级科技厅初步审查批准，再由省级科技厅将相关申请以及研究报告上报国家科技部批准通过。甲医院现将研究资料报告以及申请许可材料递交该医院所在省科技厅，该省科技厅审查通过后，将甲医院的申请材料及相关资料上报国家科技部，国家科技部审核后对外作出了不予批准的决定，甲医院拟就此提出行政复议。

问题：

1. 本案中的行政复议参加人有哪些？

2. 甲医院应该找哪个复议机关申请复议？

基本原理认知

一、行政复议参加人

行政复议参加人是指参加行政复议的当事人以及与当事人地位相近的人，包括行政复议申请人、行政复议被申请人、行政复议第三人和行政复议代理人。他们参加行政复议的原因不同，在行政复议中的地位也不同。此外，参与行政复议活动的还有证人、鉴定人等，但他们参加行政复议的原因只是协助行政复议机关查清事实，与案件本身没有直接利害关系，我们称之为行政复议参与人。

（一）行政复议申请人

《行政复议法》第2条第1款规定："公民、法人或者其他组织认为行政机关的行政行为侵犯其合法权益，向行政复议机关提出行政复议申请，行政复议机关办理行政复议案件，适用本法。"《行政复议法》第14条第1款规定："依照本法申请行政复议的公民、法人或者其他组织是申请人。"

根据上述规定，行政复议申请人资格应符合以下几点要求：

1. 行政复议申请人是公民、法人或者其他组织。可以提起行政复议的公民分为三类：具有中华人民共和国国籍的中国公民；受中国法律管辖的具有中华人民共和国以外的某国国籍的外国公民；受中国法律管辖的不具有任何国家国籍的无国籍人。

股份制企业的股东大会、股东代表大会、董事会认为行政主体作出的行政行为侵犯企业合法权益的，可以以企业的名义申请行政复议。

合伙企业申请行政复议的，应当以核准登记的企业为申请人，由执行合伙事务的合伙人代表该企业参加行政复议；其他合伙组织申请行政复议的，由合伙人共同申请行政复议。前款规定以外的不具备法人资格的其他组织申请行政复议的，由该组织的主要负责人代表该组织参加行政复议；没有主要负责人的，由共同推选的其他成员代表该组织参加行政复议。

2. 行政复议申请人必须是认为行政行为侵犯其合法权益的人。申请人只有与行政行为之间存在某种利害关系，才有必要通过行政复议寻求救济，即申请人与被申请复议的行政行为有法律上的利害关系。主要有以下两种情况：①行政行为所直接指向的公民、法人或者其他组织，这是行政复议中最常见的申请人。如某商住楼经营 KTV 场所的经营者申请文化场所经营许可证，相关部门认为不符合法律规定的条件，作出不予许可的决定，则该经营者可以申请行政复议。②行政行为间接针对的对象，即与行政行为有利害关系，但并非行政行为直接的对象。如前述商住楼经营 KTV 场所的经营者申请文化场所经营许可证，假设经相关部门获得行政许可，但该楼居民认为 KTV 会造成扰民，侵犯自己的休息权，那么该楼居民可以提出行政复议申请。

在特殊情况下，申请人资格会发生转移。根据《行政复议法》的规定，申请人资格的转移有以下两种情况：

第一，有权申请行政复议的公民死亡的，其近亲属可以申请行政复议。因为公民死亡，如果不把复议申请权转移至其近亲属，死者的合法权利就无法得到保障。但要注意与下列情况相区别：有权申请行政复议的公民为无民事行为能力人或者限制民事行为能力人的，其法定代理人可以代为申请行政复议，此种情况下申请人资格并不发生转移。

第二，有权申请行政复议的法人或者其他组织终止的，其权利义务承受人可以申请行政复议。法人或者其他组织终止有多种原因，可以是合并，也可以是分立、撤销、破产等。无论何种原因，都将发生申请人资格的转移。

（二）行政复议被申请人

根据《行政复议法》的规定，公民、法人或者其他组织对行政行为不服申请行政复议的，作出行政行为的行政机关或者法律、法规、规章授权的组织是被申请人。如果两个以上行政机关以共同的名义作出同一行政行为的，那么共同作出行政行为的行政机关是被申请人。行政机关委托的组织作出行政行为的，委托的行政机关是被申请人。作出行政行为的行政机关被撤销或者职权变更的，继续行使其职权的行政机关是被申请人。

实践中行政复议被申请人主要有以下几种情形：

1. 申请人对行政主体作出的行政行为不服，直接申请复议的，该行政主体是被申请人。

2. 两个或者两个以上的行政主体以共同名义作出同一行政行为的，共同作出行政行为的行政主体是共同被申请人。行政主体与其他组织（非行政主体）以共同名义作出行政行为的，行政主体为被申请人。

3. 行政主体委托的组织作出的行政行为引起行政复议，由作出委托的行政主体作为被申请人。

4. 作出行政行为的行政主体被撤销的，继续行使其职权的行政主体是被申请人。

5. 下级行政主体依照法律、法规、规章的规定，经上级行政机关批准作出行政行为的，批准机关为被申请人。

6. 行政机关设立的派出机构、内设机构或者其他组织，未经法律、法规、规章授权，对外以自己名义作出行政行为的，该行政机关为被申请人。

（三）行政复议第三人

行政复议第三人与申请人和被申请人不同，其参加行政复议是为了维护自己的合法权益，在行政复议中不依附于申请人或者被申请人，享有与申请人基本相同的复议权利。作为行政复议第三人应具备三个条件：

1. 是公民、法人或者其他组织。此处的公民与行政复议申请人的"公民"相同，包括中国公民、受中国法律管辖的外国公民、受中国法律管辖的无国籍人员。法人包括两类：一类是企业法人，另一类是机关、事业单位和社会团体法人。其他组织则是指非法人组织。

2. 与所复议的行政行为有利害关系。比如某甲经城管批准在一地段摆摊售货，而某乙以某甲摆摊为由，对城管不批准其在该地段摆摊，向上一级城管提起行政复议，这里某甲与这个不批准某乙摆摊的行政行为之间，有间接的利害关系。因此，某甲也是以第三人的身份参与这个行政复议。

3. 复议程序已经开始但尚未终结。行政复议期间，行政复议机构认为申请人以外的公民、法人或者其他组织与被审查的行政行为有利害关系的，可以通知其作为第三人参加行政复议。行政复议期间，申请人以外的公民、法人或者其他组织与被审查的行政行为有利害关系的，可以向行政复议机构申请，经复议机关批准，作为第三人参加行政复议。第三人不参加行政复议，不影响行政复议案件的审理。

（四）行政复议代理人

行政复议委托代理人，是指律师、基层法律服务工作者或者其他代理人根据法律规定、行政复议机关指定或者当事人及其法定代理人的委托，以被代理人的名义为维护被代理人的利益参加行政复议活动的人。

行政复议中只有申请人和第三人有权委托 1 至 2 名代理人，被申请人不得委托代理人。

申请人、第三人委托代理人的，应当向行政复议机构提交授权委托书、委托人及被委托人的身份证明文件。授权委托书应当载明委托事项、权限和期限。申请人、第三人变更或者解除代理人权限的，应当书面告知行政复议机构。

（五）行政复议代表人

同一行政复议案件申请人人数众多的，可以由申请人推选代表人参加行政复议。代表人参加行政复议的行为对其所代表的申请人发生效力，但是代表人变更行政复议请求、撤回行政复议申请、承认第三人请求的，应当经被代表的申请人同意。

二、行政复议机关与行政复议机构

（一）行政复议机关

《行政复议法》规定，县级以上各级人民政府以及其他依照本法履行行政复议职责的行政机关是行政复议机关。据此，行政复议机关是指依照法律规定，受理行政复议申请，依法对行政行为的合法性与适当性进行审查并作出决定的行政机关。其含义包括：

1. 行政复议机关是国家行政机关。其他国家机关，如国家权力机关、司法机关均不享有行政复议权，不能作为行政复议机关。

2. 行政复议机关是具有独立法人地位的组织。行政复议机关能以自己的名义行使行政复议权，作出行政复议决定，并独立承担自己行为所产生的法律后果。

3. 行政复议机关是享有行政复议职权并履行行政复议职责的行政机关。行政复议机关是国家行政机关，但并不是所有的国家行政机关都可以作为行政复议机关，只有依法享有行政复议职权并履行行政复议职责的行政机关才可以作为行政复议机关，即行政复议机关只是国家行政机关中的一部分，不承担行政复议职责的行政机关不能成为行政复议机关根据《行政复议法》的规定，只有县级以上人民政府（包括县级人民政府）对国务院工作部门及海关、金融、外汇管理等实行垂直领导的行政机关、税务和国家安全机关的上一级主管部门才享有行政复议职权，可以成为行政复议机关。

（二）行政复议机构

根据《行政复议法》的规定，行政复议机构是指行政复议机关内部设立的专门负责办理行政复议事项的机构。其含义包括：①行政复议机构不具有独立的法人地位。行政复议机构只是行政复议机关的一个内部工作机构，它一般不具有独立的行政主体地位，不同于具有独立主体地位并能以自己的名义作出复议决定的行政复议机关。②行政复议机构的职责就是办理行政机关的行政复议事项，组织办理行政机关的行政应诉事项；对下级行政复议机构的行政复议工作进行指导、监督。

行政复议机构主要有下列职责：①受理行政复议申请；②向有关组织和人员调查取证，查阅文件和资料；③审查申请行政复议的行政行为是否合法与适当，拟订行政复议决定；④处理或转送规章以下其他规范性文件的审查申请；⑤对行政主体违反《行政复议法》规定的行为依法提出处理建议；⑥依照《行政复议法》的规定转送有关行政复议申请；⑦办理《行政复议法》规定的行政赔偿等事项；⑧按照职责权限，督促行政复议申请的受理和行政复议决定的履行；⑨办理行政复议、行政应诉案件统计和重大行政复议决定备案、人员业务培训事项；⑩办理或者组织办理行政应诉事项；⑪法律、法规规定的其他职责。

任务三　行政复议的范围与管辖

导入案例

某县教育局与某公司于 2011 年 9 月签订了建一栋综合大楼的协议书，2012 年建成后由于其他原因该综合大楼一直没有使用。2013 年 8 月某公司与陈某签订一份综合大楼转让协议，将其与某县教育局建的综合楼中享有的所有权利与责任转让给陈某。某村民小组认为以上两份协议侵害了其合法权益，于 2013 年 8 月拟申请行政复议，要求：①确认某公司与陈某于 2013 年 8 月签订的协议书无效；②确认某县教育局与某公司的协议书无效；③裁决某县教育局、某公司、陈某停止侵权、恢复原状、赔偿损失。

问题：上述签订协议的行为是否属于行政复议的受案范围？

基本原理认知

一、行政复议的范围

行政复议的受案范围即行政复议范围，是指行政复议机关依法可以受理的行政争议案件的范围。简而言之，就是指公民、法人或其他组织对行政主体的哪些行政行为不服可以提起行政复议申请并会被复议机关依法受理。行政复议作为一种行政救济手段，并不意味着可以包罗万象，解决一切行政争议，其本身仍然具有一定的局限性。为此，有必要通过立法来明确具体的复议范围。因此，《行政复议法》对可申请行政复议的行政行为和不能申请行政复议的事项作出了规定。

（一）可申请行政复议的行政行为

根据《行政复议法》的规定，公民、法人或其他组织认为下列行政行为侵犯其合法权益的，可以申请行政复议：

1. 对行政机关作出的行政处罚决定不服。

2. 对行政机关作出的行政强制措施、行政强制执行决定不服。

3. 申请行政许可，行政机关拒绝或者在法定期限内不予答复，或者对行政机关作出的有关行政许可的其他决定不服。

4. 对行政机关作出的确认自然资源的所有权或者使用权的决定不服。

5. 对行政机关作出的征收征用决定及其补偿决定不服。

6. 对行政机关作出的赔偿决定或者不予赔偿决定不服。

7. 对行政机关作出的不予受理工伤认定申请的决定或者工伤认定结论不服。

8. 认为行政机关侵犯其经营自主权或者农村土地承包经营权、农村土地经营权。

9. 认为行政机关滥用行政权力排除或者限制竞争。

10. 认为行政机关违法集资、摊派费用或者违法要求履行其他义务。

11. 申请行政机关履行保护人身权利、财产权利、受教育权利等合法权益的法定职责，行政机关拒绝履行、未依法履行或者不予答复。

12. 申请行政机关依法给付抚恤金、社会保险待遇或者最低生活保障等社会保障，行政机关没有依法给付。

13. 认为行政机关不依法订立、不依法履行、未按照约定履行或者违法变更、解除政府特许经营协议、土地房屋征收补偿协议等行政协议。

14. 认为行政机关在政府信息公开工作中侵犯其合法权益。

15. 认为行政机关的其他行政行为侵犯其合法权益。

根据《行政复议法》的规定，公民、法人或者其他组织认为行政机关的行政行为所依据的下列规范性文件不合法，在对行政行为申请行政复议时，可以一并向行政复议机关提出对该规范性文件的附带审查申请：①国务院部门的规范性文件；②县级以上地方各级人民政府及其工作部门的规范性文件；③乡、镇人民政府的规范性文件；④法律、法规、规章授权的组织的规范性文件。但是，这里所指的规范性文件不包含国务院部委规章和地方人民政府规章。此外，规章的审查应当依照法律、行政法规办理。

（二）不能申请行政复议的事项

根据《行政复议法》规定，以下事项不属于行政复议的范围：

1. 国防、外交等国家行为。国家行为具有政治性、主体性和整体性。公民、法人或其他组织认为国家行为侵犯其合法权益的，应采用特殊的监督救济途径，不宜通过行政监督方式寻求救济。

2. 行政法规、规章或者行政机关制定、发布的具有普遍约束力的决定、命令等规范性文件。行政法规、规章和其他规范性文件统称为行政规定，具有针对不特定对象、普遍约束力、可反复适用等特征。对此已经有专门的途径进行监督，如合宪性审查制度等，因此不宜纳入行政复议受案范围。

3. 行政机关对行政机关工作人员的奖惩、任免等决定。这些决定涉及行政处分或者其他人事处理的决定，行政处分是行政主体对其内部工作人员作出的惩戒性决定，是行政主体的一种内部行政行为。行政处分包括警告、记过、记大过、降级、撤职、开除等几种类型。行政主体对其工作人员作出的其他人事处理决定一般包括考核、奖励、职务升降、辞职、辞退、职务任免、工资福利等方面。这些内部行政行为之所以排除在行政复议范围之外，主要是因为内部行政行为涉及的是行政主体的内部事务，对此，我国法律已规定有其他救济途径，如果纳入复议范围，则会出现行政复议与人事、监察部门职权重叠、交叉的现象，造成行政主体管辖权的混乱，不易解决此类争议。

4. 行政机关对民事纠纷作出的调解。根据法律规定，某些行政主体享有对民事纠纷进行调解、处理的权力。其原因在于行政主体处理民事纠纷是针对平等主体之间的民事纠纷居间作出的行为，这类纠纷原本可以由仲裁机关或者人民法院处理，只是行政主体的先行调解或处理起到了过滤或提高效率的作用，而这类纠纷最终仍要由仲裁机关或者人民法院处理。如果允许民事纠纷的主体申请复议，复议机关也只能就原调解处理是否合法、适当作出判断，不能最终解决当事人之间的民事纠纷。所以在此情况下，将此类行为排除在复议之外。

二、行政复议的管辖

行政复议管辖是行政复议机关受理复议案件的权限和分工。管辖是行政复议机关复议活动发生的基础，也是复议活动合法化的前提。根据《行政复议法》的规定，行政复议的管辖大致可以划分为以下几种情况：

（一）县级以上地方各级人民政府的行政复议案件管辖权

《行政复议法》规定了一级政府复议体制，改变了之前所属政府与上一级直管部门双重复议的模式。除了对司法行政部门的行政行为不服的，皆由县级以上人民政府统一行使行政复议权，具体包括以下几种情形：①对本级人民政府工作部门作出的行政行为不服的；②对下一级人民政府作出的行政行为不服的；③对本级人民政府依法设立的派出机关作出的行政行为不服的；④对本级人民政府或者其工作部门管理的法律、法规、规章授权的组织作出的行政行为不服的；⑤对本级人民政府工作部门依法设立的派出机构依照法律、法规、规章规定，以派出机构的名义作出的行政行为不服的。

需要指出的是，省级人民政府，除按照一级政府复议体制行使行政复议案件管辖权外，有权管辖对本人民政府作出的行政行为不服的行政复议案件，而县级、设区的市级人民政府享有对本人民政府复议案件的管辖权。另外，省、自治区人民政府依法设立的派出机关，参照设区的市级人民政府的职责权限管辖相关行政复议案件。

同时需要特别注意，对履行行政复议机构职责的地方人民政府司法行政部门的行政行为不服的，除了可以向本级人民政府申请行政复议，还可以向上一级司法行政部门申请行政复议。

（二）国务院部门的行政复议案件管辖权

国务院部门管辖下列行政复议案件：①对本部门作出的行政行为不服的；②对本部

门依法设立的派出机构依照法律、行政法规、部门规章规定，以派出机构的名义作出的行政行为不服的；③对本部门管理的法律、行政法规、部门规章授权的组织作出的行政行为不服的。

（三）垂直管理部门的行政复议案件管辖权

依据《行政复议法》的相关规定，对海关、金融、外汇管理等实行垂直领导的行政机关、税务和国家安全机关的行政行为不服的，向上一级主管部门申请行政复议。

（四）国务院的行政复议案件裁决权

国务院作为我国最高行政机关，有权裁决部分行政案件。即对省、自治区、直辖市人民政府以及国务院部门作出的行政复议决定不服，向国务院申请裁决的，国务院有权作出裁决。国务院作出的裁决为最终裁决，不得对其提起行政诉讼。

任务四　行政复议程序

导入案例

2019 年 8 月 4 日 10 时许，张某驾驶小型轿车行经本市某区某路段双向车道的交叉路口南口时，遇行人正在通过人行横道，但张某未按规定停车让行，仍直行通过，被现场执勤交警当场拦停，并予以行政处罚。张某认为，一方面，涉案路段较宽并设有隔离带，行人距离车辆较远，张某在行驶中很难注意到人行横道上行人通行的情况；另一方面，张某虽未停车礼让，但并不影响人行横道上行人的通行安全。同时，执勤交警对于张某要求查看监控录像以确认自己的违法行为这一合理诉求不予认可，而径直作出处罚决定，属程序不当。因此，张某提出行政复议申请，请求撤销执勤民警所作行政处罚决定。

问题：行政复议的流程是怎样的？要经历哪些步骤？

基本原理认知

一、申请的提出

行政复议申请的提出是复议程序的第一个阶段，是行政复议的启动程序。在行政复议申请的提出阶段，应注意以下问题：

1. 申请行政复议的条件。行政相对人申请行政复议，应符合下列条件：①申请人是认为行政行为侵犯其合法权益的公民、法人或者其他组织；②有明确的被申请人；③有具体的复议请求和事实根据；④属于行政复议的范围和属于受理复议机关管辖；⑤必须在法定的期限内申请复议；⑥法律、法规规定的其他条件。

2. 申请行政复议的方式。根据《行政复议法》的规定，申请人申请行政复议可以书面申请，也可以口头申请。申请人书面申请行政复议的，可以采取当面提交、邮寄或者传真等方式提出行政复议申请。有条件的行政复议机构可以接受以电子邮件形式提出的行政复议申请；申请人口头申请行政复议的，行政复议机关应当当场记录申请人的基本情况、行政复议请求、申请行政复议的主要事实、理由和时间。需注意，申请人口头申请行政复议的，行政复议机构应当场制作行政复议申请笔录交申请人核对或者向申请人宣读，并由申请人签字确认。

3. 申请行政复议的期限。申请行政复议的期限一般情况下为60日。根据《行政复议法》的规定，公民、法人或者其他组织认为行政行为侵犯其合法权益的，可以自知道或者应当知道该行政行为之日起60日内提出行政复议申请；但是法律规定的申请期限超过60日的除外。法律规定的特殊期限，有以下三种情况：①因不可抗力或者其他正当理由耽误法定申请期限的，申请期限自障碍消除之日起继续计算；②行政机关作出行政行为时，未告知公民、法人或者其他组织申请行政复议的权利、行政复议机关和申请期限的，申请期限自公民、法人或者其他组织知道或者应当知道申请行政复议的权利、行政复议机关和申请期限之日起计算，但是自知道或者应当知道行政行为内容之日起最长不得超过1年；③因不动产提出的行政复议申请自行政行为作出之日起20年内提出行政复议申请，其他行政复议申请自行政行为作出之日起5年内提出行政复议申请，否则行政复议机关不予受理。

二、受理

行政复议机关在收到复议申请书或者申请人口头申请形成书面材料后，应当在5日内进行审查，对不符合《行政复议法》规定的行政复议申请的，决定不予受理，并书面告知申请人；对符合《行政复议法》规定，但不属于本机关受理的行政复议申请，应当告知申请人向有关行政复议机关提出。行政复议申请符合下列规定的，应当予以受理：①有明确的申请人和符合规定的被申请人；②申请人与被申请行政复议的行政行为有利害关系；③有具体的行政复议请求和理由；④在法定申请期限内提出；⑤属于《行政复议法》规定的行政复议范围；⑥属于收到行政复议申请的行政复议机构的管辖范围；⑦其他行政复议机关尚未受理同一行政复议申请，人民法院尚未受理同一主体就同一事实提起的行政诉讼。

行政复议申请材料不齐全或者表述不清楚的，行政复议机构可以自收到该行政复议申请之日起5日内书面通知申请人补正。补正通知应当一次性载明需要补正的事项和合理的补正期限。无正当理由逾期不补正的，视为申请人放弃行政复议申请。补正申请材料所用时间不计入行政复议审理期限。

申请人就同一事项向两个或者两个以上有权受理的行政机关申请行政复议的，由最先收到行政复议申请的行政机关受理；同时收到行政复议申请的，由收到行政复议申请的行政机关在10日内协商确定；协商不成的，由其共同上一级行政机关在10日内指定受理机关。协商确定或者指定受理机关所用时间不计入行政复议审理期限。

上级行政机关认为行政复议机关不予受理行政复议申请的理由不成立的，可以先行督促其受理；经督促仍不受理的，应当责令其限期受理，必要时也可以直接受理；认为行政复议申请不符合法定受理条件的，应当告知申请人。

三、审理

行政复议审理是指行政复议机关对申请复议的案件进行实质性审查的活动。这一阶段的主要任务是通过审查证据材料，全面审查行政行为的合法性和适当性。它是行政复议的中心环节和核心阶段，是行政复议机关正确行使复议权的关键步骤。

（一）审理前的准备

1. 审理前的准备。审理前的准备是指行政复议机关受理复议申请后，为保证行政复议活动的顺利进行所做的一系列准备工作。它主要包括下列内容：

（1）确定行政复议人员。行政复议机构审理行政复议案件，应当由两名以上行政复议人员参加。确定了行政复议人员之后，应及时通知当事人，以便当事人及早了解行政复议人员的个人情况，从而确定是否行使申请回避的权利。

（2）更换和追加复议当事人。申请人提出行政复议申请时错列被申请人的，行政复议机构应当告知申请人变更被申请人。

（3）发送复议申请书副本或者复议申请笔录复印件。行政复议机关应当自复议申请受理之日起7日内，将复议申请书的副本或者复议申请笔录复印件发送被申请人。

（4）被申请人答辩与举证。被申请人应当自收到申请书副本或者申请笔录复印件之日起10日内，提出书面答复，并提交作出行政行为的证据、依据和其他有关材料。

（5）申请人、第三人及其委托代理人阅卷。申请人、第三人及其委托代理人可以查阅、复制被申请人提出的书面答复、作出行政行为的证据、依据和其他有关材料，除涉及国家秘密、商业秘密、个人隐私或者可能危及国家安全、公共安全、社会稳定情形外，行政复议机关应当同意。行政复议机关应当为申请人、第三人及其委托代理人查阅、复制有关材料提供必要条件。

（6）决定是否停止执行被申请复议的行政行为。由于行政行为具有权力性，行政复议期间一般不停止行政行为的执行，但是有下列情形之一的，应当停止执行：被申请人认为需要停止执行的；行政复议机关认为需要停止执行的；申请人、第三人申请停止执行，行政复议机关认为要求合理，决定停止执行的；法律、法规、规章规定停止执行的其他情形。

2. 审理的范围。行政复议审理的范围是指行政复议机关对复议案件中的哪些事项有权进行审查并作出裁决。行政复议机关审理复议案件应遵循全面审查原则。所谓全面审查，就是行政复议机关对被申请复议的行政行为的合法性与适当性，以及对行政行为所依据的有关行政规范性文件的合法性进行审查，不受复议申请人复议请求范围的限制。这是行政复议与行政诉讼的不同之处，体现的是行政权的主动性。

3. 审理的方式。行政复议机关受理行政复议申请后，依照《行政复议法》适用普通程序或者简易程序进行审理。

适用普通程序审理的行政复议案件，行政复议机构应当当面或者通过互联网、电话等方式听取当事人的意见，并将听取的意见记录在案。因当事人原因不能听取意见的，可以书面审理。

需要注意，审理重大、疑难、复杂的行政复议案件，行政复议机构应当组织听证。行政复议机构认为有必要听证，或者申请人请求听证的，行政复议机构可以组织听证。听证由1名行政复议人员任主持人，2名以上行政复议人员任听证员，1名记录员制作听证笔录。行政复议机构组织听证的，应当于举行听证的5日前将听证的时间、地点和拟听证事项书面通知当事人。申请人无正当理由拒不参加听证的，视为放弃听证权利。被申请人的负责人应当参加听证。不能参加的，应当说明理由并委托相应的工作人员参加听证。县级以上各级人民政府应当建立相关政府部门、专家、学者等参与的行政复议委员会，为办理行政复议案件提供咨询意见，并就行政复议工作中的重大事项和共性问题研究提出意见。行政复议委员会的组成和开展工作的具体办法，由国务院行政复议机构制定。审理行政复议案件涉及下列情形之一的，行政复议机构应当提请行政复议委员会提出咨询意见：①案情重大、疑难、复杂；②专业性、技术性较强；③县级以上地方各级人民政府管辖的行政复议案件；④行政复议机构认为有必要。行政复议机构应当记录行政复议委员会的咨询意见。

行政复议机关审理下列行政复议案件，认为事实清楚、权利义务关系明确、争议不大的，可以适用简易程序：①被申请行政复议的行政行为是当场作出；②被申请行政复议的行政行为是警告或者通报批评；③案件涉及款额3 000元以下；④属于政府信息公开案件；⑤当事人各方同意适用简易程序的。

适用简易程序审理的行政复议案件，行政复议机构应当自受理行政复议申请之日起3日内，将行政复议申请书副本或者行政复议申请笔录复印件发送被申请人。被申请人应当自收到行政复议申请书副本或者行政复议申请笔录复印件之日起5日内，提出书面答复，并提交作出行政行为的证据、依据和其他有关材料。适用简易程序审理的行政复议案件，可以书面审理。行政复议机构认为不宜适用简易程序的，经行政复议机构的负责人批准，可以转为普通程序审理。

4. 审理的期限。审理的期限是指行政复议机关自受理复议申请之日到作出复议决定所需要的时限。根据《行政复议法》规定，行政复议审理期限分为以下三种情况：

（1）一般审理期限。一般审理期限是指行政复议机关应当自受理复议申请之日起60日内作出复议决定。根据《行政复议法实施条例》的规定，行政复议机关审理行政复议案件需要现场勘验的，现场勘验所用时间不计入行政复议审理期限。行政复议期间涉及专门事项需要鉴定的，当事人可以自行委托鉴定机构进行鉴定，也可以申请行政复议机构委托鉴定机构进行鉴定。鉴定费用由当事人承担。鉴定所用时间不计入行政复议审理期限。

（2）特殊审理期限。单行法律规定的审理期限少于60日的，以单行法律规定为准；如果单行法律规定的审理期限长于60日的，以60日为准。

（3）延长审理期限。对于情况复杂的案件，行政复议机关不能在规定的期限内作出复议决定的，经行政复议机构的负责人批准，可以适当延长，但是延长期限最多不超过30日，并应告知申请人和被申请人。

5. 复议和解与调解。行政复议机关在办理行政复议案件期间，可以按照自愿、合法的原则，对依自由裁量权作出的行政行为和行政赔偿或行政补偿纠纷进行调解。当事人经调解达成协议的，行政复议机关应当制作行政复议调解书，经各方当事人签字或者签章，并加盖行政复议机关印章，即具有法律效力。调解未达成协议或者调解书生效前一方反悔的，行政复议机关应当依法审查或者及时作出行政复议决定。

当事人在行政复议决定作出前可以自愿达成和解，和解内容不得损害国家利益、社会公共利益和他人合法权益，不得违反法律、法规的强制性规定。当事人达成和解后，由申请人向行政复议机构撤回行政复议申请。行政复议机构准予撤回行政复议申请、行政复议机关决定终止行政复议的，申请人不得再以同一事实和理由提出行政复议申请。但是，申请人能够证明撤回行政复议申请违背其真实意愿的除外。

四、决定

行政复议决定是指行政复议机关在查清案件事实的基础上，根据事实和法律，对所争议的行政行为作出的具有法律效力的判断和处理。它是行政复议机关行使复议职权，对原行政行为的合法性与适当性进行审查的最终结果，也是行政复议申请人和被申请人保护其合法权益的必然要求。

（一）决定的种类与形式

1. 根据《行政复议法》的规定，行政复议决定有下列种类：

（1）维持决定。复议机关经审查认为被申请人的行政行为认定事实清楚，证据确凿，适用依据正确，程序合法，内容适当的，应作出维持原行政行为的决定。

（2）履行决定。履行决定针对被申请人不履行法定职责而引发的复议，一般行政主体不履行法定职责的情况有两种：一是行政主体明确表示拒不履行法定职责；二是行政主体无正当理由故意拖延履行法定职责，在此情况下，复议机关应作出责令被申请人在一定期限内履行法定职责的决定。

（3）变更决定。行政复议机关经审理，发现被申请人作出的行政行为有下列情形之一的，依法决定变更该行政行为：①事实清楚，证据确凿，适用依据正确，程序合法，但是内容不适当；②事实清楚，证据确凿，程序合法，但是未正确适用依据；③事实不清、证据不足，经行政复议机关查清事实和证据。同时，行政复议机关不得作出对申请人更为不利的变更决定，但是第三人提出相反请求的除外。

（4）撤销决定。行政复议机关经审理，发现被申请人作出的行政行为有下列情形之一的，依法决定撤销或者部分撤销该行政行为，并可以责令被申请人在一定期限内重新作出行政行为：①主要事实不清、证据不足；②违反法定程序；③适用的依据不合法；④超越职权或者滥用职权。同时，行政复议机关责令被申请人重新作出行政行为的，被申请人不得以同一事实和理由作出与被申请行政复议的行政行为相同或者基本相同的行政行为，但是行政复议机关以违反法定程序为由决定撤销或者部分撤销的除外。

（5）确认违法决定。行政复议机关经审理，发现被申请人作出的行政行为有下列情形之一的，不撤销该行政行为，但是确认该行政行为违法：①依法应予撤销，但是撤销会给国家利益、社会公共利益造成重大损害；②程序轻微违法，但是对申请人权利不产生实际影响。

如果行政行为不需要被撤销或者责令履行的，行政复议机关确认该行政行为违法：①行政行为违法，但是不具有可撤销内容；②被申请人改变原违法行政行为，申请人仍要求撤销或者确认该行政行为违法；③被申请人不履行或者拖延履行法定职责，责令履行没有意义。

（6）驳回决定。有下列情形之一的，行政复议机关应当决定驳回行政复议申请：申请人认为行政主体不履行法定职责申请行政复议，行政复议机关受理后发现该行政主体没有相应法定职责或者在受理前已经履行法定职责的；受理行政复议申请后，发现该行政复议申请不符合《行政复议法》规定的受理条件的。上级行政主体认为行政复议机关驳回行政复议申请的理由不成立的，应当责令其恢复审理。

（7）赔偿决定。申请人在申请行政复议时一并提出行政赔偿请求的，行政复议机关经审查，如认为符合《国家赔偿法》的有关规定应予赔偿的，在决定撤销或者部分撤销、变更行政行为或者确认行政行为违法、无效时，应当同时决定被申请人依法给予赔偿。申请人在申请行政复议时没有提出行政赔偿请求的，行政复议机关在依法决定撤销或者部分撤销、变更罚款，撤销或者部分撤销违法集资、没收财物、征收征用、摊派费用以及对财产的查封、扣押、冻结等行政行为时，应当同时责令被申请人返还财产，解除对财产的查封、扣押、冻结措施，或者赔偿相应的价款。

2. 决定的形式。行政复议决定的形式是指行政复议机关依法对复议案件审理后作出的具有法律效力的判定的表现形式。《行政复议法》规定，行政复议机关作出行政复议决定，应当制作行政复议决定书，并加盖行政复议机关印章。据此，行政复议决定应当采用书面形式，即应制作行政复议决定书，行政复议决定书是行政复议决定的载体。

（二）决定的执行

对于生效的行政复议决定，被申请人应当履行。被申请人不履行或者无正当理由拖延履行行政复议决定书、调解书、意见书的，行政复议机关或者有关上级行政机关应当责令其限期履行，并可以约谈被申请人的有关负责人或者予以通报批评。申请人、第三人逾期不起诉又不履行行政复议决定书、调解书的，或者不履行最终裁决的行政复议决定的，按照下列规定分别处理：①维持行政行为的行政复议决定书，由作出行政行为的行政机关依法强制执行，或者申请人民法院强制执行；②变更行政行为的行政复议决定书，由行政复议机关依法强制执行，或者申请人民法院强制执行；③行政复议调解书，由行政复议机关依法强制执行，或者申请人民法院强制执行。

✦ 拓展阅读

行政复议与行政诉讼的区别

在现实社会生活中，各级人民政府及其工作部门进行着经常的、大量的、范围广泛的行政管理工作，从而使我们的社会得以顺利运行。由于行政权最终要由具体的行政主体和公务员来行使，某些违法或不当的行政行为难以避免，这些违法或不当的行政行为会对公民、法人或其他组织的权利造成损害，因此，需要给予他们一定的权利救济途径。现代法治国家是通过建立行政复议制度和行政诉讼制度为公民、法人或其他组织提供救济的。

在我国，行政诉讼与行政复议由于性质不同而产生的区别较为明显：

一、内外有别

行政复议是内部救济，是与行政诉讼相结合的行政救济制度，是行政系统内部对行政权的监督。行政诉讼则是外部救济，由人民法院对引起争议的行政行为进行审查，以保护相对人的合法权益，这是一种司法救济，是行政系统外部对行政权的监督。

二、大小不一

行政复议范围大于行政诉讼范围。属于行政诉讼范围的，必然属于行政复议范围；但属于行政复议范围的，未必属于行政诉讼的范围。行政复议是只要公民、法人、其他组织在法律上所具有的权益都在复议保护之列。虽然 2014 年《行政诉讼法》修正后将行政诉讼的受案范围明确列举并扩大，不再限于人身权和财产权方面，扩大为"认为行政机关侵犯其他人身权、财产权等合法权益的"；但是法律规定中用了一个"等"字，即有一些其他的权利都可以进来，只是为未来扩大行政诉讼法律保护的范围提供制度空间。行政复议以自身特有的优势弥补了行政诉讼制度在给予公民、法人或其他组织权利救济时的某些局限性，对公民、法人或其他组织权利的保护来得更直接、及时，也更为全面。

三、程序规则不同

行政复议与行政诉讼程序上虽然都是依申请而启动的，但是两者又有明显区别。行政复议适用行政程序，由《行政复议法》规定，实行一级复议和书面审查为主等；行政诉讼则适用由《行政诉讼法》规定的行政诉讼程序，是司法程序，以实行两审终审和开庭审理为主等。

行政复议决定本身属于行政机关的行政行为，因此，除了法律有特别规定的以外，它也不能成为最终的裁决，还要以行政诉讼制度作为最后的救济渠道。《行政诉讼法》规定的行政诉讼受案范围，就包括当事人对行政复议决定不服的，可以提起行政诉讼。《行政复议法》中对行政复议制度与行政诉讼制度如何相衔接，也作出了一些重要规定。

思考与练习

一、思考题

1. 行政复议的概念、特征和原则。
2. 行政复议参加人与行政复议机关的种类。
3. 行政复议的肯定范围与排除范围。
4. 行政复议的管辖规定。
5. 行政复议的申请、受理、审理、决定与执行程序。

二、选择题[1]

1. 关于行政复议，下列哪一说法是正确的？（　　　）

A.《行政复议法》规定，被申请人应自收到复议申请书或笔录复印件之日起10日提出书面答复，此处的10日指工作日

B. 行政复议期间，被申请人不得改变被申请复议的行政行为

C. 行政复议期间，复议机关发现被申请人的相关行政行为违法，可以制作行政复议意见书

D. 行政复议实行对行政行为进行合法性审查原则

2. 某区政府在行政复议过程中，认为下列哪些行政行为的依据不合法，可依法转送有权的国家机关进行处理？（　　　）

A. 全国人大常委会制定的法律

---

[1] 1. C；2. C；3. C；4. C。

B. 自治区人大制定的单行条例

C. 经济特区的规章

D. 省人大制定的地方性法规

3. 在春节前区工商局和卫生部门联合进行检查，发现某商户乱设摊点和不符合卫生条件，联合决定给予其吊销营业执照和罚款的处罚，该商户不服，申请复议应以谁为被申请人？（　　　）

A. 区工商局

B. 区卫生执法部门

C. 区工商局和卫生部门为共同被申请人

D. 区工商和卫生部门共同的上级机关为被申请人

4. 对某市某县公安局派出所以该县公安局的名义作出的行政行为不服申请的复议，应由下列哪项所属机关管辖？（　　　）

A. 该县公安局

B. 该派出所

C. 该县人民政府

D. 某市人民政府

实训任务 1：行政复议的运用

【案例】

2014 年 7 月 8 日，某县商店供货商李某来到张某的店中，要求结清 3 万元货款。当天店里没有这么多现金，张某商量可否过几天付款。李某不同意，并威胁如果当天 18：30 不付款，便开始拆店。18：30 以后，李某又通知来了十余人，气焰嚣张地将店中员工赶到店外，开始动手搬东西。张某于当天 18：43 打报警电话报警，并且在场员工也当时先后两次打报警电话报警，民警到了现场，当时现场场面混乱，哄抢者正在拆除和搬运财物但还未运走，出警民警并未制止哄抢行为，并于 18：54 回复张某电话说这是经济纠纷他们不管。哄抢者见警察到了现场却无动于衷，无形中助长了违法行为人的威风，导致事态进一步扩大。张某便亲自去了派出所，要求派出所出警并到现场拍照保全证据。派出所即时派出了技术室民警再次来到现场并进行拍照，但依然没有制止哄抢行为。致使最后店里能够拆除的所有财物都被哄抢者运走。张某认为派出所没有严格按照处警工作规则的要求采取果断措施，没有及时、有效地处置好正在发生的哄抢行为，使能够预见的财产损失没能得以避免，拟就此提出行政复议。

【训练目的及要求】

结合案例和相关知识，通过训练，能正确掌握行政复议案件的分析方法。

【训练方法】

分三组进行，第一组学生运用行政复议知识分析案例是否属于行政复议受案范围及管辖问题；第二组学生分析案例中的行政复议参加人；第三组学生对前面两组学生的分析进行评价。

【训练步骤】

步骤1：分组。

步骤2：熟悉案例。

步骤3：学生分析案例。

步骤4：老师评判。

【案例解析】

当事人申请行政机关履行保护人身权利、财产权利、受教育权利等合法权益的法定职责，行政机关拒绝履行、未依法履行或者不予答复的，属于行政复议的受案范围。本案中，张某报警并多次要求警察制止李某的拆店行为，但出警民警并未制止哄抢行为，故张某可以对民警的不作为申请行政复议。由于本案中的派出所属于县公安局的派出机构，而县公安局属于县人民政府的工作部门，因此本案的行政复议管辖权归县政府。

本案中，张某认为派出所的不作为侵犯到其合法权益，向行政机关提出行政复议申请，属于行政复议申请人；由于派出所保护人身权利、财产权利等合法权益属于法定职责，因此该派出所应该为行政复议被申请人。同时需要注意，由于李某与被申请复议的行政行为有利害关系，属于本案的行政复议第三人。

参考书目

1. 石佑启主编：《行政法与行政诉讼法》，高等教育出版社2023年版。

2.《行政法与行政诉讼法学》编写组编：《行政法与行政诉讼法学》，高等教育出版社2018年版。

3. 李凌云编著：《中华人民共和国行政复议法注释本》，法律出版社2023年版。

行政诉讼及行政赔偿

项目十三　行政诉讼概述

"与其责骂罪恶，不如伸张正义。"

知识目标

1. 掌握行政诉讼的概念和特征。
2. 理解行政诉讼与其他诉讼的关系。
3. 理解行政诉讼基本原则的概念和内容。

能力目标

能够对行政诉讼各特有原则进行理解与应用。

内容结构图

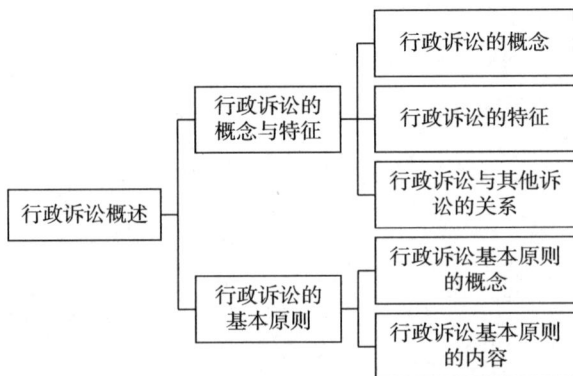

任务一 行政诉讼的概念与特征

导入案例

位于大王乡的多金属硫铁矿区是国家出资勘察形成的大型硫铁矿基地。2023年5月，百乐公司向法定发证机关省国土资源厅申请办理该矿区采矿许可证。2023年11月1日，某市国土资源局以解决遗留问题为由向另一家企业强力公司颁发了该矿区的采矿许可证。2004年1月，省国土资源厅答复百乐公司，该矿区已设置矿权，不受理该公司的申请。

问题：请问百乐公司有哪些救济途径？

基本原理认知

一、行政诉讼的概念

行政诉讼是指行政相对人与行政主体在行政法律关系中发生纠纷后，依法向人民法院提起诉讼，人民法院依法定程序审查行政主体行政行为的合法性，并判断行政相对人的主张是否有法律和事实依据，然后作出裁判的一种活动。行政诉讼是一种司法诉讼活动，在这个意义上它是与民事诉讼相通的。虽然行政诉讼的研究者们对行政诉讼有着不同的定义，对行政诉讼的特征却有着近乎一致的观点，"真正的行政诉讼的发生，需有由行政行为所引发的争议；而根据该行为所为之请求，不仅应该以被侵害利益为由，且应该以侵害法律为由。"

在我国，根据《行政诉讼法》第2条的规定，行政诉讼是指公民、法人或者其他组织认为行政机关和行政机关工作人员的行政行为侵犯其合法权益，有权依照本法向人民法院提起诉讼，人民法院在当事人及其他诉讼参与人的参加下，对行政行为的合法性进行审查并作出裁判，解决行政争议的活动。此处的行政行为，包括法律、法规、规章授权的组织作出的行政行为。

行政诉讼又称"司法审查"，对行政主体而言，是一种法律监督程序；对行政相对人而言，行政诉讼是一种法律救济程序。在国家法律制度层面上，行政诉讼与民事诉讼、刑事诉讼一起，构成我国司法制度中的三大基本诉讼制度。行政诉讼作为一种法律监督程序，其具有以下三个方面的性质：

（一）行政诉讼是一种司法审查制度

在行政法治监督保障体系中，行政诉讼是一项不可缺少的对行政行为进行事后法律监督的制度，其功能主要是监督行政机关依法行使职权。人民法院通过对行政案件的审理，发现被诉行政行为违反法律、法规规定或认定事实不清，证据不足，可以运用国家司法权，撤销违法行政行为，或责令行政机关重新作出行政行为。在行政诉讼过程中，人民法院发现与被诉行政行为有关的人和事违法或者有其他制度缺陷或漏洞，可以向行政机关提出"司法建议"，要求行政机关予以纠正。这种在国家制度体系中设计的国家司法权对行政权实行制约和监督的机制，目的在于保障行政机关严格执行法律法规，依法进行行政管理。

（二）行政诉讼是一种行政法律救济制度

"救济"是法律设置的一种权利保障机制。在国家行政机关已作出某种发生效力决定后，行政相对人有权请求国家机关对之进行审查，以撤销违法决定，恢复或补救被违法决定侵犯的权益。除行政诉讼外，行政救济还包括"申诉""行政复议""国家赔偿"等。立法者遵循有义务就有权利，有权利就应有救济的原则确定法律规则。行政诉讼制度旨在监督行政机关依法行政、使国家法律得到正确的执行的同时保护相对人的合法权益，在相对人合法权益受到或可能受到行政行为侵犯时，为相对人提供权威有效的救济制度。

（三）行政诉讼是国家三大基本诉讼制度的组成部分

行政诉讼是解决行政主体与行政相对人行政争议的一种诉讼制度。在由人民法院解决纠纷这个意义上，行政诉讼与民事诉讼、刑事诉讼一样，是构成我国三大诉讼制度的一个组成部分。一个国家解决行政争议的制度常常有多种方式和途径可以选择，如行政调解制度、行政复议制度等——这些属于行政系统内的争议解决机制。而行政诉讼作为行政系统之外的一种司法制度，程序更严格，更具权威性。行政诉讼是解决行政争议的司法方式，与行政调解、行政复议等制度相衔接，不仅如此，行政诉讼还常常将行政复议决定作为直接审查的对象。

二、行政诉讼的特征

行政诉讼与刑事诉讼、民事诉讼一起，构成我国三大基本诉讼制度。他们同为诉讼制度因而具有一些共性，如都是司法救济的途径，都是在人民法院主持下进行，有一些司法原则是共同的，在具体程序上也有一些相同之处等。但是，行政诉讼作为一项独立的诉讼制度与刑事诉讼、民事诉讼相比较，又有其特殊性。行政诉讼的特征主要表现在以下几个方面：

第一，行政诉讼以行政争议的存在为前提。行政诉讼的起因是公民、法人或者其他组织认为行政行为侵犯其合法权益，从而引起公民、法人或者其他组织向人民法院提起诉讼请求、寻求司法保护。值得注意的是，公民、法人或者其他组织认为行政行为侵犯了自己的合法权益即可提起行政诉讼。这里的"认为"只是行政相对人的主观判断，不一定是行政行为实际侵犯了其合法权益。是否真正侵犯了行政相对人的合法权益，需要由国家审判机关审查和判断，行政相对人不能单方面否定行政行为的效力。

但是，行政相对人只要怀疑行政行为的合法性，认为行政行为侵犯其合法权益，就有权向人民法院提起行政诉讼。

第二，行政诉讼是在人民法院主持下审查行政行为合法性。人民法院在整个诉讼活动中居于核心和主导的地位，它通过行使国家的审判权来处理和解决行政主体和行政相对人之间的行政争议，为行政相对人的合法权益提供法律保障。行政诉讼有别于行政复议，主要表现在：一是监督的性质不同。行政复议属于行政监督，行政诉讼属于司法监督。二是权利救济的属性不同。行政复议是行政救济而行政诉讼则属于司法救济。三是审查的内容不同。在行政复议中，复议机关既审查行政行为的合法性，又审查其适当性。行政诉讼中，法院一般只审查行政主体行政行为的合法性。

第三，行政诉讼解决的是特定范围内的行政争议。根据我国《行政诉讼法》的规定，行政相对人只能对一定范围内的行政行为提起诉讼。对行政行为提起诉讼还必须属于人民法院的受案范围，必须符合《行政诉讼法》有关受案范围的规定。对于被排斥在人民法院受案范围外的事项，行政相对人不能提起诉讼。

第四，行政诉讼的当事人具有恒定性。根据《行政诉讼法》的规定，行政诉讼只能依申请而进行，并且请求权只归属于行政相对人，行政诉讼的原告是公民、法人或者其他组织，亦即行政诉讼的发动者和启动者是作为行政诉讼原告的行政相对人，而行政诉讼的被告只能是行政主体。这是由于在国家行政管理过程中，行政机关居于主导的地位，拥有行政管理职权，并可采取强制措施，而行政相对人则必须服从。为使行政相对人的合法权益免受不法侵害，《行政诉讼法》规定，如果行政相对人认为行政机关的行政行为侵犯其合法权益，就有权请求法院审查行政行为的合法性。如属违法行政行为，法院应依法予以撤销。行政管理的性质和特点决定了在行政诉讼中，行政诉讼的当事人具有恒定性，原告和被告的位置是固定的，不能相互交换和倒置。也就是说行政诉讼是"民告官"的诉讼，只能"民告官"，而不能"官告民"。

第五，行政诉讼的目的是通过解决行政争议，对违法行政行为所造成的消极后果进行补救，以保护行政相对人的合法权益不受侵害。在行政管理中，行政主体作出的违法行政行为所造成的消极后果是双重的：一方面，侵害了行政相对人的合法权益；另一方面，损害了行政机关的行政权威，影响了行政效率。行政诉讼的目的和实质就在于通过矫正违法或不当的行政行为，对行政相对人受损害的合法权益进行补救，为行政相对人的合法权益提供法律保护。因此，行政诉讼的结果表现为补救行政相对人，与此同时，也维护了行政权威、提高了行政效率、恢复了正常的行政管理秩序。

行政诉讼和行政诉讼法是两个既互相联系又互相区别的概念，行政诉讼受行政诉讼法的调整，行政诉讼法以行政诉讼活动为调整对象。行政诉讼法是人民法院在其他诉讼参加人的参加下，审理行政案件活动所依据的法律规范的总称。行政诉讼法是程序法，是我国社会主义法律体系中的一个独立的法律部门，与民事诉讼法、刑事诉讼法共同构成我国的诉讼法体系。

三、行政诉讼与其他诉讼的关系

行政诉讼与民事诉讼、刑事诉讼并称为"三大诉讼"。行政诉讼是解决行政机关与行政相对人之间发生行政争议的诉讼制度，在诉讼主体、举证责任、法院审查的内容等诸多方面，都与民事诉讼和刑事诉讼有着显著的不同。

（一）行政诉讼与民事诉讼

行政诉讼与民事诉讼的关系十分密切。我国的行政诉讼脱胎于民事诉讼，是从民事诉讼发展而来的诉讼形式，在我国《行政诉讼法》正式生效实施之前，人民法院审理行政案件适用民事诉讼程序。1982 年公布的《中华人民共和国民事诉讼法（试行）》（以下简称《民事诉讼法（试行）》，已失效）第 3 条第 2 款规定："法律规定由人民法院审理的行政案件，适用本法规定。"根据这一规定，我国人民法院审理行政案件完全适用《民事诉讼法（试行）》的规定，并且长达 8 年之久。在《行政诉讼法》正式生效实施之后，人民法院在审理行政案件时仍不能完全排除《民事诉讼法（试行）》以及后来公布实施的《民事诉讼法》的适用。《行政诉讼法》是我国第一部行政诉讼法典，在立法上还有许多待完善之处。因此，在实践中，行政诉讼法有明确规定的，适用其规定；行政诉讼法没有明确规定的，适用民事诉讼法的有关规定，以此弥补行政诉讼法立法的不足，保证行政诉讼活动的顺利进行。《行政诉讼法》第 101 条规定："人民法院审理行政案件，关于期间、送达、财产保全、开庭审理、调解、中止诉讼、终结诉讼、简易程序、执行等，以及人民检察院对行政案件受理、审理、裁判、执行的监督，本法没有规定的，适用《中华人民共和国民事诉讼法》的相关规定。"

行政诉讼与民事诉讼在诉讼实践中的联系十分紧密，许多行政争议与民事争议交织在一起，在行政诉讼中与之相关的民事争议一并解决，受害人或侵权人对行政行为不服提起行政诉讼的，也可以附带提起民事诉讼。当事人因行政违法侵权行为提起的行政赔偿诉讼也兼具民事诉讼的特点。

行政诉讼虽然脱胎于民事诉讼，但是，它能够发展成为一个独立的诉讼制度表明了行政诉讼具有不同于民事诉讼的个性。行政诉讼和民事诉讼的区别主要表现在以下几个方面：

1. 诉讼的目的和任务不同。民事诉讼的处理对象是民事争议。民事诉讼的目的和任务是通过审理民事案件，解决民事争议，确认民事权利义务关系，制裁民事违法行为，保护以财产关系为核心的民事权利，维护民事主体的合法权益，维护国家正常的民事法律秩序。而行政诉讼的处理对象为行政争议。行政争议产生于国家行政管理的过程之中，行政诉讼的目的和任务是通过司法机关对行政主体行政行为的合法性进行审查，从而一方面保护公民、法人或者其他组织等行政相对人的合法权益；另一方面监督行政机关依法行政，保证国家的行政权合法运行，维护国家正常的行政法律秩序。

2. 诉讼当事人不同。在民事诉讼中，原告、被告的资格是不固定的，这是因为在民事法律关系中主体双方的法律地位是平等的。行政诉讼中原告、被告资格则是固定的，这是由行政实体法律关系中当事人双方不平等法律地位所决定的。行政诉讼的原告恒定为行政相对人，而被告恒定为行政主体，是"民告官"的诉讼。

3. 诉讼权利不同。其一，起诉权、反诉权和撤诉权。在民事诉讼中，由于原告、被告的资格是不固定的，因此，在民事诉讼中双方当事人都享有起诉权、反诉权和撤诉权。而在行政诉讼中，由于原告、被告的资格是固定的，原告、被告的地位不能发生变位，因此，起诉权和撤诉权只归属于行政相对人，即认为行政机关的行政行为侵犯其合法权益的公民、法人或其他组织。作为被告的行政机关不享有起诉权、反诉权和撤诉权。其二，处分权。在民事诉讼中，民事诉讼的双方当事人对自己的民事权利享有处分权。这是由于民事案件争执的内容是民事权利，是民事主体自己享有的权利，当事人完全可以依法进行处分。而在行政诉讼中，作为被告的行政机关不享有处分权，包括对合法行政职权和诉讼权利的处分权。作为被告的行政机关只是国家行政权力的行使者，不享有对行政权的支配权，并且行政行为一经作出便有确定力，非经法定程序，行政机关不得变更。

4. 举证责任不同。诉讼当事人双方都负有举证责任，这是行政诉讼和民事诉讼的共同之处，但在举证责任的分配上二者存在着差异。在民事诉讼中，实行"谁主张，谁举证"，即当事人双方谁提出诉讼上的主张，谁就承担提出证据的责任。可以说，举证责任对于原告、被告双方都是对等和平均的。而在行政诉讼中作为被告的行政机关负举证责任。《行政诉讼法》第34条第1款规定："被告对作出的行政行为负有举证责任，应当提供作出该行政行为的证据和所依据的规范性文件。"《行政诉讼法》作出这一规定是由于行政机关在国家行政管理中占有特殊地位，行政机关的举证能力比作为原告的行政相对人更为优越。

5. 二者所适用的原则不同。行政诉讼遵循以下特殊原则：①行政诉讼与行政复议相衔接，司法最终裁决的原则；②行政诉讼一般不适用调解的原则；③行政诉讼实行有限变更原则；④人民法院实行特定管辖的原则；⑤人民法院对行政行为实行合法性审查的原则。

6. 诉讼范围不同。民事诉讼的范围广泛而又复杂，除了适用普通程序和简易程序的各种权益争议案件外，还有适用特别程序的非权益争议的案件。而我国目前行政诉讼的范围相对来说较为狭小，《行政诉讼法》第12条对人民法院的受案范围作了列举式的规定。

7. 结案方式不同。在民事诉讼中，人民法院审理和解决民事案件的结案方式通常有三种：调解结案、判决结案和裁定结案。而在行政诉讼中，人民法院审理行政案件，一般不用调解的方式结案，主要用裁定或判决的方式结案。

（二）行政诉讼与刑事诉讼

行政诉讼与刑事诉讼之间的差异比较明显，主要体现在以下几个方面：

第一，提起诉讼的主体不同。提起行政诉讼的主体是公民、法人或其他组织；提起刑事诉讼的主体主要是具有刑事追诉职能的检察机关。

第二，诉讼目的不同。提起行政诉讼的直接目的是请求法院解决行政争议；提起刑事诉讼的直接目的是请求法院依法追究被告的刑事责任。

第三，举证责任不同。行政诉讼中，由被告就其行政行为的合法性承担举证责任；刑事诉讼中的举证责任由指控被告有罪的检察机关即公诉方承担。

第四，法院审查的内容不同。在行政诉讼中，法院审查的内容是行政行为的合法性问题；刑事诉讼中法院审查的内容是被告的行为是否构成犯罪以及是否应当承担刑事责任的问题。

第五，判决内容不同。在行政诉讼中，法院作出的是对合法的行政行为予以维持和对不合法的行政行为予以撤销的判决；在刑事诉讼中，法院作出的是认定被告有罪、无罪、应否承担刑事责任及承担何种刑事责任的判决。

任务二　行政诉讼的基本原则

导入案例

某县食品卫生检验所为加强对本县餐饮行业的管理，保护本县人民的身体健康，发出公告，要求辖区内的所有饭馆保持卫生，不允许出现苍蝇、老鼠等有害动物，否则将根据《中华人民共和国食品卫生法》第41条的规定进行处理。公告发出后，食品卫生检验所的工作人员对各个饭店进行监督检查。在检查王某经营的乐府餐厅时，工作人员发现该店的操作人员均未戴帽子，且餐厅内有苍蝇，备用餐具中有的有油腻。该县食品卫生检验局遂对王某作出了罚款2 000元的行政处罚。王某以处罚过重、适用法律不当，提起行政诉讼，请求人民法院予以撤销。

问题：如果法院受理该案体现的是行政诉讼的哪一原则？为什么？

基本原理认知

一、行政诉讼基本原则的概念

行政诉讼基本原则是指反映行政诉讼基本特点和一般规律，贯穿于行政诉讼活动整个过程或主要过程中，指导行政诉讼法律关系主体诉讼行为的重要准则。行政诉讼的基本原则源于行政诉讼法的规定和学者根据案例和法律进行的理论概括。我国《行政诉讼法》总则采用列举的方式规定了行政诉讼的基本原则。

二、行政诉讼基本原则的内容

我国行政诉讼的原则是宪法和法律规定的，反映行政诉讼的基本特点，对行政诉讼具有普遍指导意义，是行政争议的处理和解决必须遵循的基本准则。在分析我国行政诉讼的原则时，既要看到行政诉讼和其他诉讼的共性，又要看到行政诉讼的个性。我国行政诉讼的原则是分层次的。我国行政诉讼活动既要遵循我国行政诉讼和其他诉讼，特别是与民事诉讼共同遵循的原则，即共有原则，又要遵循行政诉讼法特有的原则。

我国《行政诉讼法》第 3～11 条对行政诉讼的原则作了详尽的规定。首先，我国行政诉讼与其他诉讼的共有原则在行政诉讼法中有明确的规定，这些原则大多是和民事诉讼活动所共有的，反映了两种诉讼活动的共性。主要有：①人民法院依法独立行使审判权的原则；②以事实为根据、以法律为准绳的原则；③人民法院审理行政案件，依法实行合议、回避、公开审判和两审终审的原则；④当事人在行政诉讼中法律地位平等的原则；⑤使用本民族语言、文字进行诉讼的原则；⑥辩论原则；⑦检察院实行法律监督原则。其次，行政诉讼作为一种独立的诉讼活动，和民事诉讼相比，有自己独特的个性。《行政诉讼法》所规定的行政诉讼的特有原则反映了行政诉讼自身的特点，主要有三项原则。

（一）人民法院对行政行为实行合法性审查的原则

《行政诉讼法》第 6 条规定，人民法院审理行政案件，对行政行为是否合法进行审查。这一原则反映了行政诉讼和其他诉讼活动的差别，集中体现了行政诉讼的特点和立法目的。与刑事诉讼和民事诉讼相比，行政行为合法性审查原则是行政诉讼法独具特色的基本原则。

根据我国《行政诉讼法》的有关规定，人民法院对行政行为实行合法性审查的原则主要体现在以下几方面：

第一，人民法院审理行政案件，审查的对象和范围是行政行为，即：①人民法院的司法审查权仅限于行政行为。②人民法院审查的行政行为仅限于人民法院的受案范围。换句话说，行政机关内部的奖惩和任免等行为被排斥在人民法院受案范围之外，不属于人民法院司法审查的范围。可见，人民法院行使司法审查权必须在法律规定的限度内，不得超越法定的职权范围。

第二，人民法院审理行政案件，审查的内容是行政行为的合法性。行政行为的合法性，一般从三方面加以判断：①行政行为是否超出了法定的权限；②是否符合法律、法规的规定；③是否符合法定的程序。人民法院在审理行政案件时，认定为违法的行政行为主要有以下六种：主要证据不足、适用法律法规错误、违反法定程序、超越职权、滥用职权、不履行法定职责。

第三，人民法院审理行政案件，审查行政行为合法性的依据是法律、行政法规和地方性法规。《行政诉讼法》第 63 条规定，地方性法规适用于本行政区域内发生的行政案件。人民法院审理民族自治地方的行政案件，并以该民族自治地方的自治条例和单行条例为依据。人民法院审理行政案件，参照规章。

第四，人民法院审理行政案件，只对行政行为的合法性进行审查，对行政行为的适当性、合理性原则上不予审查。《行政诉讼法》第 77 条第 1 款规定，行政处罚明显不当，或者其他行政行为涉及对款额的确定、认定确有错误的，人民法院可以判决变更。这表明只有在行政处罚明显不当或者其他行政行为涉及对款额的确定、认定确有错误的情况下，人民法院才有权依法予以变更。这是由我国的政治体制和《行政诉讼法》的立法目的决定的。

我国《行政诉讼法》确立的这一原则，赋予人民法院通过司法途径来监督审查行政行为合法性的重要权力，人民法院有权通过行使行政案件的审判权来监督国家行政机关的行政管理活动，这是我国人民法院的一项新的法定职权，也是国家审判权在内容上的新发展。人民法院审理行政案件的过程，就是人民法院审查行政机关行政行为合法性的过程，也就是人民法院监督行政主体依法行政的过程。在实践中，贯彻这一原则时，要正确处理好行政权与审判权的相互关系，在保护行政相对人合法权益的同时，维护和监督行政机关依法行使行政职权。

（二）司法有限变更的原则

司法有限变更原则，是指人民法院在审理行政案件的过程中，对行政机关的行政决定应予尊重，原则上不予改变，只有在一定条件下，才享有部分或全部改变行政机关的行政决定的权力。

根据我国《行政诉讼法》的规定，人民法院在审理行政案件中享有有限的司法变更权力，"有限"的范围是指《行政诉讼法》第 77 条第 1 款所规定的"行政处罚明显不当，或者其他行政行为涉及对款额的确定、认定确有错误的，人民法院可以判决变更。"根据我国《宪法》确立的国家机关分工合作的原则，行政权和司法审判权分别属于行政机关和人民法院，行政机关和人民法院各自拥有自己的职责范围。如果人民法院享有广泛的司法变更权，那么，随着行政诉讼范围的逐步扩大，越来越多的行政决定，最终不是由行政机关作出，而是由人民法院作出。最终的决定权属于人民法院，将可能冲击行政和司法职能合理分工的宪法原则。

在行政诉讼中，赋予人民法院以有限的司法变更权，具有重要的意义。首先，这一原则能够有效地、全面地保护行政相对人的诉讼权利。提起行政诉讼的基本条件是行政相对人认为行政机关的行政行为侵犯其合法权益，违法的和不当的行政行为都有可能对行政相对人的合法权益造成侵害，人民法院只有享有对违法的行政行为的撤销权和对不当的行政行为的变更权，才能有效地保护行政相对人的合法权益。其次，能够避免造成恶性"循环诉讼"。如果人民法院不享有有限的司法变更权，对行政机关不适当的行政行为只能予以撤销，然后再由行政机关自己重新作出，人民法院无法阻止行政机关拒绝作出或重新作出另一个不适当的行政行为。这样，行政纠纷没有彻底得到解决，行政相对人只能再次起诉，造成循环诉讼，行政相对人的合法权益并不能得到有效的保护。因此，在行政诉讼中，人民法院享有有限的司法变更权，是彻底解决行政纠纷，保护行政相对人合法权益的重要保障，是我国行政诉讼法给予行政相对人以特殊保护的一项重要措施。

（三）司法最终裁决的原则

行政诉讼中的司法最终裁决的原则是指对同一行政争议案件的行政机关的行政裁决必须服从人民法院的裁判，司法裁决具有最终的效力。

解决行政争议的方式有两种：行政复议和行政诉讼。《行政诉讼法》第 44 条规定，对属于人民法院受案范围的行政案件，公民、法人或者其他组织可以先向行政机关申请复议，对复议决定不服的，再向人民法院提起诉讼；也可以直接向人民法院提起诉讼。法律、法规规定应当先向行政机关申请复议，对复议决定不服再向人民法院提起诉讼的，依照法律、法规的规定。可见，我国行政诉讼法对是否需要经过行政复议采取了选择型的立法方式。

司法最终裁决的原则具体表现在：其一，依照法律、法规的规定，必须先经过行政复议阶段，对复议裁决不服，再向人民法院起诉的行政案件，人民法院有权管辖并依法作出裁判。其二，法律、法规规定当事人可以选择行政复议和行政诉讼的，当事人在向行政机关申请复议的同时，又向人民法院起诉的行政案件由先立案的机关管辖。但申请复议后又经复议机关同意撤回申请的，在法定期限内应由人民法院管辖并由人民法院作出最终裁判。其三，对于经过行政机关复议并作出裁决的案件，当事人不服该裁决，在法定期限内向有管辖权的人民法院起诉的，人民法院依法作出的裁判为最终裁判，行政裁决必须服从司法裁判。

司法最终裁决之所以成为我国行政诉讼的一项特有原则，是由行政诉讼的特点和宪法对审判权的规定决定的。人民法院通过行政诉讼的形式解决行政争议较行政机关通过行政复议的形式解决行政争议更为优越，它可以避免和消除人们的顾虑。人民法院以独立的中间人身份，通过严格的诉讼程序来审理和解决行政案件，是最为合理、最为有效的方式。同时，把行政诉讼作为解决行政争议的最终手段与最高形式，也是我国宪法赋予人民法院集中统一地行使审判权的重要形式。在解决行政争议的一切方式中，司法裁判是最终的、最高的裁判，是人民法院独立行使审判权的重要体现。

✦ 拓展阅读

行政诉讼中"诉的利益"内涵辨析（节选）[1]

一、问题的提出

"解决行政争议，保护公民、法人和其他组织的合法权益"，是我国行政诉讼制度的首要目标。由这一目标所决定，行政诉权的行使不能毫无节制，并非任何人提出的任何诉讼请求都适于法院裁判。当事人的起诉要获得法院审理，至少需要满足两个条件：①起诉人存在一项合法权益受到行政主体的侵犯；②该合法权益具备诉讼救济的必要性和实效性。二者同为行政诉权要件，前者即原告资格，后者则是"诉的利益"问题，"诉的利益"虽未见于我国行政诉讼法及其司法解释的明文规定，但对于行政审判而言却不是一个陌生的概念。在立案登记制施行之后，"诉的利益"作为案件受理的考虑因素已为我国行政审判实践所关注，用以缓解激增的司法需求与有限审判资源之间的矛盾。尤其当诉讼实践中屡屡出现"滥诉"等不当行使诉权的情形时，诉的利益成为筛查起诉、规范诉权的有力工具。最高人民法院指出：人民法院既要充分保障当事人正当诉权的行使，也有义务识别、判断当事人的请求是否具有足以利用国家审判制度加以解决的实际价值或必要性，从而避免因缺乏诉的利益而不当行使诉权的情形发生。

不过，从司法实践来看，"诉的利益"并非一个内容指向明确、体系定位清晰的概念。这表现在：其一，诉的利益的适用语境并不一致，"诉的利益"与"合法权益"的关系有待厘清；其二，诉的利益的理解存在一定泛化倾向，它是从何种角度考察"当事人利用审判程序的实际价值和必要性"有待限定；其三，诉的利益的具体要求还需梳理，它与其他诉讼要件的区别有待明确。此外，诉的利益的理论研究在某种意义上已经落后于司法实践。目前行政诉讼法学的权威教材，还没有体系性地关注到作为行政案件受理条件的诉的利益，这与诉的利益在诉权理论中的重要性并不相称。为了规范诉的利益的司法适用，确立诉的利益作为我国行政诉讼中一项独立的诉讼要件，本文将立足于我国行政诉讼制度和理论发展的实际需要，确立一个内涵清晰、可与审判实务良性互动的诉的利益概念，并就诉的利益的具体要求及其误解作一澄清。

二、"诉的利益"司法适用的多元语境

在"陆某霞诉南通市发展和改革委员会政府信息公开答复案"（以下简称"陆某霞案"）之后，行政审判实践对"诉的利益"概念已不陌生，但这一概念的理解却一直未能统一。诉的利益常被用于两种不同语境：一种是需要诉讼保护的"合法权益"，作为判断原告资格的核心要素；另一种是被宽泛理解的"诉的必要性"。

---

[1] 何天文：《行政诉讼中"诉的利益"内涵辨析》，载《南开学报（哲学社会科学版）》2023 年第 4 期。

（一）"诉的利益"的提出

"诉的利益"概念首次提出并引发热议，源自"陆某霞案"。本案涉及政府信息公开诉讼中诉权滥用的问题。最高人民法院提取的裁判摘要指出："……缺乏诉的利益、目的不当、有悖诚信的起诉行为，因违背了诉权行使的必要性，丧失了权利行使的正当性，应认定构成滥用诉权行为。"至于"诉的利益"如何理解，一审法院指出："诉的利益是原告陆某霞存在司法救济的客观需要……由于对获取政府信息权利的滥用，原告在客观上并不具有此类诉讼所值得保护的合法的、现实的利益。"由此可见，诉的利益就是"诉讼所值得保护的合法的、现实的利益"。

就本案而言，诉的利益似乎涵盖两方面：一是当事人存在一项合法权益，即《政府信息公开条例》赋予公民获取政府信息的权利；二是这项合法权益值得行政诉讼保护，尤其是权利不能被滥用，不能"借助诉讼攻击对方当事人"。然而，细究起来，这两方面的考察重点并不相同：前者属于救济对象在法律上是否存在的问题，后者则是起诉目的是否为权益救济的问题。本案裁定书的撰写法官也认为，诉的利益是"当事人诉诸行政诉讼以保护其合法权益的必要性"，"解决的是受到侵害的权利或某项争议是否需要通过诉讼程序提供救济的问题"，就此而言，本案适用诉的利益难谓涵义明确，这种模糊性在后续行政裁判中得以延续。

（二）诉的利益作为"合法权益"的适用

从实务观点来看，诉的利益的第一种用法指向"诉讼保护的合法权益"，是行政诉讼的救济对象。这一观点的典型代表即"孙某荣诉吉林省人民政府行政复议不予受理决定案"。本案裁判摘要指出："行政机关针对咨询申请作出的答复以及不予答复行为，不属于政府信息公开行为，不会对咨询人的权利义务产生实际影响，故不属于行政复议的受理范围。"

思考与练习

一、思考题

1. 行政诉讼的特征有哪些？

2. 行政争议主要包括哪些内容？

3. 为什么行政诉讼中的原告、被告具有恒定性？

二、选择题[1]

1. 行政诉讼是一种解决（　　）争议的制度。

A. 行政　　　　　　　　　　　　　　B. 民事

---

[1]　1. A；2. D；3. C；4. B；5. C。

C. 刑事　　　　　　　　　　　　　D. 内部行政

2. 人民法院审理案件不适用调解，这是何种诉讼确立的基本制度（　　　）。

A. 民事诉讼　　　　　　　　　　　B. 刑事诉讼

C. 行政裁决　　　　　　　　　　　D. 行政诉讼

3. 下列何项属于行政诉讼与其他诉讼共有的原则和制度（　　　）。

A. 特定主管制度　　　　　　　　　B. 不适用调解制度

C. 合议制度　　　　　　　　　　　D. 有限司法变更制度

4. 下列何项是我国行政诉讼特有的原则与制度（　　　）。

A. 当事人诉讼地位平等原则

B. 被告负举证责任制度

C. 公开审判制度

D. 两审终审

5. 下列何项在我国行政诉讼中不能作原告（　　　）。

A. 公民　　　　　　　　　　　　　B. 法人

C. 行政机关　　　　　　　　　　　D. 其他社会组织

实训任务 1：人民法院对行政行为实行合法性审查的原则

【案例】

原告丹阳市珥陵镇鸿润超市（以下简称鸿润超市）系已依法领取了个体工商户营业执照的合法经营者。原告因拟增加蔬菜零售经营范围，于 2015 年 2 月 5 日书面向被告丹阳市市场监督管理局（以下简称丹阳市监局）申请变更登记。2015 年 2 月 16 日，被告以超市距珥陵农贸市场不足 200 米，不符合丹阳市人民政府丹政办发（2012）29 号文件中"为规范经营秩序，菜市场周边 200 米范围内不得设置与菜市场经营类同的农副产品经销网点"的规定为由，决定对原告的变更申请不予登记。

原告诉称：被告作为有行政执法权的国家行政机关，应当以国家的法律、行政法规和规章为执法依据。丹阳市人民政府文件不属于《立法法》所规定的法律范畴。在《个体工商户条例》（已失效）、《个体工商户登记管理办法》（已失效）以及商务部的《标准化菜市场设置与管理规范》等国家的法律规定中，均无类似经营限制，被告以丹阳市人民政府的文件为依据，对原告的变更申请作出不予登记的行政行为，显然于法无据。

被告辩称：原告于 2015 年 2 月 5 日向被告提交《个体工商户变更登记申请书》，申请增加蔬菜零售经营范围。被告出具了《个体工商户变更登记受理通知书》。经对申请材料的相关实质内容进行核实，原告鸿润超市距珥陵农贸市场不足 200 米，不符合丹阳市人民政府丹政办发（2012）29《关于转发市商务局〈丹阳市菜市场建设规范〉的通知》中"为规范经营秩序，菜市场周边 200 米范围内不得设置与菜市场经营类同的农副产品经销网点"的规定。被告作出了《个体工商户登记驳回通知书》，决定对原告的变更申请不予登记。丹政办发（2012）29 号文件是丹阳市人民政府为了规范菜市场建设，促进长效管理而制定的针对不特定人作出的规定，是一种规范性文件，符合《国务院关于印发注册资本登记制度改革方案的通知》（国发（2014）7 号）和省政府 2013 年第 63 号《专题会议纪要》精神。镇江市人民政府《关于工商登记制度改革的意见（试行）（五）》（镇政发（2014）12 号）也明确规定"菜市场周边 200 米范围内不得设置与菜市场经营类同的农副产品经销网点"。故被告依据丹政办发（2012）29 号文件对原告的申请作出的驳回决定符合法律规定。

诉讼请求：

①撤销被告对原告作出的《个体工商户登记驳回通知书》；②判令被告对原告经营范围中增加蔬菜零售项目的申请进行变更登记；③本案的诉讼费用由被告承担。

法院裁判：

①撤销被告丹阳市监局于 2015 年 2 月 16 日作出的（11810187）个体工商户变更（2015 年）第 02160001 号《个体工商户登记驳回通知书》；②被告丹阳市监局于本判决生效后 15 个工作日内对原告鸿润超市的申请重新作出登记。

【训练目的及要求】

结合案例和相关知识，通过训练，能正确掌握人民法院对行政行为实行合法性审查的原则。

【训练方法】

分两组进行，一组学生运用行政诉讼的特有原则中的"人民法院对行政行为实行合法性审查的原则"对案例作出判断；另一组学生评价判断是否正确。

【训练步骤】

步骤 1：分组。

步骤 2：熟悉案例。

步骤 3：学生分析案例。

步骤 4：老师评判。

【案例解析】

本案系原告向被告申请个体工商户变更登记而被驳回所引起的纠纷。被诉行政行为即被告丹阳市监局向原告作出的《个体工商户登记驳回通知书》被告的主要理由是原告鸿润超市距珥陵农贸市场不足 200 米，不符合丹阳市人民政府丹政办发（2012）29 号文件中"为规范经营秩序，菜市场周边 200 米范围内不得设置与菜市场经营类同的农副产品经销网点"的规定，也即被诉行政行为的法律依据是丹阳市人民政府丹政办发（2012）29 号这一行政规范性文件。

在本案中，原告起诉的主要理由是被诉行政行为适用法律、法规错误审查被诉行政行为是否属于适用法律、法规错误，必须要回溯到该行政规范性文件是否与上位法律、法规或者规章不一致的判断中。这一判断，应当参照我国《宪法》《立法法》和《中华人民共和国各级人民代表大会常务委员会监督法》关于有权机关撤销或改变法律、行政法规、地方性法规、规章和规范性文件的规定。例如，《宪法》第 62 条、第 89 条、第 99 条、第 104 条、第 108 条使用了"不适当"的表述，《宪法》第 67 条使用了"相抵触"的表述。《立法法》第 108 条关于撤销或者改变权限的规定承袭了我国《宪法》的表述，但《立法法》第 107 条却明确提出了撤销或者改变的 5 种情形，这可以看作是对"不适当"和"相抵触"标准的具体化。综合上述法律规定，可以将撤销或者改变的情形归纳如下三类：超越法定权限；下位法违反上位法规定；违背法定程序。规范性文件附带审查可以借鉴和采纳这些标准。鉴于 2015 年修正后的我国《立法法》第 80 条和第 82 条就规章增加了不得减损权利、增加义务的规定，规范性文件附带审查也可以参照《立法法》对规章的规定，即没有法律、行政法规、地方性法规、规章的依据，规范性文件不得增加公民、法人和其他组织的义务、减损其权利。

丹阳市人民政府丹政办发（2012）29 号文件与商务部《标准化菜市场设置与管理规范》不一致，也与《商务部、国家发展和改革委员会、财务部等 13 部门关于进一步加强农产品市场体系建设的指导意见》（商建发（2014）60 号）第 7 项"积极发展菜市场、便民菜店、平价商店、社区电商直通车等多种零售业态"的指导意见不相符违反国家对个体工商户实行的市场平等准入、公平待遇的原则。依据《行政诉讼法》第 64 条的规定，人民法院审理行政案件，经审查认为本法第 53 条规定的规范性文件不合法的，不作为认定行政行为合法的依据，并向制定机关提出处理建议，认定该规范文件不能作为证明行政行为合法性的依据。因此被告对原告的申请作出不予登记的行政行为缺乏法律依据，依法应予撤销。

实训任务 2：司法有限变更的原则

【案例】

尹某玲系台州市椒江区海门街道百果村村民，丈夫方某贵系非农户口，儿子方某跟随尹某玲落户农村，系百果村农村村民。方某贵共有兄弟姐妹 5 人，父母在台州市椒江区光明路拥有 2.5 间房屋，合计建筑面积 156.41 平方米。2000 年 1 月 14 日，方某贵父母办理遗嘱公证，决定在去世后将双方共同所有的房屋由 5 个子女均分。2000 年 2 月 13 日，方某贵父亲去世母亲健在。2010 年 3 月，尹某玲所在的百果村村民委员会允许符合条件的村民申请建房，同年 3 月 5 日，百果村村民委员会在尹某玲的《农村私人建房用地呈报表》上同意其建房 1 间。2010 年 11 月 17 日，台州市国土资源局椒江分局下属的海门中心所向尹某玲作出答复：经椒江区国土分局领导商量意见，方某贵父母拥有 2.5 间老屋，按照农村审批宅基地政策，父母房屋不能分给女儿，不能审批宅基地，就此驳回了尹某玲的建房申请。尹某玲申请行政复议未获支持后，于 2011 年 1 月 19 日向台州市中级人民法院提起诉讼，中院指令台州市玉环县人民法院审理本案。

原告诉称：被告不予审批宅基地的答复行为错误。原告和儿子是台州市椒江区海门街道百果村村民，户口一直在村里，从未迁移过，原告应享受村民应有待遇，被告不予审批的理由违反了国家法律和政策。

被告辩称：按照《中华人民共和国土地管理法》的规定，被告作出的答复主体合法。原告不符合申请宅基地审批的条件。根据《台州市市区农村村民住宅用地管理办法》第 8 条规定，申建人口按常住在册农业人口计算。《椒江区农村村民宅基地管理补充实施意见》第 10 条规定，祖传房屋超过 25 平方米的，不得再审批宅基地。原告祖传房屋面积超过再申请宅基地的标准故无法再审批新的宅基地。被告作出的不予审批宅基地的决定既合法又合理并不影响原告继续以城镇居民的身份向政府申请保障性住房。另外，原告只有自己和儿子户籍在农村，依照审批规定，无法按正常的分户标准分户和按农村在册农业人口数计算建房面积，故同样不具备审批宅基地的条件。

诉讼请求：请求人民法院撤销上述答复，并判令被告重新作出同意原告审批宅基地的行政行为。

法院裁判：依照《行政诉讼法》（1989）第 54 条第 2 项、第 3 项的规定判决：撤销被告台州市国土资源局椒江分局于 2010 年 11 月 17 日对原告尹某玲作出的不予审批宅基地的答复；责令被告台州市国土资源局椒江分局于判决生效后 30 日内，对原告尹某玲要求宅基地建房的申请予以审核同意。

【训练目的及要求】

结合案例和相关知识，通过训练，能正确掌握行政诉讼特有原则中的司法有限变更原则。

【训练方法】

分两组进行，一组学生运用行政诉讼特有原则中的司法有限变更原则对案例作出判断；另一组学生评价判断是否正确。

【训练步骤】

步骤 1：分组。

步骤 2：熟悉案例。

步骤 3：学生分析案例。

步骤 4：老师评判。

【案例解析】

本案系原告申请宅基地建设房屋，被告不予批准而引发的纠纷。被诉行政行为是被告台州市国土资源局椒江分局作出的不予审批宅基地的答复。原告的诉讼请求是撤销被告台州市国土资源局椒江分局作出的不予审批宅基地的答复，并判令被告重新作出统一原告审批宅基地的行政行为。

本案中，被告的答复是被告对原告尹某玲提出的农村建房用地申请作出不能审批宅基地的答复，在司法审查中，应当首先对该答复的性质进行判断被告认为，其答复行为是职能部门对具体事件的意见，不是具体行政行为。这一说法无事实根据。虽然按照《浙江省实施〈中华人民共和国土地管理法〉办法》（已失效）第 36 条第 1 款的规定，农村村民建造住宅用地，应当向户口所在地的村民委员会或者农村集体经济组织提出书面申请，经村民委员会或者农村集体经济组织讨论通过并予以公布，乡（镇）人民政府审核，报县级人民政府批准。但经查明，当地在实践操作上，农村村民建造住宅申请材料在报给乡镇人民政府、街道办事处进行审核前，均先由国土资源部门予以审查，无异议后再按上述规定的程序办理。本案中，尹某玲申请宅基地建房的办理流程，遵循了此种操作办法。因此，被告的答复行为作出外化的行政行为，对原告的权利产生了实际影响，属于可诉的行政行为。

同时，从法律适用上说，方某贵系居民户口，未享受过集资建房、经济适用房、房改房或货币分房等政策，即使按照公证遗嘱，其目前能够继承的房产也不足 25 平方米。原告尹某玲的情形符合《椒江区农村村民宅基地管理补充实施意见 1》第 10 条"农嫁居人员，该户夫方未享受过集资建房、经济适用房、房改房或货币分房等政策，祖传及继承老屋建筑面积小于 25 平方米的，在符合该村村规民约和村民委员会同意的前提下，可按正常分户标准分户，并按农业在册人口数计算建房面积"的规定。根据在案证据及法律依据被告作出的被诉答复没有事实根据与法律依据，应予撤销。法院经过二审审查判断，根据在案的证据及法律规范，尹某玲不仅依法享有该项权利，且在程序上也经过了村委会同意申报，被告除了"同意"之外，并没有作出其他行政行为的裁量判断余地，因此法院直接根据当事人的诉讼请求，判令被告重新作出特定的行政行为。人民法院在此种情形下，不仅有权限制重新作出行政行为的期限，也有权进一步限制其内容。

行政诉讼中"司法有限变更"的原则，虽未明确规定在我国《行政诉讼法》的条款之中，但这一原则可以回溯到我国《宪法》第 3 条第 3 款"国家行政机关、监察机关、审判机关、检察机关都由人民代表大会产生，对它负责，受它监督"之规定，在《行政诉讼法》中有关受案范围、审查标准、裁判种类等条款中也能体现。这一原则的根源在于司法权相对于行政权，更倾向于保守和被动：行政权既要追求行政效率，也具有化解行政争议的资源与手段。人民法院在运用这一原则作出相应的撤销并重作的判决，应当准确判断并把握现有证据是否会导致行政机关裁量权收缩为零，只有在这种情况下，才能判令被告重新作出特定行政行为。

参考书目

1. 姜明安主编：《行政法与行政诉讼法》，北京大学出版社、高等教育出版社 2019 年版。

2. 胡建淼：《行政法学》，法律出版社 2023 年版。

3. 王敬波主编：《行政法与行政诉讼法学案例研究指导》，中国政法大学出版社

2021 年版。

4.《行政法与行政诉讼法学》编写组编：《行政法与行政诉讼法学》，高等教育出版社 2018 年版。

项目十四　行政诉讼的受案范围及管辖

"缺乏救济的权利，都是虚假的权利。"

知识目标

1. 掌握行政诉讼受案范围的概念和内容。
2. 理解行政诉讼管辖的分类和内容。

能力目标

能够分析、判断哪些案件属于行政诉讼的受案范围，并对应相应的管辖制度。

内容结构图

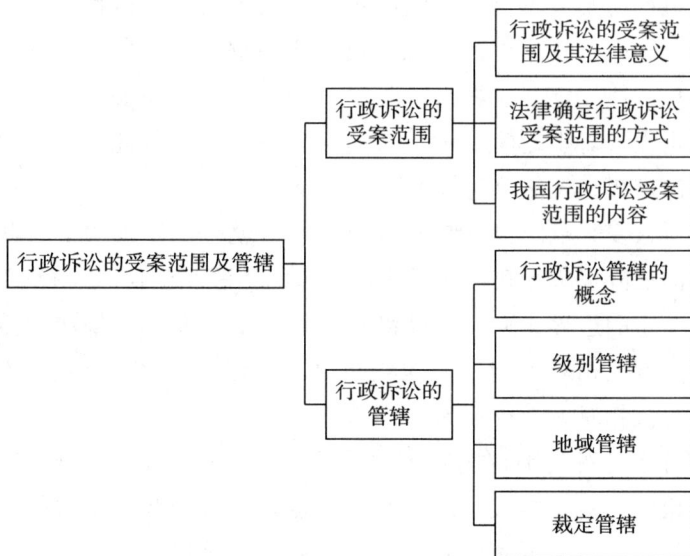

任务一　行政诉讼的受案范围

导入案例

王某和李某是邻居。王某住房的南墙与李某住房的北墙前后相距 6 米。李某为了搞家庭副业，在自己住房的北面修建了 2 间鸡舍。因鸡舍影响了王某自己及其家人的生活，于是王某向乡人民政府提出申请，要求处理李某的违章建筑行为，保护自己的合法权益不受侵犯。乡人民政府接到申请后，认为王某与李某之间的纠纷是一般的邻里纠纷，政府不宜干涉，动员王某与李某协商解决。事后，二人协商未成，又多次找乡人民政府请求处理，均遭拒绝。王某遂以乡人民政府为被告起诉到人民法院。县人民法院接到王某的起诉后，认为司法不能干涉行政，乡人民政府的态度是工作方式、方法问题，于是裁定不予受理，同时建议王某通过申诉途径，要求上级行政机关督促乡人民政府出面处理。

问题：县人民法院应否受理此案？理由何在？

⠿ 基本原理认知

一、行政诉讼的受案范围及其法律意义

行政诉讼受案范围，即人民法院受理行政诉讼案件的范围，亦是人民法院对行政行为进行监督的范围和权益受到行政主体侵害的公民、法人和其他组织诉权的范围。规定受案范围是《行政诉讼法》最为重要的内容之一，也是行政诉讼法区别于刑事诉讼法、民事诉讼法的一大特色，具有极为重要的法律意义。

第一，行政诉讼受案范围标志着法院审查行政行为的可得性。行政诉讼受案范围是法院主管一定范围内行政案件的根据，也是法院解决行政争议、办理行政诉讼案件的权限分工。如果法律规定某一类行政争议只能由行政机关解决则人民法院无权解决这种争议，同时也无权对引起争议的行政行为进行审查。因此，行政诉讼受案范围即确定了行政终局决定权和司法审查权范围的界限。

第二，行政诉讼受案范围也意味着行政相对人就一定范围内的行政争议请求法院救济的可得性。向法院提起行政诉讼是法治国家的宪法和法律赋予行政相对人的权利，但这项权利存在一定的边界，通常要受到某种程度的限制。如果法律没有将某种争议纳入行政诉讼的范围，相对人就不能向法院提起诉讼。因此，行政诉讼受案范围的确定实际上也是对行政相对人诉权范围的界定。

第三，行政诉讼受案范围也影响着当事人资格的确定。一个自然人或一个组织，能否成为行政诉讼的合格当事人，最根本的一点是其所涉及的争议是否可以或必须经过行政诉讼途径解决。与可诉争议具有利害关系，是公民、法人或者其他组织成为适格当事人的必要条件。

第四，行政诉讼受案范围还制约着行政诉讼法对管辖、证据、程序以及判决等的规定。受案范围是确定行政诉讼管辖、证据、程序、判决等规则的前提和基础，受案范围的变化将使其他行政诉讼法律规范发生相应的变动。如将行政事实行为纳入行政诉讼的受案范围，就需要在判决类型中增加确认判决。

二、法律确定行政诉讼受案范围的方式

从当前各国行政诉讼立法的情况看，法律确定行政诉讼受案范围主要有三种方式：

（一）列举式

列举式指法律（成文法或判例法，行政诉讼法或行政程序法）对行政诉讼受案范围逐项进行列举的规定模式。具体的列举方式有列举行政行为的样态、列举行政案件类型、列举行政行为的载体等形式。列举式一般适合于行政诉讼制度处于初创、起始阶段的国家。其优点是比较明确，便于操作；缺点则是分散、繁杂，往往列举不全或有遗漏，不利于保护行政相对人的权利。

（二）概括式

概括式指法律（一般是成文法而非判例法，是行政诉讼法而非行政程序法）对行政诉讼受案范围进行抽象概括的规定模式。德国、美国都采用这种模式。其优点是立法形式简单、内容全面；缺点则是概括的范围有时过于原则和笼统，实践中有时难以准确把握。

（三）折中式

折中式，又称结合式、混合式，是法律（包括成文法和判例法，行政诉讼法和行政程序法）对行政诉讼受案范围采取并用概括式和列举式的规定模式。这种方式又分为两种形式：一是先作肯定性的概括规定，然后作否定性的具体排除；二是先否定排除，后肯定概括（或列举概括结合）。排除的方式亦是多种多样的，例如，可以限制"行政机关"的含义，可以从案件的性质和种类上加以限制，还可以从行政行为的定义上加以限制。这种模式克服了列举式的分散和繁杂，避免了概括式的笼统和不易把握，是一种比较理想的立法模式。

当前，我国行政诉讼立法对受案范围的规定采用的是折中式。

三、我国行政诉讼受案范围的内容

（一）概括的范围

行政行为属于行政诉讼的受案范围。这里的行政行为既包括单方行为，又包括双方行为；既包括授益行为，又包括负担行为；既包括刚性行为，又包括柔性行为；既包括作为行为，又包括不作为行为，范围非常广泛。但针对我国部分学者提出的行政行为包括事实行为的主张，我们持保留态度。因为该主张是以行政赔偿诉讼为依据的，即人民法院能够按照行政赔偿程序来审查事实行为。但问题在于行政赔偿诉讼程序不是行政诉讼程序，仅以事实行为可以适用于赔偿诉讼程序，而认为可将其归于行政行为，尚缺乏相应的理论支持。而且从学理上说，法律行为本来就是相对于事实行为而

言的，具有法律意义、产生法律效果是行政行为的当然内涵。

2018 年《最高人民法院关于适用〈中华人民共和国行政诉讼法〉的解释》（以下简称《行诉法解释》）第 1 条第 1 款规定："公民、法人或者其他组织对行政机关及其工作人员的行政行为不服，依法提起诉讼的，属于人民法院行政诉讼的受案范围。"《行政诉讼法》第 2 条明确规定了公民提起行政诉讼的权利范围，2018 年《行诉法解释》的第 1 条第 1 款规定则是明确了法院的受案范围：一是公民、法人或其他组织；二是对行政行为不服；三是依法提起诉讼。

（二）肯定列举的范围

根据《行政诉讼法》第 12 条第 1 款的规定，属于行政诉讼受案范围的行政行为有 12 项：

1. 对行政处罚不服的。行政处罚是行政主体依照法定的职权和程序，对违反行政管理秩序但尚不构成犯罪的行政相对人所给予的一种法律制裁。《行政诉讼法》第 12 条第 1 款第 1 项规定："对行政拘留、暂扣或者吊销许可证和执照、责令停产停业、没收违法所得、没收非法财物、罚款、警告等行政处罚不服的"，可以提起行政诉讼。本项列举的仅是《行政处罚法》规定的六种处罚形式，但实际上相关法律、法规和规章亦有行政处罚的实体性和程序性规定，如果行政主体违反的是其他法律、法规或规章中的行政处罚规定，同样可以提起行政诉讼。

2. 对行政强制措施和行政强制执行不服的。行政强制措施是指行政主体为了制止违法行为、防止证据损毁、避免危害发生、控制危险扩大等情形，依法对公民的人身或财物进行暂时性限制的行为。行政强制执行是指行政主体依职权或申请人民法院，对不履行行政决定的行政相对人依法强制其履行义务或达到与履行义务相同状态的行为。《行政诉讼法》第 12 条第 1 款第 2 项规定："对限制人身自由或者对财产的查封、扣押、冻结等行政强制措施和行政强制执行不服的"，可以提起行政诉讼。《行政强制法》第 9 条对行政强制措施种类作了规定，包括限制公民人身自由，查封场所、设施或者财物，扣押财物，冻结存款、汇款和其他行政强制措施，而本项并没有作完整的列举，对于没有明确列举的行政强制措施，将其纳入受案范围应作当然解释。《行政强制法》第 12 条规定了行政强制执行的方式，但本项未作列举，在实践中应将《行政诉讼法》第 12 条有关行政强制执行的外延及于《行政强制法》第 12 条。

3. 对行政许可不服的。行政许可是指行政主体根据行政相对人的申请，按照法定程序，赋予符合法定条件的行政相对人从事特定活动资格的行政行为。许可即禁止的解除，如果行政主体对符合条件的行政相对人拒绝颁发相应的许可证照，那么就限制或剥夺了行政相对人从事相应行为的资格，而这些资格直接与行政相对人的人身、财产权益相关，所以，行政机关不予许可的行为在事实上侵害了行政相对人的人身权、财产权。《行政诉讼法》第 12 条第 1 款第 3 项规定："申请行政许可，行政机关拒绝或者在法定期限内不予答复，或者对行政机关作出的有关行政许可的其他决定不服的"，可以提起行政诉讼。行政主体对行政许可作了其他决定是指行政主体对行政许可作了准予、变更、撤销、延续、注销等行为，而这些行为影响了相关利害关系人的利益，以此为理由提起行政诉讼，也属于受案范围。

4. 对行政机关确认自然资源所有权和使用权的决定不服的。行政确认是行政主体依法确认、甄别一定法律事实的行政行为。根据《土地管理法》第 11 条、《中华人民共和国森林法》第 3 条、《中华人民共和国草原法》第 11 条的规定，县级以上人民政府对土地、森林、草原等自然资源的所有权和使用权予以确认、核发相关证书。《行政诉讼法》第 12 条第 1 款第 4 项规定："对行政机关作出的关于确认土地、矿藏、水流、森林、山岭、草原、荒地、滩涂、海域等自然资源的所有权或者使用权的决定不服的"，可以提起行政诉讼。

5. 对征收、征用以及补偿决定不服的。征收即征为国家或公共所有，不含有返还的可能；征用则征为国家或公共所用，包含有返还的意义。在行政法学理论中，征收总是与行政相对人的缴纳义务联系在一起的，因此，征收往往是强制的、无偿的，而征用是有偿的。2004 年《宪法》修正后，首次将补偿作为行政征收的一个条件，规定："国家为了公共利益的需要，可以依照法律规定对土地实行征收或者征用并给予补偿"；"国家为了公共利益的需要，可以依照法律规定对公民的私有财产实行征收或者征用并给予补偿。"《国有土地上房屋征收与补偿条例》则对房屋的征收及补偿作了细致规定。因此，依据我国法律法规的规定，无论是征收还是征用，都应当给予相关权利人相应补偿。

6. 对不履行法定职责不服的。人身权和财产权是宪法赋予行政相对人的基本权利，保护行政相对人的人身权和财产权是相关行政主体的法定职责，行政主体没有依法履行保护义务是违法失职行为，必须承担相应的法律责任。《行政诉讼法》第 12 条第 1款第 6 项规定："申请行政机关履行保护人身权、财产权等合法权益的法定职责，行政机关拒绝履行或者不予答复的"，可以提起行政诉讼。

7. 认为侵犯经营自主权或者农村土地承包经营权、农村土地经营权的。经营自主权是企业、个体经营者等依法享有的创办经济实业，调配人力、物力和财力自行组织生产经营的权利。经营自主权是市场主体开展经营活动的基础，除了法律法规明确规定的领域外，行政主体不得干预市场主体的经营活动。经营自主权的内容非常广泛，包括：人事权，即使用、聘任、辞退和奖惩内部员工的权利；财产权，即占有、使用、收益和处分财产的权利；组织生产权，即对人力、物力和财力资源进行自主调配和组织使用的权利；等等。法律规定属于企业、个体经营者的经营自主权，如受到行政主体的侵害，即可通过诉讼的方式得到救济。

8. 认为侵犯公平竞争权的。公平竞争权是市场主体的一项基本民事权利，它是指经营者在市场竞争过程中依据竞争法律规范所享有的、要求其他经营者及相关主体进行公平竞争，以保障和实现经营者合法竞争利益的权利。公平竞争权既来自国家的

"有形之手"，又根植于市场的"无形之手"，竞争要求有公平的环境，自由竞争的维持又需要有国家的适度干预。然而，公平竞争权的实现不仅有来自市场主体的阻碍，也有来自政府的破坏，而政府对公平竞争权的破坏主要体现为滥用行政权力排除或者限制竞争。在行政诉讼中，首次肯定公平竞争权的是 2000 年的《最高人民法院关于执行〈中华人民共和国行政诉讼法〉若干问题的解释》第 13 条，2014 年纳入《行政诉讼法》第 12 条第 1 款的第 8 项，即只要相关行政主体实施了侵犯公平竞争权的行为，经营者便可以向人民法院提起诉讼。

9. 认为行政机关违法集资、摊派费用或者违法要求履行义务的。乱集资、乱摊派、乱收费是行政管理中广被诟病的"三乱现象"，中央为此出台了若干治理举措。例如，中共中央印发的《建立健全惩治和预防腐败体系 2013-2017 年工作规划》中明确提出，要"治理乱收费、乱罚款、乱摊派和吃拿卡要等问题"。尽管"三乱"问题在当下已经得到了有效控制，但仍然存在，因此需要为受到侵害的行政相对人提供诉讼途径。

10. 认为行政机关没有依法支付抚恤金、最低生活保障待遇或社会保险待遇的。抚恤金是指由国家民政部门或其他有关组织发给因公伤残的军人、国家机关工作人员、参战民兵、民工以及因公牺牲或病故家属的费用。抚恤金分为由政府发放的抚恤金和由企业等其他组织发放的抚恤金，只有前者才可提起行政诉讼后者则只能通过劳动仲裁或者其他途径解决。针对行政机关没有依法支付抚恤金提起行政诉讼必须具备以下条件：一是抚恤金必须是法律法规规定应当予以发放的；二是没有发放抚恤金的主体是国家行政机关，主要是民政机关；三是必须没有依法发放，包括没有发放、无故不按时发放和不按标准发放。获得最低生活保障和社会救助是我国公民的一项基本权利。我国《宪法》第 45 条第 1 款规定："中华人民共和国公民在年老、疾病或者丧失劳动能力的情况下，有从国家和社会获得物质帮助的权利……"社会保险是国家通过立法强制建立的社会保险基金，是对参加劳动关系的劳动者在年老、疾病、工伤、失业、生育等情况下由国家和社会给予必要物质帮助的制度。由于最低社会保障、社会保险的福利性和强制性，各国往往将之视为政府责任，并由立法予以确认。如果政府不履行职责，则利害关系人可以向法院起诉。2014 年修正后的《行政诉讼法》比原规定仅限于"行政机关没有依法发给抚恤金的"一种情形有所扩大，适用范围、涉及的主体也更多，具有重大意义。

11. 认为行政机关不依法履行、未按照约定履行或者违法变更、解除政府特许经营协议、土地房屋征收补偿协议等协议的。政府特许经营协议是相对于商业特许经营而言的，主要存在于城市供水、供电、供热、垃圾处理等公用事业领域，其前提是对于这一类经营协议，政府必须根据法律、法规的规定，以招标等公开竞争的方式选择经营者，授权特定经营者经营某项公共产品或提供某种公共服务的协议；土地征收补偿协议是指政府因依法征收农村集体所有土地而与集体经济组织达成的补偿协议；房屋征收补偿协议是政府因依法征收国有或集体土地上房屋而与房屋所有者达成的补偿协议。

上述三类协议，尽管具有合同的属性，但其在功能上却是政府实现公共管理或提供公共服务的一种手段，具有明显的行政性，特别是在协议的履行过程中，作为协议一方的行政主体享有行政优益权，包括对合同履行的监督权、指挥权、单方变更权和解除权。而且随着政府职能的转变，这种带有协商性质的柔性管理手段会运用得越来越普遍。因此，将上述协议纳入行政诉讼受案范围，便于人民法院监督行政权，也有利于对合同当事人权益的保护。

12. 认为行政机关侵犯人身权和财产权等其他合法权益的。本项为肯定列举中的兜底规定。2014 年修正前的《行政诉讼法》规定"认为行政机关侵犯其他人身权、财产权的"，2014 年修正时增加了"等合法权益"。对于现行的《行政诉讼法》中本项规定，我们认为应作如下理解：其一，行政诉讼法以保护人身权和财产权为主要内容，但是肯定列举未能穷尽人身权和财产权的所有形态，如人身自由权、生命健康权、名誉权、荣誉权、肖像权、婚姻自由权、专利权、商标权等，并未在条款中一一列举，所以需要作概括性的兜底规定。其二，本项规定表明，行政相对人一方不限于只有人身权和财产权受到侵害时才可起诉。如果行政相对人一方受到侵害的是受教育权、劳动权等其他合法权益，亦同样可以纳入行政诉讼的受案范围，人民法院应当受理。因此，事实上，本项规定为实践中逐渐扩展行政诉讼的受案范围提供了法律依据。

（三）否定列举的范围

根据《行政诉讼法》第 13 条以及 2018 年《行诉法解释》的规定，下列行为不属于人民法院的受案范围：

1. 国防、外交等国家行为。《行政诉讼法》第 13 条第 1 项规定，国防、外交等国家行为不属于行政诉讼的受案范围。2018 年《行诉法解释》第 2 条第 1 款对国家行为作了进一步的说明，即国务院、中央军事委员会、国防部、外交部等根据宪法和法律的授权，以国家名义实施的有关国家和外交事务的行为，以及经宪法和法律授权的国家机关宣布紧急状态等行为。根据这一解释，国防、外交等国家行为具有下列特征：①主体的特定性，即仅限于国务院、中央军事委员会、国防部外交部以及经宪法和法律授权的国家机关。②国家行为的政治性。国家行为不是一般意义上的行政行为，它的作出是以政治利益的需求为出发点的。③国家行为不受一般法律规则的制约。国家行为有两种表现形式，即国家与国家之间的行为和国家内部实施的重大行为。当国家行为表现为国与国之间的行为时，行为主体遵循的是国际条约和国际惯例；当国家行为表现为国家内部的重大行为时往往受紧急状态等特殊法律的调整。

2. 具有普遍约束力的决定、命令。学理上称之为抽象行政行为。2018 年《行诉法解释》第 2 条第 2 款明确规定，《行政诉讼法》第 13 条第 2 项规定的"具有普遍约束力的决定、命令"，是指行政机关针对不特定对象发布的能反复适用的规范性文件。按照我国目前的体制，无论是体现为"法"形式的行政法规和行政规章，还是其他的行政规范性文件，均有与之相对应的监督机制。依据《宪法》《地方各级人民代表大会和地方各级人民政府组织法》和《立法法》的规定，行政法规和规章由全国人大及其常委会和地方同级人大及其常委会或者国务院负责监督，行政规范性文件由上级人民政府或同级人大及其常委会监督。这说明，对违法抽象行政行为予以改变或撤销的权力，不在人民法院，因而不能对其提起行政诉讼。

3. 奖惩、任免等内部行政行为。《行政诉讼法》第 13 条第 3 项规定，行政机关对其工作人员的奖惩、任免等决定不属于人民法院的受案范围。2018 年《行诉法解释》第 2 条第 3 款对上述行为作了进一步说明：对行政机关工作人员的奖惩、任免等决定，是指行政机关作出的涉及行政机关公务员权利义务的决定。从理论上说，有权利即有救济，公务员受到内部行政决定的侵害也应该有权获得司法救济，但在我国，公务员不仅限于行政机关工作人员，如果仅将行政机关的开除辞退等纳入受案范围，在制度上有不公平之嫌。而且，事实上我国公务员的流动性并不强，因开除、辞退等产生的纠纷不普遍，所以现行制度有能力解决。

4. 行政最终裁决行为。行政最终裁决行为是指行政机关依照法律规定作出的行政决定，具有终极效力，当事人不服不能再提起诉讼。从根本上说，由行政机关对自己作出的行政事项作最后裁决，是与司法最终裁决原则的法治要求相背离的，所以应当严格限制，即只有全国人大及其常委会制定的法律才可以规定行政最终裁决的事项。

5. 刑事司法行为。刑事司法行为是公安机关、国家安全机关等依照刑事诉讼法的授权而实施的行为。刑事司法行为不属于行政诉讼受案范围的理由在于它本身不是行政行为，而是司法行为。

6. 行政调解和行政仲裁行为。行政调解行为是行政机关居间对双方当事人之间的民事争议，在尊重当事人各方意愿的基础上所作的调停处理行为。调解行为的效力取决于当事人各方的意愿而不是行政机关的意志。行政仲裁行为是行政主体以第三人的身份对平等主体间的民事纠纷进行裁断的行为。行政仲裁行为与行政调解行为不同，仲裁对裁决双方均具有约束力。但二者均不属于行政诉讼受案范围，是因为当事人可以通过民事诉讼方式来解决彼此之间的争议。既然规定了司法救济渠道，就没必要再纳入受案范围了。

7. 行政指导行为。行政指导是行政机关在行政管理活动中，以倡议、示范建议、咨询等方式，引导行政相对人自愿作出或不作出某种行为，以实现行政审理目标的非强制性行为。对行政指导而言，其效力的发生与否取决于行政相对人的自由选择，既可以遵从，也可以不遵从，如果不遵从也不会产生不利法律后果。正因为行政指导不具有强制性和拘束力，2018 年《行诉法解释》第 1 条第 2 款第 3 项明确将其排除在受案范围之外。

8. 驳回当事人对行政行为提起申诉的重复处理行为。重复处理行为，又称第二次行政行为，是指行政机关依据行政相对人的申请，以原有行政行为为基础，作出的没有改变原行政行为及其所确认的权利义务关系的行为。行政机关驳回提起申诉的重复处理行为，实质上是行政机关对原已生效的行政行为的再次肯定没有形成新的权利义务。

9. 行政机关作出的不产生外部法律效力的行为。本项是 2018 年《行诉法解释》第 1 条第 2 款第 5 项新增加的内容。按照一般的理解，行政机关作出的不产生外部法律效力的行为之所以不属于行政诉讼的受案范围，是因为其不对相对人的权利义务直接作出处分，即未对行政相对人的权利义务造成直接影响。但也有例外情形，那就是如果内部行为被外化以后，人民法院仍可受理。

10. 行政机关为作出行政行为而实施的准备、论证、研究、层报、咨询等过程性行为。本项是 2018 年《行诉法解释》第 1 条第 2 款第 6 项新增加的内容。本项的理据在于：对于处在过程之中的行为，属于尚未成熟的行为；尚未成熟的行为意味着其具体权利义务也处于不确定状态，如果允许行政相对人对处于过程之中的行为提出争议的话，法院是无法提供救济的。进一步而言，若允许法院介入尚处于过程之中的行为，也必将出现司法权代替行政权的效果。这将侵害行政诉讼中司法与行政的界限关系。

11. 行政机关根据人民法院的生效裁判、协助执行通知书作出的执行行为，但行政机关扩大执行范围或者采取违法方式实施的除外。本项是 2018 年《行诉法解释》第 1 条第 2 款第 7 项新增加的内容。《最高人民法院关于行政机关根据法院的协助执行通知书实施的行政行为是否属于人民法院行政诉讼受案范围的批复》（已失效）中指出：行政机关根据人民法院的协助执行通知书实施的行为，是行政机关必须履行的法定协助义务，不属于人民法院执行诉讼受案范围。但如果当事人认为行政机关在协助执行时扩大了范围或违法采取措施造成其损害，提起行政诉讼的，人民法院应当受理。

12. 上级行政机关基于内部层级监督关系对下级行政机关作出的听取报告、执法检查、督促履责等行为。本项是 2018 年《行诉法解释》第 1 条第 2 款第 8 项新增加的内容。"崔某超与山东省济南市人民政府不履行法定职责申诉行政裁定书案"〔（2016）最高法行申 1394 号判决〕指出：上级人民政府对下级人民政府的监督行为系基于其内部管理职权，对其下属的国家机关及其公务员或国家机关任命的其他人员的违纪违法行为进行调查，责令其改正，对其作出行政处分或其他处理决定的活动，属于行政机关内部的层级管理和监督行为。

13. 行政机关针对信访事项作出的登记、受理、交办、转送、复查、复核意见等行为。本项是 2018 年《行诉法解释》第 1 条第 2 款第 9 项新增加的内容。《最高人民法院关于不服信访工作机构依据〈信访条例〉处理信访事项的行为提起行政诉讼人民法院是否受理的复函》中作了两点批复：①信访工作机构是各级人民政府或政府工作部门授权负责信访工作的专门机构，其依据《信访条例》（已失效）作出的登记、受理、交办、转送、承办、协调处理、督促检查、指导信访事项等行为，对信访人不具有强制力，对信访人的实体权利义务不产生实质影响。信访人对信访工作机构依据《信访条例》处理信访事项的行为或者不履行《信访条例》规定的职责不服提起行政诉讼的，人民法院不予受理。②对信访事项有权处理的行政机关依据《信访条例》作出的处理意见、复查意见、复核意见和不再受理决定，信访人不服提起行政诉讼的，人民法院不予受理。

14. 对公民、法人或者其他组织权利义务不产生实际影响的行为。不产生实际影响的行为主要是指还没成立的行政行为以及还在行政机关内部运作的行为。因为这类行为没有对行政相对人的权利义务产生实际影响，也就不存在要求起诉救济的内容。例如，工商行政机关接到群众举报，某超市销售了假冒商品，于是派工作人员到该超市去询问，询问行为属于准备性行为，对超市的权利义务不产生实际影响，所以不可诉。

（四）兜底肯定的范围

《行政诉讼法》第12条第1款对属于人民法院受案范围的各种情形作了明确列举，但并不等于我国行政诉讼受案范围只限于《行政诉讼法》自身所设定的范围，因此《行政诉讼法》第12条第2款进一步规定："除前款规定外，人民法院受理法律、法规规定可以提起诉讼的其他行政案件。"这个肯定性的兜底条款表明，对于超出《行政诉讼法》规定的行政案件，只要其他法律、法规规定可以起诉的，也属于人民法院受案范围。关于这一规定，需要从下列方面进行理解：①这里的法律、法规是指除《行政诉讼法》以外的其他法律、行政法规、地方性法规、自治条例、单行条例，既包括《行政诉讼法》生效前颁布的法律法规，也包括《行政诉讼法》生效后颁布的法律法规。②这些法律、法规规定可以提起诉讼的行政案件，在《行政诉讼法》列举的范围之外，所涉及的不限于行政相对人的人身权和财产权，还可以是人身权、财产权以外的其他合法权益。

任务二　行政诉讼的管辖

导入案例

厦门市王某驾驶货轮在我国内海航运时，被上海市海关缉私队查获，货轮上载有我国禁止进口的货物。上海市海关对该货轮作出处罚决定：该货轮载有国家禁止进口的产品，无合法证明，认定该货物为走私货物，依《中华人民共和国海关法》给予该货轮罚款2万元，拘留10日，并没收上述走私货物。王某以处罚决定认定事实不清，证据不足为由，向海关总署申请复议，请求海关总署撤销该处罚决定。海关总署经复议，决定除没收走私物品予以维持外，罚款改为 5 万元，并决定对王某处以 15 日的拘留。

问题：如果王某仍然不服，其提起行政诉讼应向哪个法院提起？理由是什么？

基本原理认知

一、行政诉讼管辖的概念

行政诉讼管辖是人民法院之间受理第一审行政案件的职权划分，具体明确了各级人民法院以及不同地域、不同专业属性的人民法院受理第一审行政案件的分工和权限。对行政相对人而言，意味着当其认为行政主体的行政行为侵害其合法权益时，能够向哪个人民法院起诉；对被告而言，则意味着被诉行政行为应当接受哪一个人民法院的审查。

行政诉讼管辖包含如下内容：①行政诉讼管辖解决的是人民法院内部行使行政审判权的分工问题，不涉及人民法院与其他国家机关之间处理行政争议的分工和权限问题。②行政诉讼管辖涉及纵向与横向两个方面的内容，即级别管辖和地域管辖。③行政诉讼管辖确定的是人民法院对第一审行政案件的分工，第二审行政案件的管辖依第一审管辖结果确定。

二、级别管辖

级别管辖，是指上下级人民法院之间受理第一审行政案件的分工和权限确定级别管辖是明确行政案件管辖权的前提条件。根据《宪法》和《中华人民共和国人民法院组织法》的规定，我国人民法院的设置分为四级，即基层人民法院、中级人民法院、高级人民法院和最高人民法院。《行政诉讼法》关于级别管辖的规定，是划分各级人民法院审理第一审行政案件的分工，确定第一审行政案件具体由哪一级法院进行审理的依据。总之，级别管辖是在人民法院系统内在纵向上解决第一审行政案件应由哪一级法院审理的问题。

依据《行政诉讼法》确定管辖的基本原则，根据行政案件的性质、复杂程度以及影响范围，我国行政诉讼法对各级人民法院管辖第一审行政案件的权限划分如下：

（一）基层人民法院管辖的第一审行政案件

我国《行政诉讼法》第 14 条规定："基层人民法院管辖第一审行政案件。"这一规定表明了除法律特别规定应由中级人民法院、高级人民法院、最高人民法院管辖的案件外，其余所有第一审行政案件都由基层人民法院管辖。首先，因为基层人民法院是我国法院体系的基层单位，它们数量大、分布广。其次，当事人所在地、争议财产所在地、行为地一般都在基层人民法院的辖区内，由基层人民法院受理行政案件，既便于当事人诉讼，又便于法院及时审理案件。

（二）中级人民法院管辖的第一审行政案件

根据《行政诉讼法》第 15 条的规定，中级人民法院管辖下列第一审行政案件：

1. 对国务院部门或者县级以上地方人民政府所作的行政行为提起诉讼的案件。本项是以被告为标准来确定管辖法院的。以国务院部委为被告的行政案件，被告级别高，且往往政策性较强，审理结果对社会有较大影响，不适宜由基层人民法院管辖。在这里，国务院部委要作广义理解，即除了国务院组成部门外，还包括国务院直属机构、直属事业单位和部委下的国家局。将县级以上人民政府为被告的案件由中级人民法院管辖是 2018 年修正的内容。修正前的《行政诉讼法》，只将省级人民政府为被告的案件由中级人民法院管辖，县级以上、省级以下人民政府为被告的案件，则由基层人民法院管辖。

2. 海关处理的案件。本项是以案件发生的领域来确定管辖法院的，即发生在海关行政管理领域，由海关作出的行政行为由中级人民法院管辖。虽然我国设有海事法院，但海事法院不管辖行政案件。《最高人民法院关于海关行政处罚案件诉讼管辖问题的解释》明确规定，相对人不服海关作出的行政处罚决定提起诉讼的案件，由有管辖权的地方人民法院依照《中华人民共和国行政诉讼法》的有关规定审理。相对人向海事法院提起诉讼的，海事法院不予受理。海关处理的案件之所以由中级人民法院管辖，主要原因有：一是海关处理案件具有较强的专业性技术性及政策性，基层人民法院一般很少具备掌握相关专业技术的专家；二是海关行政机关并不是普遍设置的，其设立大都与中级人民法院的管辖相吻合，由中级人民法院管辖符合便于当事人诉讼原则。

3. 本辖区内重大、复杂案件。本项是以案件的重大、复杂程度来确定管辖法院的。这一项内容具有一定的灵活性，从立法技术的角度考虑，是对前两种情况的补充。所谓重大、复杂的案件是相对而言的，它包括案情的疑难和复杂程度社会影响范围的大小、涉及政策性和专业性的深度和广度等因素。2018 年《行诉法解释》第 5 条对此予以了具体化，将社会影响重大的共同诉讼案件，涉外或者涉及香港特别行政区、澳门特别行政区、台湾地区的案件，以及其他重大复杂案件，纳入《行政诉讼法》第 15 条第 3 项规定的"本辖区重大、复杂的案件"的情形。当然这一标准具有一定的弹性，需要人民法院在具体审判实践中具体把握。

4. 其他法律规定由中级人民法院管辖的案件。本项属于衔接性、兜底性规定，《全国人民代表大会常务委员会关于在北京、上海、广州设立知识产权法院的决定》对 3 个知识产权法院受理知识产权民事、行政案件的范围作了规定，最高人民法院依据此决定发布了《最高人民法院关于北京、上海、广州知识产权法院案件管辖的规定》，其中明确指出"广东省其他中级人民法院在广州知识产权法院成立前已经受理但尚未审结的本规定第一条第（一）项和第（三）项规定的案件，由该中级人民法院继续审理”。本项规定还为其他法律扩大中级人民法院的管辖范围预留了空间。

（三）高级人民法院管辖的第一审行政案件

《行政诉讼法》第 16 条规定，高级人民法院管辖本辖区内重大、复杂的第一审行政案件。这是由高级人民法院的地位和工作职能决定的。由于高级人民法院的主要任务是对不服本辖区内中级人民法院裁判的上诉案件进行审理和对辖区内基层人民法院、中级人民法院的审判工作进行监督和指导，因此，它应当以发生在本辖区内重大、复杂案件为管辖范围，不宜过宽。

（四）最高人民法院管辖的第一审行政案件

《行政诉讼法》第 17 条规定，最高人民法院管辖全国范围内重大、复杂的第一审行政案件。最高人民法院是我国最高审判机关，主要是监督和指导全国地方各级人民法院和专门人民法院的审判工作，并运用司法权对审判工作中所涉及的法律具体应用问题进行司法解释，以及审理不服高级人民法院作出的一审裁判而提起的上诉案件。因此，最高人民法院管辖的第一审行政案件，只限于全国范围内重大、复杂的行政案件。迄今为止，还没有一例由最高人民法院管辖的第一审行政案件。

三、地域管辖

地域管辖，又称土地管辖或区域管辖，它是指在同级人民法院之间横向划分其各自辖区内受理第一审行政案件的权限。

地域管辖和级别管辖既有区别又有联系。二者的区别表现在：级别管辖是从纵向上来确定各级人民法院对案件的管辖权限，它所解决的是案件应由哪一级法院管辖的问题；而地域管辖则是从横向上来确定同级人民法院之间对案件的管辖权限划分，它所解决的是案件应由哪个地方法院管辖的问题。二者的联系表现在：地域管辖是在级别管辖的基础上划分的，只有确定级别管辖后，才能确定地域管辖；在确定了级别管辖之后，必须借助于地域管辖进一步落实具体的受诉法院，这样才能最终确定第一审行政案件的管辖问题。

根据《行政诉讼法》的规定，地域管辖分为一般地域管辖和特殊地域管辖。特殊地域管辖还包括专属管辖和共同管辖。

（一）一般地域管辖

一般地域管辖是指以最初作出行政行为的行政机关的所在地为标准来确定行政案件的管辖法院。它是相对于特殊地域管辖而言的。《行政诉讼法》第 18 条第 1 款规定："行政案件由最初作出行政行为的行政机关所在地人民法院管辖。经复议的案件，也可以由复议机关所在地人民法院管辖。"根据这一规定，凡是未经复议机关复议而直接向人民法院起诉的行政案件，都采用一般地域管辖的原则，由最初作出行政行为的行政机关所在地的人民法院管辖。如果经过复议的，也可以由复议机关所在地的人民法院管辖。

（二）特殊地域管辖

特殊地域管辖是相对于一般地域管辖而言的，是对一般地域管辖的例外规定。因为某些行政案件，如果适用一般地域管辖，则不利于法院审理行政案件和当事人参加诉讼。为此，《行政诉讼法》第18～20条专门对特殊地域管辖作出了规定，依据这些规定，在我国特殊地域管辖分为以下几种。

1. 经复议案件的管辖。《行政诉讼法》第18条第1款规定："……经复议的案件，也可以由复议机关所在地人民法院管辖。"这一规定是在1989年《行政诉讼法》第17条的基础上修改而成的，修改的内容是删除了"复议机关改变原具体行政行为的"即在1989年的《行政诉讼法》中，只有复议机关改变行政行为的，复议机关所在地人民法院才有管辖权。但2014年修正之后，无论复议机关是改变还是维持原行政行为，复议机关所在地人民法院均有管辖权。这是因为，经过修改之后，复议机关是维持还是改变原行政行为，都要作被告；既然都要作被告，就没有必要再因复议决定方式的不同而影响管辖法院。另外，需要注意的是，经过复议的行政案件，至少有两个以上管辖法院：既可以由最初作出行政行为的行政机关所在地人民法院管辖，也可以由复议机关所在地人民法院管辖。至于到底由哪个法院管辖，取决于当事人的选择。根据《行政诉讼法》第21条的规定，两个以上人民法院都有管辖权的案件，原告可以选择其中一个法院提起诉讼。原告向两个以上有管辖权的人民法院提起诉讼的，由最先立案的人民法院管辖。

2. 跨区域管辖案件。《行政诉讼法》第18条第2款规定："经最高人民法院批准，高级人民法院可以根据审判工作的实际情况，确定若干人民法院跨行政区域管辖行政案件。"这是一个新的规定。在该规定之前，为了克服地方保护和行政干预，促进人民法院公正、高效处理行政案件，我国各地各级法院做过诸如异地交叉管辖、相对集中管辖、提高审级等多方面探讨，在党的十八届三中全会《中共中央关于全面深化改革若干重大问题的决定》和十八届四中全会《中共中央关于全面推进依法治国若干重大问题的决定》中，也都对此作了顶层设计。为了落实十八届三中全会决定中提出的"探索建立与行政区划适当分离的司法管辖制度"和十八届四中全会《中共中央关于全面推进依法治国若干重大问题的决定》提出的"探索设立跨行政区划的人民法院和人民检察院"的要求行政诉讼法对此作了肯定。跨区域管辖案件，可以有效解决行政诉讼中的不当干预和行政案件立案推诿、过度协调、久拖不决等问题，有利于更好地保护行政相对人的合法权益，监督行政机关依法行使职权。

3. 限制人身自由强制措施案件的管辖。《行政诉讼法》第19条规定："对限制人身自由的行政强制措施不服提起的诉讼，由被告所在地或者原告所在地人民法院管辖。"这类案件的特殊性在于公民因人身自由受到限制导致行使诉权极为不便；而且在原告所在地与被告所在地不一致的情况下，如果仍按照"原告就被告"原则来确定管辖法院，则不利于行政相对人权益的保护，有违行政诉讼的宗旨根据 2018 年《行诉法解释》第 8 条第 1 款的规定，原告所在地包括原告户籍所在地、经常居住地和被限制人身自由地。

4. 涉及不动产案件的管辖。《行政诉讼法》第 20 条规定："因不动产提起的行政诉讼，由不动产所在地人民法院管辖。"这是行政案件专属管辖的法律依据。所谓因不动产提起的行政诉讼是指行政相对人因不动产的所有权、使用权或与不动产有关的其他权益，与行政主体之间发生行政争议而向人民法院提起的诉讼。这类案件由不动产所在地人民法院管辖，既有利于对案件的调查取证，又有利于判决的执行，因而为各国法律采用。

四、裁定管辖

根据人民法院的裁定而不是法律的直接规定而确定的管辖，称为裁定管辖。裁定管辖是法定管辖的必要补充，它可以帮助人民法院解决在具体案件的管辖上出现的一些特殊问题，《行政诉讼法》第 22～24 条分别规定的移送管辖、指定管辖和管辖权的转移，均属于裁定管辖。

（一）移送管辖

移送管辖是指人民法院已经受理了行政案件，发现所受理的案件不属于自己管辖而将案件移送给有管辖权的人民法院审理的制度。它是人民法院受理了不属于其管辖权范围案件的情况下所采取的一种补救措施。在实质上，移送管辖不是管辖权的移送，而只是案件的移送。《行政诉讼法》第 22 条对移送管辖作了规定："人民法院发现受理的案件不属于本院管辖的，应当移送有管辖权的人民法院，受移送的人民法院应当受理。受移送的人民法院认为受移送的案件按照规定不属于本院管辖的，应当报请上级人民法院指定管辖，不得再自行移送。"根据该条规定，移送管辖必须具备以下三个条件：①移送的人民法院对移送的案件没有管辖权，这是移送的前提。②移送的人民法院已经受理了行政案件，但案件尚处在第一审程序之中。③受移送的人民法院对移送的案件有管辖权。移送是一种程序上的法律行为，产生程序上的法律效力，即接受移送的人民法院不得拒绝退回或自行移送。如果确定有误，也应当说明理由，报请上级人民法院指定管辖。这种程序效力能有效防止人民法院之间在管辖问题上的推诿，保障当事人诉权的行使。

（二）指定管辖

指定管辖是指基于某些特殊原因，有管辖权的人民法院不能行使管辖权，或者人民法院之间因管辖权发生争议，而由上级人民法院以指定的方式将案件交由某一人民法院管辖的制度。指定管辖的实质是《行政诉讼法》赋予上级人民法院在特定情况下，对行政案件的管辖法院予以变更或确认的权力。通过这种指定或使原本没有管辖权的法院因指定而获得管辖权，或使有争议的管辖权得以清晰。《行政诉讼法》第 23 条规定："有管辖权的人民法院由于特殊原因不能行使管辖权的，由上级人民法院指定管辖。人民法院对管辖权发生争议，由争议双方协商解决。协商不成的，报它们的共同上级人民法院指定管辖。"这一规定表明，指定管辖适用于以下两种情形：①有管辖权的人民法院基于特殊原因不能行使管辖权。这里的特殊原因包括事实上的原因和法律原因，前者如自然灾害，后者如回避人员过多无法组成合议庭。②人民法院对管辖权有争议，协商不成。管辖权发生争议主要是指管辖区域不明、多种地域管辖并存等情形，导致两个以上人民法院都有管辖权，或者都可以不管辖。管辖权发生争议后，应报请共同的上级人民法院来指定，上报应当逐级进行。

（三）管辖权的转移

管辖权的转移，是指由上级人民法院决定或者同意，把案件的管辖权由上级人民法院移交给下级人民法院，或者由下级人民法院移交给上级人民法院。根据《行政诉讼法》第 24 条的规定，行政诉讼管辖权的转移可以分为以下两种情况：①上级人民法院有权审理下级人民法院管辖的第一审行政案件。在行政审判实践中，对于下级法院既不受理又不作不予受理裁定的案件，上级人民法院认为符合受理条件的，可以先行受理。受理后可以指定下级人民法院审理，也可以自行审理。②下级人民法院对其管辖的第一审行政案件，认为需要由上级人民法院审理的，可以报请上级人民法院决定。

在《行政诉讼法》修正过程中，立法机关为了真正保护当事人的上诉权，防止地方保护主义对案件公正审理的影响，删去了《行政诉讼法》（1990 年实施）关于"上级人民法院可以把自己管辖的第一审行政案件移交给下级人民法院审判"的规定。

（四）管辖异议

管辖异议是指行政诉讼当事人对已经受理案件的人民法院提出管辖异议的行为。根据 2018 年《行诉法解释》第 10 条的规定，管辖异议的提出应符合以下要件：①管辖异议的主体必须是行政诉讼的当事人，包括原告、被告和第三人。②管辖异议必须符合法定形式，即必须是书面形式，而不能以口头形式提出。③管辖异议必须在法定期限内提出，其中被告提出管辖权异议的，应当在收到起诉状副本之日起 15 日内提出。对管辖权提出异议是当事人的一项诉讼权利，人民法院应当在接到异议申请后作出相应处理。人民法院经审查认为异议成立的，应当将案件移送给有管辖权的法院；异议不成立的，裁定驳回。当事人对裁定不服的，可以在 10 日内向上级人民法院上诉，上诉法院应当在法定期限内作出最终裁定。

拓展阅读

关于行政强制执行权分配模式的探讨（节选）[1]

以往行政诉讼管辖制度改革的根本任务，在于通过司法管辖与行政区划的适度分离，避免地方政府尤其是市县政府利用掌握当地法院人财物资源分配权的便利条件，不当干预法院对当地政府机关为被告行政案件的审理。但在当前，行政审判的司法环境已经发生明显的积极变化，这主要表现在以下两个方面：

第一，地方政府控制当地基层法院人财物的局面，已发生根本性改变。正如党的十九大报告所言，以习近平同志为核心的新一届党中央，办成了过去很多想办而没有办成的大事，就包括迟迟无法推进的司法改革。这其中，决定行政审判命运的关键一招，就是司法机关人财物管理体制改革。自党的十八届三中全会以来，特别是十八届四中全会《中共中央关于全面推进依法治国若干重大问题的决定》明确要求"改革司法管理体制，推动省以下地方法院、检察院人财物统管"后，基层人民法院的院长均基本实现由省级党委（组织部）管理，其他领导班子成员，有的地方由省委组织部管理，有的地方由省委组织部委托当地市级党委管理；法律审判职务则由各地均按照省级统一提名，地方人大分级任免的方式操作，省级以下法院的编制也全部上收到省级统一管理；在财务管理方面，多数省份也实现了省级统一管理。至 2017 年 11 月，21个省（区、市）已完成省以下法院编制统管，中级人民法院、基层人民法院院长已实现由省级党委（党委组织部）管理。13 个省（区、市）已在辖区内实行财物省级统管改革，部分地方法院经费保障和工资水平实现"托低保高"。2019 年 2 月，《最高人民法院关于深化人民法院司法体制综合配套改革的意见——人民法院第五个五年改革纲要（2019-2023）》明确指出，稳妥推进省以下地方法院人财物统管改革向纵深方向发展。目前，省级统管改革任务已经按照中央的要求基本完成，省以下地方法院人财物统一管理制度已在全国各地全面落地。可以说，基层人民法院的人财物受制于当地政府的局面基本扭转。

第二，行政审判抗干扰的能力显著增强，所受外部干预逐步减少。这种局面的出现，除了法院人财物管理体制的重大变化之外，还主要归功于以下三个方面的原因：一是权力制约因素有效强化。无论是法院还是政府，在本质上都是法律上拟制的抽象存在，实际使用权力的仍是活生生的个人，"县法院审不了县政府"本质上是司法人员无法抵制或不愿抵制来自政府的干扰，但党的十八大以来，全面从严治党工作不断深入，监督执纪力度空前，司法领域还引入"过问案件填报系统"，每个审判人员都可以独立填报信息，种种措施促使违法干预行政案件审理的情形大幅减少。二是司法公开空前深入。"公开是最好的防腐剂"，公众是司法机关政治力量的根本来源，司法公开能

---

〔1〕　韦冉：《行政诉讼管辖改革指导思想的实践创新》，载《中国应用法学》2021 年第 4 期。

够引入公众力量，增加司法与行政博弈的资本。最高人民法院近年来大力推进以裁判文书、审判流程和执行信息三大公开平台为核心的司法公开建设，这对法院既是一种有力的监督，更是一种有力的保护，极大地增加了法院尤其是行政审判的抗干扰能力。三是立案登记制全面推开。立案是整个诉讼程序的入口，以往行政机关干预司法，首先就是干预行政立案，进而造成立案难。但"新行政诉讼法已经成功破解立案难"这要归功于修改后的《行政诉讼法》将立案审查制改为立案登记制，降低了行政诉讼的受理门槛。

思考与练习

一、思考题

1. 行政诉讼受案范围具体包括什么内容？

2. 可诉性行政行为有什么特征？

3. 如何确定涉及限制人身自由强制措施案件的管辖？

二、选择题 [1]

1. 某向省生态环境厅申请环评许可，省生态环境厅受理申请后，一直未作答复。李某不服，向法院起诉，请求法院判决责令被告准予环评许可。在案件审理过程中，省生态环境厅作出了准予许可的决定。李某仍不撤诉，则以下关于本案的说法，正确的是（　　）。

A. 李某的起诉期限是6个月

B. 复议机关是生态环境部

C. 本案应由中级人民法院管辖

D. 法院应判决驳回李某的诉讼请求

2. 市人社局将田某的养老保险关系转入社会保险关系，田某不服，认为自己应按事业单位保险缴纳，于是向市政府申请行政复议。市政府作出维持的复议决定。田某不服，向法院提起行政诉讼，在审理过程中法院以该案不属于行政案件受案范围为由，作出驳回起诉的裁定。则下列说法正确的是（　　）。

A. 田某应当在收到复议决定书之日起60日内向法院提起诉讼

B. 市政府对市人社局作出的行政行为的合法性不承担举证责任

C. 本案应由中级人民法院管辖

D. 法院应一并裁定驳回针对市人社局行政行为和市政府复议决定的起诉

---

[1] 1. A；2. D；3. C；4. C。

3. 某区环保局因某新建水电站未报批环境影响评价文件，且已投入生产使用，给予其罚款 10 万元的处罚。水电站不服，申请复议，复议机关作出维持处罚的复议决定书。下列说法正确的是（　　）。

A. 复议机构应当为某区政府

B. 如复议期间案件涉及法律适用问题，需要有权机关作出解释，行政复议终止

C. 复议决定书一经送达，即发生法律效力

D. 水电站对复议决定不服向法院起诉，应由复议机关所在地的法院管辖

4. 某区卫计局以董某擅自开展诊疗活动为由作出没收其违法诊疗工具并处 5 万元罚款的处罚。董某向区政府申请复议，区政府维持了原处罚决定。董某向法院起诉。下列说法正确的是（　　）。

A. 如董某只起诉区卫计局，法院应追加区政府为第三人

B. 本案应以区政府确定案件的级别管辖

C. 本案可由区卫计局所在地的法院管辖

D. 法院应对原处罚决定和复议决定进行合法性审查，但不对复议决定作出判决

实训任务 1：行政诉讼的受案范围

【案例】

原告：田某，男，××大学应用科学学院物理化学系 94 级学生。

被告：××大学。

案情：1994 年 9 月，原告田某考入××大学下属的应用科学学院的物理化学系，取得本科生学籍。1996 年 2 月 28 日田某在参加电磁学课程补考过程中，随身携带写有电磁学公式的纸条，中途去厕所时，纸条掉出，被监考老师发现。监考老师虽未发现田某有偷看纸条的行为，但还是按照考场纪律，当即停止了田某的考试。××大学于同年 3 月 5 日按照该校有关考试的规定，认定田某的行为是考试作弊，并根据"凡考试作弊者，一律按退学处理"的规定，决定对田某按退学处理，4 月 10 日填发了学籍变动通知。但是，××大学没有直接向田某宣布处分决定和送达其变更学籍的通知，也未给田某办理退学手续，田某继续在该校以在校大学生的身份参加正常学习及学校组织的活动。

1996 年 3 月，原告田某学生证丢失，未进行 1995 年至 1996 年第二学期的注册。同年 9 月，被告××大学为田某补办了学生证。其后，××大学每年均收取田某交纳的教育费并为田某进行注册，发放大学生补助津贴，还安排田某参加了大学毕业实习设计，并由论文指导老师领取了学校发放的毕业设计结业费。田某还以该校大学生的名义参加考试，先后取得了大学英语四级、计算机应用水平测试 BASIC 语言成绩合格证书。田某在该校学习的 4 年中，成绩全部合格，通过了毕业实习、设计及论文答辩，获得优秀毕业论文及毕业总成绩全班第 9 名。

但 1998 年 6 月田某毕业时，被告××大学的有关部门以原告田某不具有学籍为由，拒绝为其颁发毕业证，进而也未向教育行政部门填报毕业派遣的资格表。田某所在的应用学院及物理化学系虽认为田某符合大学毕业和授予学士学位的条件，但由于学院正在与学校交涉田某的学籍问题，故在向学校报送田某所在班级的授予学士学位表时，暂时未给田某签字，准备等田某的学籍问题解决后再签，学校也因此没有将田某列入授予学士学位资格名单内交本校的学位评定委员会审核。原告田某认为自己符合大学毕业生的法定条件，被告××大学拒绝给其颁发毕业证、学位证是违法的，遂向北京市海淀区人民法院提起行政诉讼。田某诉称，其一直以在校生身份在××大学参加了学习和学校组织的一切活动，完成了学校制定的教学计划，并且学习成绩和毕业论文已经达到高等学校毕业生水平。然而在临近毕业时，被告才通知其所在的系以其不具备学籍为由，拒绝给其颁发毕业证、学位证和办理毕业派遣手续。他认为被告的这种行为是违法的。因此，其请求法院确认被告行为违法，并责成被告为其颁发毕业证、学位证和为其办理毕业派遣手续。

【训练目的及要求】

结合案例和相关知识，通过训练，能正确掌握行政诉讼的受案范围。

【训练方法】

分两组进行，一组学生运用行政诉讼的受案范围对案例作出判断；另一组学生评价判断是否正确。

【训练步骤】

步骤 1：分组。

步骤 2：熟悉案例。

步骤 3：学生分析案例。

步骤 4：老师评判。

【案例解析】

本案属于行政诉讼的受案范围。《行诉法解释》（2018）第 1 条第 1 款规定，公民、法人或者其他组织对具有国家行政职权的机关和组织及其工作人员的行政行为不服，依法提起诉讼的，属于人民法院行政诉讼的受案范围。本案的被告××大学是授权行政主体。根据上述法条的规定，授权行政主体的行为侵犯公民、法人和其他组织的权益的时候，它可以成为行政诉讼被告。《教育法》第 22 条规定："国家实行学业证书制度。经国家批准设立或者认可的学校及其他教育机构按照国家有关规定，颁发学历证书或者其他学业证书。"《教育法》第 23 条规定："国家实行学位制度。学位授予单位依法对达到一定学术水平或者专业技术水平的人员授予相应的学位，颁发学位证书。"《学位条例》第 8 条第 1 款规定："学士学位，由国务院授权的高等学校授予……"本案被告××大学是从事高等教育事业的法人，原告田某诉请其颁发毕业证、学位证，正是由于其代表国家行使对受教育者颁发学业证书、学位证书的行政权力时引起的行政争议，可以适用《行政诉讼法》予以解决。

实训任务2：行政诉讼的特殊地域管辖

【案例】

浙江省台州市中级人民法院从2002年7月起，推行一项司法创新举措——对行政诉讼案件实行异地交叉审判。将被告为县级政府的案件和原告为10人以上集团诉讼案件作为重大、复杂案件，由中级人民法院统一行使立案管辖权，由原告直接向中级人民法院起诉。中级人民法院审查后，认为符合立案条件的，作出立案受理并确定由被告所在地之外某基层法院审判的裁定。接受案件移交的法院，按照立案程序立案后进行审判。为方便原告和防止滋生新的干扰，通常采取就近和随机指定异地法院原则。

台州这一改革推行后成效明显。临海市人民法院2002年共受理本辖区内行政案件96件，行政机关败诉的仅1件，败诉率为1%。在实行异地交叉审判后，该市移送其他基层法院审判的行政案件有8件，政府败诉的有7件，败诉率为87.5%。而外县市移送该市法院审判的行政案件有2件，政府全部败诉，败诉率为100%。温岭市人民法院2002年受理被告是当地政府的行政案件共17件，政府败诉1件，败诉率为5.88%。实行异地交叉审判后，移交其他法院审判的该市政府为被告的行政案件共7件，政府败诉5件，败诉率为71.43%。温岭市人民法院审判其他县市行政案件共7件，除1件未结外，政府败诉案件4件，败诉率为57.1%。台州市中级人民法院曾经为了抵制地方政府对法院行政审判的干扰而将原由临海市人民法院管辖的临海市四建公司状告临海市城关镇政府企业人事任免行政案件，移送三门县法院审判。由于较好地排除了当地政府的干预，三门县法院依法判决被告败诉，各方当事人均服判。

【训练目的及要求】

结合案例和相关知识，通过训练，能正确掌握行政诉讼的特殊地域管辖。

【训练方法】

分两组进行，一组学生运用行政诉讼的特殊地域管辖对案例作出判断；另一组学生评价判断是否正确。

【训练步骤】

步骤1：分组。

步骤2：熟悉案例。

步骤3：学生分析案例。

步骤4：老师评判。

【案例解析】

台州市的异地交叉审判制度符合我国《行政诉讼法》关于行政诉讼管辖的规定。

在我国的特殊地域管辖中存在一种异地管辖制度，是指上级人民法院对本辖区内可能影响公正审理的案件或按照一般地域管辖原则有管辖权的法院不适宜行使管辖权的案件，原告可以申请或该法院上报上级人民法院指定或者上级人民法院主动指定某一邻近的基层人民法院管辖的制度。异地管辖是考虑到现实中影响公正审判的各种因素，从而形成的一种审判制度，它可以解决当前我国行政审判受到地方保护主义影响的问题，解除基层人民法院面临的压力，保证行政审判活动的公正性、独立性。

诉讼中的管辖权是人民法院司法权的实现形式，用来确定一个法院所拥有的权力性质和范围，以及划定可行使职权的地域界限。行政诉讼的管辖，是人民法院之间受理第一审行政案件的分工和权限的划分，是法院审理行政案件的发端，是审判权的具体落实。正确规定诉讼管辖，便于公民、法人或者其他组织提起诉讼，有利于法院系统内部的合理分工及明确法院的内部职责，便于有关国家机关及全体人民对法院的工作进行监督，也有利于保障公民诉权的充分实现。

因此，管辖权的合法合理的规定与审判公正之间存在密切联系，不仅具有引导诉讼程序开始的程序意义，更重要的是具有保障裁决公正的实体价值。

参考书目

1. 姜明安主编：《行政法与行政诉讼法》，北京大学出版社、高等教育出版社 2019 年版。

2. 胡建淼：《行政法学》，法律出版社 2023 年版。

3. 王敬波主编：《行政法与行政诉讼法学案例研究指导》，中国政法大学出版社 2021 年版。

4. 《行政法与行政诉讼法》编写组编：《行政法与行政诉讼法学》，高等教育出版社 2018 年版。

项目十五　行政诉讼过程

"正义不仅应得到实现，而且要以人们看得见的方式实现。"

知识目标

1. 认识行政诉讼参加人的类型。
2. 掌握行政诉讼的程序。
3. 理解行政诉讼的证据类型、举证责任的分配。
4. 掌握行政诉讼过程的法律适用。

■ 能力目标

能够分析、解决行政诉讼过程的问题。

✐ 内容结构图

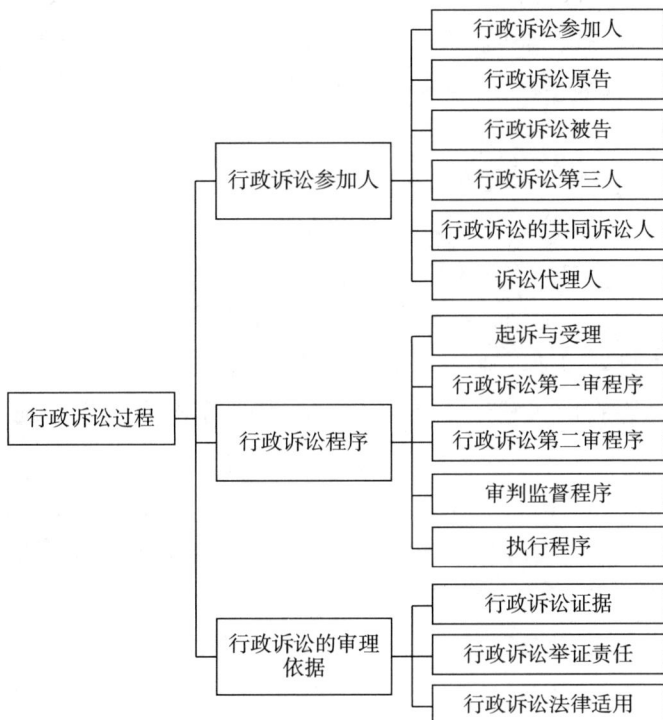

任务一 行政诉讼参加人

👉 导入案例

甲、乙公司签订了甲公司向乙公司购买 5 辆"五星牌"汽车的合同。乙公司按约定将汽车运至甲公司所在地的火车站。某市工商局接举报扣押了汽车，并最终认定乙公司提供的 5 辆"五星牌"汽车是国外某一品牌汽车，乙公司将其冒充国产车进行非法销售，遂决定没收该批汽车。乙公司在提起行政诉讼后，向法院提供了该批汽车的技术参数，某市工商局则提供了某省商检局对其中一辆车的鉴定结论。

问题：对某市工商局的没收决定，甲公司是否具有原告资格？

基本原理认知

一、行政诉讼参加人

行政诉讼参加人，是指依法参加行政诉讼活动，与争议的行政行为或诉讼结果有利害关系的，享有诉讼权利、承担诉讼义务的当事人及类似当事人地位的诉讼代理人。当事人是指因与行政纠纷有利害关系而以自己名义参加诉讼并受法院裁判约束的人。当事人包括原告、被告、第三人和共同诉讼人。诉讼代理人包括法定代理人和委托代理人。

在不同的诉讼程序中，当事人会有不同的称谓。比如在第一审程序中，行政诉讼当事人称为原告、被告、第三人和共同诉讼人；在第二审程序中，称为上诉人和被上诉人；在审判监督程序中，称为申诉人和被申诉人，再审如果适用一审程序，称为原审原告、原审被告，如果适用二审程序，称为原审上诉人和原审被上诉人；在执行程序中，称为申请执行人和被申请执行人。当事人的称谓，不仅仅是一个名称问题，它直接表明了当事人在行政诉讼中的诉讼地位及其所享有的诉讼权利和所承担的诉讼义务。

另外，应该区分行政诉讼参加人和行政诉讼参与人这两个概念。行政诉讼参与人是一个泛指的概念，包括与行政诉讼结果有利害关系的行政诉讼当事人，以及为帮助人民法院查明案件事实真相而参与到行政诉讼中的其他人员（如证人、鉴定人、翻译人、勘验人等），这些人与案件没有实体上的利害关系，但在行政诉讼中同样享有相应的诉讼权利，承担相应的诉讼义务。

诉讼参加人的资格问题往往是人民法院首先要解决的问题。研究诉讼参加人，有利于准确地确定他们的诉讼法律地位和权利、义务，进而顺利地开展行政诉讼活动。

二、行政诉讼原告

（一）行政诉讼原告的概念与特征

行政诉讼的原告，是指认为行政主体及其工作人员的行政行为侵犯其合法权益，以自己的名义向人民法院提起诉讼，从而引起诉讼程序发生的公民、法人或者其他组织。

行政诉讼的原告具有以下法律特征：

1. 行政诉讼的原告是认为行政主体的行政行为侵犯其合法权益的公民、法人或者其他组织。在现代民主国家中，作为行政相对人以及其他与行政行为有利害关系的公民、法人或者其他组织，享有的合法权益受法律保护，当行政主体的行政行为侵犯了公民、法人或者其他组织的合法权益时，法律赋予他们诉权。能否取得原告资格，关键看其与被诉行政行为间是否存在利害关系，这就是大多数国家采用的诉讼利益原则。

所谓诉讼利益，就是指原告能够从诉讼中获得的利益，这种利益在起诉时是主观的，公民、法人或者其他组织只要在主观上认为其合法权益受到行政行为的侵犯，就可以起诉。而客观上是否受到侵犯，则由法院立案之后经过审理判定，因此法院不应当事先认定不存在侵害事实而不受理公民、法人或者其他组织的起诉。

2. 行政诉讼的原告必须是以自己的名义主动向人民法院起诉。原告为了保护自己的合法权益而向人民法院起诉，没有原告的主动起诉就不会产生行政诉讼，因此他是主动地参加诉讼的人，并且是以自己的名义向法院起诉。作为公民、法人或者其他组织享有广泛的权益，当行政主体侵犯他们的合法权益时，法律赋予他们诉权，使他们可以通过司法程序解决与行政主体之间的纠纷。因此，只有作为行政相对人以及其他与行政行为有利害关系的公民、法人或者其他组织，以自己的名义主动向法院起诉才能成为原告。

（二）行政诉讼的原告资格

只有"适格"的当事人才可以参加诉讼。所谓"适格"，是指符合法定的条件和要求，作为原告，也是只有适格的公民、法人或者其他组织才能提起行政诉讼。行政诉讼的原告资格是指公民、法人或者其他组织对于行政主体的行政行为提起行政诉讼应具备的条件。根据《行政诉讼法》的规定，行政行为的相对人以及其他与行政行为有利害关系的公民、法人或者其他组织，有权提起诉讼。据此可知，我国行政诉讼原告资格的标准包括以下两个：

1. 原告必须是公民、法人或者其他组织。行政诉讼解决的是作为行政主体的行政机关，法律、法规、规章授权的组织与作为公民、法人或者其他组织之间的法律争议，二者的实体法地位是不平等的，为了保护公民、法人或者其他组织的合法权益，《行政诉讼法》赋予其原告资格，而在行政法律关系中处于行政主体地位的行政机关或法律、法规、规章授权的组织不具有行政诉讼原告的资格，不能提起行政诉讼。

能成为原告的，不仅包括行政行为的直接对象，也包括其权益受行政行为影响的人，如行政主体批准某公民建房，导致另一住宅的采光遭受严重不利影响的公民。此外，还包括处于被管理地位时的国家机关，如因违章建筑受到政府规划部门处罚的国家机关，又如公安机关在消防设施检查中认为卫生机关的消防工作存在隐患，可责令其整改或予以处罚，卫生机关若不服公安机关的行政行为，则可作为原告向人民法院提起行政诉讼。

2. 原告必须与被诉行政行为具有法律上的利害关系。只要原告主观上"认为"行政行为侵犯了其合法权益，就可以提起诉讼。故起诉行为表面上看是一个主观性的行为。但是这种"认为"成立的前提条件是原告与被诉行政行为间存在客观上的利害关系。是否存在利害关系，法院在立案时，应当是形式审查，而非实质审查，法院在此阶段仅应当依据原告在起诉状中所表明的"事实根据"和提起的"具体诉讼请求"来判定提起诉讼的人与被诉行政行为客观上是否具有利害关系。不能要求原告必须确切证明，而对于利害关系的实质判断，应当在法院审理过程中进行。

对于"利害关系"，一般要求原告与本案有"直接"利害关系，但"间接"利害关系的保护也逐渐被司法解释和实务所承认。例如，合资企业的各方认为行政行为损害企业利益的，均有权以自己名义提起诉讼。所谓"法律上的利害关系"，是基于法律的规定而在行政主体与公民、法人或其他组织之间产生的权利义务关系。

（三）原告资格的转移

行政诉讼的原告资格是法律赋予特定人的资格，在一般意义上是不能转移的。所谓原告资格的转移，是指有权起诉的公民、法人或者其他组织死亡或终止时，其原告资格依法转移给特定的有利害关系的公民、法人或其他组织。

根据《行政诉讼法》的规定，有权提起诉讼的公民死亡，其近亲属可以提起诉讼。有权提起诉讼的法人或者其他组织终止，承受其权利的法人或者其他组织可以提起诉讼。原告资格的转移可分为以下两种情况：

1. 有原告资格的公民死亡，原告资格可转移给其近亲属。根据司法解释的有关规定，"近亲属"包括配偶、父母、子女、兄弟姐妹、祖父母、外祖父母、孙子女、外孙子女和其他具有扶养、赡养关系的亲属。

需要注意的是，具有原告资格的公民死亡后，其近亲属若承受了原告资格，他们就成了新的原告，而不是死者的代理人；他们也可以拒绝承受原告资格，这时诉讼就会因为原告死亡而终止。但公民因被限制人身自由而不能提起诉讼，其近亲属可以依其口头或书面委托以该公民的名义提起诉讼，此时其近亲属并不是原告，只是委托代理人。

2. 有原告资格的法人或者其他组织终止，原告资格可转移给承受其权利的法人或者其他组织。法人或者其他组织终止可以有多种原因，例如，合并、分立、撤销、破产等。无论何种原因，只要有承受其权利的组织，原告资格就可以转移给其享有。

行政诉讼出现原告资格转移的情形时，必然有特定的主体来充任原告，只要法定条件出现，转移和承受均自然发生，不以当事人意志为转移。发生原告资格的转移与承受后，承受方可以按自己的意志决定是否提起诉讼，或者继续参加诉讼。如果没有原告资格的承受人或拒绝承受原告资格，人民法院应当裁定终结诉讼程序。

（四）行政诉讼原告的类型

根据司法解释的有关规定，行政诉讼的原告包括：

1. 作为行政行为直接对象的公民、法人或其他组织，与行政行为在法律上存在直接利害关系。这是最常见的原告，例如，行政处罚的受处罚人、行政强制中的被强制人，行政许可中被拒绝的许可申请人等。

2. 公民、法人或者其他组织不服行政行为，原则上有权选择行政复议或行政诉讼，若选择行政复议，对复议决定不服，还可以再提起行政诉讼。

3. 不是行政行为直接针对的对象，但与行政行为有法律上的利害关系的公民、法人或者其他组织。

（1）被诉的行政行为涉及其相邻权或者公平竞争权的。拥有相邻权的一方认为行政主体的批准行为侵犯了其合法权益，如排水、通行、通风、采光等方面的相邻关系，可以依法提起行政诉讼。例如，行政主体批准在某人的豪华独栋别墅前建造化工厂，他认为这一行政行为侵犯其权益，可以依法起诉批准机关。行政主体的行政行为破坏公平竞争的原则，亦可被诉。例如，某市政府为了保护本地奶业，规定本市商家只能销售本地产的奶制品，那么市政府的行为同时侵犯了商家的经营自主权和外地奶制品厂商的公平竞争权，商家和外地企业均可起诉市政府。

（2）在行政复议程序中被追加为第三人的。例如，甲乙二人都申请在某块地上建房，行政主体批给了甲，乙不服，提起行政复议，甲与复议决定有利害关系，应当作为第三人参加复议，若甲未能参加复议，经复议后，复议机关的复议决定将此地批给了乙，甲不服，则有权提起行政诉讼。

（3）要求行政机关依法追究加害人法律责任的。当某人的违法行为侵犯了另一人的合法权益时，行政主体有义务对违法行为进行制裁，违法行为人不服可以提起行政诉讼，当行政主体对违法行为置之不理或处理不力时，同时赋予受害人以诉权。例如，甲把乙打伤，公安机关给甲行政警告的处罚，乙不服，认为处罚太轻，有权起诉公安机关，请求人民法院撤销公安机关的处罚，责令其重新处罚，或者由人民法院直接变更该处罚决定。

（4）撤销或者变更行政行为涉及其合法权益的。例如，工商机关给某人颁发营业执照后，又决定改变营业执照中的经营范围，或者宣布撤销该营业执照，这种改变或撤销直接处分了执照持有人的民事权利，执照持有人不服可提起行政诉讼。

（5）为维护自身合法权益向行政机关投诉，具有处理投诉职责的行政机关作出或者未作出处理的；

（6）其他与行政行为有利害关系的情形。

4. 合伙企业向人民法院提起诉讼的，应当以核准登记的字号为原告。未依法登记领取营业执照的个人合伙的全体合伙人为共同原告；全体合伙人可以推选代表人，被推选的代表人，应当由全体合伙人出具推选书。个体工商户向人民法院提起诉讼的，以营业执照上登记的经营者为原告。有字号的，以营业执照上登记的字号为原告，并应当注明该字号经营者的基本信息。

5. 联营企业、中外合资或合作企业的联营、合资、合作各方，认为联营、合资、合作企业权益或者自己一方合法权益受行政行为侵害的，可以自己的名义提起诉讼。

6. 非国有企业被行政机关注销、撤销、合并、强令兼并、出售、分立或者改变企业隶属关系的，该企业或者其法定代表人可以提起诉讼。这里应注意，企业的原法定代表人起诉时是以自己的名义，而不是以企业的名义。

7. 股份制企业的股东大会、股东会、董事会等认为行政主体作出的行政行为侵犯企业经营自主权的，可以企业名义提起诉讼。这里应注意，起诉时必须以企业名义。本规定解决了企业利益与股东利益相冲突时，股东行使诉权的原告资格问题。

三、行政诉讼被告

（一）行政诉讼被告的概念与特征

行政诉讼的被告是指被原告认为行政行为侵犯了自己的合法权益而诉至法院，因而由法院通知其应诉的行政机关或者法律、法规授权的组织。被告具有以下法律特征：

1. 被告只能是国家行政机关或法律、法规、规章授权的组织。行政机关是指行使国家行政职能，依法独立享有并行使行政职权的国家机关；法律、法规、规章授权的组织是指本身并不是主管行政机关，但为了行政管理的需要，法律、法规、规章明确授予其某些方面的行政管理职能的组织。

行政主体理论对于确定被告的资格至关重要。由于只有行政主体才能享有行政权并以自己的名义作出行政行为，并独立承担相应的法律责任，因此，只有具备行政主体资格的享有对外管理职权的行政机关及法律、法规、规章授权的组织才能够成为行政诉讼的被告。而国家公务员、行政主体的法定代表人以及不独立享有行政权、不能以自己的名义作出行政行为的行政机构都不能成为行政诉讼的被告。但被诉行政主体负责人应当出庭应诉。不能出庭的，应当委托行政主体相应的工作人员出庭。

2. 被告必须是作出行政行为的行政机关以及法律、法规、规章授权的组织。行政诉讼的被告一定是有争议的行政行为的实施主体。由于公民、法人或者其他组织认为行政主体的行政行为侵犯自己的合法权益而向人民法院起诉，所以公民、法人或者其他组织起诉的客体是行政行为。由此可见，行政诉讼发生的必然前提是行政行为的存在，没有作出行政行为的行政主体不可能成为被告。

此外，《行政诉讼法》规定了受案范围，如果行政行为是法律排除审查的，那么人民法院既不会受理，也不会通知被诉人应诉，被诉人也就不可能转化为行政诉讼的被告。例如，国家行政机关也有可能以民事主体的身份参与社会活动，如果对其在民事活动中作出的民事行为产生异议请求人民法院解决，则只能以民事案件的途径解决，不能提起行政诉讼，而此时该行政机关是民事诉讼的被告。

3. 被告必须是由原告起诉并由人民法院通知应诉的人。原告的指控是前提，人民法院的审查是法律上的确认，这两方面必须同时具备，才能确定为被告。只有在法院确认被诉行政机关或法律、法规、规章授权的组织符合前述两个特征，并通知其应诉的，该行政主体才能成为特定行政案件中的被告。

（二）行政诉讼被告的判定

鉴于行政管理主体和行政管理活动的复杂性，《行政诉讼法》及其司法解释分别对不同情况的行政诉讼被告作了规定：

1. 作出行政行为的行政主体。公民、法人或者其他组织依法直接向人民法院提起诉讼的，作出行政行为的行政主体是被告。这是行政诉讼中最常见的被告类型。

2. 作出行政复议决定的复议机关。经复议的案件，复议机关决定维持原行政行为的，作出原行政行为的行政主体和复议机关是共同被告；复议机关改变原行政行为的复议机关是被告，"复议机关决定维持原行政行为"，包括复议机关驳回复议申请或者复议请求的情形，但以复议申请不符合受理条件为由驳回的除外，"复议机关改变原行政行为"，是指复议机关改变原行政行为的处理结果。

为了及时有效地保障公民、法人或者其他组织的合法权益，明确责任。根据《行政诉讼法》的规定，复议机关在法定期限内未作出复议决定，公民、法人或者其他组织起诉原行政行为的，作出原行政行为的行政机关是被告；起诉复议机关不作为的，复议机关是被告。

3. 共同作出行政行为的行政主体。两个以上行政主体作出同一行政行为的，共同作出行政行为的行政主体是共同被告。

4. 受行政主体委托的组织所作行政行为。根据《行政诉讼法》的规定，行政机关委托的组织所作的行政行为，委托的行政机关是被告。行政主体在没有法律、法规或者规章规定的情况下，授权其内设机构、派出机构或其他组织行使行政职权的，应当视为委托。当事人不服提起诉讼的，应当以该行政主体为被告。但是根据法律、法规和规章授权的组织所作的行政行为，因这些组织依法享有行政权，能以自己的名义作出行政行为，公民、法人或者其他组织若不服起诉，该组织是被告。

5. 行政主体被撤销或者职权变更的。根据《行政诉讼法》的规定，行政机关被撤销或者职权变更的，继续行使其职权的行政机关是被告。总的来说可归纳为三种情况：①由新设立的行政主体取代被撤销的行政主体；②被撤销主体并入另一个行政主体的，接受合并的行政主体为继续行使其职权的行政主体；③单纯地将行政主体予以撤销，那么作出撤销决定的行政主体为继续行使其职权的主体。

6. 公民、法人或者其他组织不服行政主体经其上级机关批准实施的行政行为的。公民、法人或者其他组织不服，应当以对外发生法律效力的文书上署名的主体为被告。上级机关的批准可以分为两种情况：一是行政行为以经过上级批准为其效力成立的法定程序，上级行政主体应当作为被告；二是如果批准程序仅是内部程序，批准机关不作为被告，仅由作出行政行为的下级主体作为被告。但是，这两种批准在法律实践中往往混杂在一起，难以明确地辨别。因此，谁在对外生效的法律文书上署名，谁就作为被告。如果上级、下级都署名的，他们作为共同被告。

7. 派出机关所作出的行政行为的。派出机关所作出的行政行为，以派出机关为被告。派出机关是依照《地方各级人民代表大会和地方各级人民政府组织法》成立的由地方人民政府派出的行政机关，派出机关依法具备行政主体资格。如果派出机关行使的是法律、法规或者规章明确授予的职权，无论其作出的行政行为是否超出法定授权范围，都是法律后果的承担者，公民、法人或者其他组织不服其作出的行政行为提起诉讼的，应该以该派出机关为被告。

四、行政诉讼第三人

（一）行政诉讼第三人的概念与特征

行政诉讼第三人是指同被诉行政行为有利害关系，为了维护自身合法权益，在行政诉讼过程中申请参加诉讼或由人民法院通知参加诉讼的公民、法人或其他组织。

根据《行政诉讼法》的规定，公民、法人或者其他组织同被诉行政行为有利害关系但没有提起诉讼，或者同案件处理结果有利害关系的，可以作为第三人申请参加诉讼，或者由人民法院通知参加诉讼。可见，第三人既不是提起诉讼的人，也不是被诉的一方，而是在原告起诉后至一审庭审结束前参加到诉讼中的人。

第三人的特征是：

1. 第三人同被诉行政行为有利害关系。所谓"有利害关系"，是指"有法律上的权利义务关系"，包括行政行为使公民、法人或者其他组织获得某种权利、减少某种义务，或者使其丧失某种权利、增加某种义务，或者对其权益造成不利影响。

第三人参加诉讼不仅具有维护自身合法权益的目的，同时具有协助人民法院查明案件事实、正确解决争议的客观作用。因此，这里的"有利害关系"，既包括与行政行为的利害关系，也包括与诉讼结果的利害关系；既包括直接的利害关系，也包括间接的利害关系。第三人必须与行政行为本身有利害关系，公民、法人或其他组织如果只是在行政行为发生时见证其过程，或者其与作出行政行为的政府工作人员或行政行为所涉公民、法人或者其他组织有亲属关系、朋友关系或其他关系，均不具有行政诉讼第三人的资格。

2. 第三人是原告、被告以外的具有独立诉讼地位的公民、法人或者其他组织，经本人申请或人民法院通知参加诉讼。第三人参加诉讼的程序分为申请参加与法院通知参加两种。如果其本人不申请参加，人民法院也未通知其参加，便无法取得行政诉讼第三人的诉讼资格。公民、法人或者其他组织以及行政主体申请作为第三人参加诉讼的，如果人民法院确定其第三人身份，应当允许其参加诉讼。如果人民法院在案件审理中发现存在第三人，应当及时通知其参加诉讼。

（二）行政诉讼第三人的判定

《行政诉讼法》和相关司法解释均未对行政诉讼第三人的范围作出明确列举，在司法实践中，作为行政诉讼第三人的公民、法人、其他组织大致包括以下几种：

1. 行政处罚中的受处罚人或被受处罚人侵害的受害人。行政主体对违法行为人作出行政处罚后，有两种情况受处罚人可作为第三人参加诉讼：①行政主体就同一违法事实处罚了两个以上共同违法的人，当一部分受处罚人对处罚判决不服，向法院起诉，另一部分受处罚人可作为第三人参加诉讼；②当受处罚人未起诉，被受处罚人侵害的受害人起诉时，受处罚人也可作为第三人。

行政主体对违法行为人作出行政处罚后，受处罚人不服行政处罚决定起诉的，被受处罚人侵害的受害人可以作为第三人。

2. 行政裁决的当事人。行政主体依职权裁决平等主体之间有关所有权、使用权归属纠纷或有关赔偿、补偿争议，一方当事人不服行政裁决而起诉行政主体时，另一方当事人可以作为第三人。

3. 行政行为的直接相对人或权益受到行政行为影响的人。行政主体作出行政行为，既涉及或影响直接相对人的权益，也涉及或影响非直接相对人的权益。直接相对人对行政行为不服，向人民法院起诉，权益被影响的非直接相对人可以成为第三人。

行政主体作出某种行政行为（如发放许可证、批准建房用地等)，行政行为的直接相对人未起诉，但其他受到行政行为不利影响的人提起诉讼，该行政行为的直接相对人可作为第三人。

当行政主体的同一行政行为涉及两个以上的利害关系人，其中一部分利害关系人对行政行为不服提起诉讼，人民法院应当通知没有提起诉讼的其他利害关系人作为第三人。

4. 与行政主体共同作出行政行为的非行政主体。行政主体与非行政主体共同署名作出某种行政行为，相对人不服，向人民法院提起行政诉讼。非行政主体因为不具有行政主体资格，不能作被告，只能作为行政诉讼第三人参加诉讼。

5. 作出相互矛盾的行政行为的两个行政主体。两个行政主体就同一事实作出相互矛盾的行政行为，其中一机关被诉时，另一机关可作为第三人参加诉讼。

（三）行政诉讼第三人的诉讼地位

在行政诉讼法律关系中，第三人具有当事人的法律地位，享有当事人的诉讼权利义务。根据《行政诉讼法》第29条第2款的规定："人民法院判决第三人承担义务或者减损第三人权益的，第三人有权依法提起上诉。"这赋予了第三人上诉权，另外，第三人不自觉履行生效裁判为其确定的义务时，可强制执行。

五、行政诉讼的共同诉讼人

（一）共同诉讼人的概念

共同诉讼是指当事人一方或双方为二人以上，因同一行政行为发生的行政案件，或者因同类行政行为发生的行政案件、人民法院认为可以合并审理并经当事人同意的诉讼。共同诉讼的当事人统称为共同诉讼人。原告是两个以上的，称为共同原告；被告是两个以上的，称为共同被告。共同诉讼实际上是诉的主体的合并，即诉讼有几个原告或几个被告，或原告、被告均为多数，诉讼标的是同一样或同类的行政行为，人民法院为了便于审理将其合并。

共同诉讼的作用在于减少诉讼、简化诉讼程序，节省时间和费用，避免人民法院在同一事件或同类事件上的裁判尺度不一甚至相互矛盾。它既便于当事人诉讼，又可减轻人民法院的负担。当事人一方人数众多的共同诉讼，可以由当事人推选代表人进行诉讼。代表人的诉讼行为对其所代表的当事人发生效力，但代表人变更、放弃诉讼请求或者承认对方当事人的诉讼请求，应当经被代表的当事人同意。

（二）共同诉讼的种类

根据行政诉讼共同诉讼成立的条件、诉讼标的不同，可分为必要共同诉讼和普通共同诉讼。

1. 必要共同诉讼。必要共同诉讼是指当事人一方或者双方为二人以上，诉讼标的是同一行政行为的行政案件，人民法院必须合并审理的诉讼。

必要共同诉讼的特征在于诉讼标的的同一性，即行政案件因同一行政行为发生，基于同一个裁决标准、尺度实施的一个行政行为。必要共同诉讼的引起有以下几种情形：

（1）二人以上共同实施违反行政管理法规，被行政主体在同一处罚决定中分别处罚，受处罚人均不服提起诉讼的。

（2）行政主体在同一处罚决定中，给予法人或者其他组织及其负责人分别处罚，二者均不服而起诉的。

（3）两个以上的受害人均不服行政主体对加害人所作的行政处罚而起诉的。

（4）被处罚人和受害人双方均不服行政主体的处罚决定而起诉的。

（5）两个以上行政主体对同一行政相对人联合作出行政行为，相对人不服而起诉的。

两个以上行政主体联合作出一个行政行为，或者一个行政行为针对两个以上相对人，就会发生共同的、不可分的共同诉讼。这种共同诉讼中任何一人的诉讼行为都会影响其他人的利益，任何一人都无权代替全体，诉讼应该由全体参加。如果只有一人起诉或应诉，人民法院可基于申请或者依职权通知他人参加诉讼。

2. 普通共同诉讼。普通共同诉讼是指当事人一方或者双方为2人以上，诉讼标的是同类，或者说因同样的行政行为发生争议的行政案件，人民法院认为可以合并审理并经当事人同意的诉讼。普通共同诉讼的形成需要具备以下条件：

（1）必须是基于"同类"的行政行为。所谓"同类"，是指行政行为性质相同或作出行政行为依据的法律理由或者法律事实类似。

例如，某区进行卫生大检查，对 5 家卫生不好的饮食店分别处以罚款、停业整顿等处罚；某服装店没有烟草专卖许可擅自销售香烟，烟草专卖局依据《烟草专卖条例》的规定对其处罚，市场监督管理局依据《市场主体登记管理条例》对其进行处罚。对 5 家饮食店的五个处罚行为和对服装店的两个处罚行为分别是同样的具体行政行为，在发生诉讼后，人民法院合并审理是可以的，但要分别作出裁判，因为他们没有共同的、不可分的权利和义务。对 5 家饮食店的处罚理由、事实根据和处罚轻重均有不同，烟草专卖局和市场监督管理局的两个决定根据的法律事实虽然相同，但理由各异，也应分别作出裁判。

（2）共同被告或共同原告必须是在同一人民法院辖区内。

（3）必须是人民法院认为可以合并审理并经当事人同意的。如果人民法院认为不可以合并审理或者当事人不同意合并审理，则应当分别成为独立的诉讼。

3. 必要共同诉讼与普通共同诉讼的主要区别在于：必要共同诉讼是由行政主体的同一行政行为而引起，两个以上的原告或者被告之间因该行政行为而有着相互联系或者共同的利害关系，人民法院必须合并审理，因而属于不可分之诉。

普通共同诉讼是由行政主体的同类的行政行为而引起，两个以上的原告或者被告之间没有相互联系的或者共同的利害关系，当人民法院合并审理时，形成共同诉讼；分开审理时，成为各个独立的案件，因而属于可分之诉。

六、诉讼代理人

（一）行政诉讼代理人的概念与特点

诉讼代理人是指根据法律规定或者接受当事人、法定代理人的委托，在代理权限内以当事人的名义，代替当事人进行诉讼活动的人。诉讼代理人具有以下特点：

1. 以被代理人的名义而不能以自己的名义进行诉讼活动。

2. 参加诉讼的目的是维护被代理人的合法权利和利益，而不是为了维护自己的权益。

3. 诉讼代理人在其代理权限范围内实施的诉讼行为，其法律后果由被代理人承担。超越代理权限的行为是无效行为，其后果由代理人承担。

4. 只能代理当事人一方，而不能在同一诉讼中代理当事人双方。

5. 诉讼代理人必须是有诉讼行为能力的人。

诉讼代理制度是《行政诉讼法》的组成部分，在行政诉讼中具有重要意义。一方面它能够使无诉讼行为能力的人通过诉讼保护自己的权利，有助于帮助当事人参加诉讼活动，为缺乏法律知识的当事人提供诉讼上的帮助，维护其合法权益。另一方面也可以帮助人民法院及时、正确审结行政案件，顺利解决行政诉讼任务，解决行政争议。

（二）行政诉讼代理人的种类

行政诉讼代理人主要分为法定代理人、指定代理人和委托代理人三类。

1. 法定代理人。法定代理人是指根据法律的规定取得代理权，代理无诉讼行为能力的公民进行行政诉讼活动的人。

正常情况下，法定代理人由无诉讼行为能力的公民的监护人担任。无诉讼行为能力的人包括了未成年人以及无行为能力或限制行为能力的精神病人。未成年人的监护人是父母，未成年父母已经死亡或者没有监护能力的，由下列有监护能力的人按顺序担任监护人：祖父母、外祖父母；兄、姐；其他愿意担任监护人的个人或者组织，但是须经未成年人住所地的居民委员会、村民委员会或者民政部门同意；无行为能力或限制行为能力的成年人的监护人由配偶、父母、子女、其他近亲属或其他愿意担任监护人的个人或者组织，但是须经被监护人住所地的居民委员会、村民委员会或者民政部门同意。

2. 指定代理人。在特殊情况下，法定代理人一时无法明确或相互推诿，可由人民法院指定其中一人代为诉讼，被指定的法定代理人不得拒绝，这就是指定代理人。可见，被人民法院指定代理的人仍然是法定代理人，指定代理人的代理权来自人民法院的指定行为。指定代理人是从法定代理中派生而来，是法定代理的一种。

法定代理人的代理权是法律赋予的。法定代理人同被代理人存在着特殊的法律关系，和被代理人处于类似的诉讼地位。但不能把他们等同起来，即使代理人有权依法处分被代理人的实体权利，行使当事人享有的诉讼权利和承担当事人应当承担的诉讼义务，但是法定代理人毕竟不是实体权利的享有者和实体义务的承担者，因而代理人必须以被代理人的名义进行诉讼活动。

法定代理关系的消灭或转移有以下原因：①被代理的未成年人在诉讼进行过程中达到了成年年龄；②被代理的精神病人在诉讼进行过程中恢复了健康；③如被代理人是基于收养关系发生的未成年的养子女，在诉讼过程中收养关系解除；④法定代理人死亡；⑤人民法院依法取消指定代理人的资格另行指定其他人为指定代理人。

3. 委托代理人。受当事人、法定代理人的委托，根据双方商议的代理权限，代替被代理人进行诉讼行为的人称为委托代理人。根据《行政诉讼法》的规定，当事人、法定代理人，可以委托1~2人代为诉讼。委托代理人具有以下两个特点：①代理权基于当事人、法定代理人的委托发生；②代理事项及权限一般由被代理人和代理人商议确定，并且签订委托协议书递交人民法院。

根据《行政诉讼法》的规定，下列人员可以被委托为诉讼代理人：律师、基层法律服务工作者；当事人的近亲属或者工作人员；当事人所在社区、单位以及有关社会团体推荐的公民。

代理诉讼的律师，有权按照规定查阅、复制本案有关材料，有权向有关组织和公民调查，收集与本案有关的证据。对涉及国家秘密、商业秘密和个人隐私的材料，应当依照法律规定保密。而当事人和其他诉讼代理人有权按照规定查阅、复制本案庭审材料，但涉及国家秘密、商业秘密和个人隐私的内容除外。

依照《行政诉讼法》的规定，社会团体可以以其名义接受委托代理诉讼，体现了社会对公民行使诉权的支持，它可以更有效地保护原告的合法权益，实现原告同被告在实际上的法律地位平等。如在行政诉讼中，妇联可以为妇女代理诉讼，个体劳协可以为个体工商户代理诉讼，工会可以为工人代理诉讼。以社会团体的名义代理原告进行诉讼。这一规定不同于《民事诉讼法》，《民事诉讼法》规定的是社会团体推荐的人可以代理诉讼，是以个人名义代理。

委托代理权的消灭或转移有以下原因：①诉讼终结；②当事人解除委托；③委托代理人辞去委托；④委托代理人或当事人死亡等。

任务二　行政诉讼程序

导入案例

2014 年 1 月 15 日，福建省某市公安局某区分局（以下简称某区公安分局）以潘某英殴打郑某开致轻微伤为由，决定对潘某英处以行政拘留 7 日并罚款 500 元，并于当日将潘某英送至某市拘留所执行拘留。某市拘留所当日发出建议停止执行拘留通知书，拘留决定未能执行。2014 年 6 月 20 日，某区公安分局又针对潘某英的同一个行为作出内容、文号完全相同的行政处罚决定书，并将潘某英执行行政拘留。2014 年 9 月 1 日，潘某英向某市某区人民法院提起行政诉讼，请求撤销某区公安分局于 2014 年 6 月 20 日作出的行政处罚决定。某区人民法院于 2015 年 6 月 18 日作出一审判决，驳回潘某英的诉讼请求。潘某英提出上诉，某市中级人民法院于 2015 年 10 月 23 日作出行政判决，驳回上诉，维持原判。潘某英申请再审，福建省高级人民法院裁定驳回再审申请。

2016 年 6 月 15 日，潘某英向某市人民检察院申请监督。某市人民检察院提请福建省人民检察院抗诉。福建省人民检察院经查阅卷宗、调查核实，认为本案被诉行政行为系某区公安分局于 2014 年 6 月 20 日作出的行政处罚决定，虽然申请人提出的原审判决采信证据不合法、违反举证分配原则等申请监督理由不成立，但被诉行政处罚存在以下违法情形：2014 年 1 月 15 日，某区公安分局决定对潘某英处以行政拘留 7 日并罚款 500 元，在送交某市拘留所执行行政拘留时，某市拘留所发出建议停止执行拘留通知书，随后某区公安分局将潘某英释放。根据公安部《关于行政拘留执行有关问题的意见》相关规定，应视为拘留决定机关同意停止执行行政拘留，行政拘留决定终止执行。在事隔 5 个多月之后，某区公安分局重新作出相同文号、相同内容的行政处罚决定书，违反了一事不再罚原则，将潘某英再次执行拘留，亦明显违法。

福建省人民检察院认为，某市中级人民法院作出的行政判决认定被诉行政处罚决定书合法，系认定事实的主要证据不足，适用法律、法规确有错误。2018 年 1 月 16 日向福建省高级人民法院提出抗诉。最终福建省高级人民法院于 2018 年 2 月 8 日作出裁定，指令某市中级人民法院再审。2020 年 5 月 29 日，某市中级人民法院作出再审判决，认为 2014 年 1 月 15 日的行政处罚决定应不再执行，公安机关对同一个行为再次作出内容完全相同的行政处罚决定书，属一事重复处罚，程序违法，判决撤销原一、二审判决及被诉行政处罚决定。

问题：本案审理过程中经历了哪些行政诉讼程序？

基本原理认知

一、起诉与受理

（一）起诉

1. 复议与起诉。对属于人民法院受案范围的行政案件，公民、法人或者其他组织可以先向行政机关申请复议，对复议决定不服的，再向人民法院提起诉讼；也可以直接向人民法院提起诉讼。法律、法规规定应当先向行政机关申请复议，对复议决定不服再向人民法院提起诉讼的，依照法律、法规的规定。

2. 起诉期限。公民、法人或者其他组织不服复议决定的，可以在收到复议决定书之日起 15 日内向人民法院提起诉讼。复议机关逾期不作决定的，申请人可以在复议期满之日起 15 日内向人民法院提起诉讼；法律另有规定的除外。公民、法人或者其他组织直接向人民法院提起诉讼的，应当自知道或者应当知道作出行政行为之日起 6 个月内提出；法律另有规定的除外。公民、法人或者其他组织申请行政主体履行保护其人身权、财产权等合法权益的法定职责，行政机关在接到申请之日起 2 个月内不履行的，公民、法人或者其他组织可以向人民法院提起诉讼。法律、法规对行政机关履行职责的期限另有规定的，从其规定。公民、法人或者其他组织在紧急情况下请求行政机关履行保护其人身权、财产权等合法权益的法定职责，行政机关不履行的，提起诉讼不受 2 个月规定期限的限制。公民、法人或者其他组织因不可抗力或者其他不属于自身的原因耽误起诉期限的，被耽误的时间不计算在起诉期限内。公民、法人或者其他组织因前款规定以外的其他特殊情况耽误起诉期限的，在障碍消除后 10 日内，可以申请延长期限，是否准许由人民法院决定。

3. 起诉条件。提起诉讼应当符合下列条件：原告是符合《行政诉讼法》规定的公民、法人或者其他组织；有明确的被告；有具体的诉讼请求和事实根据；属于人民法院受案范围和受诉人民法院管辖。

起诉应当向人民法院递交起诉状，并按照被告人数提出副本。书写起诉状确有困难的，可以口头起诉，由人民法院记入笔录，出具注明日期的书面凭证，并告知对方当事人。

（二）受理

人民法院在接到起诉状时，对符合法律规定的起诉条件的，应当登记立案。对当场不能判定是否符合本法规定的起诉条件的，应当接收起诉状，出具注明收到日期的书面凭证，并在7日内决定是否立案。不符合起诉条件的，作出不予立案的裁定。裁定书应当载明不予立案的理由。原告对裁定不服的，可以提起上诉。

起诉状内容欠缺或者有其他错误的，应当给予指导和释明，并一次性告知当事人需要补正的内容。不得未经指导和释明即以起诉不符合条件为由不接收起诉状。对于不接收起诉状、接收起诉状后不出具书面凭证，以及不一次性告知当事人需要补正的起诉状内容的，当事人可以向上级人民法院投诉，上级人民法院应当责令改正，并对直接负责的主管人员和其他直接责任人员依法给予处分。

人民法院既不立案，又不作出不予立案裁定的，当事人可以向上一级人民法院起诉。上一级人民法院认为符合起诉条件的，应当立案、审理，也可以指定其他下级人民法院立案、审理。

因不动产提起诉讼的案件自行政行为作出之日起超过20年，其他案件自行政行为作出之日起超过5年提起诉讼的，人民法院不予受理。

公民、法人或者其他组织认为行政行为所依据的国务院部门和地方人民政府及其部门制定的规范性文件不合法，在对行政行为提起诉讼时，可以一并请求对该规范性文件进行审查。此处的规范性文件不含规章。

二、行政诉讼第一审程序

行政诉讼第一审程序是从人民法院立案受理到作出第一审判决期间的诉讼程序。由于我国行政诉讼实行两审终审制，因此第一审程序是所有行政案件必经的基本程序，也是第二审程序和审判监督程序的基础和前提。因此第一审程序是最重要、最基础的程序。

（一）审理前的准备

审理前的准备，是指人民法院在受理行政案件后至开庭审理前，为了保障审判工作的顺利进行和案件的正确及时审理，行政审判人员依法进行的各项准备工作。它是行政诉讼程序的重要组成部分，是法院审理案件的必经法定程序。

根据《行政诉讼法》和相关司法解释的规定，审理前的准备主要包括以下几方面的工作：

1. 组成合议庭。合议庭是人民法院行使行政审判权、审理行政案件的基本组织形式之一。根据《行政诉讼法》的规定，人民法院审理行政案件，由审判员组成合议庭，或者由审判员、陪审员组成合议庭。合议庭的成员，应当是3人以上的单数。

由上可知行政诉讼合议庭的组成形式有两种：一是由审判员组成合议庭；二是由审判员与人民陪审员组成合议庭。合议庭在审判长领导下进行活动，陪审员参加审理案件的，具有与审判员同等的权利。合议庭全体成员集体审理、共同评议，按少数服从多数的原则表决。对少数人的不同意见应如实记录在评议记录中。

合议庭组成后应告知当事人合议庭组成人员情况，告知当事人依法享有的有关诉讼权利和义务，如申请回避等。

2. 发送诉讼文书及处理管辖异议。发送诉讼文书是指在立案之后的法定期限内，人民法院向当事人送达起诉状副本、答辩状副本等诉讼文书，并通知被告应诉。

根据《行政诉讼法》的规定，人民法院应当在立案之日起 5 日内，将起诉状副本发送被告。被告应当在收到起诉状副本之日起 15 日内向人民法院提交作出行政行为的证据和所依据的规范性文件，并提出答辩状。人民法院应当在收到答辩状之日起 5 日内，将答辩状副本发送原告。被告不提出答辩状的，不影响人民法院审理。

起诉状副本送达被告后，原告无正当理由提出新的诉讼请求的，人民法院不予准许。有第三人参加诉讼的，参照上述规定发送诉状。

被告提出管辖异议，应当在收到起诉状副本之日起 15 日内提出，逾期不提出管辖异议的，视为无异议。对当事人提出的异议，人民法院经过审查，异议成立的，裁定将案件移送有管辖权的人民法院，异议不成立的，裁定驳回。

3. 审核诉讼材料和调查收集证据。法院通过审查原告、被告提供的起诉状、答辩状和各种证据材料，可以全面地了解案情，熟悉原告的诉讼请求和理由及被告的答辩理由，根据情况及时变更或追加当事人，决定或通知第三人参加诉讼，为开庭审理做好准备。

司法解释规定，原告起诉的被告不适格，人民法院应当告知原告变更被告；原告不同意变更的，裁定驳回起诉。应当追加被告而原告不同意追加的，人民法院应当通知其以第三人的身份参加诉讼，但行政复议机关作共同被告的除外。

人民法院通过审查证据材料，可以在合议庭认为案件证据不充分、不确实时，要求当事人补充证据，或者为了提高行政审判质量而视情况由人民法院自行组织调取证据。

4. 审查其他内容。主要是根据案件具体情况，决定诉的合并与分离，确定审理的形式，决定开庭审理的时间、地点，是否采取诉讼保全措施，审查行政行为是否具有停止执行的条件，审查是否有先予执行的情况存在等。包括以下几项内容：

（1）决定是否进行诉讼保全措施。人民法院对于因一方当事人的行为或者其他原因，可能使行政行为或者人民法院生效裁判不能或者难以执行的案件，根据对方当事人的申请，可以裁定对其财产进行保全、责令其作出一定行为或者禁止其作出一定行为；当事人没有提出申请的，人民法院在必要时也可以裁定采取上述保全措施。

（2）决定是否裁定停止被诉行政行为的执行。根据《行政诉讼法》的规定，诉讼期间，不停止行政行为的执行。但有下列情形之一的，裁定停止执行：被告认为需要停止执行的；原告或者利害关系人申请停止执行，人民法院认为该行政行为的执行会造成难以弥补的损失，并且停止执行不损害国家利益、社会公共利益的；人民法院认为该行政行为的执行会给国家利益、社会公共利益造成重大损害的；法律、法规规定停止执行的。当事人对停止执行或者不停止执行的裁定不服的，可以申请复议一次。

（3）决定是否先予执行。根据《行政诉讼法》的规定，人民法院对起诉行政机关没有依法支付抚恤金、最低生活保障金和工伤、医疗社会保险金的案件，权利义务关系明确、不先予执行将严重影响原告生活的，可以根据原告的申请，裁定先予执行。当事人对先予执行裁定不服的，可以申请复议一次。复议期间不停止裁定的执行。

人民法院可以根据原告的申请，依法书面裁定先予执行。先予执行的措施只能根据原告的申请采取。

（二）开庭审理

开庭审理是指人民法院于确定的日期，在当事人和其他诉讼参与人的参加下，依照法定的程序和形式，合议庭在法庭上按一定程序主持审理行政案件，进行实体审理并依法作出裁判的诉讼活动。

庭审阶段是全部审理活动的中心环节，其主要任务是审查核实证据，查明案情，正确适用法律，确认当事人之间的权利义务关系，最后作出正确判决。开庭审理不仅确保了人民法院审判权的正确行使，还对审判活动进行了有效的监督，保证了案件处理的公正性，维护了当事人的合法权益。

1. 庭审原则。由于行政案件的案情相对较为复杂，审理难度较大，开庭审理易于查明案情，能够比较充分地保障当事人的合法权益，因此在行政诉讼的第一审程序应当一律实行开庭审理，不得进行书面审理，并且在开庭审理时应遵循以下原则：

（1）以公开审理为原则、不公开审理为例外。人民法院公开审理行政案件，但涉及国家秘密、个人隐私和法律另有规定的除外。涉及商业秘密的案件，当事人申请不公开审理的，可以不公开审理。

公开审理有两层含义：一是对当事人和其他诉讼参与人公开，审理须在当事人、其他诉讼参与人出席参加下进行；二是对社会公开，即开庭审理活动允许与案件无关社会各界人士旁听，允许新闻媒体采访报道。

公开审理与开庭审理并不是同一概念。开庭审理有公开进行和不公开进行的区别，而公开审理都是开庭审理。无论公开审理或不公开审理，在宣告判决、裁定时，都应公开进行。

（2）审理行政案件不适用调解。根据《行政诉讼法》的规定，人民法院审理行政案件，不适用调解。但是，行政赔偿、补偿以及行政机关行使法律、法规规定的自由裁量权的案件可以调解。调解应当遵循自愿、合法原则，不得损害国家利益、社会公共利益和他人合法权益。

行政诉讼的被告是行政主体，其职权是人民通过法定程序赋予的。行政主体行使的法定职权同时也是其法定职责，权利义务是不能分割的，行政主体职能依法行使其职权但对其职责不享有实体处分权。而调解需要双方当事人对其权利享有实体处分权，因此行政诉讼不能依法进行调解。

另外，行政诉讼以审查行政行为的合法性为最终目的，其结果除却合法与违法外不存在其他可能，因此行政诉讼没有调解的必要。

2. 开庭审理的程序。庭审程序是人民法院在当事人、诉讼参加人及其他诉讼参与人的参加下，以法定程序审理行政案件的过程。第一审程序是整个行政审判案件的基础，是最完整的诉讼程序。它分以下六个阶段进行：

（1）开庭准备。人民法院应在开庭3日前传唤当事人、诉讼参与人出庭参加诉讼，告知其开庭时间、地点等。案件公开审理的，应当在开庭前3日发布公告。

（2）宣布开庭。宣布开庭是法庭审理的一个初始性的阶段，由五个环节组成：开庭前由书记员查明当事人、诉讼参加人和其他诉讼参与人的到庭情况。被诉行政主体负责人应当出庭应诉。不能出庭的，应当委托行政主体相应的工作人员出庭。如果应到庭的当事人没有到庭，书记员应当向审判长报告，由审判长根据具体情况决定是否延期审理或再次传唤当事人。在查明当事人和诉讼参加人的到庭情况后，书记员宣布法庭纪律，并请合议庭成员入席就座。开庭审理时，首先由审判长宣布开庭，依法核对当事人和其他诉讼参加人的身份。随后宣布案由和合议庭组成人员、书记员以及本案的鉴定人、翻译人等名单，并告知当事人有关的诉讼权利和义务。最后询问当事人对审判人员、书记员等是否申请回避。

回避可分为两种，依申请回避和主动回避。根据《行政诉讼法》的规定，当事人认为审判人员与本案有利害关系或者有其他关系可能影响公正审判，有权申请审判人员回避。审判人员认为自己与本案有利害关系或者有其他关系，应当申请回避。当事人申请回避，应当在本案开始审理时提出并说明理由，在案件开始审理后才得知回避事由的，应在法庭辩论终结前提出。被申请回避的人员，在人民法院作出是否回避的决定前，除非案件需要采取紧急措施，否则都应当暂停参与本案的各项工作。

根据《行政诉讼法》的规定，回避除适用于审判人员外，也适用于书记员、翻译人员、鉴定人、勘验人。院长担任审判长时的回避，由审判委员会决定；审判人员的回避，由院长决定；其他人员的回避，由审判长决定。当事人对决定不服的，可以申请复议一次。

对当事人提出的回避申请，人民法院应当在3日内以口头或者书面形式作出决定。对申请人的复议申请，人民法院在3日内作出复议决定，并通知复议申请人。复议期间，被申请回避的人员可以继续参与本案的工作。

（3）法庭调查。法庭调查是案件审理的实质阶段，由审判人员在法庭上，全面调查案件事实，审查判断各项证据的诉讼活动。

法庭调查的主要任务是：通过当事人对案件事实全面陈述，将收集到的有关证据在法庭上进行质证、核对，以查清事实真相，为正确裁判奠定基础。包括以下五项内容：

第一，当事人陈述以及询问当事人。当事人可以就案件陈述相关的事实，陈述的顺序依次为原告、被告和第三人，当事人的诉讼代理人可以在被代理人陈述后根据需要作补充性陈述。审判人员可以就案件的事实对当事人进行询问。对于与案件事实无关的陈述，审判人员可以制止，但应当充分尊重各方当事人平等的陈述权。

第二，证人出庭作证，宣读未到庭证人的书面证言。对当庭作证的证人，审判人员应向其宣读如实作证的义务以及作伪证的法律责任。证人陈述完毕，审判人员可以向证人询问。当事人及其诉讼代理人经法庭许可，可以就证人作证的事实进行当庭质证。证人未到庭的，由法庭宣读书面证人证言，并允许当事人发表意见。

第三，宣读鉴定结论以及询问鉴定人。经法庭许可，当事人可以向鉴定人发问。如鉴定人未出庭的，在审判人员宣读鉴定结论后，应当询问当事人对鉴定意见的看法。如当事人对鉴定结论争执较大的，法庭可以决定是否重新鉴定。

第四，出示书证、物证和视听资料。对于作为证据的书证、物证和视听资料，应当庭出示以查明真伪。

第五，宣读勘验、现场笔录以及询问勘验人。对现场和物证进行勘验而制作的笔录，应当由勘验人员或审判人员宣读，如附有照片或图像的，应当一并出示。审判人员应当询问当事人对此类证据是否有意见。

（4）法庭辩论。法庭辩论是指在审判人员主持下，双方当事人及诉讼代理人就本案的事实、证据以及作出行政行为的法律依据，行使自身的辩论权利，阐述自己的主张和根据，针对对方提出的主张进行反驳，开展相互辩论的诉讼活动。

法庭辩论由审判长主持，按下列顺序进行，首先是原告及其诉讼代理人发言；其次是被告及其诉讼代理人发言，如果有第三人，则由第三人及其诉讼代理人发言；最后是按顺序进行相互辩论。任何人发言须经审判长许可。

在辩论中发现新的情况需要进一步调查时，审判长可以宣布停止辩论，恢复法庭调查或决定延期审理，待事实查清以后，再继续法庭辩论。经过辩论，审判人员认为当事人的观点已表达清楚，没有新观点时，可以终结法庭辩论，此时当事人还有权利作最后陈述。

（5）合议庭评议。合议庭评议是指合议庭全体成员通过对案件情况的分析研究，在确认案件事实和审查法律依据的基础上，对被诉行政行为是否合法和是否适当作出最终判断的诉讼活动。

合议庭评议以不公开方式进行，并实行少数服从多数原则。法庭辩论结束后，审判长宣布休庭，合议庭全体成员退庭并对案件进行评议。评议应当制作笔录，如实记录评议中的不同意见，由合议庭全体成员及书记员签名。对于复杂、疑难的案件，提请院长交审判委员会讨论决定，审判委员会的决定，合议庭必须执行。判决类型如下：

第一，驳回。行政行为证据确凿，适用法律、法规正确，符合法定程序的，或者原告申请被告履行法定职责或者给付义务理由不成立的，人民法院判决驳回原告的诉讼请求。

第二，撤销。行政行为有下列情形之一的，人民法院判决撤销或者部分撤销，并可以判决被告重新作出行政行为：主要证据不足的；适用法律、法规错误的；违反法定程序的；超越职权的；滥用职权的；明显不当的。人民法院判决被告重新作出行政行为的，被告不得以同一的事实和理由作出与原行政行为基本相同的行政行为。

第三，给付。人民法院经过审理，查明被告不履行法定职责的，判决被告在一定期限内履行。人民法院经过审理，查明被告依法负有给付义务的，判决被告履行给付义务。

第四，确认违法或无效。行政行为有下列情形之一的，人民法院判决确认违法，但不撤销行政行为：行政行为依法应当撤销，但撤销会给国家利益、社会公共利益造成重大损害的；行政行为程序轻微违法，但对原告权利不产生实际影响的。

行政行为的下列情形之一，不需要撤销或者判决履行的，人民法院判决确认违法：行政行为违法，但不具有可撤销内容的；被告改变原违法行政行为，原告仍要求确认原行政行为违法的；被告不履行或者拖延履行法定职责，判决履行没有意义的。

行政行为有实施主体不具有行政主体资格或者没有依据等重大且明显违法情形，原告申请确认行政行为无效的，人民法院判决确认无效。

人民法院判决确认违法或者无效的，可以同时判决责令被告采取补救措施；给原告造成损失的，依法判决被告承担赔偿责任。

第五，变更。行政处罚明显不当，或者其他行政行为涉及对款额的确定、认定确有错误的，人民法院可以判决变更。人民法院判决变更，不得加重原告的义务或者减损原告的权益。但利害关系人同为原告，且诉讼请求相反的除外。

第六，继续履行及救济。被告不依法履行、未按照约定履行或者违法变更、解除《行政诉讼法》规定的协议的，人民法院判决被告承担继续履行、采取补救措施或者赔偿损失等责任。被告变更、解除《行政诉讼法》规定的协议合法，但未依法给予补偿的，人民法院判决给予补偿。

复议机关与作出原行政行为的行政主体为共同被告的案件，人民法院应当对复议决定和原行政行为一并作出裁判。

（6）宣判。宣判是人民法院将行政案件的判决结果向当事人和社会公开宣告的一种诉讼活动。无论公开审理或不公开审理的案件，一律公开宣告判决。宣告判决有当庭宣判和定期宣判两种形式。当庭宣判的，人民法院应当在10日内送达判决书。定期宣判的，宣判后立即发给判决书。

根据《行政诉讼法》的规定，人民法院应当在立案之日起 6 个月内作出第一审判决。有特殊情况需要延长的，由高级人民法院批准，高级人民法院审理第一审案件需要延长的，由最高人民法院批准。因此，鉴定、处理管辖异议以及中止诉讼的时间不计算在内。

宣判标志着行政诉讼第一审程序的结束。

（三）简易程序

简易程序是相对普通程序而言的行政诉讼程序，其主要针对基本事实清楚、证据确凿、法律关系简单、权利义务关系明确、争议不大的案件，其目的在于保障和方便当事人依法行使诉讼权利，减轻当事人诉讼负担，保证人民法院公正、及时审理行政案件。

1. 简易程序的适用范畴。根据《行政诉讼法》的规定，人民法院审理下列第一审行政案件，认为事实清楚、权利义务关系明确、争议不大的，可以适用简易程序：①被诉行政行为是依法当场作出的；②案件涉及款额 2 000 元以下的；③属于政府信息公开案件的。除了以上规定情形以外的第一审行政案件，当事人各方同意适用简易程序的，经人民法院审查同意可以适用简易程序。但发回重审、按照审判监督程序再审的案件不适用简易程序。

2. 简易程序的注意事项。适用简易程序审理的行政案件，由审判员一人独任审理，并应当在立案之日起 45 日内审结。

经人民法院传票传唤，原告无正当理由拒不到庭，或者未经法庭许可中途退庭的，可以按照撤诉处理；被告无正当理由拒不出庭或者未经法庭许可中途退庭的，可以缺席判决。

当事人就适用简易程序提出异议并且理由成立的，或者人民法院认为不适宜继续适用简易程序的，应当裁定转为普通程序审理。

三、行政诉讼第二审程序

行政诉讼第二审程序，是指当事人不服未生效的一审裁判，在法定期限内向一审法院的上一级法院提起上诉，请求上一级法院进行审判，上一级人民法院依法对该上诉案件进行审理所适用的程序。

第二审程序由当事人的上诉所引起，由于我国法律规定人民法院审理行政案件实行两审终审制度，因此第二审程序是行政诉讼的终审程序。行政诉讼当事人不服地方各级人民法院所作的第一审裁判，都有权依法向上一级人民法院提起上诉，从而引发第二审程序。

行政诉讼第二审程序的建立，为人民法院正确、及时审理上诉案件提供了法律依据和制度保障，并且有利于人民法院及时纠正一审裁判中的错误，避免损害当事人的合法权益以及社会公共利益，同时还有利于上一级人民法院对下一级人民法院进行审判业务上的监督。

（一）上诉的提起、受理

1. 上诉的提起。根据《行政诉讼法》的规定，当事人不服人民法院第一审判决的，有权在判决书送达之日起15日内向上一级人民法院提起上诉。当事人不服人民法院第一审裁定的，有权在裁定书送达之日起10日内向上一级人民法院提起上诉。逾期不提起上诉的，人民法院的第一审判决或者裁定发生法律效力。

上诉是《行政诉讼法》赋予当事人的一项基本诉讼权利。当事人提起上诉，必须符合以下要件：

（1）上诉人、被上诉人都必须是第一审程序的当事人。只有第一审的当事人，包括原告、被告、第三人及其法定代理人，法人或其他组织的法定代表人，才有权利提起上诉。

（2）上诉对象必须针对未发生法律效力的第一审判决、裁定（只限于不予受理、驳回起诉和管辖异议，不予立案的裁定可以上诉）。已经生效的第一审裁判和法律规定不得上诉的裁定（如中止诉讼、准许撤诉、财产保全等裁定），当事人不得上诉。

（3）上诉必须在法定期限内提起。根据《行政诉讼法》的规定，不服一审判决的上诉期限为15日，不服一审裁定的上诉期限为10日。当事人逾期不上诉的，人民法院的第一审判决、裁定发生法律效力，上诉人即丧失上诉权。在上诉期间，当事人因不可抗力或其他正当理由耽误期限的，在障碍消除后的10日内，可以申请顺延期限，是否准许由人民法院决定。

（4）上诉必须以书面形式提出。上诉人必须向人民法院提交上诉状，在行政诉讼中不允许口头上诉。上诉既可以通过原审人民法院提出，也可以直接向第二审人民法院提出。上诉人必须预交上诉费用。

2. 上诉的受理。上诉的受理是指第二审人民法院收到上诉状后，依法对其上诉要件进行审查，决定是否将其作为上诉案件立案、开始第二审程序的诉讼活动。

第一审人民法院作出判决和裁定后，行政诉讼的当事人均提出上诉的，上诉的各方均为上诉人。诉讼当事人中的一部分提出上诉，没有提出上诉的对方当事人为被上诉人，其他当事人维持原审诉讼中的身份地位。

第二审人民法院依照行政诉讼上诉的条件，对当事人提起的上诉进行审查。对于符合法定上诉条件的，应当依法予以受理；对于符合法定上诉条件但内容材料有错漏的，应当告知上诉人，并且限期补充、更正，如果上诉人没有在规定期限内更正的，第二审人民法院可以裁定不予受理；对于不符合法定条件的，应当依法裁定不予受理。第二审人民法院依照行政诉讼上诉的条件，对当事人提起的上诉进行审查。对于符合法定上诉条件的，应当依法予以受理；对于符合法定上诉条件但内容材料有所错漏的，应当告知上诉人，并且限期补充、更正，如果上诉人没有在规定期限内更正的，第二审人民法院可以裁定不予受理；对于不符合法定条件的，应当依法裁定不予受理。

当事人提出上诉，应当按照其他当事人或者诉讼代表人的人数提出上诉状副本。原审人民法院收到上诉状，应当在 5 日内将上诉状副本送达其他当事人，对方当事人应当在收到上诉状副本之日起 15 日内提出答辩状。原审人民法院应当在收到答辩状之日起 5 日内将副本发送上诉人。对方当事人不提出答辩状的，不影响人民法院审理。

原审人民法院收到上诉状、答辩状，应当在 5 日内连同全部案卷和证据，报送第二审人民法院。已经预收诉讼费用的，一并报送。

行政诉讼的上诉受理后，即标志着案件进入第二审程序。

（二）上诉的审理

第二审法院审理上诉案件，除《行政诉讼法》对第二审程序有特别规定外，均可适用第一审程序。

1. 审理原则。第二审人民法院应当贯彻全面审理的原则。根据《行政诉讼法》的规定，人民法院审理上诉案件，应当对原审人民法院的判决、裁定和被诉行政行为进行全面审查。

行政诉讼二审的全面审查原则包括两个方面：①二审法院审理行政案件，既要对原审法院的判决或裁判是否合法进行审查，又要对被诉行政行为的合法性进行审查；②二审法院审理行政案件，对被诉行政行为的合法性进行全面审查，不受上诉范围和当事人争议的限制。

2. 审理期限。人民法院审理上诉案件，应当在收到上诉状之日起 3 个月内作出终审判决。有特殊情况需要延长的，由高级人民法院批准，高级人民法院审理上诉案件需要延长的，由最高人民法院批准。

3. 审判方式。根据《行政诉讼法》的规定，人民法院对上诉案件，应当组成合议庭，开庭审理。经过阅卷、调查和询问当事人，对没有提出新的事实、证据或者理由，合议庭认为不需要开庭审理的，也可以不开庭审理。这里涉及两个问题，一是审判组织，二是审理方式。

第二审人民法院审理上诉案件只能由审判员组成合议庭，合议庭的成员不包括人民陪审员。

二审案件的审理方式分为开庭审理和不开庭审理两种方式。

开庭审理是人民法院在当事人和其他诉讼参与人的参加下，对案件进行审理的诉讼活动。当事人对原审人民法院认定事实有争议的，或者第二审人民法院认为原审人民法院认定事实不清楚的，第二审人民法院应当开庭审理。

不开庭审理是人民法院只就当事人的上诉状及其他书面材料进行审理，认为事实清楚的，不需要诉讼参加人当庭调查，也不向社会公开，对上诉案件作出判决、裁定的一种审理方式。不开庭审理适用各方当事人对事实问题不存在争议，而仅对法律适用问题意见相左的案件。

4. 处理方式。人民法院审理上诉案件，按照下列情形，分别处理：

（1）原判决、裁定认定事实清楚，适用法律、法规正确的，判决或者裁定驳回上诉，维持原判决、裁定。

（2）原判决、裁定认定事实错误或者适用法律、法规错误的，依法改判、撤销或者变更。

（3）原判决认定基本事实不清、证据不足的，发回原审人民法院重审，或者查清事实后改判。

（4）原判决遗漏当事人或者违法缺席判决等严重违反法定程序的，裁定撤销原判决，发回原审人民法院重审。

原审人民法院对发回重审的案件作出判决后，当事人提起上诉的，第二审人民法院不得再次发回重审。人民法院审理上诉案件，需要改变原审判决的，应当同时对被诉行政行为作出判决。

四、审判监督程序

审判监督程序又称再审程序，是指人民法院对已经发生法律效力的判决、裁定，发现其存在违反法律、法规的规定或认定事实不清的情况，依法重新审理的诉讼程序，"已经发生法律效力的判决、裁定"包括以下几种情况：①当事人超过法定期限没有上诉的判决、裁定；②人民法院终审的判决、裁定；③最高人民法院一审的判决、裁定。

行政诉讼实行二审终审制，审判监督程序是独立于第一审程序和第二审程序以外的一种监督程序。审判监督程序并不是每个行政诉讼案件的必经程序，而是为了对已经生效的确有错误的判决、裁定进行纠正而设置的一种特殊程序，其本身不具有审级性质，而是对两审终审制度的补充，是一种事后监督和纠错制度。

审判监督既包括上级人民法院对下级人民法院审判工作的监督，也包括人民检察院对人民法院的审判活动是否合法进行的监督。审判监督程序的启动可分为当事人申请的再审、法院提起再审和检察院抗诉三种。但当事人申请再审并不必然启动审判监督程序。

（一）审判监督程序的启动

1. 启动审判监督程序的条件。启动审判监督程序必须具备一定的法定条件。启动审判监督程序的根本条件在于发现了已发生法律效力的判决、裁定违反法律、法规的规定，确有错误，否则不能启动审判监督程序。

根据《行政诉讼法》的规定，当事人的申请符合下列情形之一的，人民法院应当再审：①不予立案或者驳回起诉确有错误的；②有新的证据，足以推翻原判决、裁定的；

③原判决、裁定认定事实的主要证据不足、未经质证或者系伪造的；④原判决、裁定适用法律、法规确有错误的；⑤违反法律规定的诉讼程序，可能影响公正审判的；⑥原判决、裁定遗漏诉讼请求的；⑦据以作出原判决、裁定的法律文书被撤销或者变更的；⑧审判人员在审理该案件时有贪污受贿、徇私舞弊、枉法裁判行为的。

2. 启动审判监督程序的主体。有权直接启动审判监督程序的主体必须是有审判监督权的组织或专职人员，启动审判监督程序的主体包括以下几种：

（1）最高人民法院对地方各级人民法院、上级人民法院对下级人民法院均有审判监督权，发现已经发生法律效力的判决、裁定有《行政诉讼法》第 91 条规定情形之一，或者发现调解违反自愿原则或者调解书内容违法的，均有权提审或者指令下级人民法院再审。

（2）各级人民法院院长，对本院已经发生法律效力的判决、裁定，发现有《行政诉讼法》第 91 条规定情形之一，或者发现调解违反自愿原则或者调解书内容违法的，认为需要再审的，应当提交审判委员会讨论决定。

（3）人民检察院作为国家的法律监督机关，有权对人民法院的审判活动进行监督，有权对确有错误的人民法院的已经发生法律效力的判决、裁定按照法定程序提起抗诉，对于检察院的抗诉，人民法院必须提审或指令下级人民法院再审。

除了以上几种能够直接启动审判监督程序的主体以外，还有几种主体虽然不能够直接启动审判监督程序，但它们也是人民法院发现判决、裁定错误的重要途径：

（1）由当事人及其法定代理人、近亲属提出的申诉。根据《行政诉讼法》的规定，当事人对已经发生法律效力的判决、裁定，认为确有错误的，可以向上一级人民法院申请再审，但判决、裁定不停止执行。申诉是当事人认为人民法院已经发生法律效力的判决和裁定有错误，依法要求人民法院重新进行审理的行为，也是法律赋予当事人的一项重要的诉讼权利。

当事人向上一级人民法院申请再审，应当在判决、裁定或者调解书发生法律效力后 6 个月内提出。有下列情形之一的，自知道或者应当知道之日起 6 个月内提出：①有新的证据，足以推翻原判决、裁定的；②原判决、裁定认定事实的主要证据是伪造的；③据以作出原判决、裁定的法律文书被撤销或者变更的；④审判人员审理该案件时有贪污受贿、徇私舞弊、枉法裁判行为的。逾期不提出的，当事人丧失申诉权。

（2）机关、团体、企事业单位、新闻媒介、人民群众等的来信来访以及提供的信息、线索。

（3）各级人民代表大会提出的议案。对人民代表大会提出的议案，人民法院和人民检察院必须予以审查。

3. 启动审判监督程序的方式。

（1）原审人民法院院长提起审判监督程序，必须报经审判委员会决定。这里要注意的是，院长本人无权直接提起审判监督程序，是否再审由审判委员会最终讨论决定。

（2）上级人民法院提起审判监督程序，既可以自己再审，也可以指令下级人民法院再审。这里要明确的是"上级人民法院"包括最高人民法院。

（3）人民检察院提起抗诉。人民检察院对人民法院已经发生法律效力的判决和裁定，发现违反法律、法规规定的，应当提出抗诉。抗诉遵循"上一级抗诉"原则。最高人民检察院对各级人民法院已经发生效力的裁判向最高人民法院提出抗诉；上级人民检察院对下级人民法院已经发生效力的裁判，向同级人民法院提出抗诉。

根据《行政诉讼法》第93条第1款规定："最高人民检察院对各级人民法院已经发生法律效力的判决、裁定，上级人民检察院对下级人民法院已经发生法律效力的判决、裁定，发现有本法第九十一条规定情形之一，或者发现调解书损害国家利益、社会公共利益的，应当提出抗诉。"

地方各级人民检察院对同级人民法院已经发生法律效力的裁判，报请上级人民检察院，由上级人民检察院向同级人民法院提起抗诉，或者向同级人民法院提出检察建议。《行政诉讼法》第93条第2款规定："地方各级人民检察院对同级人民法院已经发生法律效力的判决、裁定，发现有本法第九十一条规定情形之一，或者发现调解书损害国家利益、社会公共利益的，可以向同级人民法院提出检察建议，并报上级人民检察院备案；也可以提请上级人民检察院向同级人民法院提出抗诉。"

对人民检察院按照审判监督程序提出抗诉的案件，人民法院应当再审。人民法院开庭审理抗诉案件时，应当通知人民检察院派员出庭。

（二）审判监督案件的审理

1. 裁定中止原裁判的执行。按照审判监督程序决定再审的案件，应当裁定中止原判决的执行。裁定由院长署名，加盖人民法院印章。上级人民法院决定提审或者指令下级人民法院再审的，应当作出裁定，裁定应当写明中止原判决的执行；情况紧急的，可以将中止执行的裁定口头通知负责执行的人民法院或者作出失效判决、裁定的人民法院，但应当在口头通知后10日内发出裁定书。

2. 重新组成合议庭。为避免先入为主，影响案件的公正裁判，人民法院审理再审案件，应当另行组成合议庭，原审的合议庭成员应自行回避，不参与该案的审理。

3. 根据情况适用一审、二审程序。人民法院按照审判监督程序再审的案件，按照发生法律效力的判决、裁定适用第一审程序或者第二审程序。

发生法律效力的判决、裁定是由第一审人民法院作出的，按照第一审程序审理，所作的判决、裁定，当事人可以上诉；发生法律效力的判决、裁定是由第二审人民法院作出的，按照第二审程序审理，所作的判决、裁定，是发生法律效力的判决裁定；上级人民法院按照审判监督程序提审的，按照第二审程序审理，所作的判决、裁定是发生法律效力的判决裁定，当事人不得上诉。

4. 再审的结果。人民法院审理再审案件，认为原生效判决、裁定确有错误，在撤销原生效判决或者裁定的同时，可以对生效判决、裁定的内容作出相应裁判，也可以裁定撤销生效判决或裁定，发回作出生效判决、裁定的人民法院重新审理。

（三）审判监督程序的意义

审判监督程序的设置目的是保证人民法院审判工作的公正、正确，体现审判工作实事求是、有错必纠的原则，这一程序具有重要意义。

1. 审判监督程序保证人民法院依法作出判决、裁定的权威性和稳定性。人民法院对有误的判决、裁定依照法律规定进行纠正，维护了法律的尊严与权威，落实了人民法院正确运用审判权，保证了司法公正与社会和谐稳定。

2. 审判监督程序有利于上级人民法院了解审判工作中存在的问题。上级人民法院通过审判监督程序纠正下级人民法院已生效判决、裁定的错误，指导下级人民法院总结经验、吸取教训，改进审判工作方法和作风，提高审判人员的素质以及行政审判工作的质量。

五、执行程序

行政机关拒绝履行判决、裁定、调解书的，第一审人民法院可以采取下列措施：

1. 对应当归还的罚款或者应当给付的款额，通知银行从该行政主体的账户内划拨。

2. 在规定期限内不履行的，从期满之日起，对该行政机关负责人按日处 50 元至 100 元的罚款。

3. 将行政机关拒绝履行的情况予以公告。

4. 向监察机关或者该行政机关的上一级行政机关提出司法建议。接受司法建议的机关，根据有关规定进行处理，并将处理情况告知人民法院。

5. 拒不履行判决、裁定、调解书，社会影响恶劣的，可以对该行政机关直接负责的主管人员和其他直接责任人员予以拘留；情节严重，构成犯罪的，依法追究刑事责任。

任务三 行政诉讼的审理依据

导入案例

县政府认定王某的房屋为违法建筑，并予以强制拆除，但未对王某房屋内物品进行清点造册和妥善保管，且强制拆除时王某并不在家。王某不服，提起行政诉讼，路过的行人吴某提供证言证明县政府夜间强拆房屋，而参与强拆的政府工作人员李某提供证言证明是白天实施的强拆。

问题：

1. 强拆行为造成损失的举证责任由谁来承担？

2. 路人吴某的证言证明效力如何？

3. 县政府是否需要承担赔偿责任？依据是什么？

基本原理认知

一、行政诉讼证据

（一）行政诉讼证据的概念与特征

行政诉讼证据，是指一切用来证明行政诉讼案件事实情况的材料。作为证据的一种，行政诉讼证据必须具有证据的三个共同特征，即真实性、关联性和合法性。同时，行政诉讼证据还具有以下不同于民事诉讼证据和刑事诉讼证据的特征：

1. 行政诉讼证据法定形式的多样性。根据《行政诉讼法》的规定，行政诉讼证据包括书证、物证、视听资料、电子数据、证人证言、当事人陈述、鉴定意见、勘验笔录和现场笔录。行政诉讼的法定证据中包括了其他诉讼证据所不具备的现场笔录。另外，《行政诉讼法》还规定行政机关必须向人民法院提供作出行政行为的证据和所依据的规范性文件，行政行为所依据的规范性文件虽然不是证据，但对行政行为的合法性也能起到一定的证明作用，如证明行政行为的动机、合理性等。

2. 行政诉讼证据来源的特定性。行政诉讼证据主要来自行政程序，并且主要由作为被告的行政机关向人民法院提供。行政机关在实施行政行为的过程中，应当在充分、全面地掌握证据，弄清事实真相之后，依照法律、法规作出决定，即行政机关必须遵循"先取证，后决定"的原则。因此，行政机关向法院提交的证据应当是作出决定之前收集到的证据。

3. 举证责任分配的特殊性。行政诉讼中举证责任的分配有别于民事诉讼。民事诉讼中举证责任分配规则是"谁主张，谁举证"；而在行政诉讼中，对行政行为的合法性问题由被告承担举证责任，如果被告不能提供证据证明被诉的行政行为合法，则无须原告证明行政行为违法，就应当由被告承担败诉的后果。

4. 行政诉讼证据规则的特殊性。因受行政诉讼性质的影响，行政诉讼还存在一些特殊的证据规则。例如，行政诉讼被告及其代理人在诉讼过程中，不得自行向证人和原告、第三人收集证据；被告应当在收到起诉状副本之日起 15 日内向人民法院提供证据等。

（二）行政诉讼证据的种类

依据证据的不同形式，《行政诉讼法》中列举了八类行政诉讼证据。

1. 书证。书证是指用文字或者图画、符号等记载的表达人的思想和行为并用来证明案件情况的材料。其基本特征是用它记载或者反映的内容证明案件事实。

2. 物证。物证是指以其存在的外形、性状、质量、特征、规格等证明案件事实的证明材料。物证较为客观、真实，但通常情况下是间接证据。当物证有可能灭失或者变质时应当注意保全。

3. 视听资料。视听资料是指利用录音、录像的方法录制的音像和图像或者电子计算机储存的用来证明案件事实的材料。由于技术的进步，视听资料可以用剪辑、拼凑的方法进行伪造或者加工，因而应当注意用专门技术进行审查。

4. 证人证言。证人证言是指非本案当事人就其了解的有关案件事实情况依法作出的陈述。作证是了解案件情况的公民的法定义务，但精神病人或者年幼不能辨别是非、不能正确表达的人等不能作证。

5. 电子数据。电子数据是 2014 年《行政诉讼法》修改后增加的证据种类，指以数字化形式存储、处理、传输的数据。增加电子数据作为行政诉讼的证据种类，主要是因为随着电子技术特别是计算机和互联网技术的发展，电子数据在数量上越来越多，在审判活动中作用也越来越大，而电子数据本身就有很大的复杂性和特殊性，将其简单地划入某一现有的证据种类，难以解决电子数据带来的诸多法律难题，也无法充分发挥电子数据的证明价值。着眼于现实和未来发展的需要，有必要将电子数据作为一种新类型证据来对待。

6. 当事人陈述。当事人陈述是指原告、被告或者第三人在诉讼中向人民法院所作的关于案件事实情况的叙述。由于当事人与案件有直接的利害关系，其所陈述的真实性应当经过严格审查，并且要有其他证据作为旁证，才能作为定案根据。

7. 鉴定意见。鉴定意见是指鉴定部门指派的鉴定人运用自己的专业知识，利用专门的设备，对案件中出现的专门问题进行分析、鉴别后作出的结论性意见。鉴定意见包括两大类：一是当事人向人民法院提供的鉴定意见，但必须是法定部门作出的；二是人民法院在认为需要时，将专门问题交由法定鉴定部门进行的鉴定。无法确定鉴定部门的，人民法院可以指定其他鉴定部门进行鉴定。

8. 勘验笔录、现场笔录。勘验笔录是指行政机关工作人员或者法院指定的工作人员对不能、不便拿到人民法院的现场或者物证，就地进行分析、检验、测量、勘察后作出的记录。现场笔录是指行政机关工作人员对实施行政行为时的现场情况所作的书面记录。

二、行政诉讼举证责任

（一）行政诉讼举证责任的分配

行政诉讼举证责任的分配，是指对于有争议且需要加以证明的事实，应当由谁承担举证责任。承担举证责任的当事人应当提供证据证明自己的主张，否则将承担败诉风险及不利后果。《行政诉讼法》和《最高人民法院关于行政诉讼证据若干问题的规定》对行政诉讼举证责任的分配作了规定。

（二）被告的举证责任

根据《行政诉讼法》的规定，被告对作出的行政行为负有举证责任，应当提供作出该行政行为的证据和所依据的规范性文件。被告对行政行为合法性承担举证责任，这表明被告必须举出事实根据和法律依据证明其行政行为合法，如果不能证明自己被诉的行政行为合法，则无须原告证明其行为违法，被告就要承担败诉的法律后果。行政机关对被诉行政行为合法性承担举证责任的理由在于：

第一，行政行为的合法要件要求行政行为遵循"先取证，后决定"的原则。即行政机关在执法过程中，应当充分收集证据，根据事实，依法作出决定，而不能在毫无证据或者主要证据不充分的情况下，对公民、法人或者其他组织作出行政行为。因此，当行政机关作出行政行为后被诉至法院时，理应有充分的事实材料证明其行政行为的合法性。这是被告承担举证责任的基础。

第二，在行政法律关系中，行政机关居于主动地位，其实施行为时无须征得公民、法人或者其他组织的同意，而公民、法人或者其他组织则处于被动地位。为了体现诉讼中双方当事人地位的平等性，被告应证明其行为的合法性，否则应当承担败诉的后果，而不能要求处于被动地位的原告承担举证责任。

第三，作为被告的行政机关的举证能力强于原告。在一些特定情况下，原告几乎没有举证能力，有的案件的证据需要一定的知识、技术手段、资料乃至设备才能取得。原告将无法或者很难收集到证据，即使取得了也可能难以保全。因此，要求原告对被诉行政行为的合法性举证超出了其能力范围。

（三）原告的举证责任

原告在行政诉讼中也应当承担必要的举证责任。根据《最高人民法院关于行政诉讼证据若干问题的规定》的规定，结合审判实践，原告主要对以下事项承担举证责任：

1. 证明起诉符合法定条件。

（1）公民、法人或者其他组织向人民法院起诉时，应当提供其符合起诉条件的相应的证据材料。《行政诉讼法》第49条和《最高人民法院关于行政诉讼证据若干问题的规定》第4条第1款规定了当事人起诉应当具备的条件及所应提供的证据材料。法院经审查认为符合条件的，予以立案；不符合条件的，裁定不予立案。

（2）原告在审理阶段承担证明起诉符合法定条件的举证责任。法院受理行政案件、并不等于原告的起诉符合法定条件。在被告对原告起诉是否符合法定条件提出质疑的情况下，原告若无法证明其起诉符合法定条件，将承担被法院驳回起诉的责任。但是，如果被告认为原告起诉超过起诉期限，则应当由被告承担举证责任。

2. 起诉被告不作为的案件中，证明其提出申请的事实。不作为案件是指行政相对人以行政机关拒绝、不予答复、拖延或者没有有效履行职责为由提起诉讼的案件。在此类案件中，行政相对人的申请是行政机关实施一定行为的前提，没有申请行为，行政机关拒绝、拖延等不作为行为当然无从谈起。因此，原告应当提供其在行政程序中曾经提出申请的证据材料，这符合"谁主张，谁举证"的原则。只要原告证明其提出过申请的事实，被告就应当证明其不作为符合法律规定，否则将承担败诉责任。但根据《行政诉讼法》第38条规定，有两种除外情形：一是被告应当依职权主动履行法定职责的；二是原告因正当理由不能提供证据的。

3. 在行政赔偿、补偿案件中，原告应当对行政行为造成的损害提供证据。但是，因被告的原因导致原告无法举证的，由被告承担举证责任。

4. 在行政协议案件中，原告主张撤销、解除行政协议的，对撤销、解除行政协议的事由承担举证责任。对行政协议是否履行发生争议的，由负有履行义务的当事人承担举证责任。

三、行政诉讼法律适用

（一）行政诉讼法律适用的概念与特征

行政诉讼的法律适用，是指裁判被诉行政行为合法性时的判断过程、标准、方法。简单来说，即人民法院以何种标准、依据何种法律规范来审查被诉行政行为的合法性，进而作出裁判。

因此，行政诉讼的法律适用可以定义为：在行政诉讼中，人民法院按照法定程序，将法律、法规（包括决定参照的规章）具体运用于各种行政案件，从而对被诉行政主体行政行为的合法性进行审查的专门活动。

行政诉讼的法律适用具有五个特征：①适用的主体是人民法院；②是法律规范的第二次适用；③适用具有最终的法律效力；④适用原则上是为了解决被诉行政行为的合法性问题；⑤适用的是实体行政法和行政程序法。

（二）行政诉讼法律适用的依据

行政诉讼的审理依据是人民法院审理行政案件，审查行政行为合法性和裁判的标准和尺度。根据《行政诉讼法》的规定，人民法院审理行政案件，以法律和行政法规、地方性法规为依据。地方性法规适用于本行政区域内发生的行政案件。人民法院审理民族自治地方的行政案件，并以该民族自治地方的自治条例和单行条例为依据。人民法院审理行政案件，参照规章。这一规定明确了人民法院审理行政案件应当以法律、法规为依据，并参照适用规章。

1. 法律。法律是指由全国人民代表大会及其常务委员会根据《宪法》，依据法定立法程序制定的，在全国范围内具有普遍约束力的规范性文件，包括基本法律和一般法律。在法律适用的规范体系中，法律仅次于宪法，与之相抵触的下级规范性文件都归于无效。法律是我国人民法院审理行政案件必须作为审查依据的法律规范。

广义的法律包括宪法，宪法是国家的根本大法，是国家、民族、人民利益的集中体现，具有最高的法律效力，一切法律、行政法规、地方性法规、自治条例和单行条例、规章都不得同宪法相抵触。在观念上，一般认为宪法的规定应通过法律具体化，法律实践中直接适用相关法律规范，而不直接适用宪法。因此在实际中，行政主体作出行政行为和人民法院审查行政行为，通常直接适用法律，宪法对具体行政行为的调整仅限于抽象的、原则的、间接的层面。

但是，在法律实践中直接适用宪法，实际上能够更好地强化宪法权威、落实宪法内容、巩固宪法地位。并且在某些行政案件，宪法也具有直接适用的可能性。因此在行政诉讼中，虽然行政诉讼法并没有对宪法在行政诉讼中的适用作出规定，但是这并不排除在没有法律规定的情况下，如果被诉行政行为违反宪法规定，人民法院可以直接适用宪法。

为了全面推进依法治国的实施，在行政诉讼中，人民法院审查行政行为的合法性应当以具有最高效力的法律为根本依据，与法律相冲突的行政行为，无论有多少规范性文件作为依据，都无法改变其违法的本质。

2. 行政法规。行政法规是指国务院根据宪法和法律的规定，为领导和管理国家各项行政工作，依照法定程序制定的规范性文件。行政法规有条例、规定和办法三种形式。行政法规在我国法律体系中的效力层级仅次于宪法和法律，高于地方性法规、自治条例和单行条例、规章等其他法律规范，在全国范围内具有普遍的约束力。

由于我国法治建设不少方面尚缺乏足够的经验，不可能立即制定出成熟的、完善的法律，因此往往先由全国人民代表大会授权国务院制定行政法规，使这些方面有法可依。

现行有效的行政法规有以下三种：①国务院制定并公布的行政法规。②《立法法》施行以前，按照当时有效的行政法规制定程序，经国务院批准、由国务院部门公布的行政法规。但在《立法法》施行以后，经国务院批准、由国务院部门公布的规范性文件，不再属于行政法规。③在清理行政法规时由国务院确认的其他行政规范。

行政法规是行政主体行使职权，作出各种行政行为的最主要法律依据之一，必然属于行政诉讼中人民法院审查被诉行政行为合法性的重要依据。

3. 地方性法规。地方性法规是指由省、自治区、直辖市和较大的市的人民代表大会及其常务委员会，在《宪法》和《立法法》的范围内，根据本行政区域的具体情况和实际需要制定的规范性文件。

我国地方性法规从其性质上分有两类：一类是法律在地方贯彻中的具体化；另一类是由中央将地方作为立法的试验基地，以地方性法规在地方先予试行的方式，为将来制定法律和行政法规作准备。地方性法规的效力具有地域性，只适用于本行政区域内发生的行政案件，超出地域范围，该地方性法规便失去了人民法院审理行政案件时的适用效力。

地方性法规是地方行政主体进行行政管理的重要依据，它也是人民法院对在其辖区内的行政争议进行审理、审查行政行为合法性的依据之一。《行政诉讼法》规定，人民法院审理行政案件，以地方性法规作为依据。

4. 自治条例和单行条例。自治条例是民族自治地方的人民代表大会根据宪法和法律的规定，依照本民族的政治、经济、文化的特点，并保证民族区域自治制度在本地区得以全面实施而制定的规范性文件。单行条例是民族自治地方的人民代表大会适应当地的民族特点，为解决某一方面的专门性问题而制定的条例。自治条例和单行条例分为自治区、自治州、自治县三个级别。从性质上说，自治条例和单行条例与地方性法规处于同一级别。但在宪法和法律的范围内，民族自治地方比一般的地方行政区域享有更多的权力。一般地方性法规的立法权最低须达到国务院批准的较大的市一级，而民族自治地方的自治条例和单行条例，可以到自治县一级，即自治县的人民法院在行政诉讼中，可以以本县人大制定的自治条例和单行条例为依据。

需要注意，按照《立法法》的规定，自治条例和单行条例可以依照当地民族的特点，对法律和行政法规的规定作出变通规定。人民法院在审理发生在民族自治地方的行政案件时应当特别注意允许变通规定和不允许变通规定的区别适用问题。

按照《行政诉讼法》的规定，人民法院审理民族自治地方的行政案件时，要以该民族自治地方的自治条例和单行条例为依据。

（三）规章的参照适用

《行政诉讼法》第 63 条不仅明确了法律、法规以及民族自治地方的自治条例和单行条例在行政诉讼的法律适用中作为依据的合法地位，同时还规定"人民法院审理行政案件，参照规章"，"参照"在汉语语义中其确切含义并非简单地参考并依照，而是在参考、审视以后决定是否应该适用。这表明，行政规章总体上对人民法院审理行政案件没有必然的适用效力，"参照"不是无条件的适用，而是有条件的适用，即对符合法律、行政法规规定的规章予以适用，作为审查行政行为合法性的根据；对不符合或不完全符合法律、法规原则精神的规章，人民法院有灵活处理的空间，可以不予适用。

规章分为部门规章和地方政府规章。规章在人民法院审理行政案件时处于"参照"的特殊地位，意味着人民法院在审查行政行为合法性时既不能完全依据规章，同时又不得完全脱离规章。

"参照"规章是与"依据"法律、法规相对的，具有特定含义，"参照"是指人民法院审理行政案件，对规章进行斟酌和鉴定后，对符合法律、行政法规规定的规章予以适用，作为审查行政行为合法性的根据；对不符合或不完全符合法律、法规原则精神的规章，人民法院有权不予适用。

规章不能作为行政审判依据的理由有以下三点：

第一，有权制定规章的行政机关也有权作出行政行为，如果以规章作为审理依据，等于承认相应行政机关可以自己确立行政行为是否合法的标准，可以制定司法审查的标准，这将极不利于保护公民、法人或者其他组织的合法权益，也不符合行政机关依法行政的原则。

第二，有权制定规章的行政机关，由于法律对制定规章的权限范围、制定标准和制定程序无统一规范，许多规章的制定均从本部门利益出发，导致职权交叉问题和各规章之间冲突与抵触的现象屡见不鲜，影响了规章的效力。

第三，规章的制定程序目前尚不完善、不严格，同时缺乏有效的监督机制，因此以规章作为行政审判依据不利于人民法院独立行使行政审判权。

在我国法律不完备的情况下，规章是我国法律体系的重要组成部分，是法律、法规的直接延伸和具体化，尤其是在行政管理领域，行政管理关系在很大程度上是依靠规章来调整的。并且在法律、法规对某一问题还没有规定的情况下，规章还能起到填补空白、及时提供规范的作用。

我国《行政诉讼法》对规章的这种特殊处理方式，一方面是受制于我国现行的宪政体制和立法体制，另一方面则是考虑到我国行政诉讼的特点和当前国家法治建设水平以及行政诉讼实践需要，因此是符合我国国情需要的。

拓展阅读

行政诉讼裁判的判决、裁定与决定

行政诉讼裁判，是指人民法院在审理行政案件的过程中，为了有效地行使审判权，根据已经查明的事实和有关的法律规定，对行政案件的实体性问题和程序性问题，作出的具有强制性的结论性判定。人民法院的裁判分为判决、裁定和决定三种形式。裁判是国家意志的体现，裁判一旦生效即具有确定力、拘束力和执行力，非经法定的程序，任何组织和个人都不得改变。

行政诉讼判决包括一审判决、二审判决和再审判决。行政诉讼判决，是指人民法院根据已经查明的案件事实和法律、法规的有关规定，对行政案件的实体性问题作出的结论性判定。行政案件的判决可以分为以下五种类型：①驳回诉讼请求判决；②撤销判决；③履行判决；④变更判决；⑤确认判决。行政诉讼的二审判决，指二审人民法院在审理上诉案件的过程中，依据事实和法律，对上诉案件所作出的具有强制性的终局性的判定。二审判决是终审裁判，一经作出即发生法律效力。二审案件的判决可以分为以下四种类型：①驳回上诉，维持原判决、裁定；②依法改判、撤销或变更；③发回原审人民法院重审，或者查清事实后改判；④撤销原判，发回重审。再审判决，是指人民法院依照审判监督程序审理的案件，应当分别依照《行政诉讼法》第69条、第70条、第72条、第77条以及第89条作出的判决。原审判决确有错误和被诉行政行为违法的，应一并撤销或撤销后判令被告重新作出行政行为。二审维持一审不予受理裁定错误的，再审法院应当撤销一、二审裁定，指令第一审人民法院立案受理。

在行政诉讼中，裁定主要适用于下列范围：在行政诉讼中，裁定主要适用于下列范围：①起诉不予受理；②驳回起诉；③驳回管辖异议或移送、指定管辖；④诉讼期间停止行政行为的执行或者驳回停止执行的申请；⑤财产保全和先予执行；⑥准许或不准许撤诉；⑦中止或终结诉讼；⑧补正判决书中的笔误；⑨驳回执行申请；⑩中止或者终结执行；⑪其他需要裁定的事项。对于上述前 3 项裁定不服的，当事人可以上诉。

在行政诉讼中，人民法院主要就以下特定事项作出决定：①有关回避问题的决定。②有关妨害行政诉讼的强制措施的决定。③有关诉讼期限问题的决定。④有关人民法院审判组织内部工作的决定。

思考与练习

一、思考题

1. 行政诉讼参加人的类型。
2. 行政诉讼中一审、二审、再审三者的联系与区别。
3. 行政诉讼的证据类型。
4. 行政诉讼中的举证责任分配问题。
5. 行政诉讼中如何正确适用法律。

二、选择题[1]

1. 一个公司为股份制企业，认为行政机关作出的决定侵犯企业经营自主权，下列哪些主体有权以该公司的名义提起行政诉讼？（　　）

A. 股东　　　　　　　　　　B. 股东大会

C. 股东会　　　　　　　　　D. 董事会

2. 关于行政诉讼简易程序，下列哪些说法是正确的？（　　）

A. 对第一审行政案件，当事人各方同意适用简易程序的，可以适用

B. 案件涉及款额 2 000 元以下的发回重审案件和上诉案件，应适用简易程序审理

C. 适用简易程序审理的行政案件，由审判员一人独任审理

D. 适用简易程序审理的行政案件，应当庭宣判提交

3. 市生态环境局对化工厂超标排放作出了罚款 5 万元的处罚决定，化工厂不服市生态环境局的处罚决定，向市政府提出了复议申请，市政府以超过复议期限为由驳回了化工厂的复议请求，化工厂以市政府为被告提起了行政诉讼，下列哪一选项是正确的？（　　）

A. 法院应当通知化工厂变更市生态环境局为被告

---

[1]　1. BCD；2. AC；3. C；4. CD。

B. 市生态环境局所在地的法院有管辖权

C. 被告应当对被诉行政行为合法性提交证据

D. 法院应当通知化工厂将被市生态环境局列为共同被告提交

4. 2019 年 2 月国务院发布了《关于在市场监管领域全面推行部门联合"双随机、一公开"监管的意见》（国发〔2019〕5 号），对此，说法正确的是？（　　　　）

A. 该意见可以作为法官裁判的依据

B. 该意见为行政法规

C. 该意见可以作为制定部门规章的依据

D. 该意见不能进行附带性审查

实训任务 1：行政诉讼过程的运用

【案例】

为加大水源地保护力度，甲县政府 2018 年 10 月 10 日作出《关于同意关停甲县集中式饮用水源一、二级保护区排污的批复》，决定将该地生产经营多年的某企业经营场所划入饮用水水源二级保护区范围内，决定责令关停该企业，由甲县环境保护局负责实施其排污关停工作，但对后续工作未作出安排。2019 年 5 月，甲县环境保护局全面关停企业排污口，该企业正式停产。

2020 年 7 月 20 日，企业向甲县政府提出请求给予补偿申请：因已经不能在原生产地生产，请求甲县政府按照企业整体征收情形给予一次性补偿，并免除关停期间的税责及土地使用费等，甲县政府未予答复。

2020 年 12 月 2 日，该企业向法院起诉，请求法院判令被告支付补偿金。被告辩称，责令关停企业符合法律规定，该企业在法定期限内未提出异议，起诉期限已过时效，且该企业生产经营场所所涉的饮用水受益区域为邻县乙县，应由乙县进行补偿，甲县政府没有补偿义务。

【训练目的及要求】

结合案例和相关知识，通过训练，能够解决行政诉讼过程中的问题。

【训练方法】

分三组进行，第一组学生运用行政诉讼过程知识分析评价企业提出的补偿请求及其内容；第二组学生针对被告的辩称，分析甲政府无补偿义务是否成立；第三组学生对前面两组学生的分析进行评价，并分析本案法院如何裁判。

【训练步骤】

步骤 1：分组。

步骤 2：熟悉案例。

步骤 3：学生分析案例。

步骤 4：老师评判。

【案例解析】

第一，企业提出的诉求应当予以支持。根据《行政许可法》第8条第2款的规定，行政机关为了公共利益的需要依法变更或者撤回已经生效的行政许可，应当对由此给公民、法人或者其他组织造成的财产损失给予补偿。该企业基于行政许可行为产生的信赖利益损失有权获得适当、合理的补偿。又依据《环境保护法》第31条第1、2款的规定，国家建立、健全生态保护补偿制度。国家加大对生态保护地区的财政转移支付力度。有关地方人民政府应当落实生态保护补偿资金，确保其用于生态保护补偿。所以，对于该企业提出的请求和内容应当法院予以支持。

第二，被告的辩称不正确。依据《环境保护法》第31条第3款规定，国家指导受益地区和生态保护地区人民政府通过协商或者按照市场规则进行生态保护补偿。甲县政府系案涉生态保护地所在地政府，根据31条第3款之规定，甲县政府负有行政补偿职责，应当由甲县政府与受益地区政府进行协商，来作出相应补偿，而不可直接拒绝某企业的补偿请求。

第三，法院应当判决甲县政府在法定期限内对该企业造成的损失进行合理补偿。如果尚需被告进一步调查或裁量以确定补偿标准的，法院应当判决甲县政府根据原告的请求重新处理。

参考书目

1. 石佑启主编：《行政法与行政诉讼法》，高等教育出版社2023年版。

2. 《行政法与行政诉讼法学》编写组编：《行政法与行政诉讼法学》，高等教育出版社2018年版。

3. 中国法制出版社编：《中华人民共和国行政诉讼法注解与配套》，中国法制出版社2023年版。

项目十六　行政赔偿

"正义不仅要实现，而且要以人们看得见的方式实现。"

知识目标

1. 掌握行政赔偿的概念。

2. 理解行政赔偿的构成要件。

3. 理解行政赔偿的主体。

能力目标

能够掌握行政赔偿程序。

内容结构图

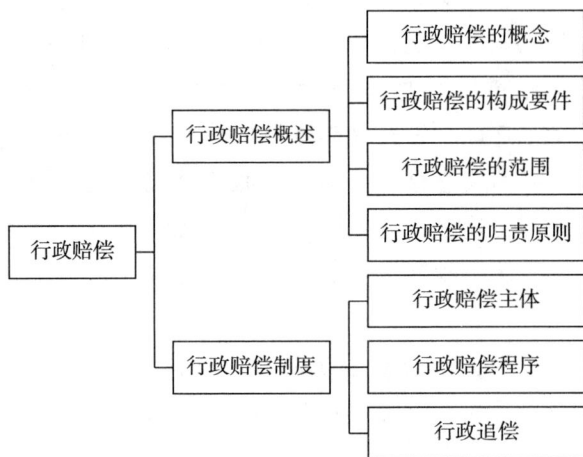

任务一　行政赔偿概述

导入案例

某县交通局执法人员盛某在整顿客运市场秩序的执法活动中，滥用职权致使乘坐在非法营运车辆上的张某重伤。

问题：为保障自己的合法权益，张某可以采取什么措施？

基本原理认知

一、行政赔偿的概念

行政赔偿是指行政机关及其工作人员在行使职权过程中违法侵犯公民、法人或其他组织的合法权益并造成损害的，由国家承担赔偿责任的赔偿。行政赔偿是国家赔偿的主要组成部分。

行政赔偿的概念包含以下内容：

1. 行政赔偿是一种行政责任的承担方式。行政赔偿与行使行政职权、履行行政职责紧密相连，是行政主体行使职权过程中依法应承担的其中一种法律后果。

2. 行政赔偿是一种国家赔偿。行政权是国家权力的一种，行政主体及其工作人员行使职权所实施的职务活动是代表国家进行的，其本质是一种国家活动。行政赔偿是一种国家赔偿，它与司法赔偿等组成了统一的国家赔偿责任制度。因此，行政赔偿费用来自国家财政，最终的赔偿义务由国家承担。

3. 行政赔偿的法律责任主体是行政主体。一方面，虽然行政赔偿是国家赔偿，最终是由国家承担赔偿义务，但国家是个抽象主体，不能直接以法律主体身份参与行政法律关系和承担法律责任。因此，在行政法中，只能由具体享有行政职权的行政主体来承担具体的赔偿责任。另一方面，不管行政侵权行为是由行政主体直接作出还是由其工作人员或者是受委托组织代表行政主体执行职务时作出，均由行政主体对相对人承担赔偿责任。

二、行政赔偿的构成要件

（一）行政赔偿必须是由行政机关及其工作人员的行为引起的

行政赔偿是一种特殊的侵权责任，侵权的主体必须是行使国家行政权的行政机关及其工作人员。但法律、法规授权具有管理公共事务职能的组织或者行政机关委托的组织行使某项行政权时，如果经授权或委托的组织行使行政权，给公民、法人和其他组织造成损害，也应当由国家承担赔偿责任。

（二）行政机关及其公务员的行为必须是行使职权的行为

作为法律关系的主体，行政机关及其工作人员可以参与不同的法律关系，在不同的法律关系中，其行为的性质也不一样。在民事法律关系当中，无论是行政机关还是其工作人员，都是平等的民事主体，它可以从事一般的民事行为，如果发生侵权，也是一般的民事侵权，服从民事法律规范的调整，不具有特殊性。而在行政法律关系中，行政机关及其工作人员是代表国家行使行政权，如果侵犯公民、法人和其他组织的合法权益应由国家承担相应的侵权赔偿责任。因此，引起行政赔偿的行为必须与行使职权有关。

（三）行政机关的行为不具有合法性

为了达到行政目的，行政机关及其工作人员可以作出各种行政行为。有时合法的行政行为也会给公民、法人和其他组织造成一定的损害，如行政征用。这时，国家可以通过行政补偿的方式来补偿给相对人造成的损失。但是，引起行政赔偿的行政行为应当是违法行为或者非法行为，不具有合法性。

（四）损害必须已经发生

违法侵犯公民、法人和其他组织合法权益的行政行为必须已经造成现实的损害，如公民、法人或其他组织的财产权产生损失或公民人身权受到侵害。对于财产权产生损失的，必须是直接损失，间接损失国家不予赔偿；对于公民人身权受到侵害的，国家按照法定的标准予以赔偿。

由于行政机关及其工作人员是代表国家行使行政权，其违法的行为造成的损害无论是由于行政机关集体决定的原因，还是由于行政机关公务员个人过错的原因，都由国家予以赔偿，从国家财政中支付。

（五）因果关系

因果关系，指的是行政侵权行为与当事人所遭受的损害之间必须具有一定程度的因果关系，国家才对此承担赔偿责任。如何确定因果关系，学术上争论较大。其中比较有代表性的观点认为满足因果关系应符合：①时间上先有侵权行为，后发生损害事实；②侵权行为是损害事实发生的直接原因，而非间接原因；③行政侵权行为引起并决定了损害事实的发生。

三、行政赔偿的范围

行政赔偿的范围通常在两种含义上使用：一种是指国家对哪些行政行为造成的损失予以赔偿；一种是指国家对行政行为造成的哪些损失予以赔偿。行政赔偿的范围决定了国家承担的赔偿责任的大小，行政赔偿范围的确定受一国社会、经济条件的影响，在一定程度上反映了不同的国家对受害人的保护水平。在我国《国家赔偿法》中，行政赔偿的范围指能够引起行政赔偿的行政行为的范围，即国家对哪些行为造成的损害予以赔偿，对哪些行为造成的损害不予赔偿。根据我国《国家赔偿法》的规定，行政机关及其工作人员行使职权时侵犯受害人的人身权和财产权，受害人有权请求国家赔偿。

（一）侵犯人身权的行政赔偿范围

1. 侵犯人身自由权的行为。

（1）违法行政拘留。

（2）违法采取限制人身自由的行政强制措施。限制人身自由的强制措施有强制治疗、强制戒毒、强制性教育措施、强制传唤等。

（3）非法拘禁或者以其他方法非法剥夺公民人身自由。这是指行政拘留和行政强制措施以外的其他非法剥夺人身自由的行为，一般表现为没有限制公民人身自由权的行政机关实施的剥夺公民人身自由的行为。

2. 侵犯生命健康权的行为。

（1）暴力行为。以殴打、虐待等行为或者唆使、放纵他人以殴打、虐待等行为造成公民身体伤害或者死亡的。不论行政机关公务人员是否有履行职责的权限，不论行政机关公务人员主观上是出于什么样的目的，也不管是行政机关工作人员亲自实施还是唆使或放纵他人实施的，都属于国家赔偿范围。

（2）违法使用武器、警械造成公民身体伤害或者死亡的。武器、警械是指枪支、警棍、警绳、手铐等，违法使用武器、警械，有多种表现形式。例如，在不该使用武器、警械的场合使用武器、警械；使用武器、警械的程度与被管理者的行为不相适应；使用武器、警械的种类选择错误；使用武器、警械违反法定批准程序，等等

（3）造成公民身体伤害或者死亡的其他违法行为。实践中包括：不履行法定职责行为；行政机关及其工作人员在履行行政职责过程中作出的不产生法律效果，但事实上造成公民身体伤害或者死亡的行为。

（二）侵犯财产权的行政赔偿范围

1. 违法实施行政处罚。侵犯财产权的行政处罚主要包括：罚款、没收财物、吊销许可证和执照、责令停产停业，以及侵犯财产权的其他行政处罚。

2. 违法采取行政强制措施。限制财产权的行政强制措施主要是查封、扣押、冻结、保全、拍卖。违法的财产强制措施主要表现为：超越职权、违反法定程序、不按照法律规定妥善保管被扣押的财产、行为对象错误、采取强制措施不遵守法定期限等。

3. 违法征收、征用财产。征收，是指行政机关为了公共利益的需要，把私人所有的财产强制地征归国有的行为；征用，是指为了公共利益的需要，强制性地使用公民的私有财产的行为。违法征收、征用财产，是指行政机关在不符合条件的情况下随意征收或征用财产，或不依程序、扩大征收、征用范围等，使当事人财产受到侵害。

4. 其他侵犯财产权的违法行为。包括：不履行法定职责行为；行政机关及其工作人员在履行行政职责过程中作出的不产生法律效果，但事实上损害公民、法人或者其他组织财产权的行为。

（三）不承担行政赔偿责任的情形

1. 行政机关工作人员实施的与行使职权无关的个人行为。行政机关工作人员以普通公民的身份从事活动时，如果是为了个人的权益，视为其个人行为造成的损害，个人承担民事赔偿责任的。

2. 因受害人自己的行为致使损害发生的。受害人自己的行为致使损害发生或者扩大的，是对自己的侵权，过错在于本人，后果应当由其个人承担。

受害人的损失系由其自身过错和行政机关的违法行政行为共同造成的，法院应当依据各方行为与损害结果之间有无因果关系以及在损害发生和结果中作用力的大小，确定行政机关相应的赔偿责任。

3. 法律规定的其他情形。

这里的"法律"仅指由全国人民代表大会及其常务委员会通过的法律，不包括行政法规、地方性法规和规章。法律规定国家不承担赔偿责任的其他情形主要有：

（1）国防、外交等国家行为。

（2）行政法规、规章或者行政主体制定、发布的具有普遍约束力的决定、命令。

（3）行政主体对其工作人员的奖惩、任免等决定。

（4）不可抗力、正当防卫等情形。

四、行政赔偿的归责原则

归责原则是确定和判断行为人侵权责任的根据和标准，这种根据和标准体现了法律的价值判断，是确定和判断侵权人承担责任的理论基础。行政赔偿的归责原则为判断国家对行政机关及其工作人员的侵权行为是否应当承担法律责任提供了依据和标准。行政赔偿的归责原则主要有三种，即过错责任原则、无过错责任原则和违法责任原则。

（一）过错责任原则

过错责任原则是指行政机关及其工作人员行使职权时，因过错给受害人的合法权益造成损失时，国家才承担赔偿责任。过错是指行为人的心理状态，是行为人对自己行为后果的主观态度。过错可分为故意和过失两种，过错责任原则属于主观归责原则，行为人必须主观上有过错，才对其行为造成的损害后果承担赔偿责任。

（二）无过错责任原则

无过错责任原则也称严格责任原则或危险责任原则，指不论行政机关及其工作人员是否有过失，只要其行使职权侵犯了受害人的合法权益，国家就应承担赔偿责任。

（三）违法责任原则

违法责任原则是指行政机关及其工作人员违法行使职权，侵犯了受害人的合法权益造成损害时，国家应当承担赔偿责任。该原则以职务违法行为作为归责标准，不考虑行为人主观上是否有过错。

我国《国家赔偿法》第 2 条第 1 款规定："国家机关和国家机关工作人员行使职权，有本法规定的侵犯公民、法人和其他组织合法权益的情形，造成损害的，受害人有依照本法取得国家赔偿的权利。"与《国家赔偿法》（1994 年）第 2 条相比较，将"国家机关和国家机关工作人员违法行使职权"修改为"国家机关和国家机关工作人员行使职权"，去掉了"违法"二字，意味着修改后的《国家赔偿法》确立了包括违法责任原则在内的多元归责原则。

任务二　行政赔偿制度

导入案例

某区规划局以一公司未经批准擅自搭建地面工棚为由，限期自行拆除。该公司逾期未拆除。根据规划局的请求，区政府组织人员将违法建筑拆除，并将拆下的钢板作为建筑垃圾运走。

问题：

1. 该公司申请行政赔偿，赔偿义务机关是谁？

2. 该公司申请行政赔偿，是否应当对自己的主张承担举证责任？

基本原理认知

习近平总书记强调，要加强人权法治保障，深化法治领域改革，健全人权法治保障机制，实现尊重和保障人权在立法、执法、司法、守法全链条、全过程、全方位覆盖，让人民群众在每一项法律制度、每一个执法决定、每一宗司法案件中都感受到公平正义。

一、行政赔偿主体

行政赔偿主体包括行政赔偿请求人和行政赔偿义务机关。

（一）行政赔偿请求人

行政赔偿请求人是指因其合法权益受到行政机关及其工作人员不法侵害而依法要求赔偿的公民、法人和其他组织。

1. 公民。

（1）受害公民或其监护人。行政赔偿请求人应是受害公民本人。如果受害公民是未成年人或者精神病人，不能行使其请求权，可以由他的监护人作为赔偿请求人。根据《民法典》第27条的规定，父母是未成年子女的监护人；未成年人的父母已经死亡或者没有监护能力的，由其有监护能力的祖父母、外祖父母、兄、姐；或者其他愿意担任的个人或者组织担任监护人，但是须经未成年人住所地的居民委员会、村民委员会或者民政部门同意。根据《民法典》第28条的规定，无民事行为能力或者限制民事行为能力的成年人的监护人由其配偶、父母、子女、其他愿意担任的个人或者组织按顺序担任，但是须经被监护人住所地的居民委员会、村民委员会或者民政部门同意。

（2）受害公民的继承人和其他有扶养关系的亲属。如果受害的公民死亡，他的继承人和其他有扶养关系的亲属有权要求赔偿。这里的继承人，是指继承受害公民遗产的人；其他有扶养关系的亲属，是指继承人以外的由受害公民扶养的没有生活来源又缺乏劳动能力的亲属或者继承人以外扶养受害公民的亲属。赔偿请求人不是受害公民本人的，应当说明与受害公民的关系，并提供相应证明。

2. 法人或其他组织。

（1）受害的法人和其他组织。

（2）受害的法人或者其他组织终止的，其权利承受人有权要求赔偿。这里的法人或者其他组织终止，是指法人丧失法人资格或者其他组织解散。法人或者其他组织终止以后，法人和其他组织就不存在，无法再以自己的名义提出赔偿请求，因此，法律规定由承受其权利的法人或者其他组织作为赔偿请求人。

（二）行政赔偿义务机关

行政赔偿义务机关，是指代表国家处理赔偿请求、支付赔偿费用、参加赔偿诉讼的行政主体。

1. 一般情况的行政赔偿义务机关。

（1）行政机关及其工作人员行使行政职权侵犯公民、法人和其他组织的合法权益造成损害的，该行政机关为赔偿义务机关。

（2）两个以上行政机关共同行使行政职权时侵犯公民、法人和其他组织的合法权益造成损害的，共同行使行政职权的行政机关为共同赔偿义务机关，承担连带赔偿责任。

这种情形下，受害人可以向共同赔偿义务机关的任何一个提出赔偿请求，该机关必须单独或与其他赔偿义务机关共同支付赔偿费用，承担赔偿义务。

（3）法律、法规授权的组织及其工作人员在行使授予的行政权力时侵犯公民、法人和其他组织的合法权益造成损害的，被授权的组织为赔偿义务机关。

（4）受行政机关委托的组织或者个人在行使受委托的行政权力时侵犯公民、法人和其他组织的合法权益造成损害的，委托的行政机关为赔偿义务机关。

行政机关出于工作需要，有时依照法律、法规和规章将自己的职权委托给其他行政机关或社会组织去行使。当行政机关委托其他组织行使职权引起赔偿责任时，应由委托的机关作为赔偿义务机关，即使受委托的组织超越了委托权限，滥用该委托权力，委托的机关仍然应当承担因此引起的各项法律责任。

（5）赔偿义务机关被撤销的，继续行使其职权的行政机关为赔偿义务机关；没有继续行使其职权的行政机关的，撤销该赔偿义务机关的行政机关为赔偿义务机关。

（6）申请法院强制执行行政行为造成损害的，由申请机关赔偿（申请强制执行的行政行为违法）。

2. 经过行政复议后的行政赔偿义务机关。

（1）复议维持的，最初造成侵权行为的行政机关（原机关）为赔偿义务机关。

（2）复议改变的，如果复议决定减轻损害的，原机关为赔偿义务机关，但复议机关的复议决定加重损害的，原行为损害部分由原机关赔偿，复议加重部分损害由复议机关赔偿。复议机关与原侵权机关不是共同赔偿义务机关，二者之间不负连带责任。

二、行政赔偿程序

行政赔偿程序是指受害人提起赔偿请求、赔偿义务机关履行赔偿义务的步骤、方法、顺序和时效等要求的总称。行政赔偿程序对行政赔偿申请人和赔偿义务机关均具有重要意义。对赔偿请求人来说，这一程序是获得国家赔偿，实现其实体权利的途径和手段，保障了赔偿申请人依法取得及行使赔偿请求权；对赔偿义务机关来说，这一程序规范了赔偿义务机关受理、处理赔偿手续，履行赔偿义务。

《国家赔偿法》第9条第2款规定："赔偿请求人要求赔偿，应当先向赔偿义务机关提出，也可以在申请行政复议或者提起行政诉讼时一并提出。"据此，我国国家赔偿制度中的请求程序可划分为单独式和附带式两种方式。单独式，指赔偿权利人单独就赔偿问题向行政赔偿义务机关提出赔偿请求。这种赔偿程序不涉及行政复议或者行政诉讼，行政赔偿义务机关在接受请求后，即对其具体行政行为涉及的赔偿问题进行处理。而附带式，是指在行政复议或者行政诉讼时一并提出赔偿请求，复议机关或人民法院在审查原行政行为的合法性的基础上一并解决赔偿问题。

（一）在行政复议时、行政诉讼程序中一并解决行政赔的程序。

1. 在行政复议时中一并解决行政赔的程序。行政复议的目的不是解决赔偿问题，而是解决行政行为合法性和合理性问题，但可以在行政复议中解决行政行为合法性问题的同时一并解决赔偿问题。行政复议机关作出行政复议决定，可以依法同时决定行政赔偿。这里有两种情形：①申请人提出赔偿请求的；②申请人没有提出赔偿请求的。

（1）行政复议机关依申请作出赔偿决定。根据告诉就处理的原则，行政复议中只要复议申请人一并提出赔偿请求的，那么复议机关就会处理赔偿问题。申请人在申请行政复议时一并提出行政赔偿请求的，行政复议机关在决定撤销或者变更罚款，撤销违法集资、没收财物、征收财物、摊派费用以及对财产的查封、扣押、冻结等具体行政行为时，应当同时责令被申请人返还财产，解除对财产的查封、扣押、冻结措施，或者赔偿相应的价款。

（2）行政复议机关依职权作出赔偿决定。根据不告不理的原则，复议申请人没有提出赔偿请求，一般情况下复议机关不会主动处理赔偿问题，但有例外：行政复议机关可以在法定情形下直接作出赔偿决定。法定情形，是指行政复议机关在依法决定撤销或者变更罚款，撤销违法集资、没收财物、征收财物、摊派费用以及对财产的查封、扣押、冻结等具体行政行为时，应当同时责令被申请人返还财产，解除对财产的查封、扣押、冻结措施，或者赔偿相应的价款。

2. 在行政诉讼一审中一并解决行政赔偿的程序。行政诉讼的目的也不是解决赔偿问题，而是解决行政行为合法性问题，但可以在行政诉讼中解决行政行为合法性问题的同时一并解决赔偿问题。根据不告不理、告诉就处理的原则：行政诉讼中只要原告一并提出赔偿请求（一般要求在一审终结前提出），那么法院就会处理赔偿问题。如果原告没有提出赔偿请求，法院一般情况下是不处理赔偿问题的，但有两个例外：法院作出确认违法或确认无效判决的，可以作出赔偿判决；行政协议案件中被告不履行、不按约定履行或违法变更、解除协议的，法院判决被告履行协议、采取补救措施或者赔偿。

3. 在行政诉讼二审中一并解决行政赔偿的程序。

（1）一审中当事人提出赔偿请求，一审法院漏判：二审法院认为不应当赔偿的，直接判决驳回赔偿请求；二审法院认为应当赔偿的，先进行赔偿调解，调解不成的，二审法院不能直接作出赔偿判决，而是将行政赔偿部分发回一审法院重审。

（2）当事人一审中没提出行政赔偿请求，在二审中提出行政赔偿请求：二审法院就赔偿问题进行调解；调解不成的，二审法院应告知当事人另行提起行政赔偿诉讼。

（二）单独提起行政赔偿的程序

单独提出赔偿请求的，应当首先向赔偿义务机关提出，赔偿义务机关拒绝受理赔偿请求、在法定期限内不作出决定的，才可以提起行政赔偿诉讼。单独进行的行政赔偿程序分为两个步骤：①赔偿义务机关先行处理；②提起行政赔偿诉讼。

1. 行政赔偿义务机关的先行处理程序。

（1）赔偿请求人请求赔偿的时效为 2 年，自其知道或者应当知道国家机关及其工作人员行使职权时的行为侵犯其人身权、财产权之日起计算，但其被羁押等限制人身自由期间不计算在内。

（2）赔偿请求人提出赔偿请求应当递交申请书。

申请书应具备：受害人的姓名、性别、年龄、工作单位和住所，法人或者其他组织的名称、住所和法定代表人或者主要负责人的姓名、职务；具体的要求、事实根据和理由；申请的年、月、日。

赔偿请求人书写申请书确有困难的，可以委托他人代书；也可以口头申请，由赔偿义务机关记入笔录。

（3）赔偿请求人当面递交申请书的，赔偿义务机关应当当场出具加盖本行政机关专用印章并注明收讫日期的书面凭证。申请材料不齐全的，赔偿义务机关应当当场或者在 5 日内一次性告知赔偿请求人需要补正的全部内容。

（4）赔偿义务机关在处理赔偿请求、作出赔偿决定前，应当充分听取赔偿请求人的意见，并可以与赔偿请求人就赔偿方式、赔偿项目和赔偿数额依照《国家赔偿法》第四章的规定进行协商。

（5）赔偿义务机关决定赔偿的，应当制作赔偿决定书，并自作出决定之日起 10 日内送达赔偿请求人；决定不予赔偿的，应当自作出决定之日起 10 日内书面通知赔偿请求人，并说明不予赔偿的理由。

（6）赔偿义务机关对赔偿案件处理的法定期间为 2 个月，即赔偿义务机关在收到赔偿请求人赔偿申请书之日起 2 个月内要作出是否赔偿的决定。

2. 行政赔偿诉讼程序。行政赔偿诉讼程序，是指法院受理和裁判行政赔偿请求的程序，是一种特殊的行政诉讼，行政赔偿诉讼程序参照行政诉讼程序。

（1）赔偿义务机关在规定期限内未作出是否赔偿的决定，赔偿请求人可以自期限届满之日起 3 个月内，向人民法院提起行政赔偿诉讼。赔偿义务机关作出不予赔偿决定，或者虽作出赔偿决定，但赔偿请求人对赔偿的方式、项目、数额有异议的，赔偿请求人可以自赔偿义务机关作出赔偿或者不予赔偿决定之日起 3 个月内向人民法院提起行政赔偿诉讼。如果赔偿请求人对行政复议决定中的行政赔偿部分有异议，应当自复议决定书送达之日起 15 日内提起行政赔偿诉讼，提出行政赔偿请求。

（2）赔偿义务机关作出赔偿决定时，未告知赔偿请求人的诉权或者起诉期限，致使赔偿请求人逾期向法院起诉的，其起诉期限从赔偿请求人实际知道诉权或者起诉期限时计算，但逾期的期间自赔偿请求人收到赔偿决定之日起不得超过 1 年。

（3）行政赔偿诉讼采用的是"谁主张，谁举证"的规则。但是，这一规则有例外，即赔偿义务机关采取行政拘留或者限制人身自由的强制措施期间，被限制人身自由的人死亡或者丧失行为能力以及受到其他身体伤害的，赔偿义务机关的行为与被限制人身自由的人的死亡或者丧失行为能力以及受到其他身体伤害之间是否存在因果关系，赔偿义务机关应当提供证据。

三、行政追偿

行政追偿是指行政赔偿义务机关向受害人赔偿损失后，责令有故意或重大过失的工作人员或者受委托的组织或个人，承担部分或全部赔偿费用的制度。

行政追偿的成立条件是：①行政赔偿义务机关已向受害人实际履行了赔偿义务。这里的实际履行了赔偿义务是指行政赔偿义务机关向受害人实际支付了赔偿费用。如果赔偿义务机关只是返还财产、恢复原状或者消除影响、恢复名誉、赔礼道歉，并没有实际支出赔偿费用，就不能行使追偿权。②被追偿人在主观上必须存在重大过错，即故意或重大过失。

拓展阅读

论行政辅助人职务侵权赔偿责任[1]

伴随着行政辅助人使用管理方式的多样化，原本就存有争议的职务侵权赔偿责任适用问题变得更为复杂。结合行政辅助人的招录使用情况以及余其昌案、江学培案等个案反映出的问题可见，实务中对于行政辅助人职务侵权赔偿责任的适用呈现出如下趋势，即在合同制行政辅助人职务侵权的情况下适用行政赔偿责任，行政机关承担赔偿责任后可以向行政辅助人追偿；在劳务派遣制行政辅助人职务侵权的情况下则多适用《侵权责任法》等民事法律规范，由用人单位承担侵权赔偿责任。然而，合同制行政辅助人与劳务派遣制行政辅助人除了进用方式的差别，协助参与行政执法的过程中在职责权限、任务范围、程序要求等方面均无明显差异。故文章认为，行政辅助人进用方式的差异不能成为职务侵权赔偿责任适用差异的原因。侵权法中的职务侵权行为属于依据无过错原则进行归责的特别侵权行为，而以违法原则进行归责的行政赔偿制度并没有囊括职务侵权赔偿的所有问题。行政法上的职务侵权特别强调职务行为的违法性，职务侵权赔偿责任的承担除了满足对相对人的保护救济目的外，还承载着对行政行为合法性进行审查监督的价值功能，故无论进用方式为何，行政辅助人的职务侵

---

[1] 刘东辉：《论行政辅助人职务侵权赔偿责任》，载《社会科学家》2022 年第 4 期。

权赔偿责任均应指向国家赔偿责任。但囿于《国家赔偿法》赔偿范围较窄、赔偿标准较低等问题，也不能绝对排除民事侵权赔偿责任的适用，《国家赔偿法》未明确规定或者不在国家赔偿范围的职务侵权可以考虑民事侵权赔偿责任的适用。对于职务侵权赔偿问题应淡化公法与私法之间的区别，基于救济公民权益的目的，在国家赔偿法与民法规范之间游移，进行合理的法律适用。

思考与练习

一、思考题

1. 行政赔偿的构成要件。
2. 行政赔偿的范围。
3. 行政赔偿的程序。

二、选择题[1]

1. 某县公安局协助某乡政府强制收取农业提留，并对该乡拒不交纳提留的 30 户农民处以总额 1 万元人民币的罚款。处罚决定是以某县公安局、某乡人民政府、某乡党委 3 家名义作出的，如农民要求国家赔偿，可以向下列哪些赔偿义务机关提出？（ ）

A. 某县公安局、某乡人民政府、某乡党委

B. 某县公安局和某乡人民政府

C. 某县公安局和某乡人民政府之一

D. 某县公安局、某乡人民政府和某乡党委之一

2. 甲、乙两行政机关共同行使行政职权，造成侵权，赔偿请求人丙依法可以采取下列何种正确解决方式（ ）？

A. 可择一机关提出赔偿请求，也可向甲、乙两机关同时提出赔偿请求，甲、乙两机关具有连带行政赔偿责任

B. 可择一机关提出赔偿请求，在此种情况下，另一机关便可免除赔偿责任

C. 必须向两机关同时提出赔偿请求，并由两机关共同进行赔偿

D. 不必向两机关提出赔偿请求，可同时向行政复议机关申请行政复议与向法院提起诉讼

3. 对下列哪些情形，行政复议机关可以进行调解？（ ）

A. 市政府征用某村土地，该村居民认为补偿数额过低申请复议

B. 某企业对税务机关所确定的税率及税额不服申请复议

---

[1] 1. BC；2. A；3. ACD。

C. 公安机关以张某非法种植罂粟为由对其处以拘留 10 日并处 1 000 元罚款，张某申请复议

D. 沈某对建设部门违法拆除其房屋的赔偿决定不服申请复议

实训任务 1：行政赔偿的范围

【案例】

甲饮酒后因琐事与乙打斗。公安局接警后，将甲、乙传唤至公安局进行调查、询问。在询问甲过程中，甲自己用头撞击地面之后躺到地板上，民警未当即检查甲头磕地后的伤情，而是继续询问。当甲出现呕吐、发热等症状时，民警通知甲的工友将其带走。后工友送甲至医院接受治疗，甲被诊断为重度颅脑损伤，完全丧失行为能力。公安局是否应当承担赔偿责任？

【训练目的及要求】

结合案例和相关知识，通过训练，能正确掌握行政赔偿的范围。

【训练方法】

分两组进行，一组学生根据行政赔偿的范围对案例进行分析；另一组学生评价分析是否正确。

【训练步骤】

步骤 1：分组。

步骤 2：熟悉案例。

步骤 3：学生分析案例。

步骤 4：老师评判。

【案例解析】

本案中，公安局应当承担赔偿责任，但在确定赔偿数额时应当考虑公安局民警的行为在损害发生过程和结果中所起的作用等因素。

实训任务 2：行政赔偿程序

【案例】

2015 年初，某县人民政府为了环城高速公路工程建设需要，与被征收人朱某签订了《房屋征收补偿安置协议书》，并约定了付款时间及交房时间。随后，某县人民政府依约履行了相关义务。同年 10 月，案涉房屋在没有办理移交手续的情况下被拆除。该拆除行为经诉讼，法院生效判决确认某县人民政府拆除行为违法。在房屋被强制拆除前，朱某获得《房屋征收补偿安置协书》约定的相关补偿款项及宅基地安置补偿，在房屋拆除后，朱某向村委会领取了废弃物品补偿款及搬迁误工费用。2017 年 11 月，朱某向某县人民政府申请行政赔偿，某县人民政府在法定期限内未予答复。朱某提起行政赔偿诉讼。县政府是否要承担赔偿责任？

【训练目的及要求】

结合案例和相关知识，通过训练，能正确掌握行政赔偿程序。

【训练方法】

分两组进行，一组学生根据行政赔偿程序对案例作出判断；另一组学生评价判断是否正确。

【训练步骤】

步骤 1：分组。

步骤 2：熟悉案例。

步骤 3：学生分析案例。

步骤 4：老师评判。

【案例解析】

行政行为被确认违法并不必然产生行政赔偿责任，只有造成实际的损害，才承担赔偿责任。朱某的房屋虽被违法强制拆除，但其在诉讼中并未提供证据证明其存在其他损害，其合法权益并未因违法行政行为而实际受损，其请求赔偿缺乏事实和法律依据。

参考书目

1. 罗豪才、湛中乐主编：《行政法学》，北京大学出版社 2016 年版。

2. 高家伟：《国家赔偿法》，商务印书馆 2004 年版。

3. 马怀德主编：《中华人民共和国国家赔偿法释义》，中国法制出版社 2010 年版。

4. 马怀德主编：《行政法学》，中国政法大学出版社 2009 年版。

参 考 书 目

1. 姜明安主编：《行政法与行政诉讼法》，北京大学出版社、高等教育出版社 2011 年版。

2. 余凌云：《行政法讲义》，清华大学出版社 2010 年版。

3. 沈岿：《国家赔偿法：原理与案例》，北京大学出版社 2011 年版。

4. 江必新、梁凤云：《行政诉讼法理论与实务（上下卷）》，北京大学出版社 2011 年版。

5. 何海波：《行政诉讼法》，法律出版社 2016 年版。

6. 章志远：《个案变迁中的行政法》，法律出版社 2011 年版。

7. 蒋红珍：《论比例原则——政府规制工具选择的司法评价》，法律出版社 2010 年版。

8. 应松年主编：《公务员法》，法律出版社 2010 年版。

9. 杨建顺：《行政强制法 18 讲》，中国法制出版社 2011 年版。

10. 李广宇：《政府信息公开司法解释读本》，法律出版社 2011 年版。

11. 章剑生：《行政听证制度研究》，浙江大学出版社 2010 年版。

12. 王万华：《中国行政程序法典试拟稿及立法理由》，中国法制出版社 2010 年版。

13. 江必新、梁凤云、梁清：《国家赔偿法理论与实务》，中国社会科学出版社 2010 年版。

14. 马怀德主编：《司法改革与行政诉讼制度的完善——〈行政诉讼法〉修改建议稿及理由说明书》，中国政法大学出版社 2004 年版。

15. 胡建淼主编：《行政诉讼法修改研究：〈中华人民共和国行政诉讼法〉法条建议及理由》，浙江大学出版社 2007 年版。

16. 姜明安、毕雁英主编：《行政法与行政诉讼法教学案例》，北京大学出版社 2006 年版。

17. 赵景夏编著：《最新国家赔偿索赔指南与赔偿计算标准》，中国法制出版社 2012 年版。

18. 江国华：《中国行政法（总论）》，武汉大学出版社 2012 年版。

19. 熊文钊：《现代行政法原理》，法律出版社 2000 年版。

20. 盛永彬、曹秀谦主编：《行政法与行政诉讼法教程》，暨南大学出版社 2006 年版。

21. 罗豪才主编：《行政法论丛（第 6 卷）》，法律出版社 2003 年版。

22. 全国人大常委会法制工作委员会行政法室编著：《中华人民共和国行政强制法解读》，中国法制出版社 2011 年版。

23. 应松年主编：《行政强制法教程》，法律出版社 2013 年版。

24. 江必新、邵长茂：《新行政诉讼法修改条文理解与适用》，中国法制出版社 2015 年版。

25. 王麟主编：《行政诉讼法学》，中国政法大学出版社 2013 年版。

26. 刘太刚：《以案说法——行政许可法》，中国社会出版社 2005 年版。

27. 应松年主编：《行政许可法教程》，法律出版社 2012 年版。

28. 曹康泰主编：《中华人民共和国行政复议法实施条例释义》，中国法制出版社 2007 年版。

29. 叶必丰：《行政行为原理》，商务印书馆 2014 年版。

30. 陈振明主编：《公务员制度》，福建人民出版社 2007 年版。